交通运行管理丛书

过饱和状态下交叉口群
交通运行分析与信号控制

李岩 过秀成 著

东南大学出版社

图书在版编目(CIP)数据

过饱和状态下交叉口群交通运行分析与信号控制/李岩,过秀成著. —南京:东南大学出版社,2012.3
ISBN 978-7-5641-3362-7

Ⅰ.①过… Ⅱ.①李… ②过… Ⅲ.①交叉路口—交通运输管理 ②交叉路口—交通信号—控制系统 Ⅳ.①U412.35

中国版本图书馆 CIP 数据核字(2012)第 032076 号

过饱和状态下交叉口群交通运行分析与信号控制

出版发行	东南大学出版社
社　　址	南京市四牌楼2号　邮编:210096
出 版 人	江建中
网　　址	http://www.seupress.com
电子邮件	press@seupress.com
经　　销	全国各地新华书店
印　　刷	江苏兴化印刷有限公司
开　　本	700 mm×1 000 mm　1/16
印　　张	18.25
字　　数	330 千字
版　　次	2012 年 3 月第 1 版
印　　次	2012 年 3 月第 1 次印刷
书　　号	ISBN 978-7-5641-3362-7
定　　价	45.00 元

本社图书若有印装质量问题,请直接与营销部联系。电话(传真):025-83791830

前　言

随着社会经济发展与城市规模的扩张,城市空间布局与结构急剧调整,居民活动日益频繁,交通需求快速增长,城市中心区域及新区的路网在高峰时段呈现过饱和状态。在过饱和状态时,交叉口排队常超过检测器布设位置,致使自适应信号控制设备生成的配时方案不能准确地对交通流进行调控。城市道路交叉口群是路网中交通关联性强的交叉口的集合,对道路网交通运行状态影响显著。在路网未全面瘫痪时,准确地检测交通状态,结合交叉口群的关键路径,优化交通信号控制策略及算法,对提升路网服务水平具有重要意义。

全书主要包括3部分。第一部分为一～四章,主要介绍了交叉口群的基本特性及相关概念。其中第一章为绪论,介绍了相关研究背景、基础概念及研究的目标与体系。第二章为总结,分析了交通状态识别与过饱和状态交通信号控制的已有研究成果。第三章分析了交叉口群的基本交通特性和其拥堵形成、疏散机理。第四章介绍了交通运行数据的采集,并建立了数据分析方法。第二部分为五～八章,建立了面向信号交通控制的城市道路交叉口群的交通状态识别方法。其中第五章主要描述了基于特征矩阵的交叉口群范围界定方法和基于自组织神经网络的交叉口群范围界定方法。第六章介绍了以交通波动理论分析交叉口群过饱和状态的方法,并描述了交通拥堵扩散的机理。第七章提出了应用小波变换和频谱分析技术获取交叉口群路径等级的方法。第八章介绍了改进的指数平滑方法、基于状态空间神经介绍网络和扩展卡尔曼滤波方法和数据融合等短时交通流预测方法。第三部分为九～十二章,主要介绍了过饱和状态交叉口群的交通控制方法。其中第九章提出了过饱和状态的交通信号控制策略,主要包括控制优化目标、控制结构和优化模型。第十章建立了基于NSGA-II算法的静态交通控制优化方法。第十一章提出了动态交通信号控制优化的方法及相关要素。第十二章分析了交叉口群交通信号控制的相关问题,主要包括信号配时方案转换、交通信号协调控制升降级和车流离散模型簇分析等。

在本书撰写过程中,参阅了大量国内外文献资料,由于条件所限,未能与原著者一一取得联系,引用及理解不当之处,敬请见谅,并向这些文献资料的原作者表示崇高的敬意和衷心的感谢。

限于作者的学识和水平,书中错误不当之处在所难免,恳请读者批评指正。

著 者

于东南大学

2011 年 12 月

目 录

第一章　绪论 ………………………………………………………… 1
　1.1　研究背景及意义 ……………………………………………… 1
　1.2　相关概念及定义 ……………………………………………… 2
　　1.2.1　交叉口群 ………………………………………………… 2
　　1.2.2　交叉口群过饱和状态 …………………………………… 4
　　1.2.3　交叉口群关键路径 ……………………………………… 6
　1.3　研究目标及内容 ……………………………………………… 7
　　1.3.1　研究目标 ………………………………………………… 7
　　1.3.2　研究内容 ………………………………………………… 7
　1.4　技术路线 ……………………………………………………… 10

第二章　交叉口群交通控制相关研究综述 ………………………… 13
　2.1　交叉口群交通关联性 ………………………………………… 13
　　2.1.1　信号控制子区划分 ……………………………………… 14
　　2.1.2　交叉口群交通关联性 …………………………………… 18
　2.2　路网交通状态识别研究综述 ………………………………… 19
　　2.2.1　路网交通状态识别及应用 ……………………………… 19
　　2.2.2　交通控制系统的状态识别 ……………………………… 26
　　2.2.3　路网关键路径识别 ……………………………………… 31
　　2.2.4　短时交通流预测 ………………………………………… 35
　2.3　过饱和状态交通控制 ………………………………………… 37
　　2.3.1　单点交叉口控制 ………………………………………… 38
　　2.3.2　交叉口协调控制 ………………………………………… 40
　　2.3.3　宏观交通管理 …………………………………………… 43
　　2.3.4　交通拥堵的集散机理 …………………………………… 44
　2.4　总结及研究方向 ……………………………………………… 46

第三章　交叉口群交通特性分析 …………………………………… 49
　3.1　交叉口群特性分析 …………………………………………… 49

3.1.1　几何拓扑特性 ································ 49
　　3.1.2　道路空间特性 ································ 51
　　3.1.3　交通流特性 ·································· 53
　　3.1.4　交通控制特性 ································ 55
3.2　交叉口群拥堵形成机理 ····························· 58
　　3.2.1　交通拥堵诱发因素 ···························· 58
　　3.2.2　过饱和状态形成过程 ·························· 60
3.3　交叉口群拥堵疏散过程 ····························· 61
3.4　交叉口群网络负荷均衡问题 ························· 62

第四章　交通运行数据采集及分析 ························ 65
4.1　交通参数选择与数据采集 ··························· 65
　　4.1.1　交通参数的选择 ······························ 65
　　4.1.2　常用数据采集方法 ···························· 67
4.2　数据采集方法选择 ································· 68
　　4.2.1　交通检测技术性能比较分析及选择 ··············· 68
　　4.2.2　交叉口群交通检测器优化配置 ··················· 71
4.3　交通数据清洗及处理 ······························· 76
　　4.3.1　交通流丢失数据补齐 ··························· 76
　　4.3.2　交通流错误数据判别和修正 ····················· 80
　　4.3.3　交通流冗余数据约简 ··························· 87

第五章　交叉口群范围界定 ······························ 90
5.1　交叉口群范围划分原则与目标 ······················· 90
5.2　交叉口群交通关联性分析 ··························· 90
　　5.2.1　车流离散分析 ································ 91
　　5.2.2　交通关联性模型 ······························ 92
　　5.2.3　关联指标变化敏感性 ·························· 94
　　5.2.4　路径关联度 ·································· 95
　　5.2.5　计算示例 ···································· 95
5.3　基于特征矩阵的交叉口群范围划分 ··················· 98
　　5.3.1　交叉口群关联矩阵 ···························· 98
　　5.3.2　确定方法及流程 ······························ 101
　　5.3.3　实例验证 ···································· 101
5.4　基于自组织神经网络的交叉口群范围划分 ············· 106

    5.4.1 自组织神经网络模型 …………………………………… 106
    5.4.2 划分流程 ………………………………………………… 108
    5.4.3 方法验证 ………………………………………………… 109

第六章 交叉口群过饱和状态识别方法 ………………………… 115
  6.1 过饱和状态的延伸定义 ……………………………………… 115
  6.2 过饱和状态识别算法 ………………………………………… 116
    6.2.1 滞留排队长度估计算法 ………………………………… 116
    6.2.2 溢流状态识别算法 ……………………………………… 123
    6.2.3 基于路径的交叉口群过饱和状态识别 ………………… 125
  6.3 过饱和状态扩散范围估计 …………………………………… 127
    6.3.1 过饱和状态扩散范围估计流程 ………………………… 127
    6.3.2 单个路段过饱和状态的扩散范围估计 ………………… 129
    6.3.3 交叉口群过饱和状态的扩散范围估计方法 …………… 135
    6.3.4 过饱和状态持续时间的估计方法 ……………………… 137
  6.4 实例验证 ……………………………………………………… 139
    6.4.1 测试区域及数据描述 …………………………………… 139
    6.4.2 滞留排队长度估计 ……………………………………… 140
    6.4.3 溢流状态识别 …………………………………………… 141
    6.4.4 过饱和状态扩散范围分析 ……………………………… 143

第七章 交叉口群关键路径识别及划分 ………………………… 144
  7.1 关键路径识别及分级模型框架 ……………………………… 144
    7.1.1 交叉口群关键路径识别问题 …………………………… 144
    7.1.2 模型框架 ………………………………………………… 145
  7.2 基于小波变换的交通数据预处理 …………………………… 146
    7.2.1 小波变换模型 …………………………………………… 146
    7.2.2 数据预处理过程 ………………………………………… 148
  7.3 基于频谱分析的交叉口群路径关联度计算 ………………… 150
    7.3.1 频谱分析算法 …………………………………………… 150
    7.3.2 路径关联性计算 ………………………………………… 152
  7.4 基于模糊识别的关键路径等级划分 ………………………… 152
  7.5 实例验证 ……………………………………………………… 154
    7.5.1 模型结果 ………………………………………………… 154
    7.5.2 结果分析 ………………………………………………… 157

第八章 基本交通参数的短时预测模型 ······ 160
8.1 基本交通参数短时预测模型对比分析 ······ 160
8.1.1 基本交通参数短时预测模型 ······ 160
8.1.2 常规预测方法对比分析 ······ 162
8.2 改进的指数平滑预测方法 ······ 164
8.2.1 加权系数对预测结果的影响 ······ 164
8.2.2 加权系数的自适应确定方法 ······ 167
8.3 基于SSNN和扩展卡尔曼滤波的预测模型 ······ 167
8.3.1 交叉口群短时预测的状态空间表述 ······ 168
8.3.2 基于SSNN和扩展卡尔曼滤波的短时交通流预测模型 ······ 169
8.4 基于数据融合的预测方法 ······ 172
8.4.1 融合模型的建立 ······ 173
8.4.2 权重的确定方法 ······ 174
8.5 模型验证 ······ 176
8.5.1 数据描述 ······ 176
8.5.2 改进的指数平滑预测方法 ······ 177
8.5.3 状态空间神经网络和扩展卡尔曼滤波方法 ······ 178
8.5.4 基于数据融合的预测方法 ······ 181

第九章 过饱和状态下交叉口群交通控制策略与模型 ······ 184
9.1 传统协调信号控制方案失效原因分析 ······ 184
9.1.1 干线协调控制失效原因分析 ······ 184
9.1.2 区域协调控制失效原因分析 ······ 185
9.2 交叉口群控制策略优化目标 ······ 187
9.2.1 过饱和状态交通控制目标的要求 ······ 187
9.2.2 过饱和状态下交叉口群交通控制优化目标 ······ 189
9.3 控制策略的控制结构 ······ 190
9.3.1 过饱和状态交叉口群的控制结构 ······ 191
9.3.2 交叉口群过饱和状态交通信号控制策略 ······ 192
9.4 城市道路交叉口群控制模型 ······ 196
9.5 动静态协同的交通信号控制 ······ 198
9.5.1 过饱和状态交叉口群动静态协同交通控制流程 ······ 198
9.5.2 交叉口群过饱和交通控制优化模型框架 ······ 199

目 录

第十章　交通信号配时方案静态优化 ·············· 201
　10.1　静态优化控制算法概述 ·············· 201
　10.2　多目标优化算法 ·············· 202
　　10.2.1　多目标优化 ·············· 202
　　10.2.2　古典多目标优化方法 ·············· 203
　　10.2.3　多目标遗传算法 ·············· 204
　10.3　基于 NSGA-Ⅱ 的交叉口群静态优化控制算法 ·············· 207
　　10.3.1　NSGA-Ⅱ算法 ·············· 207
　　10.3.2　算法实现 ·············· 209
　10.4　算法验证分析 ·············· 215

第十一章　过饱和状态交叉口群交通动态控制优化算法 ·············· 223
　11.1　过饱和状态交叉口群交通动态控制优化流程 ·············· 223
　11.2　参考协调控制周期计算 ·············· 225
　11.3　相位差计算方法 ·············· 228
　11.4　单点交叉口绿信比优化 ·············· 232
　11.5　单点交叉口相位相序的优化与选择 ·············· 239
　11.6　交通信号控制方案在线调整耗时分析 ·············· 244
　11.7　仿真应用实验 ·············· 245
　　11.7.1　仿真测试数据 ·············· 245
　　11.7.2　仿真实验设计 ·············· 248
　　11.7.3　仿真应用试验结果分析 ·············· 249

第十二章　交叉口群交通信号控制相关问题 ·············· 255
　12.1　交通控制与交通诱导的协同 ·············· 255
　12.2　车流离散模型簇分析 ·············· 256
　12.3　交叉口群协调控制的升降级问题 ·············· 257
　12.4　信号配时方案转换分析 ·············· 257

参考文献 ·············· 261

后记 ·············· 280

第一章
绪 论

1.1 研究背景及意义

城市交通拥堵产生的根源在于交通供给与交通需求的不平衡,对于城市道路交通,交通供给以道路设施为代表,交通需求以机动车为代表,城市道路堵塞是两者发展中产生的矛盾加剧的结果。缓解城市道路交通拥堵可从控制交通需求和改善交通供给两方面入手。当斯定律(Downs Law)表明"在城市交通不进行有效管制和控制的情况下,新建的道路设施会诱发新的交通量,而交通需求总是倾向于超过交通供给"[1]。因此道路交通管理与控制是缓解城市道路交通拥堵的重要方法。

在未采取有效的交通管理与控制措施时,交通拥堵会从拥堵产生的交叉口向周边蔓延。将城市道路网络中若干交通关联性强的交叉口作为基本单位,识别交通状态和优化交通信号配时和管理措施,可在城市路网过饱和状态产生的初期对道路网中交通流的运行进行合理优化,有效避免交通拥堵在城市路网中扩散[2]。定义城市道路网络中交通关联性强的交叉口为交叉口群,研究交叉口群的交通状态识别方法和优化过饱和状态的交通管理与信号控制措施,可避免大范围交通堵死现象的产生,是缓解城市道路网交通拥堵的有效途径。

当交叉口处于过饱和状态时,交叉口处常发生溢流、滞留排队等现象,从而致使检测器所收集交通数据存在较大误差,交通状态识别存在偏差。此时,以均衡交通流运行状态为优化目标的传统交通信号配时方法非但不能缓解交通拥堵,反而使拥堵蔓延更加迅速[3]。优化过饱和状态交叉口群的交通控制方案需深入分析引发过饱和状态的影响因素,而现有的交通信号控制优化软件未能针对引发过饱和状态的关键影响因素(如交叉口群的关键路径,过饱和状态交通流变化特征等)优化交通信号控制方案[4]。在管理、优化过饱和状态交叉口群的交通流运行时,应分析交叉口群的交通运行状况,针对过饱和状态交叉口群的关键路径建立交通信号控制优化方法,以充分利用路网的存储能力,快速消除交叉口群的过饱和状态。

随着智能交通系统(Intelligent Transportation System,ITS)及相关技术的发展应用,传统交通控制技术需针对新时期城市道路交通发展的新形式进行更新。以交叉口群为单位升级已有交通信号控制系统,针对交叉口群的关键路径优化交通信号控制方案,有利于科学合理地对城市道路网中的交通流进行优化组织,提高城市交通系统的运行效率,缓解城市交通拥堵。

过饱和状态交叉口群的交通控制优化主要需要解决以下问题:动态界定交叉口群范围,识别交叉口群过饱和状态的程度以及对路径进行分级,选取交通控制优化目标,建立信号控制优化体系,并优化交通信号控制方案的配时参数。其中,交通状态识别是进行过饱和状态交通控制的基础,主要包括交叉口群范围界定,过饱和状态和关键路径的识别。过饱和状态交通控制主要需要优化交通控制目标、控制结构和控制策略,并分别优化静态和动态交通控制参数,最后应通过交通仿真手段验证所提出算法的有效性。

本书以城市路网中交叉口群的交通控制为研究对象,通过识别交叉口群过饱和状态和关键路径等交通状态,以防止溢流等交通负面效应和充分利用道路的存储能力为目标,确定交叉口群在过饱和状态下的控制策略,着重优化交叉口群关键路径的交通信号控制,通过避免交叉口群负面效应,确定信号周期、相位差等交通控制参数的优化范围,缓解交叉口群的过饱和状态,以达到应用稳态交通控制方法的条件。该研究可缓解现阶段过饱和状态交叉口群交通控制效果不佳的情况,并为开发适用于过饱和状态的交通控制系统提供理论依据,在理论和实践方面都具有较为重要的意义。

1.2 相关概念及定义

1.2.1 交叉口群

城市路网中常存在若干地理位置相邻,交通关联性较高的交叉口。为提高城市道路交通运行效率,常对这些交叉口进行信号协调控制,并将交叉口间的车队离散程度限制在适当的阈值内,从而使交通控制方案能更好适应交通需求状况的实时变化。此类交叉口一般具备两个特点:

(1) 地理位置相互毗邻;
(2) 有较强的交通关联性且其关联性度量呈动态变化特征。

基于城市路网中交叉口协调控制的需要,将此类交叉口的集合定义为交叉

口群,并给出定义如下:

城市道路交叉口群为城市路网中地理位置相邻且存在较强关联性的若干交叉口的集合。

城市道路网中交叉口群存在的形式可为城市中心区的部分交叉口、城内隧道两端的交叉口、立交桥邻近的部分交叉口、高速路进出口匝道与城市道路衔接部分的交叉口、甚至城市快速路进出口处的信号控制交叉口。交叉口群构成了城市路网的重点交通区域(包括交通密集路段和瓶颈路段),是提升城市交通控制性能的关键,解决交叉口群的交通阻塞问题将使整个路网的交通拥挤问题得到很大程度上的缓解。交叉口群的交通关联性主要表现在:由于交叉口间距较短、关键路径流量较大、车流离散性小,下游交叉口的车流到达分布呈现车流组团状态,而上游交叉口通行状况在一定条件下会受到下游排队车辆的影响。

在判断交叉口是否属于交叉口群并进行协调控制时,主要考虑以下三项原则[5]:

- 距离原则:离线协调控制车流离散情况的研究表明,车流离散程度随着行驶距离的增加而不断升高。在沿线未受信号控制的驶入驶出车流影响下,下游停车线车辆的到达又常呈现随机状态,从而导致协调控制的总体效益逐渐丧失。因此当交叉口间距大于设定阈值时,不宜将其纳入同一交叉口群内进行协调控制。此阈值在不同道路设施和交通状况下不断变化,在实际应用中需根据道路条件进行标定。

- 协调路径的流量原则:当交通负荷较大时,上下游交叉口之间需要协调的直行车流会增多,且到达的随机性大为减少,特别是在早晚高峰期间,如果不对两交叉口协调相位的车流进行协调控制,交叉口间的延误将会极速增加,同时带来停车次数的急剧增加。相反,如果两间距较大的交叉口间转向车流比重也较大,两交叉口间交通流关联的程度就大为降低,也不宜进行协调控制。

- 交通控制原则:进行协调控制的两个交叉口交通负荷程度需较为接近,且信号周期时长差别不大。如果两交叉口交通负荷相差悬殊,应用关键交叉口的信号周期为共用的信号周期将会使次要交叉口的延误大大增加,从而带来整个交叉口群交通效益的下降。此外,交叉口群范围的大小还应考虑交通信号控制机的处理能力,保证交通配时方案能快速有效的协调。

类似传统干线协调控制,交叉口群协调控制的定位介于单点控制和区域控制之间,但其控制范围有所扩展,涵盖干线交叉口群、关联交叉口群和网络交叉口群控制三类。干线交叉口群的交通控制类似于干线协调控制,而网络交叉口群一般是由多条道路组成的网格状拓扑,其范围小于区域协调控制,关联交叉口群为干线交叉口群和网络交叉口群的有机结合。交叉口群的协调控制应结合交叉口群各交叉口之间关联性的动态变化,通过将路网组合分割为若干交叉口群,并通过协调控制改善交通运行状态。

1.2.2 交叉口群过饱和状态

路段的服务水平可用道路流量与路段通行能力的比值(V/C)来描述,但常规单点交叉口存在两个流向的交通流量,用单个路段的 V/C 比来描述不能体现交叉口整体的交通状态[6]。当交叉口两个方向的流量与交叉口饱和流量之比的和大于 1 时,即交通需求超过其通行能力时,可将交叉口的状态定义为过饱和状态[7]。类似于交叉口的过饱和状态定义,当交叉口群内交通需求大于交叉口群路网的通行能力时,可认为交叉口群处于过饱和状态。根据交叉口群过饱和状态的定义,可利用交叉口群整体交通需求和通行能力的比值(V/C 比)来判断交叉口或交叉口群是否拥堵[8]。

交叉口群的过饱和状态可由其基本组成部分的过饱和状态扩展而来。交叉口最基本的组成为交叉口的流向(Movement),其交通过饱和状态的定义为:

交叉口某流向处于过饱和状态,指此流向的交通需求超过了其绿灯通行能力,即此流向在一个周期内的绿灯时间开始时存在的排队到绿灯时间结束时仍不能完全消散的情况。

过饱和的基本定义可作为过饱和状态的判别方法,但不能确定是否需要改变交通控制策略或采用其他交通管控措施的时机。应用滞留排队来定义过饱和状态,即存在车辆在一个绿灯周期内不能通过交叉口的情况(绿灯开始前已在排队,绿灯时间结束时仍未能通过交叉口),便可定义该状态为过饱和状态。如果应用基于交叉口排队特性定义的过饱和状态作为改变交通控制策略的依据,需要对此定义进行扩展,扩展的方面应包括过饱和状态程度、过饱和状态的变化速度、过饱和状态在交叉口群内部的影响和过饱和状态的持续时间等。表 1-1 中给出了过饱和状态定义扩展因素的描述方法。

表 1-1 过饱和状态定义扩展因素的描述方法

过饱和状态定义扩展因素	描述方法
过饱和状态程度	排队长度(Queue Length)
过饱和等级的增长率	排队增长率(Growth Rate of Queue)
对其他交叉口或交通设施的影响	阻挡溢流、绿灯空放等负面效应(Blocking, Starvation)
过饱和状态的持续时间	持续时间(Duration)

如果交叉口中单个流向处于过饱和状态,可将其他未饱和流向的绿灯时间调配至过饱和流向,从而缓解过饱和流向的交通压力。交叉口的进口(Approach)为若干流向的集合,如果单个流向的过饱和状态处理不及时,则会引起交叉口某进口呈现过饱和状态,定义交叉口进口的过饱和状态如下:

当交叉口某进口所有流向都处于过饱和状态或此进口的某过饱和流向对其他流向产生溢流、滞留排队或绿灯空放等不利影响时,可认为交叉口的此进口处于过饱和状态。

当一个相位(Phase)所服务的所有流向都处于过饱和状态,此相位处于过饱和状态,即过饱和相位,交叉口的单个进口或相位的过饱和状态均可以通过改变相关相位的绿灯时间的控制策略来缓解。

当交叉口存在两个或多个相互冲突的流向处于过饱和状态,此交叉口处于过饱和状态。需要说明的是,过饱和状态的交叉口中的所有流向不一定同时处于过饱和状态。过饱和状态的交叉口可分为阻塞(Blocking)和不阻塞(Non-blocking)两种情况。阻塞情况指交叉口的排队阻碍了其他流向的车流在其对应绿灯时间通行的情况。相比于单个流向的过饱和状态,交叉口的过饱和状态更加难以界定。在应用对应的交通管理和控制措施前,需详细验证交通信号配时方案调整的效果。

如果连接相邻交叉口不同进口的两个或多个冲突流向同时处于过饱和状态,对应连接相邻交叉口的路径(Route)处于过饱和状态。在过饱和状态识别中,路径将过饱和状态的范围从单个交叉口扩大到了多个交叉口。

交叉口群的过饱和状态可根据多个处于过饱和状态的路径及其内部的相互关系定义。交叉口群存在干线型、关联型和网络型等形式,部分特殊的交叉口群可按照以下情况定义:

单向主干道在同一路径的两个或多个进口同时处于过饱和状态(不限于单行道);

双向主干道在两个路径的两个或多个进口同时处于过饱和状态;

立交处于主干道和高速路交接口的一个或多个进口同时处于饱和状态;

若路网上存在相互垂直交叉的两个或多个相关的过饱和路径并且其交叉口间距为正常间距,则为典型的网格型过饱和状态交叉口群。正常间距和垂直的交叉口不是必须的条件,但过饱和状态需满足以下两条件之一:①平行方向上不同道路上有两个及以上的进口处于过饱和状态;②有三个及以上冲突过饱和路径的交叉口。

网络锁死状况(Gridlock)是一种特殊的过饱和状态。在路网锁死状况下,多个流向相互堵塞,各个方向的交通均不能前进,整个路网呈现锁死状况。在网络锁死时,需要对车流运行不畅的流向所对应的相位给予更多的绿灯时间。

路网(Network)的过饱和状态指路网中存在多个相互影响的过饱和状态交

叉口群的情况。路网的过饱和状态一般为"广泛传播的"或"区域性的"。解决单点交叉口群过饱和状态的交通控制策略主要为分析各个路径的相互关系,针对其关键路径进行信号优化。在路网级别,将各个交叉口群或路径的策略分别组合来解决路网级别的过饱和状态时,各个策略会彼此相互影响,其效果并不理想。因此控制研究区域的总体交通需求,即将过多的交通流量分配到其他区域是缓和路网级别过饱和状态的可行途径。

1.2.3 交叉口群关键路径

在图论中,图的路径是一个顶点序列,使得从它的每个顶点有一条边到该序列中下一顶点。一条路径可能是无穷的,但有限路径有一个最先顶点和最后顶点,分别称为起点和末点,两者都成为这条路径的端点,路径中其他顶点成为内点。类似于图论中路径的概念,定义交叉口群路径概念如下:在交叉口群的信号控制中,路径是交叉口群中一个交叉口的序列,使得从它的每个交叉口都有一个路段到达该序列的下一个交叉口。因为交叉口群中交叉口数目是有限的,所以交叉口群中的所有路径均为有限路径,每条路径均存在起点交叉口和终点交叉口,其对应的交叉口的流向称为起点流向和终点流向。路径经过的其他交叉口可被称为路径内交叉口。

项目管理中的关键路径是指网络终端元素的序列,该序列具有最长的总工期并决定了整个项目的最短完成时间。关键路径的工期决定了整个项目的工期。任何关键路径上的终端元素的延迟将直接影响项目的预期完成时间(因为在关键路径上没有浮动时间)。一个项目可以有多个并行的关键路径。另一个总工期比关键路径的总工期略少的一条并行路径被称为次关键路径。类比项目管理中关键路径的定义,在交叉口群控制中,关键路径的定义如下:

交叉口群的关键路径指交叉口群中交通量最大且决定交叉口群整体运行效果的路径。在交叉口群的关键路径中,任何路段交通服务水平的改变都会对交叉口群范围内其他路径产生影响。因关键路径的交通量显著大于其他路径,关键路径的交通服务水平一般低于其他路径,容易产生拥堵。交叉口群是城市路网中矛盾的集中反映点,关键路径的拥堵体现在关键路径上交叉口的堵塞,交叉口的拥堵又会对交叉口群中其他非关键路径交叉口的服务水平产生负面效应。因此交叉口群的协调控制路径应选用其关键路径。在对交叉口群进行协调控制时,应首先保证关键路径交通运行畅通。关键路径的周期时长可以用作整个交叉口群的公共周期时长。

1.3 研究目标及内容

1.3.1 研究目标

本书在界定城市道路交叉口群基本概念的基础上,旨在建立优化过饱和状态交叉口群交通控制所需的交通状态识别技术,提出适用于过饱和状态的交叉口群交通控制优化方法。

在研究城市道路交叉口群交通状态时,应注意分析交叉口群内各交叉口的交通关联性,建立交叉口群协调控制范围动态识别方法;围绕过饱和状态交叉口群交通控制的要求,研究交叉口群交通状态识别方法:在分析过饱和状态下交叉口群负面效应产生的原因和机理的基础上,利用实时交通数据,通过冲击波模型建立定量计算交叉口群过饱和程度的模型,作为过饱和状态交通控制策略应用的依据;根据过饱和状态交通流特性,研究改进的指数平滑法、状态空间神经网络及扩展卡尔曼滤波方法、数据融合方法在交通参数短时预测中的应用;结合交叉口群上下游交叉口交通流离散程度小的特性,建立基于小波变换和频谱分析的交叉口群关键路径动态识别算法,确定过饱和交通控制优化对象。

在获取交叉口群范围、过饱和状态产生时间、交叉口群关键路径和交通流参数短时变化特征的基础上,优化过饱和状态下交叉口群交通控制的优化目标和控制结构,建立不同层次的交通控制策略,并以交通控制策略作为指导,从优化交叉口群关键路径的协调控制参数入手,着重研究适用于过饱和状态的动静态协同交叉口群交通信号控制优化方法,以静态配时优化方案为基础,根据实时交通状况对交通信号配时进行动态更新,通过调整关键路径的交通控制参数以避免交叉口产生溢流、滞留排队等负面效应,使交通状态迅速恢复到能应用稳态交通控制策略的状态。

1.3.2 研究内容

(1) 交叉口群交通特性及分析基础

以城市道路中信号控制交叉口群为研究对象,揭示交叉口群几何拓扑特性、道路空间特性、交叉口间交通流离散特性及交通控制特性;介绍交叉口群过饱和状态的形成和疏散机理,为过饱和状态交叉口群交通信号控制提供理论依据。根据交叉口群交通流特性,选取合适的交通运行数据采集方法,建立数据清洗及处理方法。

① 交叉口群交通特性分析

分别从交叉口群几何拓扑特性、道路空间特性、交通流特性及交通控制特性等方面介绍交叉口群的交通特性,探索交叉口群中交通流的变化特征,为应用过饱和交通控制策略提供依据。其中,几何拓扑特性根据交叉口群中两个交叉口间的路径数目和特征将交叉口群分类;道路空间特性分析了道路设施设计会对交通流运行产生的影响;交通流特性给出了适用于过饱和状态城市道路间断流的描述模型;交通控制特性分析基本控制原理和控制结构,为建立交通控制方法奠定了基础。

② 交叉口群拥堵形成及疏散机理

分析交叉口群交通拥堵的诱发因素,确定交叉口溢流、绿灯空放和滞留排队等不良影响对于交叉口群交通拥堵的影响,确定交叉口群过饱和状态形成的过程;研究交通瓶颈消散时的交通流运行状态,应用网络负荷均衡理论描述拥堵状态疏散过程的交通流特征,为分析过饱和状态交叉口群的交通状态奠定理论基础。

③ 交通运行数据采集及处理

确定分析城市道路交叉口群交通运行状态所需要的交通参数,比较分析各种交通运行信息采集方法的优缺点及对过饱和状态交通信号控制的适应性,优选交叉口群交通状态识别和交通控制所需的数据来源。建立交通数据清洗及处理方法,确定交通流丢失数据补齐、交通流错误数据判别和修正及交通流冗余数据约简的算法,为交通状态分析奠定基础。

(2) 交叉口群交通状态识别

用于过饱和状态交通信号控制的交叉口群交通状态识别主要包括交叉口群范围界定、交叉口群交通运行状态识别、交叉口群的关键路径检测和短时交通流参数变化特性预测四个方面。交叉口群的范围主要明确交叉口群信号控制算法应用的范围;交通运行状态确定过饱和状态交通信号控制算法应用的时间;关键路径决定了交通控制算法的主要优化对象;交通流参数的短时变化特性是动态交通信号控制算法优化的基础。

① 交叉口群范围动态界定算法研究

在研究交叉口群空间特性及内在关联机理的基础上,分析交叉口群中交叉口间的交通关联性,建立基于特征矩阵的交叉口群范围界定方法和基于自组织神经网络的交叉口群范围界定方法。分别应用车辆排队长度与连线交叉口空间距离的比值和绿灯时间的有效利用程度来描述交叉口群关联特征,前者结合流量因素和距离因素,后者兼顾流量因素和配时因素,综合应用各种特征分析方法,判定交叉口群的范围。

② 交叉口群过饱和程度系数计算

研究交叉口群过饱和程度的分析方法,提出应用由负面效应造成的无效绿灯时间和总绿灯时间的比值来定义过饱和程度系数,并用此衡量交叉口群的过饱和程度。基于过饱和状态交叉口群在空间维度和时间维度上所产生的负面效应的特性,分别在空间和时间维度计算交叉口群的过饱和程度系数。在空间维度上,通过冲击波模型和时空图,由排队开始消散时产生的冲击波和绿灯开始时产生的离驶冲击波计算交叉口最大排队长度,由排队开始消散时产生的冲击波和下周期红灯开始时产生的停车冲击波计算交叉口的滞留排队长度,以此计算空间维度的过饱和程度系数。在时间维度,主要通过由交叉口排队溢流产生的上游检测器长时间占有现象来计算交叉口的过饱和程度系数。综合空间维度和时间维度的过饱和程度系数,识别交叉口群的过饱和状态。

③ 交叉口群关键路径检测及分级

分析并提取交叉口群交通流短时变化特性,利用数据挖掘分析的方法检测交叉口群的关键路径,对交叉口群路径分级。结合交叉口群关键路径上下游车流离散程度小的特征,应用小波变换技术将交通信号按不同频率分解,保留反映交通流短时变化特性的高频信号和反映交通流基础变化特征的低频信号,将滤波后的交通信号重构成突显交通流短时变化特性的新交通信号,作为关键路径识别及分级的输入数据。计算用小波变换重构的交叉口群各个进口流向交通信号的功率谱密度和流向间的交叉谱密度。通过计算各个交叉谱的一致性系数确定两个交通信号的相关度,获得对应指定进口所有路径的关键程度系数,再通过计算两个信号之间的位相,辅以两点的出行时间验证计算的有效性。综合分析所有进口关键路径的重要程度,通过模糊聚类方法确定交叉口群所有路径的关键程度。

④ 短时交通流预测模型

根据过饱和状态交通流特性可知,传统交通流模型不能直接通过模型计算未来的交通状态。本书提出应用改进的指数平滑方法、状态空间神经网络和扩展卡尔曼滤波方法及数据融合方法预测交叉口群短时交通参数的变化特征。通过利用当前时段和历史时段的交通数据,对下一时段的交通数据进行预测,模型不受过饱和状态的限制。

(3) 过饱和状态交叉口群交通信号控制

在交叉口群范围、过饱和状态、关键路径和短时交通流参数变化信息明确的前提下,需首先优化过饱和状态的交通信号控制的优化目标、交通控制结构及不同层面的交通控制策略。在静态参考配时方案优化的基础上,根据实时交通流和短时交通流预测信息,动态更新交通信号配时方案。

① 过饱和状态交通控制目标及控制结构

在过饱和状态下,稳态交通控制以使交通流运行顺畅的优化目标不再适用。

本书讨论了关键路径通行车数最大、排队长度最小等优化目标在过饱和状态交通控制的适用性,并确定交通控制优化目标,为交通控制参数的优化奠定基础。

结合过饱和状态交叉口群需要优先疏导瓶颈路段交通流量的控制目标,在交通控制时选择分层递阶的交通控制结构,并分为交叉口群层、关键路径层和单点交叉口层。交叉口群层主要通过限流、自适应控制等方法将交叉口群内部交通流快速疏散,同时适当限制外部交通进入;关键路径层关注交叉口群交通问题最突出路径的协调信号配时方案;单点交叉口层则通过交叉口处的信号机根据实时交通参数和关键路径层的协调控制方案优化配时参数,最终确定配时方案。

② 分层过饱和状态交叉口群交通控制策略

根据交叉口群的三层递阶优化控制模型,在已有控制策略中筛选适用于过饱和状态的交通控制策略。其中单点交叉口层的交通控制策略有绿灯延时、提前终止相位、相位再服务、动态左转、左转相位提前/移后和短连线交叉口采用相同配时方案等;关键路径层包括反向协调控制、同步交通控制、绿闪和防止溢流及绿灯空放的相位差设计等;交叉口群层层面的控制策略主要有限流、自适应控制等。

③ 基于非支配排序遗传算法的基准配时方案优化

以交叉口群运行的离线数据为基础,依照过饱和状态的交通控制目标,选取关键路径通过的加权通行车辆数最大和关键路径平均排队最小为优化目标,以各交叉口的绿灯时间为输入变量,应用第二代多目标非支配排序遗传算法优化协调配时方案,作为信号控制动态优化的基准配时方案。

④ 交通参数动态优化算法

基于交通状态信息、短时交通流预测结果和关键控制参数的取值范围,在基准控制方案的基础上,根据实时交通数据动态地调整交通控制参数的取值,并对各个步骤进行时耗分析。为达到通过交通控制防止过饱和状态交叉口群产生负面效应的目标,可通过调整周期长度,避免离散冲击波和排队消散冲击波的交汇点位于上游交叉口前,从而达到避免滞留排队的目的;通过调整两交叉口的相位差,也同样可避免溢流和绿灯空放现象的产生。应用此方法获取各个交通参数的取值范围,可以作为交通参数动态优化的取值范围。

1.4 技术路线

本书的研究通过国内外研究现状综述,确定主要研究内容和目标,分析交叉口群内交通流运行特点和交通运行数据采集及处理方法,作为交通状态识别和交通控制的基础。分别研究分析交叉口群范围、过饱和程度、关键路径和短时交通流参数变化特征等交通状态;确立过饱和状态交叉口群交通信号控制策略,在研究静态配时方案优化的基础上,根据实时交通流信息和短时交通流参数预测结果,建立过饱和状态交通信号控制动态优化方法体系,并对交通信号控制的相关问题进行探讨,总体框架如图1-1所示。

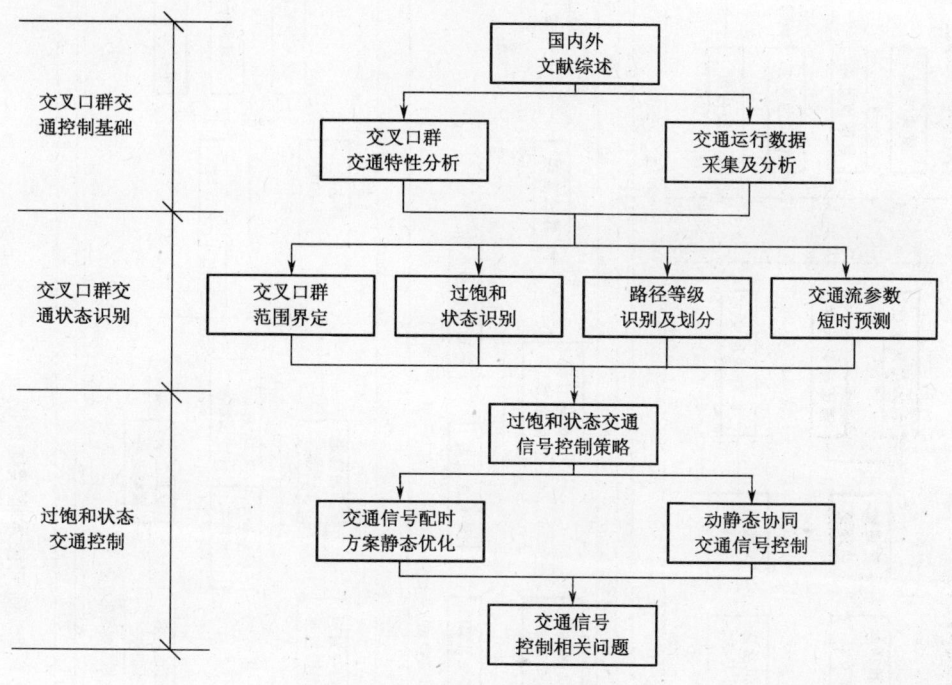

图1-1 研究总体框架

通过动态界定交叉口群范围,从而确定交通控制算法所应用的范围;应用冲击波理论,根据交叉口溢流排队的长度,定量计算交叉口群的过饱和程度,从而确定应用过饱和控制策略的时机;应用小波分析和频谱分析算法计算交叉口群各流向的关联程度,以确定交叉口群的关键流向,从而明确交通控制的优化对象;应用基于非支配排序遗传算法优化基准配时方案;建立改进的指数平滑法、状态空间神经网络和扩展卡尔曼滤波法及数据融合法综合预测交叉口群短时交通流变化特征;选取关键路径通过车辆数最大和排队长度最小为优化目标,应用交叉口群层、关键路径层和单点交叉口层的三层优化体系分别讨论交通控制优化策略;以防止交叉口群产生溢流、绿灯空放等负面效应为边界条件,确定交叉口群交通控制参数的优选范围,并提出交通控制参数的优化方法,以使过饱和状态交叉口群交通流顺畅运行,快速恢复到能应用稳态交通控制优化方法的状态。本书研究技术路线如图1-2所示。

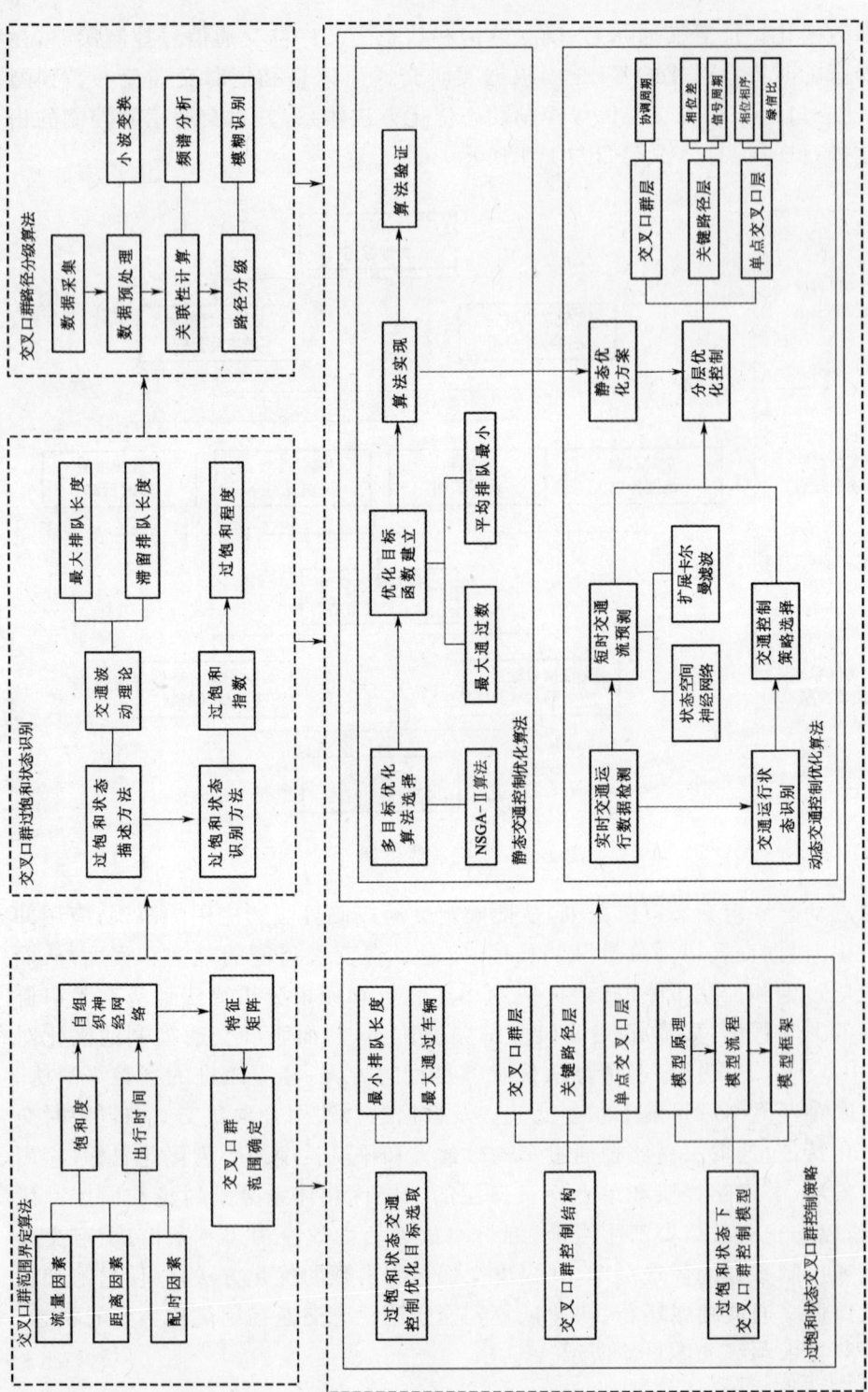

图 1-2 研究技术框架体系图

第二章
交叉口群交通控制相关研究综述

单点信号控制和协调信号控制的基本思想是根据控制条件下的交通流运行状态,对交通流运行进行描述、建模,进而优化控制参数。因此对交叉口群交通特性、交通状态识别和过饱和状态下交通控制的研究成果进行总结和综述,对研究过饱和状态下交叉口群协调控制问题具有借鉴作用。

2.1 交叉口群交通关联性

交叉口群(或信号控制交叉口群)概念的提出,最早是基于交叉口协调控制的需要。同济大学的杨晓光等在研究中国城市道路交通实时自适应控制与管理系统时提出交叉口群协调控制与诱导管理,并将其作为系统的一项功能[9]。交叉口群协调控制的定位介于单点控制和区域协调控制之间,与传统的干线协调控制类似,但对控制的范围进行了扩展,包括干线交叉口群和关联交叉口群。区域协调控制对应于交叉口群关联性的动态变化,通过实施弹性组合分割的交叉口群协调控制来实现,亦即交叉口群是协调控制的最小单元。杨晓光和杭明升等随后进一步阐述了交叉口群的概念和内涵,将城市道路信号控制交叉口群描述为关联性强的若干交叉口的集合[5]。在进行多交叉口协调控制时,为了提高控制区域的总体交通效益,把交通关联度较为密切的若干相邻交叉口组合在一起,采用同一信号周期进行控制并把交叉口间的车队离散程度限制在可协调的阈值内,从而使多交叉口整体优化后的控制输出方案能够更好地适应该区域范围内交通需求状况的实时变化。

交叉口群的概念提出以后,对交叉口群的相关问题进行了更深入的研究,包括交叉口群范围的划分[5, 10-14]、短连线交叉口群协调控制方法和通行能力计算[15]、多交叉口协调设计[16, 17]、交叉口群阻塞量化方法、交叉口群建模及交叉口群协调控制[18-20]。国外虽然未出现与交叉口群完全对应的概念,但相近的思想在小范围协调控制、干线协调控制、交通流运行状态判别、信号控制子区范围划分、关键路径识别等相关研究中进行了应用。

2.1.1 信号控制子区划分

城市交通控制对象主要可以分为单点控制、干线协调控制和网络协调控制三种类型。在应用网络协调控制对较大范围的路网进行控制时，为减少运算负担，可将受控路网划分为若干控制子区，并分别对各控制子区的信号控制进行优化控制。划分信号控制子区的主要原因有：①有利于提高控制系统运行效率。控制区域越大，控制系统的运算量也就越大，控制相应时间将增加，从而影响整个系统的运行效率；②有利于提高控制系统的可靠性。如果路网采用集中控制而不分区，一旦控制中心瘫痪，整个路网的信号都将失控。采用区域控制系统对受控路网的各个子区进行分别控制，中央控制系统或某个区域控制系统发生故障，都不会对其他控制系统产生很大影响；③有利于提高控制方案的灵活性。对路网进行分区控制，则可根据交通状况的变化，在局部区域实施灵活的控制方案。

目前，主流的城市信号控制系统大部分采用分层递阶式控制结构，如英国的 SCOOT(Split Cycle Offset Optimization Technique)、澳大利亚的 SCATS(Sydney Coordinated Adaptive Traffic System)、日本的 STREAM(Strategic Real-time Control for Megalopolis-traffic)、德国的 MOTION(Method for the Optimization of Traffic Signals In On-line Controlled Network)等[21]。分层递阶式的控制结构一般分为组织层、协调层和控制层，其中协调层为区域级控制。

网络交通协调控制的分区策略主要有两种，分别是静态分区策略和动态分区策略。在 SCOOT 系统中，首先把受控道路网划分为几个区域，再根据实际情况将每个区域划分为几个子区，对每个子区内的信号交叉口采用相同的周期时长进行协调控制，各个子区及区域之间的控制方案优化过程相互独立。子区一旦划定，不能合并或分离，也不能重新划分。SCATS 采用类似控制策略，每个子区包含 1 到 10 个交叉口，子区内所有交叉口采用相同周期时长控制。它与 SCOOT 分区策略的不同之处在于相邻子区可以合并或分离。以上两种都属于静态分区策略，其优点是易于实现，但其弊端也比较明显，主要体现在分区策略不够灵活，无法适应城市道路网络交通流 OD 分布的动态变化。为克服静态分区策略的缺点，动态分区策略的概念被提出，即路网分区不再固定不变，网络中的交叉口和路段可根据不同的需求进行重新组合。由于路网中 OD 的动态性，动态分区策略能与实际交通状况更好的结合。

无论是采用静态还是动态的信号控制子区划分策略，国内外学者主要围绕信号控制子区划分与合并、交叉口关联性、路径关联性等方面进行研究，代表性的方法有结合法、耦合指数法、综合效益法和组合优化法等四种。

结合法是一种早期的区域协调控制配时方法,其把构成一个复杂路网的连线逐一两两结合,最后将整个路网简化成两个交叉口间的一条连线。通过这种两两结合的方式,逐步协调相邻交叉口的相位差,从而完成对整个路网交通信号配时方案的协调。结合法的基本假定中要求所有受控交叉口执行一个相同的信号周期(共同周期长度),或者部分采用共同周期的一半,甚至1/3或1/4等。结合法中提出的并不是真正意义上的控制子区划分方法,但 TRANSYT 系统中明确了交通控制子区的概念,并沿用了这种方法,但对其假设作了改进。在(Traffic Network Study Tool)TRANSYT 方法[22]中进行交通控制分区的方法是将信号周期大致相等或者接近的相邻交叉口合并到一个控制区域中,子区的划分还允许同一个控制子区内部分相邻的交叉口采用双周期。SCATS 系统根据信号周期来进行分区,不同的是引入了"合并指数"的概念,以对子区边界交叉口进行分离和合并。在每个信号周期内,都进行一次"合并指数"的计算,相邻两子系统各自所要求的信号周期长度差不超过 9 s,则"合并指数"累计值为加 1,否则减 1。若"合并指数"的累积值达到"4",则认为这两个子系统已经到达合并的标准。合并后的子系统,当"合并指数"累计值降低到"0",就可以将原先的子系统分解开来。结合法是一种较简单的区域划分方法,以信号周期的相关性来表征交通状态的相关性,但由于指标单一,它难以充分反映实际交通状态的变化。

耦合指数法主要通过研究邻近交叉口间的关联性来进行子区划分。Yagoda 建立了一种采用相邻交叉口之间的耦合指数来划分子区的方法[23]。交叉口间的耦合指数被定义为交通量与路段长度的简单比值。利用这种方法对每条路段进行计算,并有选择地去掉指数值低的路段,就可划分出子区。该方法易于计算,但忽略了车辆排队与车流速度的影响。美国交通控制系统手册[24]推荐的相邻交叉口间路段关联性计算模型应用流量不均衡系数描述上游交叉口的各流向流量特征,用车流离散系数描述车流在路段的离散程度。耦合指数法考虑了车流离散、车速、交叉口间距及排队长度等关键因素对交叉口关联性的影响,与结合法相比,更符合实际需要,且模型运算量较小,适合子区或交叉口群的动态划分。耦合指数法的缺陷在于难以表现网络中多交叉口相互影响的综合效应。应用耦合指数法计算路网中各交叉口的关联度可应用流量饱和度和自由流行程时间来计算[17]。流量饱和度为道路交通流量与道路通行能力的比值,其反映道路的繁忙程度。自由流行程时间为交叉口间距与自由流车速的比值,其反映交叉口间的交通距离。设两相邻交叉口分别用 i 和 j 表示,连接两交叉口的路段分别用 $i{\to}j$ 和 $j{\to}i$ 表示,可建立交叉口关联度模型如式(2-1)所示。

$$I_{i \to j} = \begin{cases} R \cdot \left(1 - \dfrac{t}{\tau}\right) = \max\left(\dfrac{v_1}{C_1}, \dfrac{v_2}{C_2}, \cdots, \dfrac{v_d}{C_d}\right) \cdot \left(1 - \dfrac{D}{s\tau}\right), & \text{当 } 1 - \dfrac{t}{\tau} > 0 \\ 0, & \text{当 } 1 - \dfrac{t}{\tau} \leqslant 0 \end{cases}$$

(2-1)

式中：$I_{i \to j}$——交叉口 i 到交叉口 j 的关联度；

R——$i \to j$ 下游交叉口进口的饱和度；

t——$i \to j$ 的自由流行程时间(s)；

τ——行程时间的关联性阈值(s)，自由流行程时间超过此值时说明关联性很弱；

v_d——$i \to j$ 下游交叉口进口第 d 个流向的交通流量(veh/h)，其中 d 为该进口流向的数量；

C_d——$i \to j$ 下游交叉口进口第 d 个流向的通行能力(veh/h)；

D——交叉口间距(m)；

s——$i \to j$ 上的自由流平均车速(m/s)。

因交叉口间不同流向的交通状况往往不同，因此交叉口关联度需选用由式(2-1)计算的较大交叉口间单流向关联度，如式(2-2)所示。

$$I_{ij} = \max(I_{i \to j}, I_{j \to i}) \tag{2-2}$$

式中：$I_{i \to j}$——交叉口 i 到交叉口 j 的关联度；

$I_{j \to i}$——交叉口 j 到交叉口 i 的关联度。

综合效益法是以某几种指标的优化为目标，对子区或交叉口群进行划分，同时对划分方案的效益进行评估，并进行反馈，寻求满足优化目标的区域划分方案。Ferguson 以子区内交通流总延误最小为目标研究了控制子区的合并问题，并进行了仿真验证[25]。Hisai 研究了信号协调干道的控制子区最优划分问题，以协调带宽最大为优化目标，采用动态规划的方法得到最优控制子区划分方案及各子区的最佳周期长度[26]。Tian 提出以协调带宽最大化为目标进行交通控制子区划分[27]。该方法将网络划分为多个由 3 到 5 个信号交叉口组成的子区，并使各子区内的协调带宽最大，特别是使高峰流向协调带宽最大为目标。国内研究主要通过总结分析影响相邻交叉口关联性的各种因素，结合相邻交叉口关联度与多交叉口组合关联度，实现了交叉口之间相关性要素的有效综合；通过定义控制子区划分方案的解集空间、约束条件与评价指标，建立了量度化的协调控制子区动态划分模型；通过设计子区划分层扩散算法，实现了对控制子区划分方案的综合性分析评价[17, 28]。综合效益法有利于保障区域划分方案满足特定的目标，可表现多个交叉口相互影响的综合效应，但其运算量较大，在用于区域的动态划分时受到一定限制。除用于交通控制也可推广用于其他层面的区域划分。应用网络拉普拉斯(Laplacian)矩阵的特征值(或称谱)计算交通网络的综合效益,可用于划分网络成若干交叉口群。因应用谱分析技术,此法可称为谱划分法(Spectral Partitioning)[10]。设网络中有 n 个交叉口,已知任意相邻交叉口 i 和 j 之间的关联度为 $I_{i \leftrightarrow j}$,则该网络的拉普拉斯矩阵为对称阵,用 L 表示。其中,L 对角线的元素 a_{ii} 为交叉口 i 与其相邻所有交叉口关联度之和,非对角线元素 a_{ij},当 i 和 j 相邻时,a_{ij} 和 a_{ji} 均取值 $-I_{ij}$,当 i 和 j 不相邻时,a_{ij} 和 a_{ji} 均取值为 0,如式(2-3)所示。

$$a_{ij} = \begin{cases} \sum_{j} I_{ij}, & \text{当 } i = j \\ -I_{ij}, & \text{当 } i \neq j \text{ 且 } i \text{ 与 } j \text{ 相邻} \\ 0, & \text{当 } i \neq j \text{ 且 } i \text{ 与 } j \text{ 不相邻} \end{cases} \quad (2-3)$$

由式(2-3)可知,拉普拉斯矩阵的每行元素之和与每列元素之和均为 0,因此矩阵 L 总存在一个特征值为 0,且对应所有元素均为 1 的特征向量。如果该网络是连通的,矩阵的 Fiedler 向量(第二小特征值对应的特征向量)对应的特征值为正。Fiedler 向量中的每一个元素对应网络中的交叉口,其元素值为该交叉口的等效坐标值。两交叉口等效坐标值之差反映了它们之间的等效距离,即交叉口关联度。

交叉口群边界交叉口与群外相邻交叉口的关联度可用交叉口群的平均切割权重来衡量,根据交叉口群划分的原则,交叉口群划分目标应使交叉口群的平均切割权重最小,目标函数如式(2-4)所示。

$$\min F = \frac{\sum_{e \in E} \sum_{o_e} I_{eo_e}}{\sum_{e \in E} C_e}$$

$$\text{s. t.} \quad N_{\text{low}} \leqslant N \leqslant N_{\text{up}} \quad (2-4)$$

式中:F——交叉口群平均切割权重;

E——交叉口群边界交叉口的集合;

e——群内的边界交叉口;

C_e——与 e 相邻的群外交叉口数量;

o_e——与 e 相邻的群外交叉口;

I_{eo_e}——边界交叉口 e 和群外交叉口 o_e 的关联度;

N——交叉口群内交叉口的数量;

N_{low} 和 N_{up}——交叉口群内交叉口数量的下限和上限。

基于交通特性的交叉口群范围界定方法提高了范围界定结果的科学性和精确性,但其在划分过程中仍需人工确定初始交叉口,这使最终划分结果受到主观因素影响,且在交叉口关联度计算的过程中,不能反映路网空间拓扑的影响。

组合优化法是指在区域划分中采用多种优化手段的方法。Moore采用聚类与判别分析的方法,提出了一种城市道路信号控制网络的子区划分方法。该方法采用多元分析过程,可得到网络中所有交叉口之间的关联性[29]。Li等提出综合运用道路交通耦合指数法和自组织神经网络,根据实时检测交通数据进行自我学习,对道路交通运行状况进行可视化分析,在此基础上对城市道路网络控制子区进行划分[14]。张兆庆等在关联性模型的基础上提出了基于模糊邻接矩阵的城市道路网络控制划分方法[30]。高云峰应用改进的交叉口关联度模型,运用层次聚类算法进行动态交叉口群划分,综合考虑的聚类因素包括区域内的动态OD分布、连线的流入流向流量及比例、交叉口间距、交叉口进口平均排队长度、车流的平均行驶速度等[31]。

2.1.2 交叉口群交通关联性

既有对交叉口关联性模型的研究主要用于解决信号控制子区划分或线性协调控制的分段问题,该领域的学者建立了多种交叉口关联性的计算模型。这类问题也被称为信号分组(signal grouping)问题,当计算出的交叉口关联性达到某一阈值时,就将相应的交叉口分为一组。Yagoda提出一种耦合指数(Coupling Index, CI),是交叉口间路段流量与路段长度的简单比值[23];Chang建立了一种互联模型(Interconnection Model, IM),考虑了上游交叉口的流量流向波动性和路段上的车队离散性[32];Hook和Albers比较了另外三种关联性模型:第一种为基于牛顿引力模型的改进耦合指数(Improved Coupling Index, ICI);第二种模型为吸引强度(Strength of Attraction, SA),其考虑了交叉口间距、路段流量、车速和车队离散等因素;第三种模型为协调系数模型(Coordinatability Factor, CF),它主要考虑行程时间、流量、交叉口间距、车队离散和信号周期等因素,主要为信号配时和交叉口分析软件Synchro采用。Hook和Albers在五个随机网络上对这三种关联性模型进行了测试,结果表明这三种模型差别不大[33]。Robertson和Hunt用排队减少量(Reduction in the Queue, QR)来判别交叉口协调关联性,QR值主要根据行程时间和流量计算而得[24]。李瑞敏等建立了一种基于混合协调系数的模糊自动分区模型(Fuzzy Automatic Division Method, FAD)。

综合分析计算交叉口交通关联性的各个模型的影响参数,各影响参数都可认为对交叉口交通协调信号控制的关联性产生影响,其中流量和距离在每个模型中都被应用,是协调控制的关键影响因素,而车速和车队离散程度在大部分模型中也被考虑,是协调控制的重要影响因素。

表 2-1　不同交叉口群范围界定模型所采用参数对比

影响参数	交通量	路段长度	平均车速	不均衡性	车道数	排队	周期长度
CI	✓	✓					
IM	✓	✓	✓	✓	✓	✓	
ICI	✓	✓					
SA	✓			✓			
CF	✓	✓				✓	✓
QR	✓	✓		✓			
FAD	✓	✓	✓	✓		✓	✓

2.2　路网交通状态识别研究综述

2.2.1　路网交通状态识别及应用

过饱和状态下的交通管理和控制方法已有较多研究，但识别交叉口过饱和状态的文献却不多见。现有过饱和状态的交通管理策略中一般假设交叉口的到达流量已知，从而获取交叉口的交通状态。交通检测系统只能提供路段特定点的交通信息，在过饱和状态下不能提供足够有效的数据来识别交叉口的交通状态。

当交叉口的交通需求超过其通行能力时，该交叉口处于过饱和状态。当交叉口群的路网中交通需求大于其通行能力时，交叉口群处于过饱和状态。根据过饱和状态的定义，选用 V/C 比（交通需求和通行能力之比）来定量判别交叉口/交叉口群的过饱和状态。根据饱和流率和通行能力的关系，每个车道组的 V/C 比可根据式(2-5)计算。当车道组的 V/C 比大于 1 时，此车道组处于过饱和状态。

$$X_i = \frac{v_i}{c_i} = \frac{(v/s)_i}{(g/C)_i} \tag{2-5}$$

其中：X_i——车道组 i 的饱和度（V/C 比）；

v_i——车道组 i 的交通到达流率；

c_i——车道组 i 的通行能力；

$(v/s)_i$——车道组 i 的流量与饱和流率之比；

$(g/C)_i$——车道组 i 对应相位的绿信比。

单点交叉口为两条以上的道路相交，用单个道路的 V/C 比来描述不能体现交叉口整体的交通状态。Gazis 提出了十字交叉口过饱和状态的定义：两个道路的流量与饱和流量之比的和大于 1 减去损失时间与信号周期长度之比[34]，定义如式(2-6)所示。

$$q_1/s_1 + q_2/s_2 > 1 - (L/C) \qquad (2-6)$$

式中：q_1 和 q_2——交叉口两个方向的到达流率；
　　　s_1 和 s_2——交叉口两个方向的饱和流率；
　　　L——总损失时间；
　　　C——周期长度。

Green 改进了 Gazis 的模型，当两个流向的流量与交叉口饱和流量之比的和大于 1 时即可判定交叉口处于过饱和状态[7]，Green 的定义如式(2-7)所示。

$$q_1/s_1 + q_2/s_2 > 1 \qquad (2-7)$$

当交叉口满足 Green 模型要求时，无论周期长度是否恒定，交叉口都处于过饱和状态，因此，Green 模型为"绝对"饱和状态模型，此模型常用于判定交叉口状态。因交叉口过饱和状态下通行能力和饱和流率难以测定，直接应用这两个模型判别交叉口状态较为困难，可利用过饱和状态的特性来识别交叉口过饱和状态。

针对交通拥堵的特性，将交通拥堵进行分类，从而针对不同种类的交通拥堵采用不同的控制策略。Longley 基于交通流特点提出了两种城市交通拥堵的形成机理[35]：一种是由信号交叉口排队引起的；另一种是无控信号交叉口因过大的交通流造成的。Longley 同时提出了当交通拥堵不可避免时的交通网络的控制流程框架：进行上游交叉口排队管理，使下游交叉口的排队车辆最少。Pignataro 等人根据拥堵的程度把交通控制网络中的管理控制分为非拥堵状态和拥堵状态[36]，其中拥堵状态下的交通控制又分为饱和状态和过饱和状态两种。按照 Pignataro 的分类，饱和状态和过饱和状态的区别主要是排队车辆对上游交通流的影响。美国国家公路合作研究计划（National Cooperative Highway Research Program，NCHRP）3-38 报告定义了拥堵交通状况（饱和状况），并将拥堵分为局部拥堵（Local congestion），延伸拥堵（Extended congestion），区域拥堵（Regional congestion），间断拥堵（Intermittent congestion），递归（周期）拥堵（Recursive (cyclical) congestion）和拖延拥堵（Prolonged congestion）[37]。各种拥堵特性如表 2-2 所示。这些分类适于对交通拥堵进行定性分析，但不能对拥堵的程度进行精确测定。交通拥堵状态的定性分析对优化过饱和状态下交通控制的贡献不大，在工程应用中应采用定量分析的方法判定交叉口的过饱和状态。下文对应用排队长度、行程时间、停车次数、行程车速、交通流密度（占有率）和绿灯时间等参数检验交通状态的文献进行综述。

第二章 交叉口群交通控制相关研究综述

表 2-2　NCHRP 3-38 报告定义的不同交通拥堵特性

拥堵种类	拥 堵 特 性
局部拥堵	当一个周期内存在较多车辆到达交叉口时处于红灯时间时引发的交通拥堵,此种类型交通拥堵不会对排队产生破坏性的影响
延伸拥堵	车辆连续在若干周期内不能通过交叉口,交叉口排队不断增长,直至上游交叉口,引起交叉口通行能力的下降
区域拥堵	发生在关键交叉口的排队相互影响或关键交叉口排队影响到上游交叉口的时候
间断拥堵	此种拥堵是交通随机到达的必然结果。即使在交通量较小的时候,应用某种特定分布描述交通到达,也会出现因交通控制目标不合适(要求少于 5% 的车辆在绿灯时间到达)而产生的拥堵
递归(周期)拥堵	发生在交叉口的通行能力小于交通需求时。这种情况下,每个周期交叉口的排队都会稳定增加,直到交通需求减少
拖延拥堵	交叉口每个周期都要服务上周期未能通过交叉口的滞留排队而造成交叉口通行能力下降,从而造成交通拥堵

在过饱和状态下交叉口通行能力小于到达流量,排队长度不断增加,可利用排队长度特性定义交叉口的过饱和状态。Gazis 认为交叉口"停车排队在一个绿灯周期内不能消散"(周期服务失败率)的情况为过饱和状态[38]。Abu-Lebdeh 和 Benekohal 提出"因不足的绿灯通行时间或阻塞而形成的持续多个信号周期不消散的交叉口车辆排队"可作为过饱和状态的识别依据[39,40]。Roess 在《交通工程》中提出:"过饱和状态可以由因堵塞形成的不稳定的排队特性来判别"[6]。因此当交叉口排队长度大于路段长度时,交叉口一定处于过饱和状态。然而也存在最大排队长度小于路段长度,但每个周期交叉口都会产生滞留排队,此时交叉口也处于过饱和状态。滞留排队产生的可能原因为:不恰当的绿灯时间、下游路段阻挡或行人交通量过高。

美国联邦公路局(Federal Highway Administration,FHWA)报告[41]根据排队信息把交通状况分为了轻交通量状况、适度交通量状况、重交通量状况和过饱和状况四种。轻交通量状况下通过交通信号能很好地服务到达的车流,每个周期中到达车辆不能在绿灯时间通过交叉口的车辆应少于 25%,其显著特征是绿灯到达率高。适度交通量状况下,驾驶员期待交通管控的"公平",即使每个进口的饱和度近似相等。适度交通量状态下存在绿灯时间不能通过交叉口的情况,但不会影响驾驶员和乘客,没有交叉口的排队会显著高于其他进口。适度交通量状态的显著特征是对"公平"管理控制的需求。重交通量状况的特征是车辆不能在当前周期绿灯时间通过交叉口的状况频繁发生,但滞留排队不会增加,交通量没有显著增加。因为车辆的随机到达特性,交通需求约有一半的时间超过通行能力。过饱和状态的特性为非可控的交叉口滞留排队,其随时间发展不断增长,并在路网中不断蔓延,使整个路网的交通状况不断恶化。

图 2-1 给出了轻交通量、适度交通量、重交通量和过饱和各种状态和滞留排队的关系。当平均交通需求和道路通行能力相等时,每个周期必然会产生滞留排队,当交通需求大于通行能力时,滞留排队会不断增长。虽然分析交叉口的排队长度和滞留排队不能得出缓和过饱和状况的优化策略,但其仍可分析过饱和状态的定义和特性,作为过饱和状态识别的依据。对排队长度进行精确的估计需要交叉口到达流的信息,即需要安装上游检测器。已有的检测器很难完全达到检测的需求,如检测车辆驾驶行为的高级检测器根据交通流的车速等特征,被安装在停车线上游 100~200 m 的地方。如果排队长度大于停车线和检测器之间的距离,即排队车辆一直停在检测器上,此时大多排队长度的估计算法不再适用。此时需在上游增加布设额外的检测器,或开发可根据当前检测器布设估算排队长度的算法。

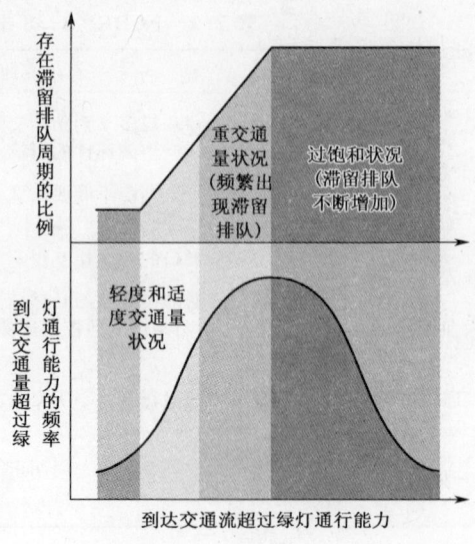

图 2-1 交通状态分级

排队长度可被用来识别交叉口/交叉口群的过饱和状态,根据过饱和状态的交通特征,延误、占有率、绿灯时间利用率等交通参数也可用来估算过饱和状态。

因过饱和状态下排队长度通常较长,排队产生的延误成为交叉口总延误的重要组成部分。如图 2-2 所示,Dion 等比较了过饱和状态和未饱和状态的延误累积曲线,并认为溢出交通流所产生的延误在总体延误中的比重会随着时间发展不断变大,而溢出延误很难被测定[42]。为获取过饱和状态下交通流的延误,多种估算过饱和状态下交通流延误模型被研究[43-45]。图 2-3 比较了 Webster 的随机延误模型和理论溢出流延误模型[46]。Webster 延误模型只适用于饱和度小于 1 的情况,理论溢出流延误模型可延伸至 V/C 比大于 1 时的情况。如图 2-3 所示,过饱和状态交叉口的延误比未饱和状态交叉口有显著的增长,大多数研究假设过饱和状态每辆车平均延误的增长率和 V/C 比的增长呈线性关系。上述模型均能计算在 V/C 比高于 1 时交通流的延误。但车辆到达量等参数在工程应用中难以检测。在过饱和状态,排队不断向上游增加,固定地点的检测器所获取的数据只能反映检测点的交通流特性,不能作为上述模型的输入变量,因此上述模型在过饱和状态实用价值不高。为达到应用现有检测系统识别过饱和状态的目标,不宜选用延误作为关键识别参数。

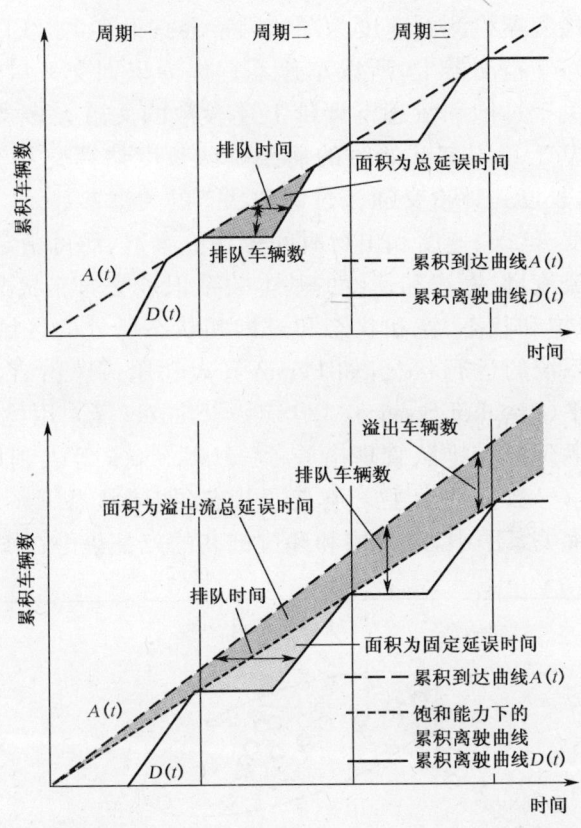

图 2-2 未饱和状态和过饱和状态下的理想到达和离驶累积曲线

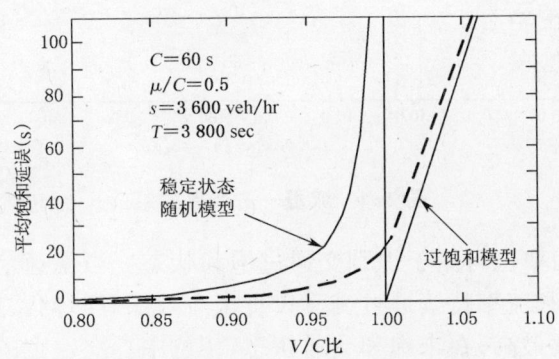

图 2-3 随机延误模型和溢出流延误模型的比较

速度(空间平均速度或其他速度)、停车次数和出行时间在过饱和状态下都有显著改变,也可应用于交叉口过饱和状态的识别。例如车辆在拥堵状况下反复的加速和减速会造成停车次数的显著增加;由于速度降低,出行时间也会显著上升。因为造成检测器检测到速度为零的因素会有很多，如红灯、事故等因素造成的车辆长时间停于检测器上，所以车速不宜作为识别交叉口群过饱和状态的关键参数。因此关于过饱和状态下评价上述参数的文献大多基于交叉口排队，例如 Cronje 提出基于每周期开始时的期望排队长度估算交通流参数[47,48]。所以，交叉口的排队长度是评价交通流过饱和状态的关键参数。

包括排队长度、延误、速度和出行时间等评价参数，均可由定点检测器获取，因此可应用交通流流量、密度和速度的基本关系识别交通流状况。因在流量/占有率关系图中，未饱和状态、饱和状态和过饱和状态所处的区域不同，因此可用此信息估算交通系统的运行状况，如 Perrin 等人利用道路占有率数据估计 V/C 比和道路服务水平（Level of Service, LOS）[49]，Sharma 等人用检测器信息和交通相位信息估计车辆延误和排队管理措施[50]，Hallenbeck 等人利用停车线检测器数据和交通控制信号数据估计主干道交通状态（拥堵状态下）[51]。在图 2-4 所示的流量—占有率关系图中，对应饱和和过饱和的点都集中在图的右侧。

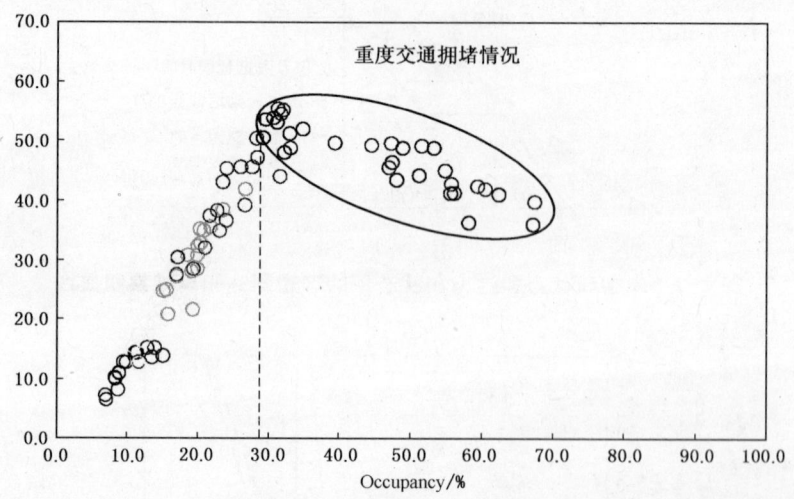

图 2-4　流量—占有率关系

绿灯时间利用率也可用于识别交通过饱和状态。当交通信号处于过饱和状态时，车辆将以饱和流率持续通过交叉口直至有效绿灯时间结束，此时交叉口的绿灯利用率将持续最高；在未饱和交通状态，相位中存在一定的绿灯时间没有被利用，未利用的绿灯时间在感应控制中会被调整到其他相位。在定时信号控制中，未使用的绿灯时间被识别为没有关联检测器占有率的绿灯时间。因此绿灯时间利用率可被用来检测交叉口某个相位的过饱和状态[52]，但此方法只能计算绿灯时间是否能满足当前的交通需求，但并不能获取其过饱和的程度和相关交通参数（如队列长度等），也不能求出清空当前排队所需时间。Smaglik 等人也利用相似的方法估计了交叉口的运行状况[53],其利用车辆在绿灯时间到达的比例来识别交通到达的类型。如图 2-5 所示,应用上游检测器检测车辆到达信息,并按周期汇总为数据簇。应用公式(2-8)计算车辆在绿灯时间到达的比例。应用美国《道路通行能力手册》(Highway Capacity Manual 2000,HCM 2000)提供的公式(2-9)计算车队比例(platoon ratio),并根据表 2-3 所示表格确定交叉口车辆到达类型[54]。

$$P = \left(\frac{N_g}{N_r + N_g}\right) \quad (2-8)$$

其中:P——绿灯时间车辆到达比例;
N_g——绿灯时间到达车辆数;
N_r——红灯时间到达车辆数。

$$P_p = P\left(\frac{C}{g}\right) \quad (2-9)$$

其中:P_p——车队比例;
C——周期;
g——绿灯时间。

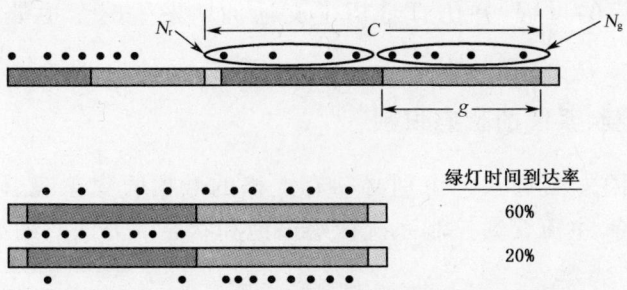

图 2-5 计算车辆绿灯时间到达比例的数据簇

表 2-3 到达类型与车队比例的关系

到达类型	车队范围比例(R_p)	默认值(R_p)	运行状态
1	≤0.50	0.333	极差
2	>0.50~0.85	0.667	较差
3	>0.85~1.15	1.000	随机到达
4	>1.15~1.50	1.333	一般
5	>1.50~2.00	1.667	较好
6	2.00	2.000	极好

高绿灯利用率不一定意味着过饱和状态,良好的交通协调控制也会产生较高的绿灯利用率。因此,绿灯利用率只能给出当前相位服务的交通需求,并不能说明总体的服务能力,不适宜作为识别交通过饱和状态的主要指标。

国内关于交通状态识别的研究文献多关注于路段或路网交通流状态的识别。其识别方法主要为通过交通流参数来估计或通过聚类分析、模糊分析等方法来评价。东南大学过秀成等学者系统地总结了道路交通运行状态分析的方法[55,56],王炜、程琳等学者建立了以灰数表示评价指标和聚类阈值的基于梯形白化权函数的灰数表达公式和聚类模型来评价具有典型灰数特征的信号交叉口服务水平[57]。同济大学的杨晓光、林瑜等学者提出间断流阻塞度概念,并使用行程速度和排队长度作为指标模糊量化各个指标,把城市道路间断流分为较通畅、一般、较堵塞、堵塞和非常堵塞五类[58]。华南理工大学的许伦辉和唐德华运用相干定量递归分析分别确定了常发性拥挤和偶发性拥挤交通状态的转变时刻,得到了不同交通状态的统计特征值[59]。吉林大学的姜桂艳等以 SCOOT 系统感应线圈检测器采集到的交通数据为基础,设计了基于模糊聚类的城市道路交通状态实时判别算法及其评价方法,并提出了交通状态判别时间间隔的确定方法[60]。北京交通大学的关伟等学者使用同态度量指标、时空差异度指标等定性判断交通系统的状态[61],并运用变参数线性方程描述交通系统状态转移的正负反馈交互迭代的过程,并仿真分析了交通拥堵发生时车道非同态性变化的过程[62]。

2.2.2 交通控制系统的状态识别

在工程应用中,交通状态识别必须有严格的数据收集系统、硬件设施、通讯设施和操作支持,主流交通控制系统识别过饱和状态的方法归纳如下。

1. SCOOT 系统

SCOOT 自适应交通信号控制系统拥有针对过饱和状态设计的对策[63],具有处理过饱和状态交通的能力。SCOOT 系统对每个车道除一般布设的停车线检测器外,还需在车道上游设置高级检测器。高级检测器一般设置在每个车道上游交叉口的进口道处。如图 2-6 所示,上游检测器能提供到达交通流在上游交叉口出口处的交通状态至 SCOOT 系统,SCOOT 系统通过相关模型检测下游交叉口可能的排队长度。SCOOT 系统利用上游交叉口停车线的交通量和"线上饱和占有率"来估计交叉口的饱和程度。道路的"线上饱和占有率"是"由 SCOOT 系统估算的能通过交叉口停车线的排队车辆的比例"。

SCOOT 系统中的饱和比可用公式(2-10)计算[64]。

$$SAT = q/(STOC \cdot g) \tag{2-10}$$

式中：SAT——系统饱和比；

g——绿灯时间；

q——综合表示了交通流量和占有率；

$STOC$——排队车辆通过停车线的最大流出率；

q 和 $STOC$ 的单位分别为 LPU(link profile unit) 和 LPUs/sec。LPU 是一个 SCOOT 系统定义的中间变量单位，一个车辆大致等于 17LPUs，饱和流率为 2 000 车/h 可换算成 10 LPUs/sec 的 SCOOT 的饱和占有率($STOC$)。过饱和状态可由大于 100% 的高饱和度来识别。

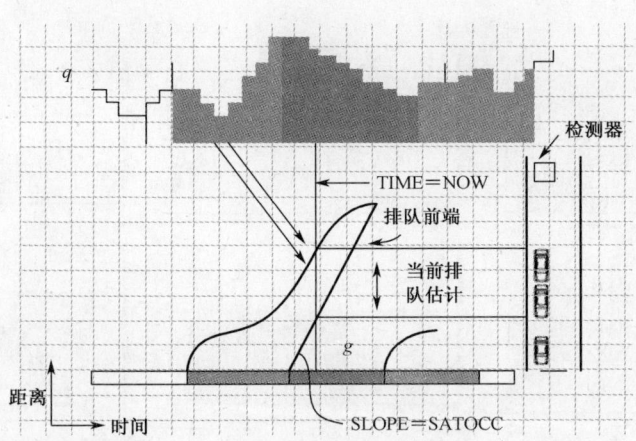

图 2-6　SCOOT 自适应控制系统中的排队长度识别

2. SCATS 系统

与 SCOOT 系统不同，SCATS 系统主要利用停车线检测器作为数据来源，且不存储上游交叉口数据[65]。和 SCOOT 系统相比，SCATS 系统主要针对短时交通变化被动地做出控制方案的调整，但不具备主动预测的能力[66]。SCATS 系统利用饱和度(Degree of Saturation, DS)来评价交通控制系统的饱和状态，其中饱和度指的是有效使用的绿灯时间和全部有效绿灯时间之比。SCATS 系统的饱和度可由公式(2-11)计算而得。

$$DS = \frac{NF[g-(T-t\times n)]}{g+r} = \frac{NF[g']}{g+r} \quad (2-11)$$

其中：DS——系统饱和度；

n——检测车辆数；

NF——偏差系数（权重系数）；

g——绿灯时间；

T——未使用绿灯时间；

t——每辆车的损失时间;

r——每个相位未使用的绿灯时间;

g'——有效使用的绿灯时间。

图 2-7 给出了 SCATS 系统估算饱和度的实例。每个信号周期的饱和度变化由图中的若干垂直线表示,当垂直线超过水平线时,可认为本相位处于过饱和状态。SCATS 系统可以根据实时交通状态改变信号控制的周期长度。如图 2-7 右下角所示,对应各个相位的过饱和状态,交叉口信号控制周期有了显著的增长。

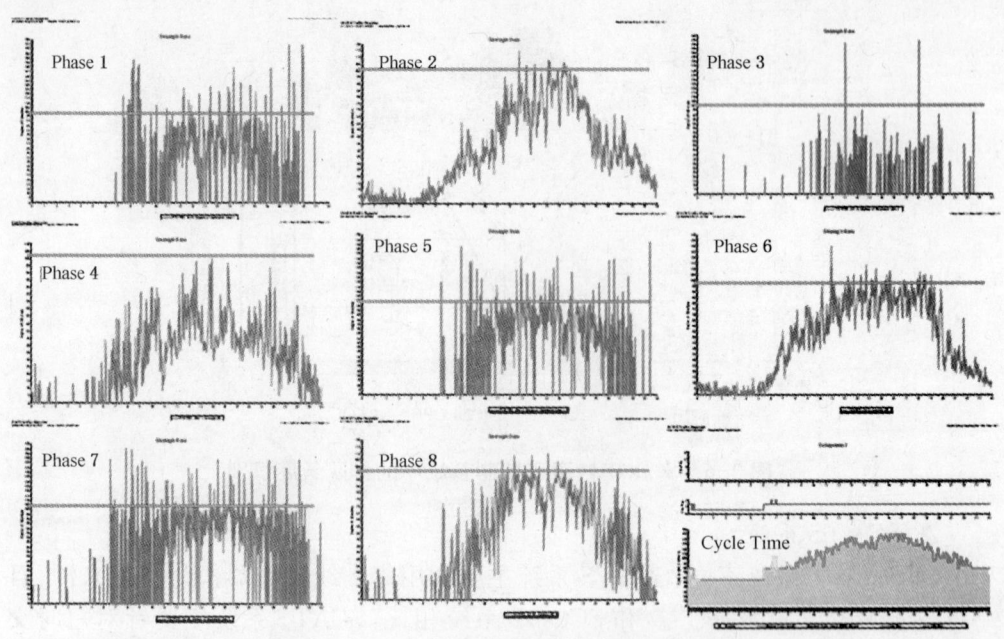

图 2-7　SCATS 自适应交通信号控制系统估计饱和度

3. OPAC 系统

OPAC 系统（Optimized Policies for Adaptive Control）[67]应用滚动优化策略来优化信号配时,其通过上游线圈检测数据预测到达交通流率和排队长度来调节信号的配时[68]。如图 2-8 所示,基于布设在各个进口上游的感应线圈,预测每个相位对应的交通流参数。预测的交通流参数文件分为两个部分,文件头为上游检测器检测到的交通量,文件的后半部分为应用简单的移动平均模型预测的交叉口进口流量。

OPAC 系统采用了简单的输入—输出法来预测交叉口的排队信息,即交叉口的排队长度等于初始排队长度的总和加上每个时间段到达车辆与离驶车辆的差值。OPAC 系统预测结果的精确度高度依赖于上游检测器所布设的位置,不同的位置会提供不同精度的到达交通流信息。实践表明将检测器放置于交叉口上游约 10~15 s 出行时间的位置时,系统能在车辆到达交叉口前根据交通流信息做出反映,可增加交通信息预测的精确性。OPAC 系统不能处理过饱和的交通状态,当交叉口产生排队溢流状况时,排队车辆长时间停止在上游检测器上,不能向系统反馈有效的交通到达信息。OPAC 系统在识别过饱和状态或估算拥堵状态的交通流信息的算法或方法已有理论探讨,但在实际应用上仍有欠缺。

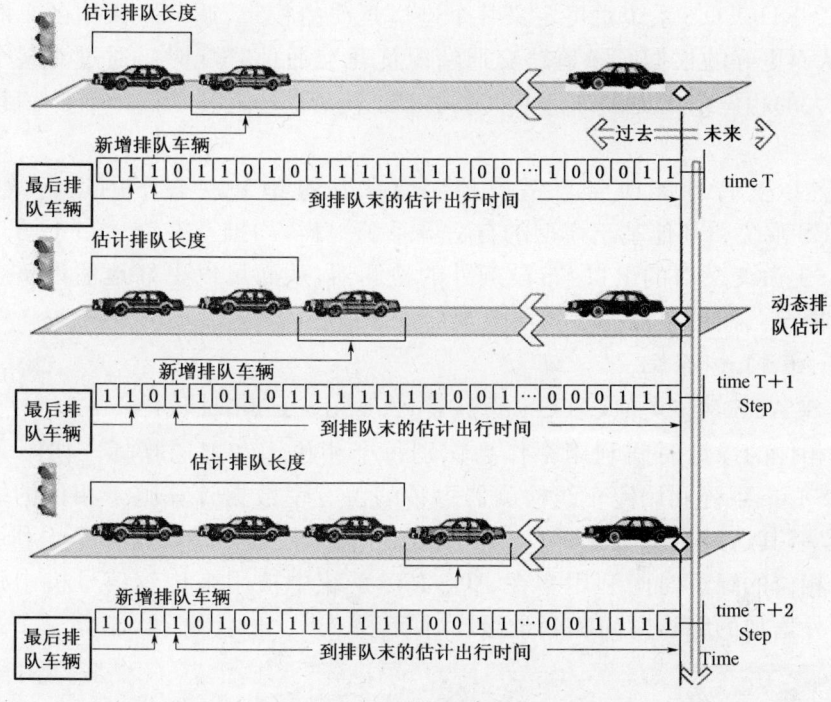

图 2-8　OPAC 自适应交通信号控制系统的交通流参数预测

4. RHODES 系统

RHODES 自适应交通信号控制系统(Real-time Hierarchical Optimized Distributed Effective System)[69]应用每个进口道上游检测器的输出信息、交通状态和上游交叉口下个周期的信号配时方案来预测下游交叉口的到达率。QUEUE 算法[70]被用来计算下游交叉口信号配时方案所需要的输入变量。在 RHODES 系统中,应用输入-输出模型来检测每个信号相位下的排队长度。即如公式(2-12)所示,信号周期 t_1 的排队长度 $q(t_1)$ 等于信号周期 t_0 的滞留排队长度 $q(t_0)$ 加上预测到达的交通量所产生的排队 $a(t_0, t_1)$,再减去估计离驶车辆会产生的排队 $d(t_0, t_1)$,其中排队消散率预先确定。

$$q(t_1) = q(t_0) + a(t_0, t_1) - d(t_0, t_1) \qquad (2-12)$$

为确保误差不至于从实际检测数据向预测结果蔓延，RHODES系统基于停车线检测器信息识别了某些特定排队长度为零的时间段作为基准值。RHODES系统在估计交叉口排队时，可根据交通管理者从一天中交通量变化的趋势协调排队消散过程中的饱和流率，而在计算时将上游检测器的位置进行调整。在高峰小时交叉口处于过饱和状态估计排队时，交通运行时间就可通过调整检测器位置而根据实际交通流状况进行调整，从而模拟出拥堵状态下车辆运行速度慢的情况。RHODES系统也可定义某个进口延误的权重，调节一天中各个时段的权重，从而更好的根据实际道路交通情况优化交通信号配时。通过对某个已知交通量大的相位采用更多绿灯时间的方法，来克服过饱和状态下排队估计算法的缺陷。

虽然以上特性能改善自适应控制算法在过饱和状态下的运行效率，但RHODES系统和其他基于模型的自适应系统一样，均推荐在交叉口上游道路的进口处（上游交叉口的出口）布设额外的检测器，从而可以更好地估计整个路段的排队情况。额外布设的检测器会增加整个系统的开销。

5. ACS-Lite 系统

与SCATS系统类似，ACS-Lite系统（Adaptive Control Software Lite）[71]也应用每个相位的绿灯时间利用率作为识别每个相位饱和度的指标。如图2-9所示，ACS-Lite系统利用停车线检测器每秒的占有率数据计算整个相位的绿灯时间利用率，其通过将信号配时方案和流量/占有率数据合并以计算平均利用绿灯时间。相位的绿灯时间利用率在ACS-Lite系统中被用来比较信号机中每个相位的额外增加的绿灯时间和剩余绿灯时间。

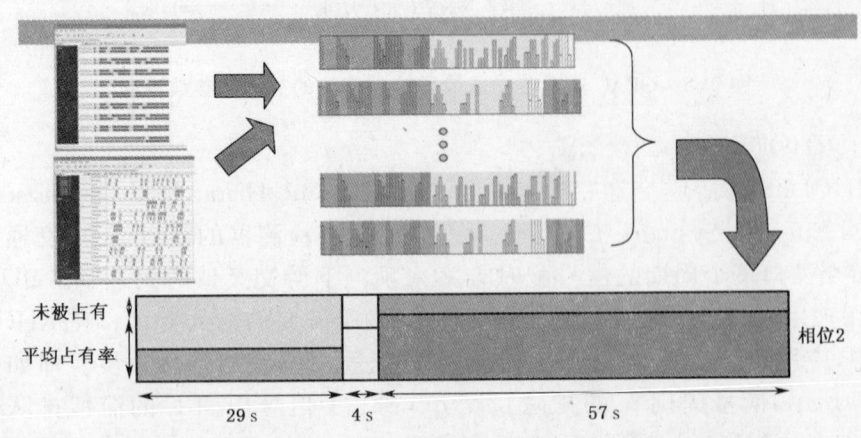

图2-9　ACS-Lite自适应控制系统测定相位绿灯时间利用率

ACS-Lite 系统目前没有直接处理过饱和状态或近似过饱和状态的方法,其测定的绿灯时间利用率的范围只是 0~100%,超过 100% 的时候没有处理方案,此时不能通过调节控制参数以适应过饱和状态交通流。类似于 SCOOT 系统和 OPAC 系统的某些方面,ACS-Lite 系统包括测量一个周期交通流的方法:应用上游高级检测器测量的占有率数据(约停车线前 90~100 m)分别估算到达交叉口处于绿灯时间和红灯时间的交通量。虽然 ACS-Lite 系统不能直接处理过饱和状态,但是可以在某个进口检测器一个周期内的占有率长时间不少于 100% 时,从视频检测器中直接判断该进口是否饱和。

2.2.3 路网关键路径识别

应用智能交通系统的车辆监控与管理子系统可以实时准确地获得各种交通流参数(包括流量、速度、密度、车型等),根据交通流参数应用相应的算法可识别、分类交叉口群的路径。目前常用的交通流检测方法有微波检测、感应线圈检测、超声波检测、红外线检测、视频检测等,美国交通部委托休斯测试中心对上述检测方法的测试报告如表 2-4[41]。

表 2-4 交通流信息获取方法对比

技术	优点	缺点
超声波检测	·体积小,易于安装	·性能随环境温度和气流影响而降低
微波检测	·在恶劣气候下性能出色 ·直接检测速度	·不能检测静止或低速行驶的车辆 ·以向前方式用定向天线跟踪单车道
红外线检测	·昼夜可采用同一算法而解决昼夜转换的问题 ·可提供大量交通管理信息	·可能需要很好的红外线焦平面检测线,即通过提高功率,降低可靠性来实现高灵敏度
视频检测	·可为事故管理提供可视图像 ·可提供大量交通管理信息 ·单台摄像机可检测多车道	·大型车辆会遮挡随行的小型车辆 ·阴影、积水反射、强光或昼夜转换可造成检测误差
感应线圈检测	·线圈电子放大器已标准化 ·技术成熟,易于掌握 ·计数非常精确	·安装过程对可靠性和寿命影响大 ·影响路面寿命 ·易被重型车辆、路面修理等损坏

交叉口群的路径识别问题要求输入交通数据精确,不受其他外界因素影响检测精度。综合分析表 2-4 中介绍的各种技术,其均会受到诸如天气、温度、速度等因素的影响,在不同情况检测精度不同,因此不适用于路径识别。感应线圈检测方法具有技术成熟、检测精度高、不受外界因素影响、可检测多参数、易于设置、成本低、实时性强、使用灵活等特点,并且其数据可以通过以太网通讯或无线通讯方式对现场进行实时的反馈和控制。感应线圈车辆检测技术是目前最成熟、应用最广泛的交通信息采集技术,虽然其在维护和使用寿命上有一定缺陷,

但其仍然是理想的交通数据来源,感应线圈检测方法比其他方法更适用于检测交叉口群的路径。

为估计出交叉口群的关键流向,需选用特定算法对已有交通数据进行分析求解。常用的路径估计方法有 OD 估算法[72],全样本统计归纳法,浮动车扩样法[73],及基于车流集聚特性的数据挖掘法[74]。

① OD 估算法

将每个入口处看作一个虚拟小区,应用 OD 估算法即可得出各个交叉口出入口之间的 OD 对。根据算法原理的不同,OD 矩阵估计可主要分为最大熵/最小信息理论和网络均衡理论两个类别。

最大熵/最小信息理论通过匹配不同检测点的交通数据来探寻交叉口群范围内交通流的联系。该算法的主要思想为计算某观测路段检测交通数据属于特定 OD 对的概率。假设可能的种子矩阵为可能的交叉口群各交叉口 OD 分布,然后估计能产生观测交通数值最大似然估计的 OD 矩阵。每次计算过后,结合先前矩阵 OD 量(种子矩阵)来不断改进估计结果。当计算所得的 OD 矩阵能和观测的交通数据相符时,计算停止,或者交通决策者通过判断来提前中止计算。该算法的主要缺点为种子矩阵需要交通决策者根据经验确定。

网络均衡理论是根据 Wardrop 原理提出的。此算法在交通拥堵时应用动态交通分配算法效果较好。算法主要限制在于交通数据必须为连续的,且 OD 矩阵的数据必须大于等于交通数据的时长,例如假设出行时间为 20 min,而不能为 15 min 的静态 OD 矩阵的数据被采用。算法的目标在于在假设分配比已经确定的情况下求解能最接近于先验 OD 种子矩阵的最大似然解。网络均衡理论算法能更好地表现出交通的动态性,但目前应用实例较少。

交叉口群 OD 矩阵估算法仅需要路段观测交通量,可选用转向数据和种子矩阵(也就是实际观测量或已知量)来标定结果,但在实际应用中误差较大,难以达到信号控制的精度要求,且需对多个参数进行标定,效率较低。如图 2-10 所示路网,路段观测交通量如标注所示。

应用公式(2-13)估计图中所给出的 OD 矩阵[75],交叉口转向流向为限制条件。

$$\max Z(T_{ij}, t_{ij}) = \frac{T!}{\prod_{ij}(T_{ij}!)} \prod_{ij} \left[\frac{t_{ij}}{\sum_{ij} t_{ij}} \right]^2 \quad (2\text{-}13)$$

假设:

$$V_a = \sum_{ij} T_{ij} P_{ij}^a \quad (2\text{-}14)$$

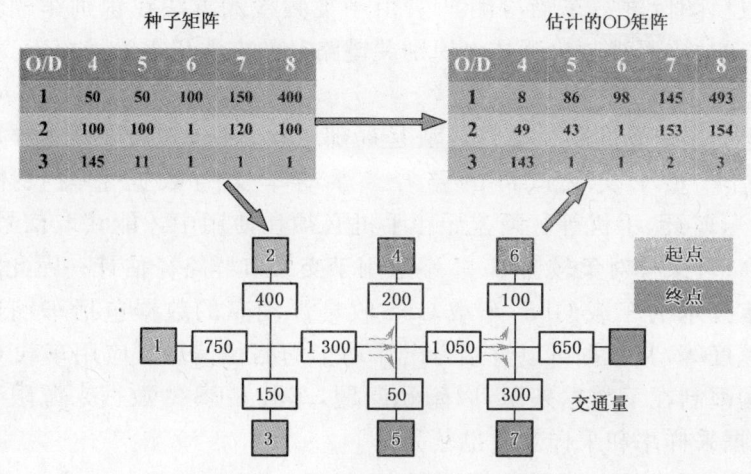

图 2-10 交叉口群 OD 矩阵识别

式中：Z—— 观测交通量 V_a 对 OD 矩阵 T_{ij} 和 t_{ij} 的似然贡献量；

T_{ij}—— 小区 i 和 j 的估计出行量；

t_{ij}—— 小区 i 和 j 的种子出行量；

V_a—— 路段 a 的实际观测流量；

P_{ij}^a—— 决定路径 ij 是否经过路段 a 的判断矩阵。

应用 OD 反推方法根据城市道路观测流量也可估计交叉口群的路径[58,62-64]：如 Hu 对用于 OD 估计的车辆检测器布设策略进行了研究[76]；Mishalani 及 Dixon 等提出了利用流量数据及车辆识别信息对实时 OD 数据进行估计的方法[58,62,63]；Park 采用基于蒙特卡罗法的马尔可夫链对应用于智能交通系统的 OD 数据进行了完善[77]。

② 全样本统计归纳法

全样本统计归纳法是对交叉口群路径识别最准确的方法，也是对交通数据要求最高的算法。该算法要求能获得交叉口群范围内所有车辆的行驶轨迹信息，其交通数据可从人工车牌调查法[6]、视频检测法[78]等方法获得。由于传统人工调查需要花费大量的人力物力，且对整个交叉口群全天的调查，尤其是拥堵时刻的调查，很难保证调查效率和准确度，且调查数据的输入也要花费相当多的时间，不能达到实时交通控制的需求。

应用全样本统计归纳法识别关键路径的文献主要分为应用小波、卡尔曼滤波等技术从高清晰度的视频里识别车辆或车牌[67-72]；采用虚拟线圈设置对车辆类别及运行方法进行自动识别[79]；利用监控器记录下交通背景图像、车辆位置及尺寸，保证每辆车有 4 个特征记录值，主要用于违章车辆的识别[80]和采用高分辨率的卫星图像进行车辆检测[81]。由于视频检测方法在识别车辆时易受到外界因素影响,应用视频检测技术识别关键路径的方法仍需继续探索。

③ 浮动车扩样法

基于浮动车信息的路径估计算法是局部取样算法,其根据样本浮动车的行驶路径来估计整个交叉口群的路径。浮动车交通数据采集技术有车载GPS[73,82,83],蓝牙,手机等。因蓝牙和手机必须在使用中才能获取信号,其采样率反而不高,且采样对象较为单一,不适用于交叉口群路径估计。因此应用较广的数据采集技术为车载 GPS,车载 GPS 收集浮动车的数据包括车辆运行的方向、地点、速度等,其数据可以直接得出浮动车的路径信息。应用车载 GPS 估计关键路径的限制在于数据来源,因隐私问题,车载 GPS 的数据来源限于公共服务车辆,数据采样率和采样对象也较为单一。

④ 基于车流集聚特性的数据挖掘法

检测集聚状态车流状态,用数学方法对比上下游车流参数的异同,以此推断车流的流向也可用于交叉口群路径识别。Liu 采用小波变换技术对交通流数据的集聚状态进行了分析,将其应用于高速公路匝道控制[84];Dailey 采用相关分析技术对交通检测数据进行研究,以此估计行驶时间[85];Zhang 等考虑到从孤立检测点采集到的数据难以直接应用于交通流状态或交通网络运行状态的分析,采用小波变换[86,87]、自组织映射[88]等模型对交通数据特征进行了挖掘。上述研究思路均可借鉴于交叉口群路径识别[89]之中,但具体方法有待于深入研究。

国内各高校的学者针对车辆识别及跟踪技术及路段 OD 反推估计技术进行了深入而广泛的研究。东南大学程琳等学者运用随机型用户均衡网络理论和网络要素的选择率,提出交叉口分流率的计算方法,从而获得交叉口的分叉流量[90]。同济大学的杨晓光等学者基于车牌自动识别系统采集的实时行程时间数据提出了行程时间预测算法[91],其在建模中针对不同的交通状况采取了不同的策略,其应用 Visual Basic 编程语言,研究开发了基于 VISSIM 的动态交通 OD 估计仿真试验平台。根据其研究成果:在视频检测器满布状态下满足动态交通管理 OD 要求的视频牌照识别精度阈值为 80%[92]。华南理工大学的徐建闽课题组提出了基于视觉和后推方法的智能车轨迹跟踪控制方法[93],并应用快速小波变换和卡尔曼滤波进行车辆检测与轨迹跟踪[94]。吉林大学杨兆升等学者讨论了交通流诱导系统的交通流量、行程时间和行程速度的采集技术,提出了一种改进的牌照识别法,该方法适合于交通流密集路段上的交通数据采集[95]。北京工业大学学者应用车牌识别技术来检测道路网络的行程延误[96]。(虽其研究思路可应用于流向识别,但其检测车辆仅为个例,未对全部车辆进行跟踪识别。)北京交通大学的高自友等学者基于增广的用户平衡配流问题的优化模型提出了路段流量估计 OD 交通量的双层规划模型及求解算法[97]。该算法再生迭代无需计算和存贮路径流量,适用于大型城市交通网的 OD 需求估计问题。长安大学揣锦华等学者选用检测线上的点及其近似点作为检测区域,通过对背景模板上检测区域中的突变点的分析和统计,实时地检测车辆的驶入、存在和驶出,并设计和实现了视频交通流信息采集系统,用软件实现检测算法和图像处理算法[98]。

2.2.4 短时交通流预测

短时交通流预测是指在时刻 t 根据已知路段 i 及与其相邻的 m 个上下游路段在过去 p 个时刻的交通状态,对 i 路段下一决策时刻 $t+\Delta t$ 的交通状态进行估计的过程。短时交通流预测的预测周期 Δt 不超过 15 min 的预测为短时交通预测[99]。相对于中长期预测,短时交通流预测属于微观预测,预测的内容包括交通流量、平均行车速度、交通密度或占有率、旅行时间等微观交通状态参数。交通状态参数的构成、包含信息的数量和质量对 ITS 的发展起着制约作用,在城市道路交通状态预测模型中,交通状态参数信息的分析和预测是关键技术之一。

道路交通系统是一个由人为参与的、时变的、复杂的巨系统,具有高度的非线性和不确定性,容易受到环境、气候、人为因素等诸多随机干扰因素的影响。随着预测周期的减小,预测的实时性提高,交通状态的时变性和不确定性更强,获取准确的交通状态预测结果的难度更大。作为 ITS 系统的重要参数,短时交通状态的预测结果直接影响 ATIS 和 ATMS 的实施效果,及时准确的短时交通状态预测被称为 ITS 从被动反应到主动控制的关键。

早在 20 世纪 60 年代,已有学者就开始将各学科领域应用成熟的预测模型和预测算法应用于短时交通流预测[100]。按照不同的分类角度,可以将这些模型和方法进行分类:

① 根据信息获取的方式,可以分为定性预测和定量预测[101]。

定性预测是指在系统缺乏量化信息的情况下,根据专家经验,经过定性分析,对未来情况进行估计的过程。常见的方法有:调查法、类推法、主观概率法。

定量预测是比较常用的预测形式,是将获取的信息做数字化处理后,建立被描述目标之间的相互关系模型,并根据模型推断预测结果的过程。常见的方法有:回归法、时间序列法等。

② 根据预测模型中有无参数,可以分为基于参数的模型和非参数的模型。

参数模型是指在描述预测对象的模型中含有有限个未知参数的模型。参数模型有历史平均模型(History Average Model)、卡尔曼滤波模型(Kalman Filtering Model)[102]、指数平滑(Exponential Smoothing Model)、自回归移动平均(Auto Regressive Integrated Moving Average,简称 ARIMA)系列模型、神经网络模型

(Neural Network Model)等。

非参数模型是指在描述预测对象的模型中不含有参数。常见模型有非参数回归模型(Nonparametric Regressive Model)、Kalman算法[102]、谱分析法(Spectral Basis Analysis)[103]、状态空间重构模型、基于小波理论的方法、基于多维分形的方法等。

③ 根据预测目标的关系,可以分为线型模型和非线型模型。

线型模型主要包括历史平均模型、指数平滑模型、时间序列模型(Time Serial Model)、卡尔曼滤波模型等。

非线性模型主要包括原理模型、经验模型及混合非线性模型[104]。

④ 根据预测的内容,可分为交通流量预测、交通密度预测、交通速度预测和车辆占有率的预测等。

⑤ 根据算法表现形式,可分为基于统计学的模型(Statistic-Based Model)、交通仿真模型(Traffic Simulation Model)、非参数回归模型(Nonparametric Regressive Model)、动态交通分配模型(Dynamic Traffic Assignment Model,简称 DTA Model)、神经网络模型(Neural Network Model)、基于混沌理论的模型(Chaos Theory Based Model)和综合模型(Integrated Model)等,如图2-11所示。

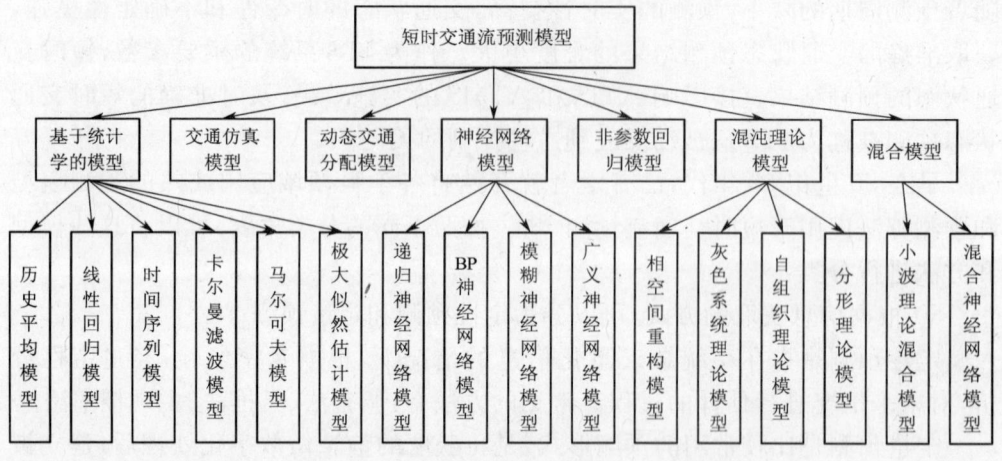

图2-11 短时交通流预测模型分类

根据算法的表现形式,分析各种短时交通流预测的优缺点。基于统计学的预测方法理论简单,容易理解,但线性模型不能反映交通流的非线性和不确定特性,无法克服随机因素的干扰,当交通状态变化较大时,预测效果明显下降。交通仿真模型是唯一可用来评价交通流运行状态的模型[105]。交通仿真模型将车辆作为实体,模拟道路交通的具体情况,它需要将待预测的值作为输入,因此交通仿真模型不能实现实时性预测,而仅提供了一个模拟实际交通流占有率和出行时间之间关系的方法。如果交通流量数据的预测值可以通过其他方法得到,则交通仿真模型可以提供一种评估动态出行时间的方法。动态交通分配模型是用静态交通分配的假设解决动态交通流问题,即将动态交通需求量合理地分配到路网上,从而得到各路段实时交通流量[106]。DTA 模型方法目标明确,理论清晰,但假设条件过于苛刻,并且过分强调最优化分配结果,导致模型求解难度增加,优化时间长,不适合大规模路网的交通流预测。神经网络模型采用黑箱方式描述输入输出数据之间的关系,借用对大量数据的学习替代参数估计,使其具有优异的性能;然而神经网络模型隐藏层神经元的数量需要通过经验确定,并且训练过程非常复杂,计算时间长,单纯的神经网络模型不适合在线应用。应用自适应滤波来训练状态空间神经网络可有效改善模型的训练时间,且有较高精度[107, 108],但模型仍需进一步检验。非参数回归预测模型是从历史数据库中寻找系统所有因素之间的内在联系,直接利用历史数据进行预测,比较适合随机性强和伴有突发事件的短时交通流预测。非参数回归方法所需历史数据库规模庞大,算法执行时间长,难以满足在线预测的要求,成为其应用于实时系统的重要制约因素。复杂系统中总是存在着混沌现象,交通系统作为一个复杂的巨系统,处处存在着混沌。用混沌理论分析和解决交通系统中存在的问题,有助于把握交通系统的规律性,为更好解决交通系统中的问题开辟新途径。由于混沌理论是非线性的科学,因此更适合用于对非线性、不确定性很强的交通流进行预测。交通系统是一个非线性复杂巨系统,而对于交通流预测过程的影响因素往往是不确定的甚至是会发生变化的,并且不同影响因素之间还可能存在相互作用,单一预测模型可能会产生假设性错误。将两种或多种预测模型组合在一起,进行交通流预测,可以起到提高预测精度的目的。

2.3 过饱和状态交通控制

拥堵状况下的交通控制主要目标为降低道路网的 V/C 比。交通控制的方法主要有增加交叉口通行能力和降低交通需求两种。改进通行能力有两种方法:通过建设或改建道路增加道路的物理通行能力和调节交通信号控制系统改进交叉口的操作通行能力。通过限行、宏观交通管理等降低交通需求的措施也能达到提高道路网的服务水平[109]。

为适应过饱和状态的交通流特性,交通管理者采用了各种排队管理和交通控制方法。这些方法的特性和适用范围各不相同,包括静态方法和动态方法、被动适应法和主动选择法、单目标优化和多目标优化、应用于单点交叉口、临近交叉口、干线路网和其他小型路网等。管理措施也被应用于城市饱和路网的交通管理。

在对城市交通拥堵进行管理和控制时，首先应将控制策略进行分类，以适应不同的交通状况。Pignataro 等人将城市拥堵管理策略分为信号控制策略和非信号控制策略两种[36]，其中信号控制策略包括最小响应策略和最大响应策略，非信号控制策略包括交通需求管理、公交优先等。Huddart 和 Wright 把拥堵防治措施分为静态防治措施、动态防治措施和交通需求管理措施三种[110]。以上分类都没有系统的将控制策略进行分类，而只是类似于定性分析的分类。

通过对拥堵状态下的交通控制进行广泛而深入的研究，多种拥堵状态下的交通控制策略被提出。交通控制策略主要包括：单点交叉口控制策略、交叉口协调控制策略、限行策略及交通拥堵复原方法等。

2.3.1　单点交叉口控制

已有的单点交叉口拥堵状态交通控制优化方法主要包括可变绿灯时间[36,38,111-117]、维持排队比率[35]和主动排队控制（延长绿灯时间）[118-120]等。

（1）可变绿灯时间

Dunne 和 Potts 根据线圈控制的定义提出了单点交叉口控制算法[111]，其绿灯时间可根据交通量发生变化。Gazis 和 Potts 改进了这种算法[38]，使其适用于过饱和状态的交通控制。其控制原理为通过最大化交叉口通过车辆数并保持合理的排队增长，使整个系统的延误最小。算法保持拥堵方向排队的车辆处于高速状态离开交叉口（减少停车损失时间）直到队列消失或达到最大绿灯时间，而其他方向只能得到最小绿灯时间。算法的假设为：①交通量已知且不受控制决策影响；②信号周期长恒定；③绿灯时间在给定的最大绿灯时间和最小绿灯时间内浮动。

Michalopoulos 通过提出寻找过饱和状态下绿灯切换点的算法改进了 Gazis 的模型[112]。绿灯切换点指将某个流向的绿灯时间从最大绿灯时间切换到最小绿灯时间，使其他流向的绿灯时间从最小绿灯时间切换到最大绿灯时间的时间点。Michalopoulos 和 Stephanopoulos 在考虑排队约束的条件下提出了最小化过饱和交叉口延误的控制策略，建立了两步配时模型，称为"bang-bang"模型[113,114]。Tang-Hsien Chang 等人指出 bang-bang 模型的连续延误模型未考虑停车惩罚函数，其绿灯时间未达到最优，由此改进了"bang-bang"模型，建立了"bang-bang like"模型，提出了控制过饱和路网的动态方法[115,116]。

Chang 和 lin 通过应用一种离散优化算法，即 bang-bang-like 模型，改进了 Gazis 的模型，从而识别相位的切换点。与 Michalopoulos 及 Stephanopoulos 提出的连续模型不同，bang-bang-like 模型在周期结束点设置一个切换点。模型应用综合考虑停车次数和延误的指标，优化整个过饱和状态期间交通控制，在给定流量的条件下，优化交叉口的周期长度和绿信比。离散的操作可提供常规的、平滑的和有序的相位切换方法，并保证延误的计算可靠。bang-bang-like 模型在给定的最大、最小绿灯时间的范围内，连续的操作，并在周期结束时设置相位切换点。根据 Chang 和 Lin 的研究成果，这种控制方法显著的优于延长周期长度，并将绿灯时间平均分配到各个相位的方法。这种方法在输入数据包含一定的检测误差时也能保持较强的鲁棒性。

最大、最小绿灯时间被包括行人过街时间在内的多种因素所限制，因此其常作为数学公式求解的约束条件。Gazis 的理论不是在线自适应策略，其仅仅是通过调整绿信比来使延误最小化，是根据交通需求和数学公式制定的信号优化策略[36]。

（2）维持排队比率

Longley 提出了"队列均衡"的概念[35]，指出了过饱和状态下信号优化的目标应为各进口队列达到均衡状态。Longley 建议使用协调控制信号来改善网络的稳定性并为信号控制机确立稳定性标准。此方法在实施时需要实时检测交叉口的排队情况。

（3）主动排队控制

Miller 建议使用主动控制方法来最小化特定交叉口的延误[118]，但是并不是通过检测排队长度来测定绿灯结束时间，而是寻找特定的时机。Weinberg 通过计算下游交叉口延误和总体延误改进了 Miller 的模型[119]。Weinberg 模型已经考虑了交叉口间的协调控制。Ross 等人通过模拟进一步评价和改进 Weinberg 的模型，仿真结果显示该模型在饱和状态下能降低交叉口延误[120]，此方法对检测器的布设提出特定的要求。

国内的研究跟踪了国外的最新研究成果，并结合国内交通流的特点对各种控制方法进行了改进。东南大学王炜等学者建立了在交叉口空间渠化及信号相位相序给定的条件下，考虑机动车与非机动车服务水平约束条件，机动车通行能力最大的优化模型，并利用遗传算法与梯度法相结合的混合算法对模型进行求解[121, 122]。在混合交通条件下，王炜、郑长江等学者对城市道路单点信号控制交叉口的时空资源优化方法进行了探讨，并应用交通仿真模拟软件 Vissim 对交叉口配时方案进行模拟[123]。同济大学的杨晓光团队以细胞传输交通流模型为基础，应用非支配排序遗传算法 NSGA-Ⅱ进行多目标优化信号交叉口配时方案[124]；建立了动态车道功能与信号相位组合模型并用 Visual Basic 语言编制程序对该模型求解[125]。吉林大学王殿海等以可变车道为研究对象，根据交叉口渠化区内车流的特性布设检测器,通过检测的数据来确定可变车道的属性,并提出了可变车道的控制方法[126]。华南理工大学的唐德华等学者分析了过饱和信号交叉口的多目标控制模型[127],模型在过饱和条件下选用的优化目标为平均车辆延误最小、通行能力最大、平均车辆排队长度最小。哈尔滨工业大学的裴玉龙等学者提出采用通行优先权的方式,对交通需求大的方向给予更多的绿灯时间,以期实现尽快消散该方向上的拥挤车流,各个方向(相位)通过轮流获得相位通行优先权进而逐步消散各自方向上的拥挤车流的方法优化信号交叉口绿信比[128]。

2.3.2 交叉口协调控制

在非饱和状态下,交通信号控制下的单行道相位差是由最大前进间隔确定的。当拥堵程度不断加剧时,其余排队车辆(如其他道路转入的车辆)阻碍上游交叉口的交通,同时前进间隔的定义不再适用。当拥堵进一步加剧到过饱和状态,传统的定时信号配时反而加剧了道路的拥堵[129]。以 TRANSYT[130] 为代表的传统信号配时方案在拥堵情况下优化效果不佳,需要改变管理道路排队车辆的方法。

(1) 排队长度控制

Gordon 提出在饱和交叉口利用进口的存储能力的概念[131],而非将交叉口的总延误最小化。Gordon 的信号控制优化方法的本质是将优化目标用路段的存储能力最大化代替系统总体延误最小。此方法最大化地利用了上游路段的存储能力。

Pignataro 等人划分解决城市拥堵的方法[36],包括信号控制网络的最小响应、最大响应的信号控制策略和无控交叉口对策,并指出在过饱和状态下,使用反向协调控制比传统的使车流顺畅运行的控制策略更加有效。反向控制通过设置适当的相位差,使下游交叉口的绿灯早于上游交叉口的绿灯,从而能尽快地消散交叉口的滞留排队。以下原则可被用来确定处于过饱和状态干道的上游交叉口的绿信比,以使反向协调控制的策略能够实现。

① 降低交叉路段的绿灯时间来减少转入处于过饱和状态干道车辆所占用的道路存储空间。当限制转向的相位时,交叉路段直行绿灯时间并没有限制,此时道路的物理通行能力应进行改善,如增加左转转向车道等。

② 在采用控制转向车流的策略时,干线道路上的直行车流受到下游交叉口通行能力的限制,在优化绿灯时间时,应考虑下游交叉口通行能力的有效利用。当受到下游交叉口限制时,多余的绿灯时间可以分配给交叉路段的转向车流。

③ 在可行的情况下,应对交叉路段的转向流率进行估计,以使直行车辆不会影响到交叉路段的转向排队车辆。

虽然 Pignataro 等人提出了过饱和状态下的交通控制策略,但其并未为控制方法提供数学解法。Rathi[132]描述了使用主干道同步相位差来调整交通信号、管理排队的程序。Beaird 等学者[133]和 Smaglik 等学者[53]提供了简单的控制机逻辑以便在下游交通流受限时提早结束相位。此算法没有对检测器到下游交叉口的距离限制,其控制逻辑假设了检测器在绿灯、没有车辆时,交叉口可能处于绿灯空放状态,应提早结束交叉口的相位,从而服务其他方向的车流。

国内学者中徐建闽等学者建立了以干道控制系统的总延误与总停车次数作为相位差模型的输出的干道协调控制相位差模型[134],并利用模糊控制算法对城市干道协调相位差进行了优化[135]。吉林大学王殿海等学者分析了周期调整对延误和通行能力产生的影响,采用优选出的鲁棒简面体爬山法优化目标函数实现绿波带最宽[136]。

(2) 临近交叉口控制

Rouphail 和 Akcelik 提出了预测延误和排队长度在临近关联交叉口交互作用的模型[137],此模型显示下游排队在排队空间有限时对系统有着很强的影响。因下游排队会占用两个交叉口的连接路段的道路空间,所以会对上游交叉口造成显著影响。模型的排队相互作用指当下游排队对上游交叉口的影响显著时,模型应具备能预测上游饱和流降低程度的能力。排队相互作用可能改变路网中的关键交叉口。

Prosser 和 Dunne 分析了两个关联交叉口问题,并指出排队阻碍(queue-blocking)对检测交叉口群的通行能力有很强影响[138]。模型使用了图论的技术来估计有效绿灯时间的减少量。模型进行了当下游交叉口发生溢流时,上游交叉口没有车辆能够消散的假设。

Messer 分析了 Prosser-Dunne 模型在大范围交通控制下的效果并基于此模型提出检测两个关联交叉口有效绿灯时间、相位和相位差的模型[139],因存在下游交叉口发生阻挡溢流的情况,此模型中下游交叉口不一定处于过饱和状态。

杨晓光、王浩等着重分析了周期不同的两交叉口之间车辆到达分布的周期性波动现象,并提出了协调控制效益评价的初步思路[140]。赵忠杰等利用交通流理论中提出的车速与密度关系,采用交通流宏观动态模型中的密度和流量动态模型,推导出两近距离城市道路交叉口交通信号相位应满足的约束条件[141]。

(3) 区域自适应控制

区域协调动态控制采用自适应实时控制算法。现有的区域协调控制系统多为线下控制,当交通达到过饱和状态时便调用预定义的配时方案。线下控制方法的缺点在于用交通量估计的控制参数往往和现实不符,过饱和状态下参数估计误差更加明显,如果交通量在应用最大通行能力控制策略之前增加到饱和的程度,排队长度会迅速上升,从而造成显著的延误,并使优化算法几乎无效。为克服这些缺点,自适应控制系统通过在交通高峰前检测到交通状态的变化,并使用最大通行能力算法或其他预定义的策略。自适应控制系统的缺陷在于为做出线上决策所获取交通数据的花费太大。

SCOOT控制系统延伸了整个网络动态协调信号控制的概念。SCOOT系统的一系列核心算法在中度拥堵状态下仍然适用,但难以处理处于过饱和状态的道路网络。如果排队延伸到SCOOT系统的检测器处,系统将不能检测到到达车辆,此时系统认为交叉口没有车辆到达,并减少绿灯时间,此时反而会增加道路的拥堵程度。SCOOT 2.4版中加入了多项措施来解决路网的拥堵问题[64]。

UTC(Urban Traffic Control)对处理过饱和状态交通状况的优化措施进行了调查。所调查的交通优化措施有:强制中断和延伸绿灯时间、网络限流、最大通行能力的交通流放行、反向绿波控制、增加下游交叉口的绿灯时间窗、绿波控制、交通拥堵转移、长周期及短周期的使用。调查结果显示并非所有的控制策略都被应用,如强制中断和延伸绿灯时间仅在紧急情况和事件下应用。限流和延长绿灯时间被认为是解决交通拥堵最有效的手段。限流可以在降低路网交通拥堵时能起到主要作用,而增长绿灯时间一般应用在从拥堵状态恢复的交通控制。反向或同步的协调相位差一般在可预见会产生较长排队时应用。

国内东南大学、同济大学的学者对过饱和状态交叉口群交通信号控制方法进行了深入的探讨[9, 19, 142-145],华南理工大学的徐建闽等学者提出了基于粒子群优化的关联交叉口群控制模型[20]及改进模型[146]。吉林大学杨兆升等学者基于协同理论建立了城市交通控制系统、城市交通流诱导系统的协同框架、信息分析与处理方法、协同模型及实施方法、突发事件下的协同管理及评价方法等[147-153]。

(4) 混合交通流模型及交叉口配时方法

中国城市交通区别于国外最主要的特点在于机非混行严重,机动车、非机动车和行人三种交通特性完全不同的交通群体集中于有限的道路资源上,使得交通管理与控制极度困难。国内学者多年来对混合交通流的特性以及混合交通流的管理控制方法进行了深入的研究。

吉林大学的王殿海等学者基于混合交通流理论,建立了城市交通控制的方法体系,包括匝道控制、单点控制、干线协调控制、区域协调控制以及公交优先控制。运用此设计理念与方法开发出的混合交通控制系统[154],并利用数理统计方法分析城市信号交叉口自行车及行人的到达与释放规律,提出城市信号交叉口自行车及行人的到达分布模型,对城市信号交叉口自行车流的释放饱和流率、释放速度和行人步速进行了标定[155]。同济大学的多位学者系统地分析了机非混行道路交叉口的通行能力、延误等特性,并提出了多种行人交通控制信号、机动车信号的设置方法以及机非混行道路交通的改善方法[156-161]。哈尔滨工业大学的裴玉龙等学者考虑中国城市交叉口混合交通流运行特性,应用 Visual Basic 程序设计语言开发了适合中国交通实际状况的信号交叉口配时软件系统[162]。北京工业大学的荣建、刘金广等学者对信号交叉口非机动车道混合交通流特性[163]和行人自行车交通强度进行了划分[164],其定义了人行横道绿灯放行时刻行人自行车聚集群的概念,并应用行人自行车绿灯时间通过流率、绿灯时间利用率以及行人自行车绿灯时间的空间占有率三个指标作为强度划分依据,选取 K 均值聚类方法把行人自行车交通强度状态划分为低、中和高三类。

2.3.3 宏观交通管理

在微观层面存在若干排队车辆管理的措施,包括限行、反向配时、动态车道等。其中限行指的是在某个适合的地点或交叉口上游限制达到下游的车辆。此措施可应用于特定交叉口,也应用于整个网络。交通工程师在交通管理与控制中必须找出有足够道路空间的道路来应用限行策略,即保证限行的车辆拥有足够的空间等候通行。限行的路段不能阻碍道路瓶颈路段的交通运行,不然瓶颈路段的拥堵会降低道路的绿灯时间。

Rathi 提出了限制车辆进入高交通密度网络的队列管理控制方法,并将限行分为内部限行和外部限行两种[165]。Lieberman 等人提出了拥堵主干道的实时交通控制方法 RT/IMPOST（Real-Time/Internal Metering Policy to Optimize Signal Timing）[166]。其主要优化目标为:①最大限度放行直行车辆;②最大限度利用道路的存储能力;③公平服务。结合 RT/IMPOST 控制策略,多维线性求解方法并应用于求解排队长度和相位差。应用仿真方法比较 RT/IMPOST、PASSER、TRANSYT 和 SYNCHRO 的控制策略,结果表明 RT/IMPOST 能改善过饱和状态下车速和延误情况。RT/IMPOST 控制策略认为交叉口对转向交通和每个相位的精确控制能保证下游交叉口的排队长度处于能提早优化信号配时的状态。因此排队超过检测器的情况应通过调整上游检测器的位置来予以避免。RT/IMPOST 控制策略并未考虑左转相位提前或延后服务的情况,并且需要每个交叉口进口流量随时间变化的精确值。

Girianna 和 Benekohal 提出基于遗传算法对过饱和网格单向路网进行信号协调控制的方法[167]。其程序应用了线上平衡机制来避免交叉口处于过饱和状态,根据交通量的变化特征生成有针对性的交通控制方案。因此可根据交叉口位置利用正或负前进（限行）策略来优化特定地点关键交叉口的交通控制（如路网的出入口）。该算法采用了两步的优化策略,在控制过程中首先优化排队的消散,其次优化交通的顺畅运行。第一步的优化策略应首先决定关键交叉口的位置。

当关键交叉口位于路网的出口时,所有上游进入流量可由上游交叉口采用短绿灯时间来限制,相位差在出口处设置反向的相位差,随后相位差依次逐渐变化为正值,以产生前进的绿波带。当关键交叉口处于网络的进口时,反向相位差从进口处设置到下游交叉口。这样的措施可以保证所有的本地排队在更多车辆到达下游交叉口前全部消散。算法的周期根据交叉口到达流量和保证排队消散有效绿灯时间确定。算法需要保证绿灯时间的高效应用并防止绿灯空放现象的产生。绿灯时间的高效应用可通过调节两交叉口间的相位差确定,而防止绿灯空放可通过给上游交叉口分配较少绿灯时间来避免。Girianna 和 Benekohal 算法不能调节次要道路转向流量的控制方案,且绿灯空放现象使其难以应用在双向道路中。Girianna 和 Benekohal 随后改进了其模型以适用于双向主干道[168]。

多种优化算法曾被应用在交通控制实践中以改进过饱和状态下交通控制的效果[39,40,169-172]。算法的主要目标为:①识别排队及排队消散时间;②识别下游可用来排队消散的道路存储能力;③最大限度改进绿灯时间利用效率。

2.3.4 交通拥堵的集散机理

(1) 交通拥堵扩散估计

交通拥挤扩散估计包括拥挤的空间范围估计和持续时间估计两个方面。

已有的文献对于交通拥挤空间扩散范围以排队长度估计为主,交通拥挤空间扩散范围以偶发性交通拥挤的持续时间估计为主。在拥挤扩散的空间范围估计主要是以交通波模型、到-离模型与累计到-离模型、确定性排队模型和随机性排队模型为基础的偶发性交通拥挤排队长度的估计。

定数排队模式以 A. D. May 和 H. E. M. Keller 的为代表,后来,R. Kimber 等人做了进一步的研究,通过假设车辆到达率和离去率不变,并且初始排队长度为零,建立了过饱和滞留车辆的排队模型。Stephanopoulos 和 Michalopoulos 基于交通波理论建立了交叉口前排队长度预测的解析模型,并得到了排队长度动态变化曲线,奠定了交通波理论在交叉口排队长度计算方面的应用基础[173]。Morales 提出利用到达率和离去率曲线估计事件引起的总延误的确定性排队论模型,同时还可以获得拥挤持续时间和排队长度。但是该模型假设到达率和离去率是不变的确切值,而且需要预先获得交通事件持续时间值,属于离线估计模型[174]。Newell 提出了以波动理论为基础的累计流量到-离曲线模型以及由此衍生出的累计占有率到-离曲线模型、累计流量-占有率曲线模型,对高速公路上的交通状态进行估计,该模型基于实际数据,但只能对交通状态进行定性分析,无法获得实时的量化指标值[175]。HCM 2000 排队长度模型通过把到达车流分成稳定流和随机流两部分,综合考虑影响这两部分交通流的因素,分别建立了交叉口的平均排队长度模型,但是该模型的计算公式比较复杂、参数标定困难[54]。

拥挤持续时间估计主要是以概率统计方法、回归分析方法、基于风险分析方法和决策树方法等为基础的交通事件持续时间的预测。概率分布方法将拥挤持续时间看作随机变量,根据历史数据确定事件持续时间的概率密度函数,从而获取事件持续时间的均值和方差,或者给出事件持续时间的范围及置信度。相对事件持续时间,管理者可能更关心交通事件持续多长时间的可靠性。例如事件持续30 min的可能性有多大。条件概率被引入到交通事件持续时间估计研究中,此方面研究成果多数都集中在无条件概率方法的研究上。Jones给出了事件持续时间的条件概率[176]。Nam和Mannering随后运用风险模型(Hazard Based Model)建立了事件持续时间预测[177]。风险模型是使用条件概率找出事件持续时间的似然估计。到目前为止,这些模型主要用于分析事故特征对事件持续时间的影响,而不用于事件持续时间的预测。

上述预测模型均以概率论为基础,其优点在于可得出预测结果的置信区间或概率。例如预测结果为事件将持续20 min的置信度为95%,管理部门可根据此信息及时作出响应。当此类方法不能保证预测结果的准确性时,预测结果无实际意义。如预测结果为事件持续20 min的置信度为60%。因此研究者们提出了基于模式识别方法的预测模型,在不需要考虑事件持续时间的概率分布的情况下,就可对事件的持续时间进行预测。

国内方面的研究大多是跟踪和拓展国外的研究,并取得了一定的成果。顾保南、黄晓敏等比较了确定性排队模型和交通波模型在事件条件下对拥挤扩散范围估计的异同点[178]。隽志才以交通流流体力学理论为基础,用准冲击波近似替代具有连续时空性质的冲击波,建立准冲击波模拟模型,刻画出冲击波在信号交叉口处的传递变化情况,并对车流在信号交叉口处的排队过程(拥挤-消散过程)进行了较为深入的模拟研究,该模型可以反映拥挤流状态下的车流运行状况[179]。彭国雄基于交通波理论建立了事件情况下车辆排队长度的估计模型[180]。

从交通拥挤的空间扩散范围估计看,已有的研究成果基本上都是以单个路段为对象,从微观的角度估计目标路段上排队长度的变化过程。此方法适用于高速公路上交通扩散的估计,但不完全适用于估计城市道路交通拥挤的扩散过程。在城市道路中交通拥挤的扩散不是线性的,具有显著的区域特性。从交通拥挤持续时间估计看,目前城市道路方面的研究成果基本上都是对排队长度进行预测,无法获得特定交通拥挤持续时间的信息,而路网结构与交通流特性方面的差异,决定了高速公路的相关成果难以直接应用于城市道路系统中。从交通管理决策和交通出行决策的角度看,交通拥挤的扩散范围和持续时间等信息具有重要意义,研究符合城市交通特点的交通拥挤持续时间估计方法是非常必要的。

(2) 交通拥堵消散措施

目前多数交通控制策略为预防交通拥挤发生,应对拥挤消散时的交通策略很少。现有的标准拥堵的管理控制策略能够增加道路的实际通行能力,从而防止或延缓交通拥堵的产生。但是交叉口群主要拥堵消散后常存在次要拥堵。一旦二次拥堵发生,特定的交叉口群拥堵快速消散策略就需要来防止次级拥堵的产生,直到拥堵完全消散。但目前研究拥堵消散策略的文献的主要方法[109]为:①改善信号控制方案,以使关键路径的排队快速消散;②为拥堵道路提供备用通行能力;③暂时减轻关键交叉口的交通流量。但以上方法并没有建立相应的配时优化算法来实现。

2.4 总结及研究方向

国内外学者对城市道路交叉口群或类似概念也进行了广泛的讨论,讨论的主要内容包括交叉口群概念、范围界定、交通关联特性及交通协调控制方法,但对过饱和状态交叉口群的控制策略和方法研究还在探索之中。对过饱和状态下的交通控制和交通建模进行了深入的讨论,但大部分研究工作专注于如何检测过饱和状态会带来的延误或在过饱和状态下模型的效果,从而获得类似道路通行能力手册形式的公式或工作流程。管理过饱和状态下交通流的运行状态最重要的是对过饱和状态所产生的超长排队进行管理或控制整个路网的饱和度(V/C比)。现有对过饱和状态产生的排队进行管理的策略大部分是根据下游交叉口的高级检测器能检测的排队长度来估计,但很少有模型能预测排队超过检测点,甚至整个路段长度的情况。已有研究可以实现不利用出口检测器便能估计过饱和状态排队的情况。大多数针对过饱和状态交通控制的研究是基于自适应控制系统的发展。这些系统必须在过饱和状态和稳定状态下都能工作,或者至少在接近过饱和状态下能有效运行。但因为已有系统大多是商用系统,关于自适应信号控制系统对过饱和状态估计和控制的详细方法的文献很少。

针对交通流的过饱和特性,一系列交通信号控制优化的理论优化策略或算法被提出。部分常用的离线交通信号控制优化软件(如 PASSER 和 TRANSYT)研发了过饱和状态的信号周期、绿信比和相位差的优化方法。这些理论优化策略或算法的主要缺点在于算法在应用时要求道路的流量必须是已知的,即过饱和状态下流量等交通参数必须是可测量的,但在过饱和状态下交通参数不易获取。理论算法多未讨论算法在不同区域的适用性,不能简单的直接应用。只有部分研究项目中提出了可进行实际工程应用的过饱和状态交通控制策略。因为下游交叉口的限制,近期的研究多关注于单点交叉口的信号控制配时优化,或识别用于清除转向车道排队而对信号配时参数的调整方法。这些方法对于将信号控制策略进行分类是有积极作用的,但必须进行系统的定义。交通控制策略都提出了应用"反向交通控制"或"次要道路应用绿闪灯"等策略,但未对这些策略所产生的效用和机理进行深入讨论和分析。自适应控制系统 SCOOT、SCATS 和 RHODES 也仅仅讨论了宏观的控制策略。如 SCOOT 的上游截流控制策略,在已有文献中仅仅讨论了其控制原理,但未给出应用在实际控制系统中的限制。现有对过饱和状态交通控制理论的研究中有代表性的如下:

(1) 交通信号控制优化的实时截流策略 Real Time/Internal Metering Policy to Optimize Signal Timing (RT/IMPOST) 主要适用于过饱和的干道网络。RT/IMPOST 通过限制上游路段的交通量控制过饱和交叉口进口处的流量增长,这种方法充分地利用了道路网络的存储能力[166]。

(2) 最大通行策略主要通过调整不同的信号控制方案来使过饱和交叉口的通车车数最大。应用此类型策略的主要有德克萨斯州城市信号控制策略(Texas Urban Diamond Signal Control)、阿灵顿控制策略(Arlington Approach)和 Kim-Messer 控制策略[181]。

(3) 防止溢流的相位优化方法可应用于网格状城市道路网。此控制策略曾在美国纽约州曼哈顿 CBD(第 5 大道与第 63 街和第 54 街之间的部分)应用,并使总出行时间降低 20%[182]。

国内外学者提出了各种交通控制子区/交叉口群范围界定算法、过饱和状态及识别算法、瓶颈路段判别算法及交通控制策略及智能算法,缓解了城市路网的拥堵。但现有研究对过饱和状态下交叉口群交通特性及容量等本质特性多为定性分析,未能定量的揭示其特点;提出的交通控制策略多为针对实际问题的解决方案,不具备普适性;对应的信号控制模型及算法也多为理论探索,未能在实际路网进行验证。现有研究的不足具体表现在:

(1) 交叉口群协调控制范围未能体现其交通关联特性的动态变化

既有研究已认识到交叉口群的关联特征不仅受交叉口间距的影响,还与车流分布特征、信号控制方案等交叉口群的交通运行特性有关。在实际工程运行中,交叉口群和交通协调控制的范围都是动态变化的,而传统交叉口群范围确定方法智能化程度不高,一般根据历史数据静态划分,且未考虑路网的拓扑关系。需要对交叉口群关联特征以及交叉口群范围的判别进行重新认识。

(2) 交叉口群过饱和状态难以识别

过饱和状态交叉口群中交通需求大于其通行能力,交叉口的排队过长甚至溢出,使常规交通检测方法不能准确检测实时交通运行数据。因过饱和状态的交通控制策略和稳态的控制策略不同,如果不能准确识别过饱和状态起始时间,将影响交通控制优化算法优化效果。应用实时交通运行数据分析交叉口群过饱和状态在时空范围内的变化特性,设计过饱和状态识别算法是交通信号协调控制的基础。

(3) 缺乏定量分析过饱和状态关键路径的方法

将交叉口群作为整体进行信号协调控制已获得学者的认同与关注,但已有交通控制策略一般以全局优化或关键交叉口整治为主,在优化过程中选取的协同路径一般为人工指定,未能对交叉口群范围内的关键路径的识别与分级进行系统的研究与应用。为优化过饱和状态交叉口群交通控制结构,针对瓶颈路段建立交通控制模型,应结合交叉口群关联特性从网络中提取交通负荷过载的关键路径,并对所有可行路径进行分级。针对交叉口群的瓶颈路段,应用过饱和状态的交通控制策略,依据实时交通运行状况优化信号控制方案是缓解交叉口群过饱和状态的可行方法。

(4) 交通协调控制算法未能根据过饱和状态交叉口群交通特性优化

交叉口群要求交通信号控制系统必须兼顾相邻交叉口之间的协调性,优化高密度路网内所有信号交叉口的信号控制方案。此外由于交叉口群内相邻交叉口间距小,相邻交叉口之间交通流相互影响较大。在对过饱和状态下交叉口群的关键路径识别的基础上,应用动态静态协同的分层信号配时算法,分交叉口群层、关键路径层和单点交叉口层,优化整个交叉口群的控制方案是缓解交叉口群过饱和状态的可行途径。

第三章 交叉口群交通特性分析

本章主要介绍了交叉口群的交通特性。交叉口群的交通特性主要包括交叉口群的几何拓扑特性、道路空间特性、交通流特性和交通控制特性,是分析交叉口群交通运行和建模的基础。交通拥堵产生的负面效应是过饱和状态产生的主要诱因,分析过饱和状态形成至疏散的过程,是研究过饱和状态交叉口群建模和信号控制算法的基础。

3.1 交叉口群特性分析

3.1.1 几何拓扑特性

城市道路信号控制交叉口群的交通网络是由交叉口与有向的路段车道所共同构成的。应用有向图来描述交叉口群可将其抽象为点和线的集合,其中点集合(Nodes Set)代表路网中的交叉口、线集合(Links Set)代表路网中的路段。根据研究问题的性质和要求的不同,点和线有不同的组合表达形式。通过将点或线赋予不同的权重以表达不同的含义。交叉口群交通网络构成要素中还应该包括边界要素,即交叉口群的范围(交叉口群范围界定方法详见第五章)。尽管交叉口群的交通网络可用有向图来表达,但不能仅借助图论中的指标来区分交通网络的形态。

根据交叉口群路网中运行起点和运行讫点之间的有效路径的数目和类型,交叉口群可以被分为干线型交叉口群、关联型交叉口群和网络型交叉口群三种类型,三种类型的交叉口群如图3-1至图3-3所示。干线型交叉口群路网一般呈线形,任意一对起讫点间有且仅有一条有效路径,此时路网的有效路径可用枚举的方法总结得出。如图3-1所示,交叉口1到交叉口2的有效路径和交叉口4到交叉口2

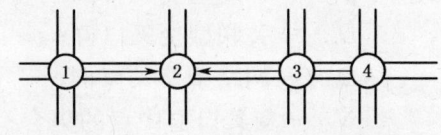

图 3-1 干线型交叉口群

的有效路径有且只有图中所示的一条路径。关联型交叉口群的部分路网为干线型路网，其他部分的路网呈现网络状，交叉口群中部分起讫点之间存在两条及两条以上的有效路径。如图 3-2 所示，关联型交叉口群中起讫点间的有效路径可以为 1 条，也可以为多条。交叉口 1 到交叉口 2 的有效路径有且只有 1 条，而交叉口 2 到交叉口 6 的有效路径有两条，分别为 2→3→4→6 和 2→3→5→6。网络型交叉口群中所有的路网均呈现网络状，其所有起讫点间均存在两条或两条以上的有效路径。图 3-3 所示的交叉口群，无论是相邻的起讫点（交叉口 11 和交叉口 12）还是不相邻的起讫点间（交叉口 1 和交叉口 6）均有 2 条或以上的有效路径。路网的交通组织方案相对于信号控制是一种静态的配置信息，当交通组织方案发生变化时，车流运行路径发生变化，此时根据交叉口群中路径数目和特征的分类更显得必要，对于后期算法开发也会产生直接影响。

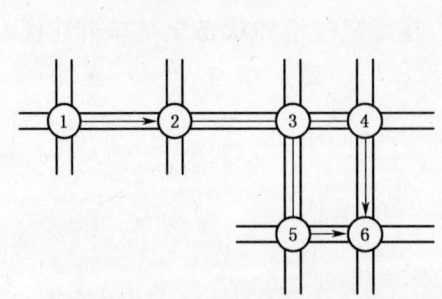

图 3-2　关联型交叉口群　　　　图 3-3　网络型交叉口群

三种类型的交叉口群可以统一用数学语言进行描述[19]：
干线型交叉口群：

$$D_l = (N, L, f), f = (0 \leqslant r_{rs} \leqslant 1, r_{rs} \in R_{rs}, \forall r, s \in N) \quad (3-1)$$

关联型交叉口群：

$$D_r = (N, L, f), f = (r_{rs} \geqslant 2, r_{rs} \in R_{rs}, \exists r, s \in N) \quad (3-2)$$

网络型交叉口群：

$$D_n = (N, L, f), f = (r_{rs} \geqslant 2, r_{rs} \in R_{rs}, \forall r, s \in N) \quad (3-3)$$

式中：D_l——干线型交叉口群；

D_r——关联型交叉口群；

D_n——网络型交叉口群；

N——交叉口群中点的集合；

L——交叉口群中路段的集合；

f——有向图中的路径映射关系；

r_{rs}——交叉口群中的有效路径；

R_{rs}——交叉口群中有效路径的集合；

r 和 s——分别为交叉口群中的起点和讫点。

3.1.2 道路空间特性

道路是交叉口群中交通运行的载体，其极大地影响着交叉口群的交通运行状况。交叉口群的道路空间是交叉口群交通特性的重要影响因素。从系统控制的角度来讲，交叉口群内车辆行驶的路段分为四种基本类型，即"边界驶入路段"、"边界驶出路段"、"交叉口间路段"和"交叉口内部路段"[145]。道路特性中对交通流有影响的主要是交叉口间的路段长度，交叉口进口车道功能布置和道路交通设施等[143]。

(1) 交叉口间路段长度

当交叉口群上游交叉口绿灯放行后，其排队车辆形成若干车队进入下游路段，并以饱和流率消散。当排队长度不大时，在绿灯时间的前半部分，驶离车队为连续车队，驶离流率为饱和流率；绿灯后半程，交叉口进口处的排队消散完毕，车辆随机到达，驶离流率为车辆的到达流率。当上游交叉口的排队在绿灯时间内不能消散完时，驶离车队始终为饱和流率的连续车队。在交叉口间路段的上游行驶区域一般不划分车道功能，车辆可以自由换道，而在接近下游交叉口进口道处，车辆进入交叉口进口道排队区域，在下游排队区域的排队长度受到信号灯控制的影响。在交叉口群中，过短的路段长度以及过饱和的交通流率都能使下游交叉口的排队延伸到上游交叉口，造成溢流现象。交叉口间的路段越短，越容易产生溢流现象。

(2) 车道功能布置

交叉口进口转向车道有专用转向车道和混合转向车道两种。当交叉口到达车流中含有较多的转向车辆却使用混合车道时，排在前面的直行车会影响后面的转向车辆的转弯。如图 3-4 所示，假设所有车辆共用绿灯时间，转向车因为前面直行车阻挡，无法在绿灯时间内完成转向，从而造成车辆排队不断增加。

(3) 道路设施

周边环境对道路设施的约束极大，有时会使交通设置无法按照需求进行配置。如交叉口进口道虽应渠化进口道以增设车道，从而提升进口道的通行能力。在实际设计时常因物理条件的制约，无法展宽进口道或者展宽段长度不足。

道路设施的影响因素包括交叉口进口道拓宽，交叉口进口道附近存在公交停靠站或路边停车，路段公交专用道等。随着城市道路交通需求的增长，由于短

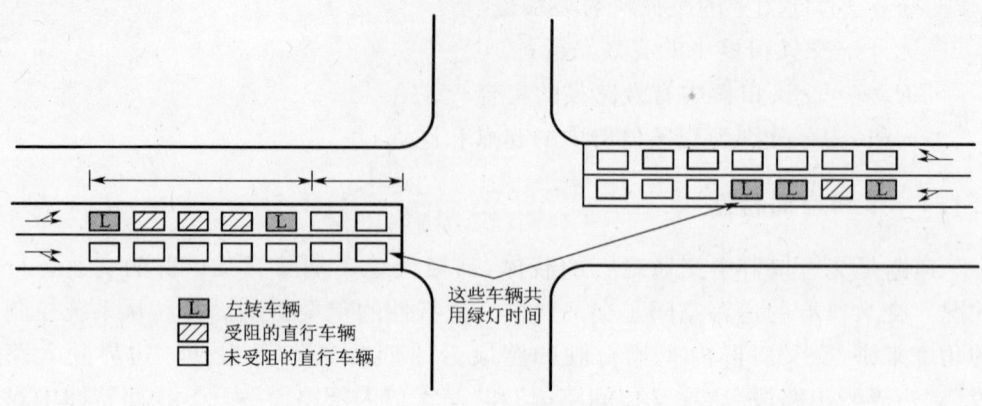

图 3-4 车道功能设置不合理示意图

车道长度不足而引发车辆排队溢出的现象逐渐增加。溢流现象严重影响交叉口乃至路网的通行能力。如图 3-5 所示的交叉口展宽段的短车道长度不足,存在因车辆排队溢出而造成阻塞的问题。交叉口 A 进口道的左转车辆较多,短车道排队溢出,车辆积压在直行路段上,后面的直行车只能通过直右车道进入交叉口的展宽段。如果直行排队积压到直右车道内,右转车辆也必须停车排队。此时放行右转车辆时,只能放行已经排在短车道内的车辆 R1、R2,通常右转相位不是很长,车辆 R3、R4 的通行会受到影响,无法在本周期的绿灯时间内通过。排队等候的右转车会对直行车辆进入渐变段内产生影响,各流向交通锁死,排队长度不断增长。同理当右转车辆排队溢出展宽段时,也会产生上述拥堵。如果左转、右转渐变段的长度都不足以满足排队需求,排队延续到正常路段,直行车没有办法进入交叉口,拥堵将进一步恶化。如果展宽段宽度过小,而转向车辆多为大车,也会对相邻车道造成影响。

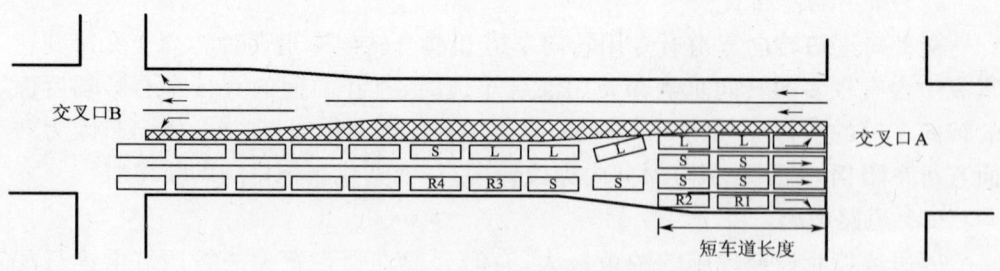

图 3-5 展宽段长度不足引发交叉口群拥挤示意图

过多增加展宽段长度并不能增加交叉口的通行能力。当转向车辆不多时,展宽段长度过长会浪费宝贵的道路空间,如图 3-6 所示。当交叉口群中两个交叉口间距过小且道路红线宽度受限时,过长的展宽段反而会影响路段的通行能力。在设计交叉口展宽段长度时,应按照交叉口的物理条件和实际交通流特征进行设计。

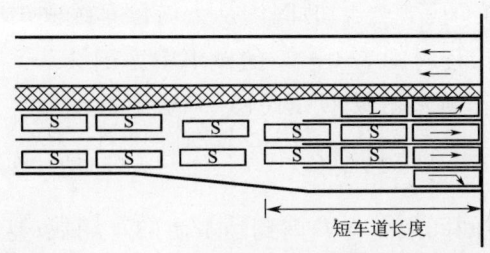

图3-6 展宽段长度过长造成空间浪费示意图

3.1.3 交通流特性

交叉口群的交通流特征分析是交叉口群交通控制建模的基础。信号控制条件下的交通流特征主要体现交通流在交叉口的延误或排队,以及交通流在信号控制交叉口间的交通流离散特性。在信号控制交叉口群中,下游交叉口的延误计算是和上游交叉口的信号控制相关联的,主要体现在以下两个方面:

(a) 到达车流被上游的信号控制划分为间断的密度较高的车队;
(b) 一个周期内到达车辆的数量受到上游通行能力的限制。

在交叉口群中,车流分布的特征主要体现为车流在交叉口群中流经的路径,具体包括信号控制交叉口间的车队离散模型、延误计算模型和动态路径特性[19]。

(1) 信号控制影响下的车队离散模型[183]

车队在从上游交叉口驶往下游交叉口的过程中,由于车队中车辆车速的不同,车队会产生离散现象。早期模型将车速假设为服从正态分布,行程时间的分布函数如下式所示:

$$f(\tau) = \frac{D}{\tau^2 \sigma \sqrt{2\pi}} \exp\left[-\frac{\left(\frac{D}{\tau} - \frac{D}{\bar{\tau}}\right)^2}{2\sigma^2}\right] \quad (3-4)$$

式中:D——上游停车线到达下游流量观测点的距离;
τ——某辆车从上游行驶完距离D所花费的时间;
$\bar{\tau}$——平均行程时间;
σ——不同车辆车速的标准差。

可推导下游交通流公式为:

$$q_2(t_2)\mathrm{d}t_2 = \int q_1(t_1)f(t_2-t_1)\mathrm{d}t_1\mathrm{d}t_2 \tag{3-5}$$

式中：$q_2(t_2)\mathrm{d}t_2$——从上游驶出在$(t_2, t_2+\mathrm{d}t)$的时间内通过下游断面的车辆数；

$q_1(t_1)\mathrm{d}t_1$——在$(t_1, t_1+\mathrm{d}t)$时间内从上游停车线驶出的车辆数；

$f(t_2-t_1)$——行程时间为t_2-t_1的概率密度函数。

基于几何分布的车队离散模型如式(3-6)所示：

$$q_d(i+t) = Fq_o(i) + (1+F)q_d(i+t-1) \tag{3-6}$$

式中：$q_d(i+t)$——时间间隔$(i+t)$内到达下游的车辆数；

$q_o(i)$——在间隔i从上游停车线驶出的车辆数；

t——0.8倍的平均行程时间；

F——车队的离散系数。

公式(3-6)可经过推导改写为：

$$q_d(j) = \sum_{i=1}^{j-1} q_o(i)F(1-F)^{j-i-1} \tag{3-7}$$

公式(3-7)表明两类离散模型的基本思想均为假设道路各车辆的行程时间满足某种概率分布。

(2) 协调控制条件下的延误计算

协调下的延误计算基本类似于单点交叉口的延误模型，不同的是车流的到达是一个与上游交叉口配时方案相关的函数。车流到达下游的到达率可根据上游交叉口的放行时间，通行能力以及车流在路段的离散情况来确定。

协调控制条件下的延误计算模型的研究思路主要是建立受上游交叉口影响的下游交叉口的流量到达模型，然后使用单点延误模型计算。

Newell[184]通过研究干线中某个交叉口的随机延误问题，推断干线中所有交叉口的随机延误之和与关键交叉口的随机延误相关。Tarko在仿真实验中进一步验证了Newell的推断。Tarko[185]等人对两个相邻交叉口在控制条件下的交通流进行了仿真，仿真通过模拟不同周期车辆到达，得出了下游交叉口的车流到达率和一个周期的最大到达率、一个周期的观测到达率以及上游交叉口的通行能力有关。Van As[186]对Miller和Webster的延误模型进行了分析，并运用马尔科夫链建立了上游交叉口到达率和驶离率的关系，但由于未考虑车流的离散问题只适用于间隔较近的相邻交叉口。

Akcelik[187]提出了在协调控制中，交叉口的过饱和与随机延误的计算中的周期剩余车队长度的估算公式：

$$N_0 = \frac{QT}{4}\left(Z+\sqrt{Z^2+\frac{2X}{QT}}\right) \qquad (3-8)$$

式中：X—— 饱和度（$Z = X - 1$）；

QT—— 时段 T 内最大通行车辆数。

(3) 交叉口群的路径特性

交叉口群的路径包括静态路径和动态路径两种。静态路径特性指交叉口间路径物理特性和加入信号控制与交通设计方案后带来的关联特性。交叉口群的路径和交通规划和交通管理中的出行路径不同，其针对范围仅限于交叉口群内部的车流路径，因此其路径特性可能不同于整个路网遵从的交通分配路径特性。且实际调查数据显示交叉口转向交通流通常服从均衡分配模型的假设。在交通控制研究中，路径特性一般仅作为信号配时优化中的参考或者转化为一种影响参数建立在信号控制模型中。

交叉口群中的关键路径的选择是整个交叉口群控制策略中处于战略地位的决策。协调关键路径的选择依据是路径的静态特性，包括路径流量、路径长度、经过信号灯组的数量以及路径之间的关联性。

路径的动态特性主要包括：交叉口群的 OD 及其分配准则、路径的行程时间、路径流量和路段流量转化问题。由于交叉口群的交通流状态具有较强的随机性和时变性，较难在短时间内准确地对部分动态统计特性进行描述和建模，并且路径的动态特征无法直接作用于交叉口群的传统控制参数。

3.1.4 交通控制特性

交通信号控制是影响交叉口群交通运行状态的关键要素，也是缓解交叉口群交通拥堵的有效手段。影响交叉口群交通信号控制效用的主要因素有基本控制原理、交通信号控制要素和控制算法等。

智能控制的核心在于高层控制，它对环境或过程进行组织决策和规划，实现广义问题的求解；底层控制也是智能控制的重要组成，常采用多回路的反馈控制来完成。交通信号控制的基本原理可分为反馈控制和分层递阶控制两种。

反馈机制着眼于实时监测受控对象在干扰影响下的行为表现，量化后与控制任务要求的目标值（或目标区间）相比较，根据误差的性质和程度制定控制方案，以消除误差，达到维持或跟踪的控制目标。使用反馈控制的主要目的是减少"不确定性"的影响，排除交通运行秩序的干扰。路网交通控制中的不确定性主要源于路径流量的不确定性，即信号控制面临的干扰作用。反馈式信号控制的基本回路如图 3-7 所示[188]。

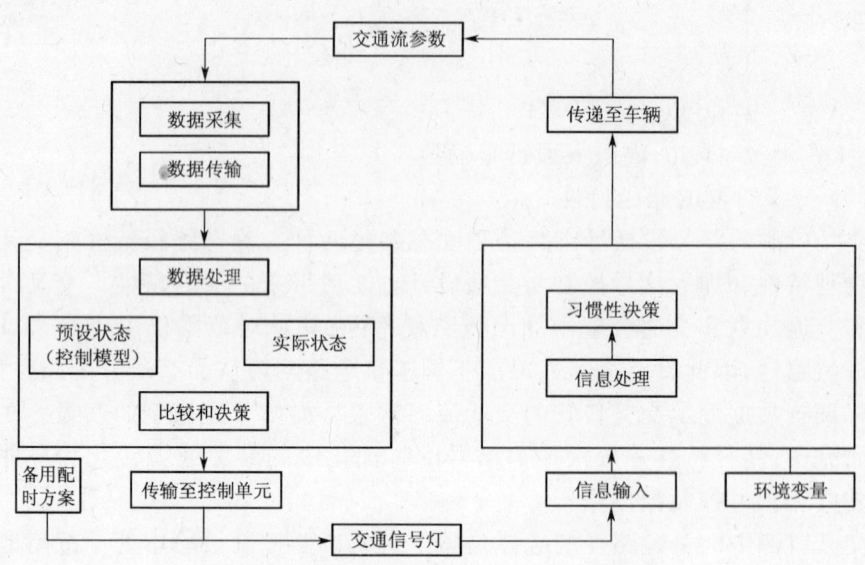

图 3-7 交通信号控制系统中的信息流程

过饱和控制问题属于图 3-7 中"实际状态"中一类特殊要求的控制问题。路段发生过饱和的超长排队状态主要由于路段上游车流的累积速度超过了下游车流的排放速度。下游车流排放受下游交叉口信号控制的影响，而单点交叉口的控制由于受到绿灯间隔时间等的约束。无论控制目标如何，底层控制器（或控制算法）将以单个交叉口为控制范围实现状态的反馈。

分层递阶控制属于智能控制的一类，通常由组织级、协调级和执行级三个层次构成，并按照自上而下精度渐增、智能程度渐减的原则进行功能的分层。递阶结构具有四种基本性质：

（1）递阶结构由安排在"锥形"结构里的所有决策单元组成，锥形结构的每一级都有一定数量的平行决策单元，此锥形结构如图 3-8 所示。

（2）递阶结构存在于有整体目标的系统中，构成递阶结构全体决策者的目标是彼此协调的。

（3）递阶结构中不同级别上的决策单元之间有往返的信息交换，但向下的信息有优先权，较低级对这一信息作为命令对待。

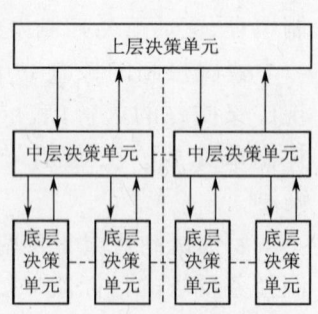

图 3-8 分层控制的递阶结构

（4）递阶结构中，决策者所处的级别越高，越关心较长时期的目标。

交叉口群是道路交通网络上具有较强交通联系的交叉口的集合，其自身恰好为一个合理的交通控制范围,其范围一般可以用作过饱和状态下交通控制的范围。在交叉口群中的某交叉口产生过饱和状态时,可通过适当的限制上游汇入路段的驶出交通流量,使得交叉口群中下游交叉口尽快恢复并维持在理想的运行状态。

结合交通控制问题的短期特性要求(即短时段流量的起伏波动)和长期特性要求(即交通流日变化特性),交通信号控制除了常规的周期、相位差和绿信比等直接控制参数外,还包括控制时段、交叉口相位相序设计和绿灯间隔时间等重要参数。

城市道路交通信号控制的分类方法很多,包括根据控制范围、控制方法和控制参数调整等进行分类。按照信号控制范围进行分类,交通控制可分为单点交叉口的交通控制、干道交叉口的协调控制和区域交通信号控制;按照控制方法进行分类,城市交通信号控制可以分为定时控制(Fixed Time Control)、交通感应控制(Traffic Responsive Control)和自适应交通控制(Adaptive Traffic Control);按照控制参数调整,交通控制算法可以分成两类:基于周期的控制算法(Cycle-based Control Algorithm)和基于时间步长的控制算法(Second-based Control Algorithm)。控制算法的开发和执行会涉及通讯数据的处理,基于控制参数的算法也包括对数据采集和处理的考虑。早期交通信号控制软件(系统)如TRANSYT、SCOOT、SCATS等均采用了基于周期的控制算法。这种算法以周期流量图示形式表示车流的到达,控制参数以提前设定的周期、绿灯起步时距、信号阶段绿灯时长和信号阶段间的绿灯间隔时间等为准,以周期为动态控制变量的调整和执行以及数据的采集的单位,无法改变相序相位。由于基于周期的控制算法调整间隔必须为周期长度的整数倍,系统响应速度受到限制,稳定性较高。随着通信和计算技术及控制理论的发展,预测控制被引入交通控制,即把交通预测、滚动优化和反馈矫正融合在了交通信号控制过程中,从而使控制优化和数据采集的间隔不再受到周期长度的约束。基于时间步长的控制系统主要有RHODES、OPAC、UTOPIA等,但这些系统控制变量急剧增加,并严重依赖通信系统,其仅在局部或理论研究层面获得推广,在交叉口群或路网层面应用很少。表3-1从控制系统运行的角度对两者做了定性的比较分析。

表3-1 控制算法特性对比

特　性	控制算法类型	
	基于周期	基于时间步长
对数据通信的依赖	较强	非常强
数据存储量	较大	很大
稳定性	强	弱

续表 3-1

特　性	控制算法类型	
	基于周期	基于时间步长
响应速度	慢	快
变量数目	少	多
适宜控制范围	大	小
协调参数的表达	易	难
控制模型的复杂程度	低	高

3.2　交叉口群拥堵形成机理

3.2.1　交通拥堵诱发因素

交叉口群过饱和状态形成的根本原因在于路段或交叉口的交通量大于通行能力，但交通拥堵常在交通量未达到通行能力时就已经发生。尽管交通量小于通行能力，交通拥堵仍可能导致交叉口群转化为饱和状态，甚至发生交叉口群锁死状况。诱发交叉口群过饱和状态的可能因素有交叉口排队溢流（Spillback）、绿灯空放（Starvation）、交叉口产生滞留排队（Residual Queues）和交叉口阻挡溢流（Storage blocking）等。

溢流情况指处于过饱和状态的下游交叉口产生的排队占用了下游交叉口到上游交叉口所有的道路空间以致上游交叉口车辆无法在绿灯时间驶入下游交叉口的情况，此情况也被称为上游绿灯到达车辆无法驶入现象（De-facto red），状况描述如图 3-9 所示。应用交通信号控制的方法可以降低交叉口溢流发生的频率，可应用的方法有负相位差（即红波控制）、动态相位差调节或加入绿闪控制等。在短连线交叉口群（空间距离接近的两个交叉口），将两个交叉口采用相同的信号配时方案也可降低交叉口溢流发生的可能性。

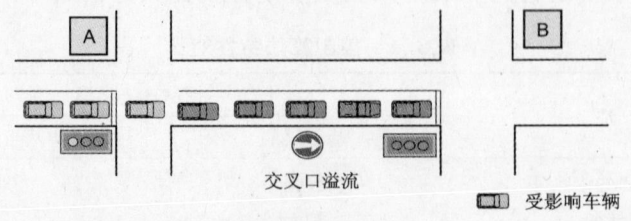

图 3-9　交叉口溢流（上游绿灯到达车辆无法驶入（De-facto red））

绿灯空放指因为上游交叉口发生例如阻挡溢流、溢流或红灯设置不当等现象而使下游交叉口的绿灯时间不能有效利用,绿灯空放的状况如图3-10所示。此种情况可通过调节相位差(绿波控制)和控制转向等方法来避免。

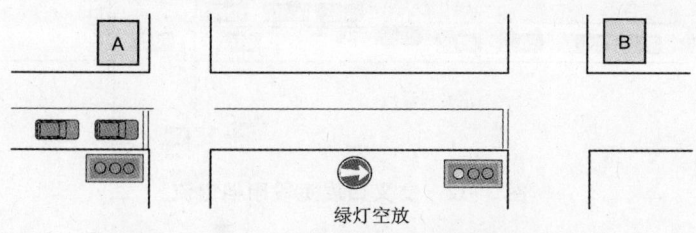

图3-10　交叉口绿灯空放

下游交叉口产生的滞留排队会妨碍交叉口交通流的正常运行并产生额外的延误。不断增加的延误和与其相对应的损失时间会加剧过饱和状态交叉口的拥堵状况,其状况如图3-11所示。为减少滞留排队的影响,需在对交叉口处的排队进行精确估计的基础上来改变交叉口之间的相位差,以使下游交叉口的排队有充分的时间消散完毕。如果滞留排队是受相交道路的转向车流影响而产生,应用绿闪灯控制策略增加下游交叉口绿灯时间,能有效缓解交叉口的交通压力。

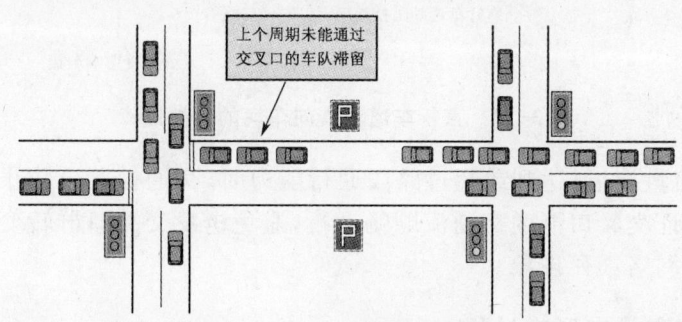

图3-11　交叉口滞留排队

交叉口阻挡溢流现象指处于红灯时间的转向交通流不仅占用了整个展宽段,而且还占用了部分直行(右转)车道,这就使本来处于绿灯时间的直行车辆不能在直行的绿灯相位内通过交叉口,具体情况如图3-12所示。因阻挡溢流造成直行车流的延误会使下游交叉口产生路段绿灯空放现象。相位截断(Phase Truncation)、相位再服务(Phase Re-service)和相序调整都可以被应用来调整交叉口处的转向交通流,以避免产生阻挡溢流现象。

与转向车辆阻挡了直行车队相对应,当直行车辆排队足够长并占用了所有展宽段前直行车道时,需要应用展宽段的左转或右转车辆也被阻挡而不能在其

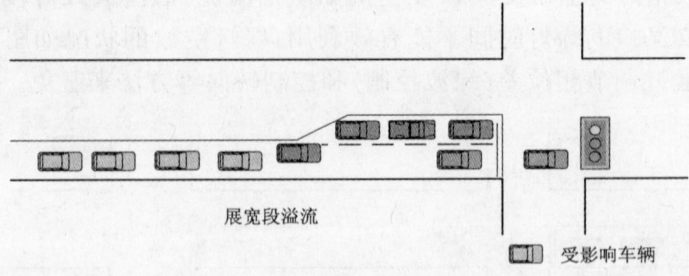

图 3-12　交叉口展宽段阻挡溢流

绿灯时间内通过交叉口,此时交叉口进口的展宽段处于绿灯时间无车状况,具体状况如图 3-13 所示。除增加交叉口展宽段长度的方法外,相位截断和相序调整也能减轻直行车辆的阻挡效应。

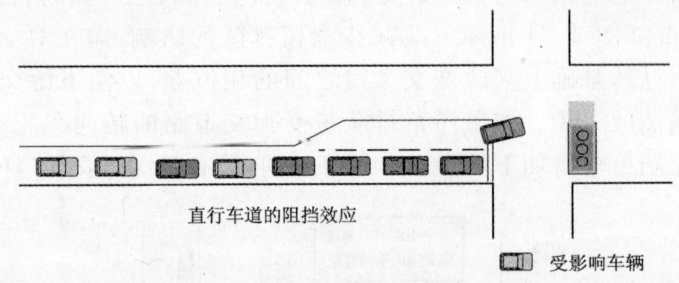

图 3-13　直行车道对转向车辆的阻挡效应

在交通流量接近、达到或超过路段通行能力时,交通控制应防止上述不良现象的发生,保证交叉口群内交通流顺畅运行,避免诱发交叉口群转变为过饱和状态,甚至发生网络锁死现象。

3.2.2　过饱和状态形成过程

随着道路交通流量的增加,路网中的瓶颈路段会首先达到其通行能力。当流量超过路径通行能力时,瓶颈路段(或交叉口)的排队会不断增加,交通拥堵产生并不断向周边路网蔓延。因交叉口群的交叉口之间,尤其是关键路径上的交叉口间,交通关联性强。当交通拥堵产生时,拥堵会沿着交叉口群的关键路径向临近交叉口蔓延,进而影响到交叉口群的其他非关键路径交叉口。交叉口群过饱和状态的形成过程可以分为以下几个阶段:阶段一:处于关键路径的一个或几个交叉口处于过饱和状态,排队不断增长,产生滞留排队;阶段二:下游交叉口的排队向上游蔓延,并影响到关键路径上的临近交叉口;阶段三:关键路径上的交叉口处于过饱和状态,非关键路径交叉口的交通状态也逐渐恶化;阶段四:交通拥堵在整个交叉口群中蔓延,最终形成恶性循环,各个交叉口均被堵死。此阶段也被称为交叉口群锁死状态,是交通控制亟须避免的一种恶化现象。

由交叉口群拥堵产生过程可知,交叉口群的交通拥堵最先发生在部分瓶颈路段(交叉口),此时交叉口群中大部分交叉口的服务水平虽然较低,但仍可应用交通控制的方法进行优化。当交叉口处于锁死状态时,交通控制的方法很难缓解交通拥堵状况。

3.3 交叉口群拥堵疏散过程

交通拥堵的根本原因是交通供需关系的不平衡。当交叉口群区域内的车辆到达率超过了交通容量,形成交通需求过剩,或者拥堵区域的出口容量受到了潜在容量的限制时,造成交通供给不足就会发生拥堵。图3-14给出了引起拥堵的条件。$D(t)$代表累计通过能力(即时间t内累计离去的车辆数),$A(t)$代表累计交通需求(即时间t内累计到达的车辆数),当交通需求q小于等于该区域的容量C_a时,不会发生拥堵;一旦到达的车流量超过道路容量时(图3-14中时间t_1),交通拥堵开始形成,车辆在路段上游聚集,排队长度不断增加。当车流量小于离去车流量时,排队车辆开始消散(图3-14中时间t_2)直到所有聚集的延误车辆通过瓶颈后才恢复自由流运行$A(t) = D(t)$。由图3-14可知,拥堵持续时间$(t_3 - t_1)$大于交通需求超过容量的时间$(t_2 - t_1)$。因此,即使交通需求超过容量的时间不长,也可能导致较长时间的严重拥堵。

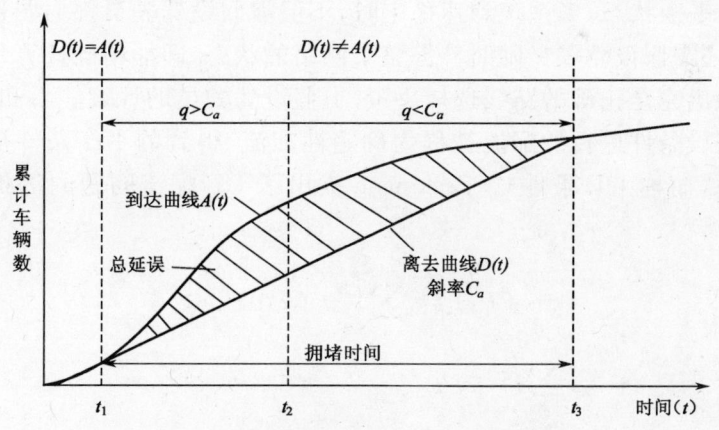

图3-14 累计交通需求—容量曲线图

3.4 交叉口群网络负荷均衡问题

交叉口群每个路段和交叉口的地位和作用(其路网容量和所应承担的交通量)应由整个交通系统决定。要想从根本上缓解交通拥堵,必须对整个交通系统进行分析,从系统中找到各部件所应承担的作用,设法使交通负荷的不均匀分布变成均衡分布,从而实现整个交通系统的通畅,从系统上解决交通拥堵。

实际交通网络中的交通需求随时间变化的性质使得交通网络上交通流具有动态特性,动态交通配流(Dynamic Traffic Assignment,DTA)是动态交通网络分析、动态交通需求分析的重要组成部分。

对大多数的动态交通分配模型,已知条件(网络结构、各路段的阻抗函数、OD需求矩阵)基本相同,最大的区别体现在模型的优化目标。按照遵循的目标不同可以划分为两类:Wardrop第一原则目标,即用户平衡目标(User Equilibrium,简称UE)下的DTA模型;Wardrop第二原则目标,即系统优化目标(System Optimal,简称SO)下的DTA模型[189]。

用户平衡目标问题下(Wardrop第一原则目标),每个驾驶者总是选择从起点到讫点之间最小的路径,但并非所有的驾驶者都会选择同一条路径,因为路段阻抗随流量变化而变化,只有驾驶员不能单方面改变其路径并能降低其阻抗时,才到达稳定状态。"用户平衡条件"由Wardrop提出[190]:即在达到平衡的交通网络上,所有存在流量的路径的阻抗均不大于不存在流量的路径阻抗。

在用户平衡状态,当系统到达稳定时,不但需假设驾驶员都力图选择阻抗最小的路径,还需假设驾驶员随时掌握整个网络的状态,即能精确计算每条路径的阻抗从而做出完全正确的路线选择决策,更假设驾驶员的计算能力和水平相同。根据以上假设条件进行的配流被称为确定性配流,得到的平衡条件被称为确定性平衡条件(简称UE条件)。Beckmann提出了UE配流问题的等价数学规划模型[191]:

$$\min Z(x) = \sum_a \int_0^{x_a} t_a(x)\,dx$$

$$\text{s. t.}: \sum_k f_k^{rs} = q_{rs} \qquad \forall\, r, s$$

$$f_k^{rs} \geqslant 0 \qquad \forall\, k, r, s \qquad (3-9)$$

$$x_a = \sum_r \sum_s \sum_k f_k^{rs} \delta_{a,k}^{rs} \qquad \forall\, a$$

式中:x_a——路段a的路段流量;

$t_a(x)$——路段 a 的路段旅行时间函数;

f_k^{rs}——OD 对 r、s 之间第 k 条路径的路径流量;

q_{rs}——OD 对 r、s 之间的分布交通量;

$\delta_{a,k}^{rs}$——连接关系变量。当路径 k 包含路段 a 时,$\delta_{a,k}^{rs}=1$;否则 $\delta_{a,k}^{rs}=0$。

此模型被称为 Beckmann 变换,该模型同 UE 规划配流问题的等价性在文献[192]中有详细的证明过程。

现实中驾驶员对路段阻抗值只能是估计,同一路段不同驾驶员的路段阻抗估计值不尽相同。将驾驶员对路段阻抗的理解值和实际值之差视为随机变量,就得到随机用户平衡条件(Stochastic User Equilibrium,SUE):系统中不再存在驾驶员认为能通过单边改变路径来降低其阻抗的机会。当驾驶员们对路段阻抗的理解值完全正确时,SUE 就成为了 UE,所以 UE 是 SUE 的一种极端情况。

如果 OD 矩阵是时变函数,则研究的平衡问题就变成为了动态用户平衡问题(Dynamic User Equilibrium,DUE)。

在以 UE 为目标的规划中,每位驾驶员只从自身的利益出发去寻找最小阻抗的路径,驾驶员之间互不协商,经过不断的系统内部调整后,达到一个平衡状态,即 UE 状态。如果假设驾驶员全部能够接受统一的调度,且服从同一个目标——使系统的总的阻抗最小,则配流问题的目标就遵循了系统优化的目标(Wardrop 第二原则目标),问题也就相应地变为了系统优化配流问题,即 SO 问题,可以用如下数学规划进行表示:

$$\min Z(x) = \sum_a x_a t_a(x_a)$$

$$\text{s.t.}: \sum_k f_k^{rs} = q_{rs} \qquad \forall r, s$$

$$f_k^{rs} \geqslant 0 \qquad \forall k, r, s \qquad (3\text{-}10)$$

$$x_a = \sum_r \sum_s \sum_k f_k^{rs} \delta_{a,k}^{rs} \qquad \forall a$$

式中所有的变量说明与式(3-9)等同。

交通配流的系统优化原则同样由 Wardrop 提出,因此该类问题的目标被称之为 Wardrop 第二原则目标。

SO 的解一般不是一个 UE 解。如果忽略了拥挤效应,UE 和 SO 问题就变成了同一类问题;当网络交通需求较大时候,拥挤就会产生,UE 解和 SO 解的差别也就表现出来。SO 问题的最优解中,路径可以分为两类:一类路径上有流量,其阻抗的边际贡献(在该路径上增加一个出行单位,使得网络的总阻抗增加值)相等;另一类路径上没有流量,其阻抗的边际贡献大于或等于前者。

可用 SO 与 UE 差别的研究来分析 Braess 诡异。在 UE 规划问题中，增加网络中的路段数量有可能会使总阻抗增加，而不是减少。驾驶员只从单方面着想，选择自己的最小阻抗，而没有想到自己的决定将对网络的总阻抗有什么影响，致使达到平衡状态时网络总阻抗反而增加了。如果驾驶员服从系统的集中统一调度，Braess 诡异现象将不会出现。

在交叉口群拥堵的状态下，很少驾驶员能够获取路网的准确信息，驾驶员更倾向于服从统一的调度指挥；另一方面，决策者掌握着相对全面的交通信息，掌握着交通管控权，更有利于制定和实施以"系统优化"为目标的交通组织方案以缓解交通拥堵状况。

第四章 交通运行数据采集及分析

准确详尽的交通运行数据是分析交叉口群交通状态和优化交通控制方案的基础。本章首先介绍了交叉口群交通状态识别和交通控制需要收集的基本交通参数及交通数据采集的方法,然后根据交通数据采集方法的特性,提出了检测器优化布置方法,并对交通数据清洗及处理方法进行了介绍。

4.1 交通参数选择与数据采集

道路交通参数数据是进行交通拥挤状态自动判别的基础。本节对交叉口群状态识别需要的基本交通参数进行选择,对常用的数据采集方法进行详细的介绍,以确保交通状态判别具有可靠的数据来源。

4.1.1 交通参数的选择

1. 交通参数的选择原则

对交通参数的选择应遵循以下原则:

(1) 直观性原则。所采用的交通参数应该易于理解。比如车速,处于拥挤状态中的车速会明显降低,与正常行驶时给人的感觉会明显不同。

(2) 便利性原则。所采用的交通参数应该是常规交通信息采集技术都能够提供的。例如,密度参数虽然能够直观反映拥挤程度,但该参数数据的采集难度较大。

(3) 敏感性原则。所采用的交通参数在交通拥挤发生时应该具有明显的变化,以保证准确识别交通状态。比如在交通拥挤发生地点上游,车速会有明显的降低,占有率也会出现明显的升高。

(4) 经济性原则。所采用的交通参数在获取时应该具有很好的经济性,对于感应线圈检测器,占有率和流量的经济性要比车速好,因为车速需要双线圈检测器才能得到比较可靠的检测数据。

(5) 可靠性原则。所采用的交通参数的采集技术必须有很好的可靠性,比如恶劣的天气对视频检测会有很大的影响,交通参数的可靠性较差。因此,基于视频检测器的排队长度参数应该尽量不用。

2. 交通参数的确定

表 4-1 给出了在对交通状态进行评价时所采用的交通参数的调查结果。从表中可以看出,车速、流量和占有率是目前评价交通状态最常用的三个交通参数[193]。

表 4-1 交通参数使用情况调查表

交通参数	正在使用的调查对象百分比(%)	推荐使用的调查对象百分比(%)
车　速	89	75
流　量	75	60
占有率	74	85
服务水平	17	24
延　误	3	4
排队长度	3	4
排队长度持续时间	3	3

表 4-2 列出了已有交通拥挤状态自动判别(Automatic Congestion Identification,ACI)算法所使用的交通参数[193]。

表 4-2 ACI算法使用的交通参数

检测方法＼交通参数	交通量	速度	密度	占有率
指数平滑法	※※	※※	※※	※※
加州算法				※
McMaster算法		※		※
SND法	※※			※※
互相关法			※	
卡尔曼滤波法	※			

注:※代表所采用的参数;※※表示任选一个参数。

由表 4-2 可见,在经典算法中,占有率的应用最为广泛,速度和交通量次之,密度由于难以检测而应用较少,采用一个交通参数的算法较多,采用两个或多个交通参数的算法较少。

结合交通参数选取原则和上述对交通参数的使用情况的调查,考虑到在交通拥挤发生时,速度和占有率会出现明显的变化,流量的变化也比较明显,因此初步决定采用占有率、流量和车速三个参数作为基于固定型交通检测器的基础。基于浮动车的移动型交通信息可以提供固定检测器无法提供的一些信息,可以作为基础数据的有效补充。

4.1.2 常用数据采集方法

1. 磁频车辆检测技术

磁频车辆检测技术是指以电磁感应为检测参数、以磁频车辆检测器为检测设备的可以检测车辆通过或存在于检测区域的技术。磁频车辆检测技术属于固定型检测技术,其获得交通参数的基本方法都是通过分析车辆进过检测区域后引发的传感器脉冲信号的方法对交通流信息进行检测。

使用磁频车辆检测技术采集动态交通流信息的设备主要有环形线圈式车辆检测器、地磁式车辆检测器、电磁式车辆检测器、微型线圈检测器、磁成像检测器、摩擦电检测器、磁力检测器等,其中环形线圈检测器应用最为广泛。

2. 波频车辆检测技术

波频车辆检测技术有两种工作方式,一是车辆检测器向检测区域发射具有一定波长的能量波束,当有机动车辆穿过监测区域时,该波束经车辆反射后被检测器接收,然后经过处理分析获得所需的交通参数。这种类型的设备主要有雷达测速检测器、微波车辆检测器、超声波车辆检测器和主动红外线车辆检测器等。波频车辆检测技术的另一种工作方式是检测器对通过检测区域的机动车辆本身发射的具有一定波长的能量波束进行接收,经过分析处理后获得所需的交通参数。这种类型的设备主要有被动红外线检测器、被动声学检测器等。波频车辆检测技术的两种工作方式的差别主要在于所依据的波束来源不同,前者由检测器发射并接收波束,而后者由车辆发出,由检测器接收波束。

3. 视频车辆检测技术

视频车辆检测技术即在视频序列中提取运动的车辆对象,是利用视频图像进行车辆检测。它涉及计算机图像处理技术、模式识别、信号处理和信号融合等多个领域。近年来,基于计算机图像处理技术的视频车辆检测技术逐步成为研究主流[196]。

视频车辆检测技术提取道路交通视频图像中的目标车辆的一般流程如下:①运动目标区域提取,即确定车辆可能存在的区域;②目标确认,即对上阶段产生的候选区域进行确认,判断是车辆还是背景;③目标分割,通过识别出图像中符合车辆特征的像素,将待识别的目标从背景中分离出来;④目标跟踪,依据提取出的特征匹配前后帧中的车辆,从而计算交通参数;⑤目标分类,指依据几何外形、纹理特征等对不同类型的车辆进行分类;⑥后处理,根据检测需求计算交通参数,如车流量、车速等。

视频车辆检测系统的用途主要有:①提供准确的交通参数;②自动检测事故。

视频车辆检测技术具有大区域、大信息量、多功能,不破坏路面,安装无需中断交通,以此可检测多条车道,可记录现场图像的特点。随着图像处理技术的进步和微电子技术的发展,检测功能的扩展和系统成本的降低,视频车辆检测技术将得到更加广泛的应用。

4.2 数据采集方法选择

4.2.1 交通检测技术性能比较分析及选择

动态交通流信息检测技术分为自动检测和非自动检测两种方式。而动态交通流信息自动检测技术根据交通检测器工作地点的不同划分为固定型检测技术和移动型检测技术两类。本节针对交叉口群过饱和状态交通流特性对这两类交通检测技术的性能做比较分析。

1. 固定型交通检测器性能比较

固定型交通检测器可以直接检测到的交通参数主要包括车流量、车速、占有率和车辆类型等。各种交通检测器在不同的交通环境下发挥着各自的作用,在不同的交通、道路和环境条件下,不同的交通检测器的检测精度、成本和安装方式有着较大的差异,每种检测器既有其优点也有其缺陷。结合4.1节对各种交通检测器优缺点的介绍,将各种交通检测器的优缺点比较及不同应用场所下典型的固定型交通检测器分析比较汇总如表4-3和表4-5所示。

表4-3 常用固定型交通检测器的优缺点比较

车辆检测器	优 点	缺 点
感应线圈检测器	① 成熟、易于理解的技术; ② 灵活多变的设计,可满足多种实施状况的需求; ③ 与非地埋型检测器相比,价格便宜; ④ 提供基本的交通参数(如车流量、车道占有率、速度、车头时距和车头间距); ⑤ 采用高频励磁的型号可提供车辆分类数据; ⑥ 可结合特定算法分析过饱和状态交通参数。	① 安装和维修需关闭车道,对交通流造成干扰; ② 路面质量不好的道路上安装时容易损坏; ③ 路面翻修和道路设施维修时可能需要重装检测器; ④ 检测特定区域的交通流时需要多个检测器; ⑤ 降低道路寿命; ⑥ 对路面车辆压力和温度敏感; ⑦ 当车辆类型变化较大时精确性会降低; ⑧ 需要对检测器做定期的维护。

续表 4-3

车辆检测器	优点	缺点
磁力检测器	① 某些型号不需要开挖路面即可安装于路面下； ② 安装所需时间比感应线圈短； ③ 可用于感应线圈不适用的地方； ④ 对路面车辆压力的敏感度低于感应线圈； ⑤ 某些型号可通过无线电传输数据。	① 安装需要刨开路面下挖掘管道； ② 安装和维修需关闭车道，对交通流造成干扰； ③ 降低道路寿命； ④ 要想对静止车辆进行检测，需借助特殊传感器设计或使用信号处理软件； ⑤ 对于检测区域较小的型号，检测全部车道需多个检测器。
红外线检测器	① 主动式红外线检测器发射多光速的红外线保证对车辆位置、速度及车辆类型的准确测量； ② 可实现多车道检测； ③ 多检测区域的被动式红外线检测器可测量车速； ④ 测速精度高，可检测静止车辆，不受环境亮光影响。	① 当雾天能见度低于 6m 或高吹雪天气时，检测性能会下降； ② 在大雨、大雪或浓雾天气下，被动式红外线检测器的灵敏度会下降； ③ 性能随环境温度和气流影响而降低； ④ 非车辆物体通过时影响系统正常工作。
微波雷达检测器	① 在较短的波长范围内，微波雷达对恶劣天气不敏感； ② 多普勒雷达可实现对速度的直接检测； ③ 侧向安装，可实现多车道检测；安装维护方便，不需破坏路面、检测精度高。	① 天线的波束宽度和发射波形必须适合具体的应用要求； ② 多普勒微波雷达不能检测静止车辆，在交叉口的车辆计数效果不好； ③ 发射信号易掩盖接收信号，泄漏功率使接收灵敏度降低。
超声波检测器	① 可实现多车道检测； ② 体积小，易于安装； ③ 安装维修不需开挖路面，易于实现车型分类，能检测静止车辆。	① 受温度变化、强烈的气流紊乱等环境因素影响，易受行人影响； ② 某些型号设计了温度补偿装置； ③ 当高速公路上车辆以中速或高速行驶时，检测器采用大的脉冲重复周期会影响占有率的检测。
声学检测器	① 属被动式检测器； ② 对降水天气不敏感； ③ 可实现对车道检测。	① 低温可能会影响检测准确度； ② 某些型号不适用检测慢速移动的车辆。
视频检测器	① 多检测区域，可检测多车道； ② 易于增加和改变检测区域； ③ 可获得大量交通数据； ④ 当多个摄像机连接到一个视频处理单元时可提供更广泛的检测。	① 恶劣天气如雾、雨、雪、阴影，车辆投射到相邻车道的阴影，交通阻塞，光照水平的变化，车辆与道路的对比，摄像机镜头上的水迹、盐渍、冰霜和蜘蛛网等都可能影响检测器性能； ② 为取得车辆出现和速度检测的最佳效果（在路边安装摄像机情况下）需将摄像机装于 15~18 m 高度；某些型号对因大风引起的摄像机振动较敏感； ③ 当需检测多个监测区域或特殊数据时，检测器才会有较高的性价比。

表 4-4　典型的固定型交通检测器的适用性分析

应用目的	检测需求	常用交通检测器
交通信号控制	检测停止车辆；一般天气条件	感应式环形线圈、超声波检测器、视频检测器
交通状态识别	检测全路网的交通流信息	环形感应线圈检测器、视频检测器、微波检测器
紧急事件快速反应	需要检测停止车辆；任何气象条件	环形感应线圈检测器、视频检测器、微波检测器
交通信息服务	检测全路网基本交通流信息；任何气象条件	视频检测器、微波检测器

2. 移动型交通检测器性能比较

各种移动型交通检测器都可以提供交通量、行程车速和行程时间等高级交通管理系统（Advanced Transportation Management System，ATMS）需求的基本交通流信息。虽然移动型交通检测器在工作原理和系统构成上存在较大的差异，但是都要求在道路网络中具有足够大的样本量来保证信息采集技术的可实施性和有效性。表 4-5 给出了各种移动型交通检测器特点的比较，由此可看出，移动式交通检测技术可检测到的交通流信息基本相同。

表 4-5　典型的移动型交通检测器的特点比较

技术	优点	缺点	可检测参数
基于 GPS 的动态交通信息检测技术	数据检测连续性强；全天候条件下工作	需要足够多装有 GPS 的车辆运行在城市路网中；检测数据信号容易受到电磁干扰；在城市中的检测精度与 GPS 定位精度有很大关系	直接：交通流量、瞬时车速；间接：行程时间、行程车速；可实现多车道覆盖
基于电子标签的动态交通信息检测技术	数据检测连续性强；全天候条件下工作；可以提供自动收费功能	车辆必须安装有电子标签；必须有足够多车辆安装有电子标签；必须有良好的滤波算法，以消除个别车辆因运行故障引发的数据误差	直接：交通流量；间接：行程时间、行程车速；可实现多车道覆盖
基于汽车牌照判别的动态交通信息检测技术	数据检测连续性强；全天候条件下工作；车辆不需安装其他设备；可以检测路网所有车辆信息	检测精度受天气和光源影响较大；检测精度受汽车牌照的清晰度影响	直接：交通流量；间接：行程时间、行程车速；可实现多车道覆盖
基于手机探测的交通信息检测技术	可提供城市、高速公路等整个路网的交通信息；不需要安装高成本的车载设备；可直接获得速度、行驶方向及行程时间等信息；克服了固定检测器只能检测固定位置交通信息的缺点	有时会发生丢包现象；实际速率比理论值低；存在转接时延	整个路网（包括高速公路、快速路、城市干道等）的车辆位置、速度、行程时间、行驶方向、交通事件信息

过饱和状态交叉口群交通流多处于停滞状态或低速运行状态,因此以交通控制为目标的交通信息检测需具备检测低速或静止车辆的功能,为保证在各种天气下交通检测的准确性,推荐过饱和状态交叉口群检测器以环形线圈为主,辅以视频检测信息和移动检测信息,对各种交通信息进行融合,最终获得信号控制用的交通数据。

4.2.2 交叉口群交通检测器优化配置

1. 固定型交通检测器配置密度的优化方法

虽然各种固定型交通数据采集技术都可以提供基本交通流信息——交通量、占有率和车速,但检测器的空间布置密度会影响到路网交通状态的可靠性,下面介绍固定型交通检测器的空间布置原则以及配置密度的优化方法。

(1) 固定型交通检测器的配置原则

在道路上设置固定型交通检测器的目的是采集地点交通流参数数据,并运用一定技术方法提取出该地点的交通流运行状态信息。固定型交通检测器采集到的交通数据是否能够正确反映当时的交通流运行状态,与检测器的空间密度和具体位置有很大的关系。

由于固定型交通检测器采集的是固定地点的交通流参数数据,只有当道路网络中有足够多的检测器时,才能够实现对道路网络交通运行状态的监视。实际上除了极少数用于实时自适应信号配时系统外,绝大部分并未真正起到自动监视路网交通流运行状态的作用。

从理论上看,固定型交通检测器布置的密度越大,所检测到的数据越能准确地体现路网交通流运行的特征。但当固定型交通检测器布置间隔达到一定的密集程度后,如果再增加检测器并不能显著提高交通流运行特征分析的精度,却会导致动态交通数据成本的大幅增加。因此,固定型交通检测器空间布置的密度需根据检测区域内各地点的具体情况确定。固定型交通检测器的空间布置原则包括如下四项:

① 检测器沿路线纵向设置的位置。城市快速路的检测器设置主要考虑检测器的间距,以保证所采集的数据对交通流特征的代表程度满足要求。城市主干路检测器的位置一般设置在路段的上、中、下游,具体情况根据实际交通控制系统的特点来确定。例如,SCATS 系统用交通量、饱和度等交通参数进行信号配时,把检测器设置在距离停车线约 1 m 的上游位置,其信号难以与交通状态自动判别和交通诱导系统共享,因此需要在路段的中上游增加一定量的检测器;SCOOT 系统需要预测到达停车线的交通图式,并要求检测车辆饱和时的排队长度,因此,把检测器设置在上游交叉口的出口处,其信息可同时用于信号配时、交

通状态自动判别和交通诱导,因此在路段较短的情况下,不需要增设交通检测器。当路段比较长时,为了提高交通状态自动判别和交通诱导的效果,可在路段中间适当补充一定的检测器。

② 检测器沿路段横向设置的位置。一般一条车道设置一组检测器,也可以采用具有多车道覆盖能力的检测器,同时对多个车道进行交通检测。左转专用车道的检测器最好设置在专用车道的起始端。

③ 检测器在支线或出入口处的设置。当交叉口或匝道之间有支线或中间出入口,且其交通量大于干线交通流量的10%时,为了保证动态交通信息的可靠性,需要在支线或中间出入口设置检测器。

④ 检测器应避免设置在公交停靠站和行人过街横道附近。公交车辆进出停靠站、行人通过过街横道会对正常行驶交通流造成一定影响。

上述原则定性地对固定型交通检测器的空间布置进行了规定,没有定量地分析固定型交通检测器布置的密度在何种范围,其检测到的数据才能准确地体现道路网络交通流的运行特征。因此有必要对固定型交通检测器空间布置的密度进行优化研究。

(2) 配置密度的优化方法

路段的行程时间参数能够真实、直观地反映交通流的运行特征。由于固定型交通检测器提供的是地点交通参数数据,如果能够建立起地点交通参数数据、检测器间距与路段形成时间之间的相关关系,则可以通过调整检测器之间的距离提高路段形成时间估计的精度。固定型交通检测器空间设置密度优化的基本思想是:先给定若干种检测器空间布置的方案,运用检测器采集到的地点交通参数数据估计路段的区间平均车速,进而估计出路段的平均行程时间,然后分析行程时间的估计值和行程时间实际值之间的差异,当估计误差不超过预定的误差标准时,可以认为这类检测器的空间布置方案能够满足行程时间估计精度的要求。其中检测器设置间距最大的方案就是最合理的方案。

可采用模拟方法对固定型交通检测器的配置密度进行优化,具体工作步骤为:①明确固定型交通检测器所服务的用户对行程时间估计精度的要求;②针对具体道路网络,根据固定型交通检测器的空间布置原则进行初步分析,并设定多个不同检测器间距的初始配置方案;③选择行程时间估计方法,并确定行程时间与地点交通参数、检测器间距的关系式;④对各初始方案进行模拟分析,检测行程时间的实际值,计算行程时间的估计值,进行误差分析;⑤将满足用户行程时间估计精度要求的方案作为可行方案;⑥从可行方案中,选择检测器间距最大的方案作为最满意的方案,其行程时间的估计精度能够满足用户需要,而检测器的总成本是最低的。

利用模拟软件对初始方案进行模拟,并对结构进行分析,如果能满足预先设定的误差标准,则为可行方案。否则,调整初始方案,进行第二次模拟,直至获得满足行程时间估计误差标准的检测器配置方案。

2. 移动型交通检测器最小样本量的优化方法

各种移动型交通检测技术可提供的交通流参数基本相同,并且都可以全天候工作。如果移动型交通检测器超过一定的数量,所得到的数据质量不会显著提高,但却会对交通数据的成本有很大影响;若移动型交通检测器数量过少,将无法保证交通数据的质量,所以有必要对移动型交通检测器的最小样本量进行优化。

(1) 确定最小样本量的基本原则。

移动型交通检测器是指安装有特定装置的运行车辆(也称为浮动车),浮动车在运行过程中对道路及其附属设施上的特定标识物进行检测,获得相应路段的交通参数数据。其中安装有电子标签的浮动车通过检测道路上设置的无线信标完成交通参数数据的采集;基于牌照识别的交通参数数据采集技术将所有的运行车辆都作为浮动车,通过分析相邻两个断面处的牌照匹配情况完成交通参数数据的采集;基于 GPS 的浮动车不需要在道路上设置任何物理标识物,通过将车辆的动态位置信息与 GIS-T 中特定区域的静态位置信息进行比较,完成交通参数数据的采集。

移动型交通信息采集技术获得的交通参数数据的质量都与实际发挥作用的浮动车的数量密切相关。如果在某个时间段内,仅有一辆或少数几辆浮动车提供了运行特征数据,则据此估计的交通流整体运行特征将会有较低的可靠性。

无论采用哪一种移动型交通数据采集技术,都面临着交通数据的成本问题。浮动车的数量越多,所获得的体现交通流总体特征的交通数据的成本越高。因此,有必要在交通数据的可靠性和成本之间进行综合平衡。

移动型交通检测器最小样本量的确定应遵循以下三个基本原则:①满足相应的基本交通流信息精度的要求;②交通流信息的成本最低;③满足工程的可实施性。

(2) 最小样本量的确定方法

在同一时段内,同一路段上的浮动车越多,估计的路段交通参数越可靠,但信息的成本也会随之增加。因此,对移动型交通检测器的最小样本量进行优化具有重要的现实意义。

确定移动型交通检测器最小样本量的基本思想是:先给定若干个移动型交通检测器的初始样本量方案,针对每个方案,分别运用浮动车获得特定路段上的平均行程时间估计值，将该估计值与实际的平均行程时间进行比较，当两者的误差低于预定的误差要求标准时，可以认为这个移动型交通检测器的样本量方案是可行的。在所有可行方案中，选取样本量最小的方案作为满意方案。显然，初始方案越多，得到的满意方案越接近于最佳方案。因此，确定移动型交通检测器最小样本量的工作步骤为：

① 明确移动型交通检测器所服务的用户对交通参数数据的精度要求；

② 根据确定移动型交通检测器最小样本量的基本原则，设计若干初始方案，针对每个初始方案，执行③~⑤；

③ 采集单个浮动车的行程时间数据，并据此对整体交通流的平均行程时间进行估计；

④ 获得整体交通流平均行程时间的实际值，计算交通流平均行程时间的估计误差；

⑤ 若交通流平均行程时间估计误差满足预定的精度要求，则该方案是一个可行方案；

⑥ 若可行方案集不为空，则可将其中样本量最小的方案作为满意方案。否则，返回①，重新确定初始方案。

3. 交通检测器组合应用优化方法

常规的交通信息采集技术都可以提供交通流量、地点速度、占有率等基本交通数据，但是对于一些特殊的交通信息，如排队长度、行程时间等，并非所有的信息采集技术都可提供。不同交通信息的采集技术在检测精度和适用条件方面也有比较大的差异。在满足所需的功能需求和经济成本最优化的前提下，有必要对动态交通流信息采集技术的组合应用进行优化。

(1) 交通检测器组合应用优化的原则

动态交通流信息采集技术组合应用的影响因素主要包括：①所服务的交通系统的功能要求；②区域社会和经济条件及其未来发展趋势；③道路交通网络内的交通流构成；④公路和城市道路的功能和网络规模；⑤道路的等级、设计参数以及在路网内的功能；⑥道路路段、立体交叉口、上下匝道的物理特点；⑦当地气候条件。

在设计动态交通流信息采集技术组合应用方案时，应遵循以下的原则：

① 满足系统功能需求。

由于控制系统的各个子系统需求的动态交通流信息类型不同，因此，在进行组合应用优化设计时，首先应该考虑系统的主要功能，并确定满足该种功能的动态交通流信息类型。

由于不同采集技术在相同条件下对同一动态交通流信息的采集精度不尽相

同,而不同的用户对动态交通流信息精度的要求也有不同之处,因此,动态交通流信息采集技术组合应用优化设计方案还应该满足系统对动态交通信息的精度需求。

② 保证投资费用的合理性

不同类型的检测器的综合成本相差很大,综合成本应该从以下两个方面来考虑:一是投资成本;二是运行成本,必要时还要考虑设备安装维护对交通流的影响。

③ 系统的可扩展性

动态交通流信息采集技术应具备系统功能扩充的可行性,在系统建立初期,应考虑这个原则,保证所设计的动态交通流信息采集技术组合应用方案具有较强的可扩展性。

④ 适应道路网络的特点

根据日常交通管理和各种交通参数历史统计数据进行统计分析,获得道路网络具有的道路几何条件、交通流构成等特点,交通信息采集技术组合应用方案设计要适应道路网络的这些特点。在不同的道路网络内,具体的交通流构成各不相同。

⑤ 适应具体的工作环境

工作环境直接影响到交通信息采集设备的检测效果和使用寿命,因此在设计交通信息采集技术组合方案的过程中,必须充分考虑环境对采集技术的影响,主要包括天气、照明条件、电磁波干扰、道路桥梁的震动以及建筑物的遮挡等因素。

(2) 交通检测器组合应用优化方法

在设计具体的交通信息采集方案时,既要考虑对交通流信息种类、交通流信息精度的需求,也要考虑各种交通信息采集技术的性能与适用条件的限制,还要考虑区域社会和经济条件及其未来发展趋势的具体情况。动态交通流信息采集技术组合应用方案设计的工作过程如图 4-1 所示。

① 进行动态交通流信息采集的需求分析,分析需要采集的信息种类和精度要求,并据此对动态交通流信息采集技术进行初步选择。

② 对初步选定的动态交通流信息采集技术进行分析,主要分析各种采集技术可提供的交通流信息种类和精度以及适用条件和成本费用等因素。

③ 对固定型交通检测器空间布置方案和移动型检测器最小样本量进行分析。

④ 根据组合应用设计的原则对检测器进行筛选。通过分析系统功能需求、地区的社会、经济状况及其发展趋势、道路路段和交叉口在城市道路网中的物理特点和交通状况等条件,确定适合路段和交叉口的动态交通流信息采集技术,并

生成设计方案。

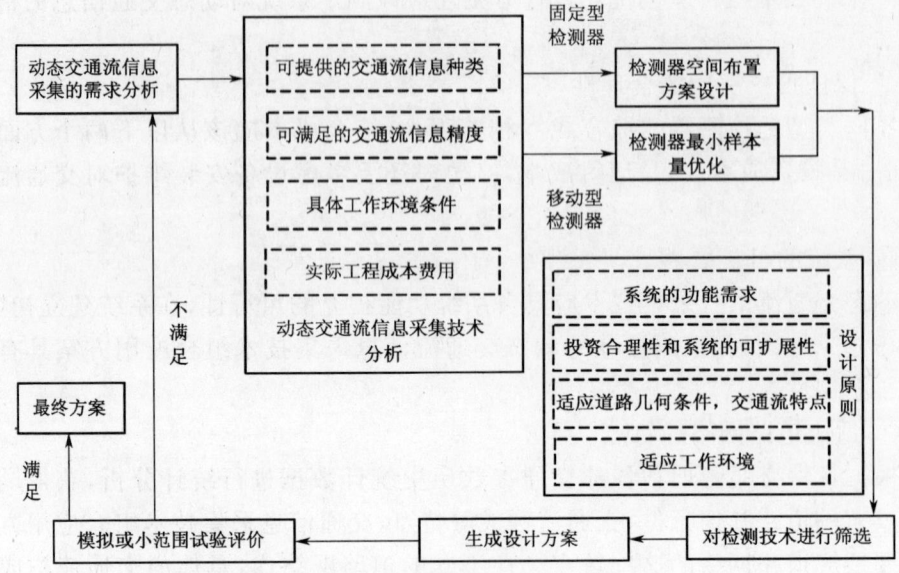

图 4-1 动态交通流信息采集技术组合方案优化设计步骤

⑤ 对所设计的动态交通里信息采集方案进行评价,判断能否满足交通系统各功能的要求,如果满足要求,获得的方案为最佳方案,否则重新进行组合优化,直至获得满意方案为止。

4.3 交通数据清洗及处理

4.3.1 交通流丢失数据补齐

由于检测设备、传输设备等的连续运行,通过检测器采集得到的原始数据经常存在数据丢失的现象。由此带来的问题主要有数据中的交通流信息不能被完全提取、后续的交通流数据分析与深层次的数据挖掘复杂以及容易产生误差。如果使用补齐值代替丢失值进行数据分析,则丢失值的准确性会直接影响分析结果。因此,为了保证数据分析和处理的正确性及有效性,确保提供有效的数据,对丢失值进行正确的处理是数据清洗过程的核心内容之一,对实现先进的交通管理子系统和先进的出行者信息子系统有着非常重要的现实意义[197-199]。

1. 数据丢失分析

了解数据丢失的原因和特性,将有助于数据补齐工作的开展,也将为后期的数据管理及融合算法提供参考。数据丢失的原因与丢失数据的特点如表4-6所示。

表4-6 交通流数据丢失的原因及特点分析

检测数据丢失的原因		丢失数据的特点
检测器出现故障	检测器扫描频率不稳定,无法正常检测车辆	某个时间段的部分数据丢失
	车辆过度密集造成检测器无法工作	某个时间段的部分数据丢失
	检测器连续工作,出现间歇性工作故障	某个时间段的部分数据丢失
传输设备出现故障		一个或几个时间段的部分数据丢失或某个时间段内出现多组数据
存储设备出现故障		一定时间段的所有数据都发生丢失
人员操作失误		一定时间段的所有数据都发生丢失

对数据丢失的总体情况的识别可以采用如下方法:将一定时间内得到的数据定义为某一时间段的数据,然后对数据的时段进行扫描和判断,如果将某一时段内得到的数据定义为某一时段的数据,然后对数据的时段进行扫描和判断,如果某一时段内没有得到数据,或一个时段内得到多于一组的数据,则认为该时段的数据丢失,需要进行补齐处理。

对数据补齐,在实践过程中需要遵循以下两条原则:一是基础数据完整性原则。采集到的原始数据保存时不应作修改或调整,以保证足够的未经修改过的基础数据用于数据补齐,且补齐数据与基础数据应分别存储。二是补齐流程的真实性原则。做好针对整个补齐操作流程的文档记载工作,将有助于增强补齐工作的透明度以便于取舍。目前,在国内多采用以下六种方法实现对丢失数据的补齐,不同的方法的优缺点和适用性不同,如表4-7所示。

表4-7 丢失数据的补齐方式及缺点

交通流丢失数据补齐方式	优缺点
采用前一天的历史趋势数据进行补齐	若发生交通异常状况,大大降低了估计精度
采用历史趋势数据与$(t-1)$时段实测数据的加权估计值进行补齐	地区和时段不同,权值应该是有所不同的,同时,认为设定权值缺乏科学依据
采用相邻时段数据的平均值进行补齐	当相邻周期数据仍存在丢失时,无法采用此方法
由相邻路段数据得到的估计值	当检测器间隔较远时存在一定的时滞性
线性差值法	在理论分析中简单方便,但在实际计算中尤其是有大量丢失数据存在时计算复杂
将存在丢失数据的记录删掉	当丢失数据数量较大时,无法准确描述交通流运行特征,对交通模型的运行效果不利,不是严格意义上的丢失数据的补齐

由表4-8可看出,可能受在线应用要求简便、可行以及数学模型发展的限

制,上述方法均是采用同一属性已有的完整数据补齐丢失数据,并存在地区、时段不同,权值无法确定,导致估计精度降低等问题。因此引入粗集理论在不同程度上解决了上述问题。

2. 基于粗集理论的交通流丢失数据补齐算法

(1) 粗集理论

粗集(Rough Set)理论是一种研究不完整、不确定性知识和数据的表达、学习、归纳的理论方法,它能有效地分析和处理不精确、不一致或不完整的各种不完备信息系统,能使具有丢失值的对象与信息系统的其他相似对象的属性值尽可能保持一致,即可以利用相似对象属性值的不可分辨关系对丢失数据进行补齐。

设由交通检测器获得的基本交通流信息组成的系统称为基本交通流信息系统,存在丢失数据的交通流信息系统称为不完备的基本交通流信息系统。

对丢失数据的补齐要求尽可能反映丢失数据的不完备信息系统所反映的基本特征隐含的内在规律。而基于粗集理论的不完备数据分析方法(ROUSTIDA 算法)基本思想正是:丢失数据值的补齐应是完整化后的信息系统所产生的分类规则具有尽可能高的支持度,产生的规则应尽可能集中。为了介绍 ROUSTIDA 算法,引入扩充可辨识矩阵、遗失属性集、无差别对象集、遗失对象集的定义。

定义 1 令 $S=<U, A, V, f>$,S 为信息系统;$U=\{x_1, x_2, \cdots, x_n\}$ 是论域,x 代表每一个时间段内获得的样本值,n 为记录条数;$A=\{a_k | k=1, \cdots, m\}$ 是属性集,a_k 代表单个属性值,共 m 个属性;V 是属性 $a \in A$ 的值域;f 是 $U \times A \rightarrow V$ 的映射,它指定 U 中每一个样本 x 的属性值。M_{ij} 表示经过扩充的可辨识矩阵中第 i 行 j 列的元素,$a_k(x_i)$ 是样本 x_i 在属性 a_k 上的取值,即表示样本在第 i 个时间段获得的第 k 个属性值,$k=1, 2, \cdots, m$,$i=1, 2, \cdots, n$,则经过扩充的可辨识矩阵 M 定义为

$$M_{ij} = \{a_k | a_k \in A \wedge a_k(x_i) \neq a_k(x_j) \wedge a_k(x_i) \neq * \wedge a_k(x_j) \neq *\}$$

(4-1)

式中:$i, j=1, \cdots, n$;"$*$"——丢失值;

"$\wedge$"——合取。

粗集理论以扩充可辨识矩阵作为数据补齐算法的基础,这样属性之间的差异概念得到了扩展,使之能适用于不完备信息系统的要求。

定义 2 信息系统 $S=<U, A, V, f>$,$A=\{a_k | k=1, \cdots, m\}$ 是属性集,设 $x_i \in U$,则对象 x_i 的遗失属性集 MAS_i、对象 x_i 的无差别化对象集 NS_i 和信息系统 S 的遗失对象集 MOS 分别定义为:

$$MAS_i = \left\{ \frac{a_k}{a_k(x_i)} = *, k = 1, 2, \cdots, m \right\} \quad (4\text{-}2)$$

$$NS_i = \left\{ \frac{j}{M_{ij}} = \varnothing, i \neq j, j = 1, 2, \cdots, n \right\} \quad (4\text{-}3)$$

$$MOS = \left\{ \frac{i}{MAS_i} = \varnothing, i = 1, 2, \cdots, n \right\} \quad (4\text{-}4)$$

式中：m——属性总个数；

n——扩充后的可辨识矩阵的总维数，等同于样本记录条数；

i, j——扩充后的可辨识矩阵的横坐标和纵坐标；

$\varnothing$——空集符号。

由于不完备信息系统中存在多个丢失值及其不同的分布，因此，对信息系统丢失数据的补齐要经过多次对扩充可辨识矩阵的计算和完整化分析。

设初始信息系统为 S^0，相应的可辨识矩阵为 M^0，对象 x_i^0 的遗失属性集为 MAS_i^0，其无差别对象集为 NS_i^0；第 r 次完整化分析后的信息系统为 S^r，相应的扩充可辨识矩阵为 M^r，对象 x_i^r 的遗失属性集为 MAS_i^r，其无差别对象集为 NS_i^r。其中相应的完整化的合理性可由以下定理予以保证：

定理 设 $M^{r+1} = (M_{ij}^{r+1})_{(n \times n)}$，$r = 0, 1, 2, \cdots$，则 M_{ij}^{r+1} 计算如下：

如果 $MAS_i^r \cup MAS_j^r = \varnothing$，则 $M_{ij}^{r+1} = M_{ij}^r$；否则，设 $k \in MAS_i^r \cup MAS_j^r$，有

$$M_{ij}^{r+1} = \begin{cases} M_{ij}^r \cup \{k\}, \\ \quad (a_k(x_i^{r+1}) \neq *) \wedge (a_k(x_j^{r+1}) \neq *) \wedge (a_k(x_i^{r+1}) \neq a_k(x_j^{r+1})) \\ M_{ij}^r, \text{其他} \end{cases}$$

证明

① 如果 $MAS_i^r \cup MAS_j^r = \varnothing$，显然对象 x_i 和对象 x_j 均没有丢失值，因此，信息系统 S^r 中对象遗失值的补齐，不影响 M_{ij}^{r+1}，故有 $M_{ij}^{r+1} = M_{ij}^r$。

② 如果 $MAS_i^r \cup MAS_j^r \neq \varnothing$，则有可能由于 S^r 中对象 x_i 或对象 x_j 丢失值的补齐，原来为无区别的属性变为有区别的属性，从而改变 M_{ij}^{r+1}。根据定义 1，在 S^{r+1} 中只需考虑丢失值的属性 $k \in MAS_i^r \cup MAS_j^r$，得证。

（2）ROUSTIDA 算法流程

对丢失数据的补齐采用 ROUSTIDA 算法，具体步骤如图 4-2 和图 4-3 所示。图 4-2 介绍了 ROUSTIDA 算法的主要流程，图 4-3 详细介绍了产生 S^{r+1} 的过程。

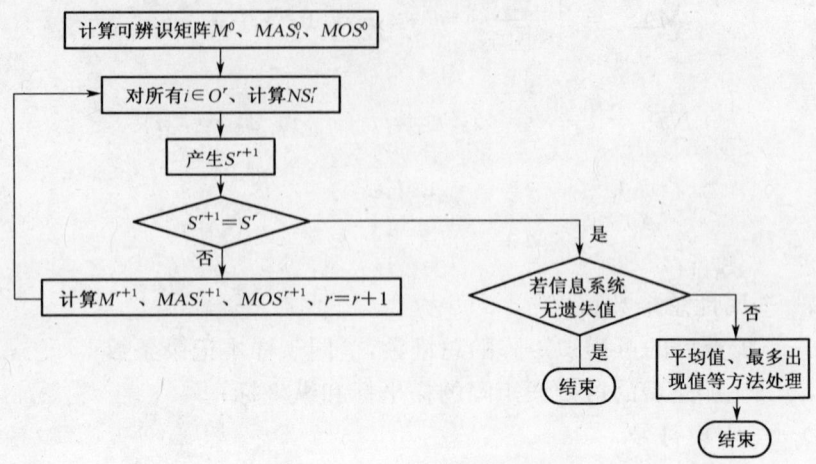

图 4-2 ROUSTIDA 算法的主要流程

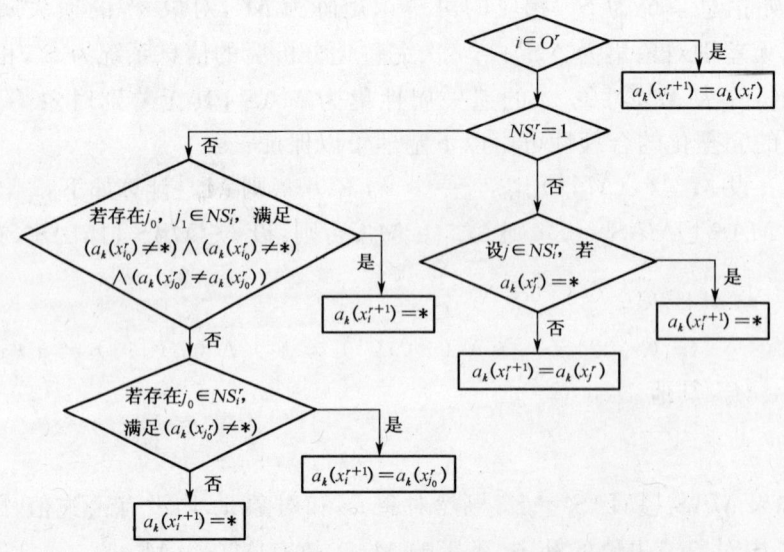

图 4-3 S^{r+1} 的产生过程

4.3.2 交通流错误数据判别和修正

随着 ITS 数据采集技术的发展,正确的交通管理和控制成为保障道路畅通的有力武器之一,而正确的交通管理和控制与正确的数据是密不可分的。因此,准确地采集到的数据中的错误并予以修正,是解决整个数据清洗过程的关键技术问题之一[200,201]。

1. 错误数据判别模型

错误数据判别的原则是：尽可能地保留原始数据的特征，最大限度地降低误判率。目前，对错误数据的判别方法主要针对数据自身特征开发，可分为三类：阈值方法、基于交通流理论的方法以及阈值理论与交通流理论相结合的方法。

根据已有理论基础，错误判别模型由3个层次构成：首先，根据数据错误往往表现为孤立点的特征，标注出采集数据源中的孤立点，尽可能地保留原始数据的特征；其次，根据交通流数据的特性，将各交通流参数投射到二维空间，基于"边界点与坐标轴构成的区域以外的数据极有可能为错误数据"的理论，对孤立点数据进行检查，确定数据边界，最大限度地降低误判率；最后，结合阈值理论、交通流理论对已识别出的伪错误数据进行最终的判别并将错误数据剔除。

(1) 孤立点检测算法

在交通流领域，检测到的数据为高位数据，含有多个属性。以占有率、速度和流量三个属性为例，若采用传统的孤立点检测算法，对于同一目标多属性的数据集而言，只能逐一检测每一属性，增加了时间复杂度，同时也割裂了三属性间的关联，因此，选取基于相似系数的孤立点检测算法。

设论域 $X=\{x_1, x_2, \cdots, x_n\}$ 为要检测的对象，每个对象有 m 个属性，即

$$x_i = \{x_{i1}, x_{i2}, \cdots, x_{im}\} \quad i = 1, 2, \cdots, n \tag{4-5}$$

为了降低误差，对输入数据在 $[-1, 1]$ 区间做归一化处理，待找出孤立点后再将其返还到原始区间。归一化后的 X 记为 X'，用矩阵表示为

$$X' = \begin{bmatrix} x'_{11} & x'_{12} & \cdots & x'_{1m} \\ x'_{21} & x'_{22} & \cdots & x'_{2m} \\ \vdots & \vdots & \ddots & \vdots \\ x'_{n1} & x'_{n2} & \cdots & x'_{nm} \end{bmatrix} \tag{4-6}$$

为了判断 X 中各对象的离散程度，计算归一化处理后各对象两两之间的相似系数 r_{ij}，并构成相似系数矩阵

$$R' = \begin{bmatrix} r'_{11} & r'_{12} & \cdots & r'_{1n} \\ r'_{21} & r'_{22} & \cdots & r'_{2n} \\ \vdots & \vdots & \ddots & \vdots \\ r'_{n1} & r'_{n2} & \cdots & r'_{nn} \end{bmatrix} \tag{4-7}$$

式中

$$r_{ij} = 1 - \sqrt{\frac{1}{n}\sum_{k=1}^{m}(x'_{ik} - x'_{jk})^2}$$

令 $p_i = \sum_{j=1}^{n} r_{ij}$，$p_i$ 是相似系数矩阵第 i 行的和，该值越小，说明对象 i 与其他对象的距离越远，即 i 就是孤立点集的候选项。

$$\lambda_i = \frac{p_{\max} - p_i}{p_{\max}} \times 100\% \tag{4-8}$$

式中：λ——阈值，$\lambda_i \geq \lambda$ 的对象则被认为是孤立点集。

（2）边界检测算法

边缘反映了图像局部区域内特征的差别，边界点区域外的数据极有可能为错误数据，采用能量边界检测算法确定边界点。

$$S_i = \left| \frac{B}{A} \times (B - A) \right| \tag{4-9}$$

$$A = \sum_{p=i}^{i-n} S_p \quad B = \sum_{p=i}^{i+n} S_p \tag{4-10}$$

$$n = \frac{pq}{\Delta S} \tag{4-11}$$

式（4-9）中，S_i 为第 i 时刻数据点的边界特征值，S_i 越大，代表 i 时刻数据的边界特征越强，最大边界特征值所对应的点就是正确边界点；$B-A$ 为边界检测因子，对边界敏感，在边界处值较大，非边界处值很小；$\frac{B}{A}$ 为边界加强因子，其加强边界弱化非边界的作用。

式（4-10）中，A 为当前时刻之前 n 个时刻数据的能量之和；B 为当前时刻之后 n 个数据的能量之和。

式（4-11）中，n 为计算点数，需要根据具体情况选取，适当的取值可以起到很好的去噪作用，一般 n 值越大，最终确定的边界范围就越宽；p 为调度因子，其值根据采集资料品质选取，资料品质较好时取较小值，资料品质较差时取较大值，取值范围一般在 0.5~1.5；ΔS 为采样时间间隔；q 为平衡系数。

（3）阈值理论与交通流理论的组合检测算法

并非所有的孤立点以及能量边界检测得到的边界点构成的区域以外的数据，都是错误的数据，所以需结合阈值理论和交通流理论对上述伪错误数据进行筛选。

不同道路的等级、性质、控制类型及相关交通参数的不同，根据交通流理论和阈值理论制定的具体评价标准不尽相同,错误数据判别规则如表 4-8 所示。

表 4-8 错误数据判别规则

原理	内容	示例
阈值理论	流量 $q,0 \leqslant q \leqslant \dfrac{f_c \cdot C \cdot T}{60}$。其中 C 为道路通行能力(辆/h);T 为数据采集的时间间隔(min);f_c 为修正系数,一般取 1.3~1.5	高速公路平原地区的道路通行能力设计为 2 000(辆/h),则 5 min 内流量大于 250 辆
	地点平均速度 $v,0 \leqslant v \leqslant f_v \cdot v_1$。其中 v_1 为道路的限制速度(km/h);f_v 为修正系数,一般取 1.3~1.5	高速公路平原地区的限制车速为 120 km/h,则 5 min 内地点平均速度大于 150 km/h
	占有率 $O,0 \leqslant O \leqslant 100\%$	5 min 内(时间)占有率大于 90%
交通流理论	地点平均速度 v 为 0,流量 q 不为 0;流量 q 为 0,但占有率 O 和地点平均速度 v 同时不为 0;占有率为 0,流量大于设定值	—

检测器获得的数据被确定为错误数据后被剔除,不存在于数据列中,但数据顺序和总个数不变,因此下一步需要对错误数据进行修正。

2. 错误数据修正模型

灰色系统理论是一种研究少数据、贫信息、不确定性问题的新方法。它以"部分信息已知,部分信息未知"的"小样本"、"贫信息"不确定性系统为研究对象,主要通过对"部分"已知信息的生成和开发,提取有价值的信息,实现对系统运行行为、演化规律的正确描述和有效监控。灰色理论认为系统的行为尽管是朦胧模糊的,数据存在杂乱无章的现象,但存在潜在的某种规律,通过生成序列使数据列的随机性弱化,将随机过程变为易于模糊的灰过程。

数据存在错误是一个随机事件,其本身具有相当大的偶然性和模糊性,具备信息不确定性的特点,它的发生是道路检测器多种因素联合效应作用的结果。如果把交通监测器检测到的数据作为一个系统,正确数据是已知的,即为"白色"信息;错误数据被剔除后,这些数据的真实值是未知的,即为"灰色"信息,因此,可将交通流数据系统看成一个灰色系统,利用灰色系统的理论进行研究。错误数据灰色修正方法的实质就是寻找检测器检测到的序列数据间的动态关系,将错误数据的修正值作为交通流数据系统的行为特征量来处理,将修正值看成是交通流数据系统这个灰色系统的灰色量。

(1) 灰色 GM(1,1)模型

① 模型建立

GM(1,1)模型是由一个只包含单变量的一阶微分方程构成的模型。其一般形式为

$$X^{(0)}(k) + \alpha Z^{(1)}(k) = u \tag{4-12}$$

式中：$X^{(0)}$——非负的原始数据序列，即 $X^{(0)} = (X^0(1), X^0(2), \cdots, X^0(n))$，
$X^{(1)}$ 为 $X^{(0)}$ 的一次累加生成序列，即 $X^{(1)} = (X^1(1), X^1(2), \cdots, X^1(n))$；

α——发展系数；

u——灰作用量；

$Z^{(1)}$——$X^{(1)}$ 的邻均值等权生成序列。即

$$X^{(1)}(k) = \sum_{m=1}^{k} X^{(0)}(m), \quad k = 1, 2, \cdots, n \tag{4-13}$$

$$Z^{(1)}(k) = \frac{1}{2} X^{(1)}(k) + \frac{1}{2} X^{(1)}(k-1), \quad k = 1, 2, \cdots, n \tag{4-14}$$

$$Z^{(1)} = (Z^{(1)}(2), Z^{(1)}(3), \cdots, Z^{(1)}(n))$$

方程(4-12)可转化为如下矩阵方程：

$$\boldsymbol{Y} = \boldsymbol{B}\hat{\boldsymbol{\alpha}} \tag{4-15}$$

式中

$$\boldsymbol{Y} = (X^0(2), X^0(3), \cdots, X^0(n))^{\mathrm{T}} \tag{4-16}$$

$$\boldsymbol{B} = \begin{bmatrix} -Z^{(1)}(2) & 1 \\ -Z^{(1)}(3) & 1 \\ \vdots & \vdots \\ -Z^{(1)}(n) & 1 \end{bmatrix} \tag{4-17}$$

$$\hat{\boldsymbol{\alpha}} = \begin{bmatrix} \alpha \\ u \end{bmatrix}$$

式中：$\boldsymbol{Y}$——数据向量；

$\boldsymbol{B}$——数据矩阵；

$\hat{\boldsymbol{\alpha}}$——参数向量。

按最小二乘法求解 $\hat{\boldsymbol{\alpha}}$ 为

$$\hat{\boldsymbol{\alpha}} = (\alpha, u)^{\mathrm{T}} = (\boldsymbol{B}^{\mathrm{T}} \boldsymbol{B})^{-1} \boldsymbol{B}^{\mathrm{T}} \boldsymbol{Y} \tag{4-18}$$

则

$$\alpha = \frac{\sum_{k=2}^{n} Z^{(1)}(k) \sum_{k=2}^{n} X^{(0)}(k) - (n-1) \sum_{k=2}^{n} Z^{(1)}(k) X^{(0)}(k)}{(n-1) \sum_{k=2}^{n} Z^{(1)}(k)^2 - \left[\sum_{k=2}^{n} Z^{(1)}(k)\right]^2} \tag{4-19}$$

$$u = \frac{1}{n-1}\left[\sum_{k=2}^{n} X^{(0)}(k) + \sum_{k=2}^{n} Z^{(1)}(k)\right] \quad (4\text{-}20)$$

灰微分方程(4-12)的白化方程为

$$\frac{\mathrm{d}X^{(1)}}{\mathrm{d}t} + \alpha X^{(1)} = u \quad (4\text{-}21)$$

白化形式微分方程的解为

$$X^{(1)}(t) = \left[X^{(1)}(1) - \frac{u}{\alpha}\right]\mathrm{e}^{-\alpha t} + \frac{u}{\alpha} \quad (4\text{-}22)$$

则 GM(1,1)模型 $X^{(0)}(k) + \alpha Z^{(1)}(k) = u$ 的时间响应序列为

$$\hat{X}^{(1)}(k+1) = \left[X^{(0)}(1) - \frac{u}{\alpha}\right]\mathrm{e}^{-\alpha k} + \frac{u}{\alpha}, \quad k = 1, 2, \cdots, n \quad (4\text{-}23)$$

还原值为

$$\hat{X}^{(0)}(k+1) = \hat{X}^{(1)}(k+1) - \hat{X}^{(1)}(k) = (1-\mathrm{e}^{\alpha})\left[X^{(0)}(1) - \frac{u}{\alpha}\right]\mathrm{e}^{-\alpha k}$$
$$k = 1, 2, \cdots, n \quad (4\text{-}24)$$

② 精度检验

a. 残差检验

生成残差为

$$q(k) = |X^{(0)}(k) - \hat{X}^{(0)}(k)|, \quad k = 1, 2, \cdots, n \quad (4\text{-}25)$$

相对误差为

$$\Delta(k) = \frac{q(k)}{X^{(0)}(k)} \times 100\%, \quad k = 1, 2, \cdots, n \quad (4\text{-}26)$$

残差均值为

$$\bar{q} = \frac{1}{n}\sum_{k=1}^{n} q(k), \quad k = 1, 2, \cdots, n \quad (4\text{-}27)$$

b. 关联度检验

关联度分析是衡量灰色系统中各因素关联程度的方法，根据经验，当 $\rho = 0.5$ 时，$r > 0.6$ 则结果是令人满意的。

关联系数为

$$\eta(k) = \frac{\min[q(k)] + \rho\max[q(k)]}{q(k) + \rho\max[q(k)]}, \quad k = 1, 2, \cdots, n; \rho = 0.5 \quad (4\text{-}28)$$

关联度为

$$r = \frac{1}{n}\sum_{k=1}^{n}\eta_k, \quad k = 1, 2, \cdots, n \tag{4-29}$$

c. 后验差检验

原始数据的方差为

$$S_1^2 = \frac{1}{n}\sum_{k=1}^{n}[X^{(0)}(k) - \overline{X^{(0)}}]^2, \quad \overline{X^{(0)}} = \frac{1}{n}\sum_{k=1}^{n}X^{(0)}(k), \quad k = 1, 2, \cdots, n \tag{4-30}$$

残差的方差为

$$S_2^2 = \frac{1}{n}\sum_{k=1}^{n}[q(k) - \overline{q}]^2, \quad k = 1, 2, \cdots, n \tag{4-31}$$

后验差比值为

$$C = \frac{S_2}{S_1} \tag{4-32}$$

小误差频率为

$$P = P\{|q(k) - \overline{q}| < 0.67458 S_1\}, k = 1, 2, \cdots, n \tag{4-33}$$

评判标准如表 4-9 所示。

表 4-9 后验差检验的评判标准

精度等级	好	合格	勉强合格	不合格
P	$0.95 < P \leqslant 1$	$0.8 < P \leqslant 0.95$	$0.7 < P \leqslant 0.85$	$P \leqslant 0.7$
C	$0 \leqslant C < 0.35$	$0.35 \leqslant C < 0.6$	$0.6 \leqslant C < 0.65$	$C \geqslant 0.65$

(2) 错误数据修正模型

设 $X_i^{(0)}$ 为 i 时刻出现的错误数据的前 n 个数据组成的序列，即 $X_i^{(0)} = (X_i^{(0)}(1), X_i^{(0)}(2), \cdots, X_i^{(0)}(n))$，为了减小计算复杂度，设 $n=5$。累加生成新序列 $X_i^{(1)} = (X_i^{(1)}(1), X_i^{(1)}(2), \cdots, X_i^{(1)}(n))$，则交通流错误数据修正模型的白化方程为

$$\frac{\mathrm{d}X_i^{(1)}}{\mathrm{d}t} + \alpha_i X_i^{(1)} = u_i \tag{4-34}$$

式中：α_i——发展系数；

u_i——灰作用量。

利用最小二乘法求解微分方程可得 i 时刻的交通流错误数据的修正值为

$$\hat{X}_i^{(0)}(k) = \left[X_i^{(0)}(1) - \frac{u_i}{\alpha_i} \right] \left[e^{-\alpha_i k} - e^{-\alpha_i(k-1)} \right] \tag{4-35}$$

4.3.3 交通流冗余数据约简

数据集中的每一个数据应该只对应一条记录。但由于检测器调试不正确、同一路段检测器布设过多等原因,检测器输出的数据集极易存在信息冗余的问题,造成动态交通流数据大幅增加,不利于关键交通信息的凸显,甚至可能导致建立错误的数据挖掘模型,对后续的决策分析产生很大影响。

为了减少数据集中的冗余信息,冗余记录的识别是一个关键步骤,采用等级分组的方法,根据等级法计算每个交通参数的权值及设计多种查找方法,提高了识别精度,同时采用分组法,降低了时间复杂度。

1. 基于等级分组法的冗余数据识别方法

(1) 基本定义

设数据集合 $X=\{x_1, x_2, \cdots, x_n\}$,交通参数向量 $F=\{F_1, F_2, \cdots, F_p\}$,$F_k$ 表示数据表第 k 个交通参数,对于任意记录 $x_i=\{x_{i1}, x_{i2}, \cdots, x_{in}\}$,其中 $1 \leqslant i \leqslant n$,$x_{ip}$ 表示记录 x_i 第 p 维的值,为叙述方便,将日期、时间等也记为交通参数的权重,权重向量 $W=(W_1, W_2, \cdots, W_p)$。

定义 1 T_{ik} 是第 i 个操作用户为交通参数 F_k 所指定的等级(从 1 开始,使用连续正整数表示等级,1 表示最高等级,数值越大,等级越低),T_k 表示第 k 个交通参数的最终统一等级,$k \in \{1, 2, \cdots, N\}$,$T_k$ 交通参数的最终统一等级:

$$T_k = \left[\sum_{i=1}^{N} \frac{T_{ik}}{N} \right] \tag{4-36}$$

定义 2 采用 RC(Rank-Centroid)转换方法,交通参数 F_k 的权重可以表示为

$$W_k(RC) = \frac{1}{T} \sum_{t=T_k}^{T} \frac{1}{t} \tag{4-37}$$

式中,T_k 表示 F_k 最终统一的等级,T 表示最低等级(即数值最大的等级),$k \in \{1, 2, \cdots, p\}$。如果任意两参数的最终统一等级不相同,那么 $T=p$,如果存在两个或两个以上的交通参数,它们的最终统一等级相同,则式(4-37)变成

$$W_k = W_k(RC)/W' \tag{4-38}$$

定义 3 对任意记录 x_i 与 x_j,它们的第 k 维参数为 x_{ik} 与 x_{jk},则 x_{ik} 与 x_{jk} 的相似度为

$$SimField(x_{ik}, x_{jk}) = \frac{\sum_{k=1}^{q} \max\{score(a, x_{jk})\}}{|x_{ik}|} \qquad (4-39)$$

式中，$score(a, x_{jk})$ 表示 x_{ik} 中的数字 a 与 x_{jk} 中的每个数字匹配的分值，$0 \leqslant score(a, x_{jk}) \leqslant 1$，如上述所定义；$|x_{ik}|$ 表示 x_{ik} 的长度；q 表示 x_{ik} 的数字的数量。

定义 4 给定两条记录 x_i 和 x_j，则 x_i 和 x_j 的记录相似度为

$$SimRecord(x_i, x_j) = \sum_{k=1}^{p} SimField(x_{ik}, x_{jk}) W_k \qquad (4-40)$$

定义 5 X_a 代表原数据集实际的重复记录集合，X_b 代表识别出来的重复记录集合，查准率是正确识别出来的重复记录占识别出作为重复记录的比率，则查准率表示为

$$ScanAccuracy(X) = |X_a \cap X_b| / |X_b| \qquad (4-41)$$

查全率是正确识别出来的重复记录占数据集中实际的重复记录比率，则查全率表示为

$$ScanComplete(X) = |X_a \cap X_b| / |X_a| \qquad (4-42)$$

(2) 基本思想

① 等级法计算权值

本节采用 RC 等级转换法计算各交通参数的权重。等级法是一种计算各记录参数权重的方法，其思想为：首先各用户根据实际经验为各个交通参数指定等级，即最重要参数的等级指定为 1，第二重要的参数等级指定为 2，以此类推；然后根据式(4-36)计算个参数的最终统一等级；最后根据式(4-37)或式(4-38)再计算它们相应的权重。表 4-10 为交通参数等级表。

表 4-10 交通参数等级表

交通参数	用户指定等级						等级
	U_1	U_2	...	U_i	...	U_N	
F_1	T_{11}	T_{21}	...	T_{i1}	...	T_{N1}	T_1
F_2	T_{12}	T_{22}	...	T_{i2}	...	T_{N2}	T_2
⋮	⋮	⋮	⋮	⋮	⋮	⋮	⋮
F_p	T_{1p}	T_{2p}	...	T_{ip}	...	T_{Np}	T_p

② 数据分组

交通数据不断被检测得到，构成海量数据库，为提高冗余数据的识别效率，需对大数据集做一定处理。根据分组思想，把大的数据集分割成很多不相交的

小数据集,然后在各个小数据集中查找冗余数据,为提高识别精度,实行多趟查找。数据分组的具体步骤为:

Step1　首先选择能明显区别记录间特征的交通参数,把大数据集分割成很多个不相交的小数据集。

Step2　分割后,若某些数据集仍然十分庞大,则选择另外关键参数,对这些数据集再次分割。

Step3　若有些数据集仍很大,可重复第 2 步,直到数据集分割比较合理为止。另外,引入多趟查找技术,即把数据集划分成合理的小数据集,并查找冗余记录,这一轮结束后,再选定另外关键参数或关键参数某些位,重新对数据集进行划分,并查找相似重复记录,根据实际情况决定是否进行下一轮划分查找,直到结果满意。

2. 冗余数据的约简方法

对冗余数据的约简采用两种方法:当记录完全重复时,删除多余重复记录,只保留一条记录;当记录相似时,对流量、速度、占有率等各交通参数取平均值,最终只含一条约简后记录。以流量为例,设 Y 约简后的结构,$X_1, X_2, \cdots, X_l$ 为相似冗余记录,l 为相似冗余记录条数,则约简后结果表示为

$$Y = \frac{1}{l}(X_1 + X_2 + \cdots + X_l) \tag{4-43}$$

第五章 交叉口群范围界定

交叉口群范围界定指按照一定的原则和方法，在对象道路网络中构建交叉口群，作为分析和解决交叉口群交通问题的基本范围或基本单位。交叉口群范围的界定是对交叉口群进行交通状态识别和交通控制优化的先决条件。本章在确定交叉口群范围划分的原则和目标的基础上，分析了交叉口群中交叉口间的交通关联性，并提出了基于特征矩阵的交叉口群范围界定方法和基于自组织神经网路的交叉口群范围界定方法。

5.1 交叉口群范围划分原则与目标

类似于干线信号协调控制，在交叉口群层面对交叉口进行协调控制可显著改善交叉口群范围内的交通运行状况。在交通信号机的计算能力和计算时间不足以直接求解整个路网的最优交通控制方案，经常会陷入局部最优解的情况下，利用交叉口群范围确定算法将整个路网划分为若干交叉口群，进而优化其交通控制策略是进行交通协调控制的可行之路[13]。交叉口群的协调控制介于单点控制和区域控制之间，其范围应符合交通信号机的硬件需求，并能在短时间内选择最优的交通控制策略。

交叉口群范围的界定一般需要满足以下原则：
（1）拥有较强关联性的交叉口应被划分到一个交叉口群，关联性不强的交叉口应划分在不同的交叉口群；
（2）路网中各个交叉口群中的交叉口数应大致相等，且符合交通控制机的硬件需求；
（3）算法的时间复杂度要低，占用内存要少；
（4）范围界定的结果应对交通流运行有正面的影响。

5.2 交叉口群交通关联性分析

研究交叉口群路径关联度可借鉴交通信号控制子区划分问题中的交叉口关

联度计算模型,将交叉口间距、路段流量、行程车速、车流离散、周期长度等因素纳入关联度模型的考虑之中[27, 202]。目前应用较为成熟的控制子区划分方法是依据路网形态逐一度量相邻交叉口之间的关联度指标,判断是否需要进行协调控制以及如何对时空资源进行协调,如 TRANSYT 系统所采用的"结合法"[203]以及美国交通控制系统手册推荐的耦合指数法[24]等。路径由若干交叉口与路段组成,包含各交叉口转向车流、信号配时、车道功能划分等多重信息,既有的交叉口关联度模型无法表征此类路径信息[204]。

5.2.1 车流离散分析

相邻交叉口高度关联是实施信号协调控制的先决条件,但倘若交通饱和度过高或信号配时不合理,也易发生溢流及绿灯空放等负面效应。绿灯空放问题可通过调节相位差来避免,若设置得当可实现交叉口群内一条路径上若干交叉口的绿波控制。但受车队离散因素的影响,车队在运动过程中其头部和尾部之间的距离逐渐加大,以致整个车队通过下游停车线所需的时间加长。假设一条路径包含若干个间隔为 200 m 的信号控制交叉口,在理想情况下采用绿波控制使车辆以恒定速度连续通过,设置不同的路径长度,采用 Robertson 车队离散模型[130]分析由于离散因素导致在等宽绿波情况下绿灯时间内通过交叉口的车辆折减数 ΔN。假定路径起点交叉口在绿灯时间内以 1 800 辆/h 的饱和流率放行车辆,信号控制周期为 100 s,有效绿灯时间为 50 s,平均车速设为 10 m/s。如图 5-1 所示,路径长度值越大,即途径交叉口个数越多,等长绿灯时间内通过终点

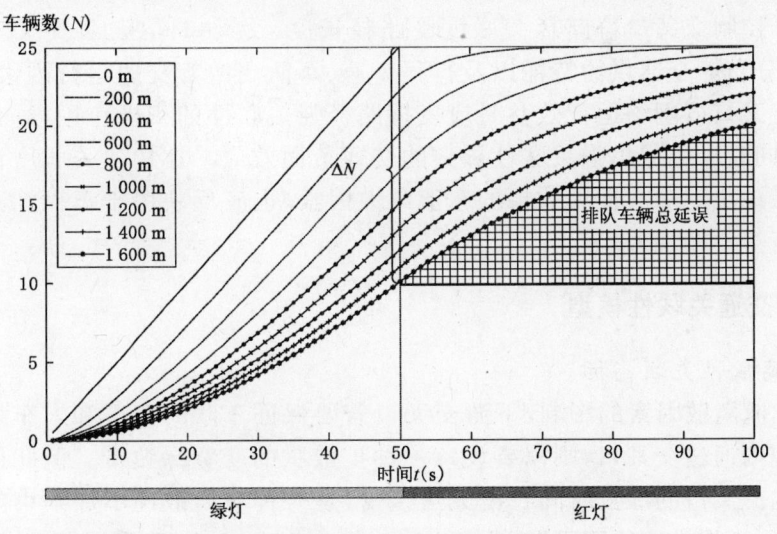

图 5-1　绿灯时间内车辆累计到达量与路径长度变化关系

交叉口的车辆数越少,受红灯阻滞影响排队车辆的总延误也越大。因此,将车队离散因素纳入路径关联度计算模型之中可反映路径长度、车流运行特征对路径关联度的影响。

交叉口间距、流量分布、车辆平均行驶速度、信号配时都是决定信号协调控制的关键因素。设连接邻近交叉口的路段长度为 L,下游交叉口的上游功能区长度为 D。功能区长度与路段总长度的比值较大时,车辆在加速启动通过上游交叉口后不久就需要采取刹车制动,在下游交叉口进行排队等候,自由行驶时间短,燃油消耗高;一旦交通流量略有增加,发生交通溢流的可能性也增大。如图 5-2 所示,交叉口上游功能区由三部分组成:排队长度 d_1、驾驶员进行减速直至停止的减速距离 d_2 和感知时间行驶的距离 d_3。其中,排队长度 d_1 与进口道转向流量、信号配时方案相关,d_2 和 d_3 与行程车速相关。研究功能区长度 D 与路段总长度 L 的比值可以从交通设施供给和需求层面分析交叉口关联特征。

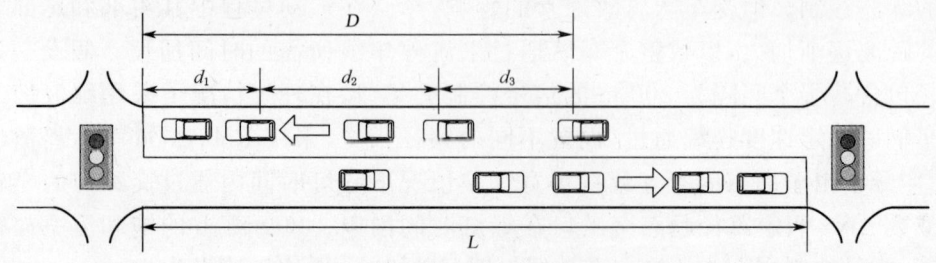

图 5-2 交叉口上游功能区示意图

信号控制交叉口群路径关联度受路径长度、交叉口间距、各交叉口配时方案、流量分布等交通供需特征以及行程车速、车队离散等交通运行因素的影响。在改善交叉口群网络运行效益时应发挥路径强关联性的积极作用,进行信号协调控制,同时也应避免强关联性导致的交通负面效应。在构建关联度计算模型时既应考虑决定绿波控制效果的车流离散因素,也应反映由于车辆加减速频繁导致的行车不畅现象。

5.2.2 交通关联性模型

1. 离散性关联指标

受车流离散因素的影响,下游交叉口若要保证车队的首车和末车均在同一绿灯时间内通过交叉口,则需要设计一种扩散状的变宽绿波带。但此设计会使最下游的交叉口的绿灯时间长得无法接受,是一种对离散性不加约束的控制方式,在实际工作中往往不可取。对离散约束的控制方法一般采用等宽绿波,但该方法会使位于车流首部或尾部的部分车辆会在每一个路口有一定的延误。

设定离散性关联性指标 I_1 为一个信号控制周期内路径起、讫点等长绿灯时间通过车辆数的比值,即

$$I_1 = \frac{\sum_{i=1}^{t_g} q_d(i+T)}{\sum_{i=1}^{t_g} q_0(i)} \qquad (5-1)$$

式中:$q_0(i)$——某一条路径初始上游交叉口停车线第 i 个时段的车流通过数;

$q_d(i+T)$——路径末端交叉口第 $i+T$ 个时段的车流到达数;

T——从路径起点至终点的行驶时间;

t_g——一个信号周期内的绿灯持续时间。

$q_0(i)$ 与 $q_d(i+T)$ 可采用现场观测值,也可通过 Robertson 车队离散公式计算,即

$$q_d(i+T) = q_d(j) = \sum_{i=1}^{j-t} q_o(i) F(1-F)^{j-i-t} \qquad (5-2)$$

式中:$q_d(j)$——路径末端交叉口第 j 个时段的车流到达数,

$t = \beta T = \beta(j-i)$,离散系数 $F = \dfrac{1}{(1+\alpha t)}$。

α、β——待标定参数,Robertson 建议取值分别为 0.35 和 0.8[130]。

2. 阻滞性关联指标

对于交叉口群组成某条路径的任意路段 m,沿该路径前进方向的交叉口进口道若有 N 个不同流向,计算每个流向的功能区长度值 D_n^m:

$$D_n^m = d_{1n}^m + d_{2n}^m + d_{3n}^m \qquad (5-3)$$

排队长度 d_{1n}^m 可采用实地观测统计值,也可使用排队长度计算公式进行估算,论文采用 Synchro 7 的排队长度计算方法[205]。减速距离 d_{2n}^m 和感知-反应距离 d_{3n}^m 的计算方法可参考文献[55]。

将 I_2^m 定义为路段 m 沿路径前进方向的交叉口进口道中流向功能区长度最大值与路段长度 L 的比值,即

$$I_2^m = \frac{\max(D_1^m, D_2^m, \cdots, D_n^m, \cdots, D_N^m)}{L} \qquad (5-4)$$

若该路径由 M 个路段组成,则其阻滞性指标 I_2 为

$$I_2 = \frac{\sum_{m=1}^{M} I_2^m}{M} \qquad (5-5)$$

5.2.3 关联指标变化敏感性

在恒定车速下设置不同的路径长度、绿信比、饱和度及交叉口间距值,计算离散性关联指标 I_1 和阻滞性关联指标 I_2,分析交通设施供给与车流运行特征对路径关联度的影响,如图 5-3 和图 5-4 所示。

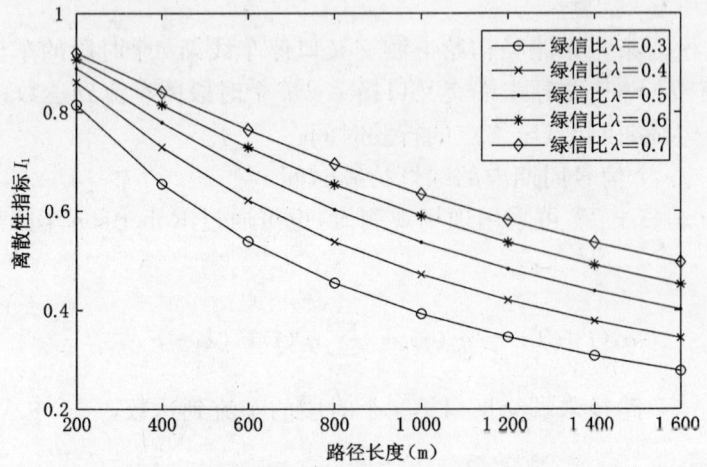

图 5-3 路径长度及绿信比对离散性指标影响

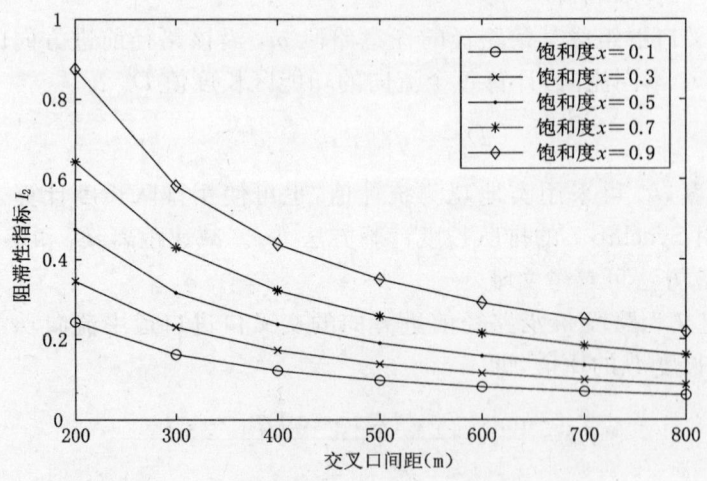

图 5-4 交叉口间距及饱和度对阻滞性指标影响

路径所包含的交叉口数量越多,则必然延伸路径的长度。图 5-3 表明,随着路径长度的增加、绿信比的降低,离散性关联指标 I_1 值呈递减趋势。在路径长度较小的情况下,不同绿信比值对 I_1 的影响差异不明显,但随着路径长度的递增,绿信比对 I_1 值的影响愈加明显;同样,绿信比越小,I_1 值对路径长度的变化也越敏感。

当路径仅包含 1 个路段时,不同饱和度和交叉口间距条件下的阻滞性关联指标 I_2 的变化趋势如图 5-4 所示。由图 5-4 可知,交叉口饱和度与交叉口间距对 I_2 均有较大影响。随着交叉口间距的增加,I_2 值逐渐减小,相同交叉口间距、不同饱和度情况下 I_2 的差值也逐步缩小。在短交叉口间距的情况下,饱和度越高,受车辆排队的影响 I_2 值也越大。

分析结果表明,离散性关联指标 I_1 和阻滞性关联指标 I_2 可共同反映交叉口群拓扑结构、信号配时方案、交通流量、车队离散因素等关键要素对信号控制交叉口群路径关联特征的影响。

5.2.4 路径关联度

离散性关联指标 I_1 和阻滞性关联指标 I_2 所代表的物理含义不同,存在量纲上的差异,计算出交叉口群范围内所有路径的 I_1 和 I_2 值之后需无量纲处理,分别记为 I_1' 和 I_2',如式(5-6)和式(5-7)所示:

$$I_1' = \frac{I_{1\max} - I_1}{I_{1\max} - I_{1\min}} \tag{5-6}$$

$$I_2' = \frac{I_{2\max} - I_2}{I_{2\max} - I_{2\min}} \tag{5-7}$$

式中:$I_{1\max}$、$I_{1\min}$ ——分别为交叉口群范围内所有路径离散性关联指标 I_1 值的最大值与最小值;

$I_{2\max}$、$I_{2\min}$ ——分别为交叉口群范围内所有路径阻滞性关联指标 I_2 值的最大值与最小值。

因此某条路径关联度 I 按式(5-8)计算

$$I = I_1' + I_2' \tag{5-8}$$

式中:$I \in [0, 2]$。依据路径关联度值可以对交叉口群信号协调控制对象的优先级别进行排序,对关联度指标值高的路径,在实施信号协调控制时应予以优先考虑。

5.2.5 计算示例

选取滁州市凤阳路、稻香路、紫薇南路和湖心路围合的 4 个交叉口组成的交叉口群为例,结合实地调查计算各路径的关联度值,以此为依据对信号配时进行优化,采用 Synchro 7 仿真比较协调控制前后交通运行效益指标。实地调查获取数据包括各交叉口流量、信号配时、行程车速、渠化形式等。图 5-5 为交叉口群结构示意图。

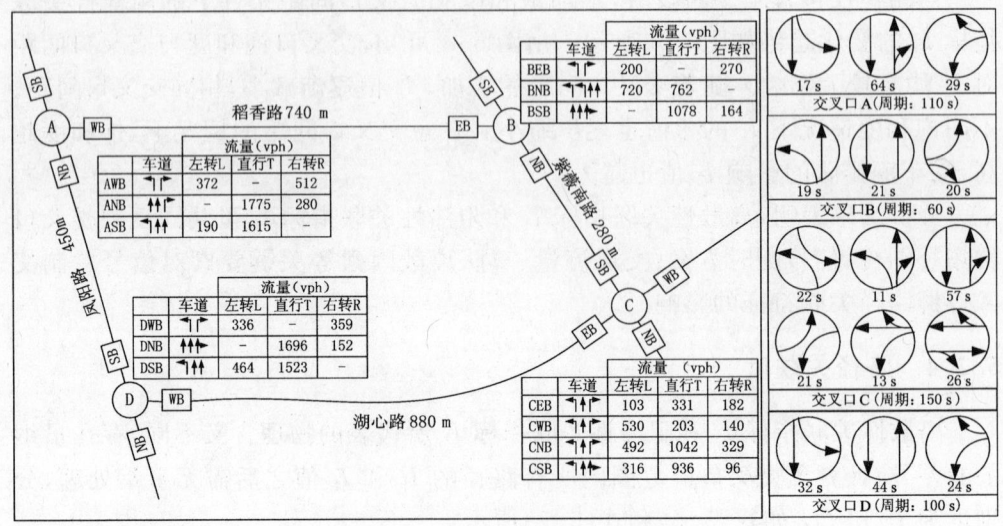

图 5-5　交叉口群结构示意图

各转向编号由三部分组成,以转向"ASBT"为例,"A"为交叉口编号,"SB"为进口道方向,"T"表示直行车道。路径表示由不同转向编号组合而成,"CNBT-BNBL-AWBR"表示车辆由紫薇南路-湖心路交叉口北向进口道驶入,直行至稻香路-紫薇南路交叉口,左转至凤阳路-稻香路交叉口,右转驶出交叉口群范围。驶经 2 个交叉口、3 个交叉口进出交叉口群范围的路径各有 12 条。计算此 24 条路径的离散性关联指标 I_1 和阻滞性关联指标 I_2 并进行无量纲处理,得出各路径关联度值 I,由此确定信号交叉口群路径协调控制的优先级别。由于路径协调控制的实施效果受交叉口信号协调优化方法的影响,协调优化方法的优劣制约了信号协调控制范围,表 5-1 列出了路径关联度值从高到低排位前 9 位的计算结果,下文将对此 9 条路径进行信号协调优化。

表 5-1　部分路径关联度指标计算结果

序号	路径编号	I_1	I_2	I_1'	I_2'	I
①	BSBT-CSBT	0.60	0.56	0.59	1.00	1.59
②	BSBT-CSBL	0.60	0.51	0.59	0.90	1.49
③	DNBT-ANBT	0.70	0.38	0.73	0.64	1.37
④	CNBT-BNBT	0.88	0.19	1.00	0.24	1.24

续表 5-1

序号	路径编号	I_1	I_2	I'_1	I'_2	I
⑤	CWBR-BNBT	0.78	0.19	0.86	0.24	1.10
⑥	ASBT-DSBT	0.84	0.12	0.94	0.09	1.03
⑦	CNBT-BNBL-AWBR	0.61	0.24	0.59	0.33	0.92
⑧	ASBT-DSBL-CEBT	0.58	0.14	0.55	0.13	0.68
⑨	CWBR-BNBL-AWBR	0.43	0.24	0.33	0.33	0.66

如表 5-1 所示，路径距离越短，车流脉冲式到达下游交叉口特征越明显，关联度值越高；但短路径情况下当交叉口流量较小时，受车辆排队造成的阻滞影响程度不显著，关联度值降低。以路径"BSBR-AWBR"为例，I'_1 值为 0.18，I'_2 值为 0.27，虽然路径长度短于路径"CNBT-BNBL-AWBR"，但流量低，获得的有效绿灯时间短，连续车队规模小，对下游交叉口排队长度值的增加贡献少，所以关联度值低于路径"CNBT-BNBL-AWBR"。由此可见，论文所提出的路径关联度模型能多方面地反映交叉口群路径长度、流量分布、信号配时、车流离散等因素。

制定交叉口群信号协调控制方案时，对相位差的优化以路径关联度计算结果为依据。路径③和⑥反映了交叉口 A 和 D 的关联程度，路径①、②、④和⑤反映了交叉口 B 和 C 的关联程度。对相位差优化时采取如下思路：将交叉口 A 和 D 设为协调控制单元Ⅰ，兼顾路径⑦和⑨的信号协调；将交叉口 B 和 C 设为协调控制单元Ⅱ，兼顾路径⑧的协调。对协调控制单元Ⅰ将交叉口 A 设为关键交叉口，将其周期长度 110 s 定为公用周期时长，由于路径③关联度大于路径⑥，先协调北向车流，获得最大带宽 47 s，再协调南向绿波获得最大带宽为 81 s；协调控制单元Ⅱ内将交叉口 C 设为关键交叉口，交叉口 B 的周期时长定为公用周期时长的一半，即 75 s，对南向绿波优先考虑，获得最大带宽为 31 s，北向带宽为 55 s。优化转向 AWBR 与转向 BNBL、转向 DSBL 与转向 CEBT 的相位差。各交叉口的绿信比根据交叉口各方向的交通流量比确定。

通过对 Synchro 7 输出的评价指标进行统计，获得协调前后各交叉口及转向的车均延误与停车率指标（见图 5-6）。实行路径协调控制之后，交叉口群交通运行效益略有提升，车均延误与停车率分别降低 10.5% 和 12.6%。虽有个别转向受控制协调优先级别调整，运行状况略有恶化，但表 1 中所列的各条路径交通运行效益整体改善明显，车均延误与停车率降低幅度分别为 44.1% 和 27.0%。协调控制仿真结果表明，在计算出各路径关联度值之后，能有效找出交叉口群范围内的相位差协调目标，进而提出具有针对性的改善方案，提高交叉口群交通运行效益。

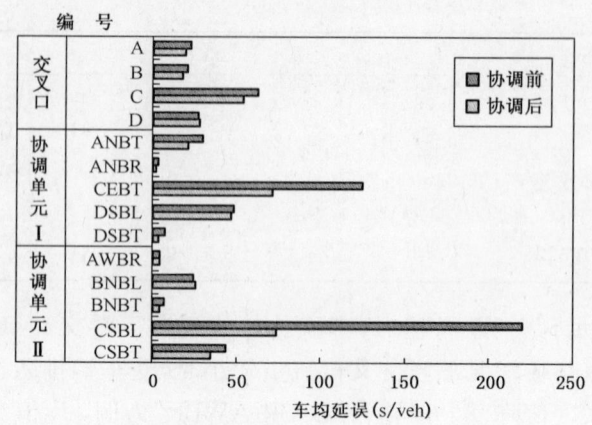

(a)车均延误(s/veh)

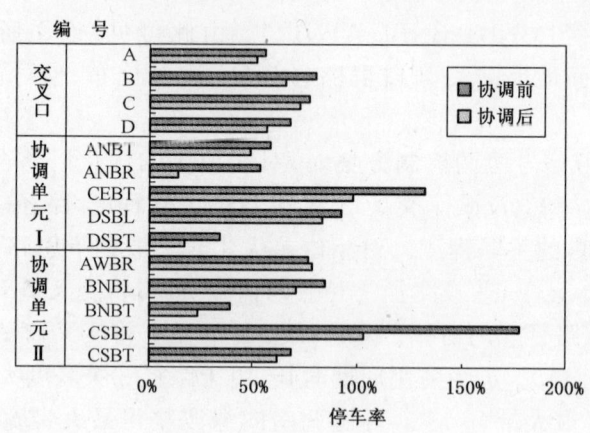

(b)停车率

图 5-6 协调控制效果分析

5.3 基于特征矩阵的交叉口群范围划分

5.3.1 交叉口群关联矩阵

1. 路网关联矩阵模型

定义包含 n 个交叉口的道路网络为无向图 $G=(V_{ij},E_{ij})$,其中,V_{ij} 代表道路网络内任意两节点(交叉口)i 和 j 组成的节点对,E_{ij} 代表节点 i 和 j 的关联度,v_i 为道路网络内的节点,则 v_{ij} 和 e_{ij} 构成路网关联矩阵模型的基本元素,如图 5-7

所示,其中:

$$e_{ij} = \begin{cases} 1 \\ 0 \end{cases} \quad (5-9)$$

当 $e_{ij} = 1$,表示交叉口 i 和 j 关联;
当 $e_{ij} = 0$,表示交叉口 i 和 j 不关联。

○─────○

图 5-7　路网关联矩阵模型的基本元素

应用 5.2 节的方法计算交叉口的关联特性,从而推知路网中任意两个节点间的交叉性。在计算路网中两个节点的关联性时,如果节点 V_i 和 V_j 相邻,节点 V_i 和 V_j 的关联度等于相邻交叉口的关联度,即:

$$e_{ij} = I_{index}^{ij} \quad (5-10)$$

如果当节点 V_i 和 V_j 不相邻,则若能在路网中存在连接这两个节点的一条链 $\{V_i, V_{i1}, V_{i2}\cdots, V_j\}$ 上的任意相邻节点关联,则这两个节点相互关联;否则这两个节点不相互关联。如图 5-8 所示,节点 V_i 和 V_j 不相邻,但两节点间存在链 $L = \{V_i, e_{ig}, V_g, e_{gf}, V_f, e_{fj}, V_j\}$,且 L 中任意相邻节点关联,故而节点 V_i 和 V_j 关联;同理可得出节点 V_i 和 V_k 不关联。

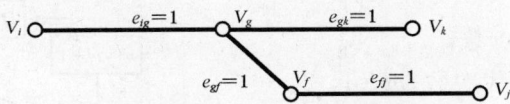

图 5-8　不相邻节点的关联度计算

令矩阵 $\boldsymbol{E}_{n \times n} = [e_{ij}]$,则当 e_{ij} 代表任意节点 V_i 和 V_j 关联度时,记之为路网关联矩阵。当仅考虑相邻节点关联度时,对应的矩阵记为相邻交叉口关联矩阵 $\boldsymbol{D}_{n \times n}$。

2. 路网关联模型的求解

路网关联矩阵模型的求解可分为求解相邻交叉口关联矩阵和求解路网关联矩阵两步。

(1) 求解相邻交叉口关联矩阵 $\boldsymbol{D}_{n \times n}$

为定量表达节点间的相邻关系,需建立道路网络 $G = (V, E)$ 的邻接矩阵 $\boldsymbol{L} = [l_{ij}]$

$$l_{ij} = \begin{cases} 1, & \text{节点 } i \text{ 和节点 } j \text{ 相邻} \\ 0, & \text{节点 } i \text{ 和节点 } j \text{ 不相邻} \end{cases} \quad (5-11)$$

相邻交叉口关联矩阵 $D_{n\times n} = [d_{ij}]$，计算过程如式(5-9)

$$d_{ij} = \begin{cases} 0, & i = j \text{ or } l_{ij} = 0 \\ I_{index}^{ij}, & i \neq j \text{ and } l_{ij} = 1 \end{cases} \quad (5-12)$$

考虑到 d_{ij} 存在两个方向 $V_i \to V_j$ 和 $V_j \to V_i$，两个方向各自存在一个关联度值；则相邻节点关联度应取两者的较大值，即：

$$I_{index}^{ij} = \max(I_{index}^{i\to j}, I_{index}^{j\to i}) \quad (5-13)$$

(2) 求解路网关联矩阵 $E_{n\times n}$

根据路网关联矩阵的图论模型，任意两节点间的关联度可通过两节点间是否存在满足要求的链来判断。判断过程可通过下列矩阵运算来完成。

定义矩阵运算如下：

$$D^{(m)} = D^{(m-1)} \times D \quad (5-14)$$

其中：

$$d_{ij}^{(m)} = \min[d_{ik}^{(m-1)} + d_{kj}], \quad (k = 1, 2, \cdots, n) \quad (5\text{-}15)$$

并且当 $d_{ij}^{(m)} = m$ 时，$e_{ij} = 1$；当 $d_{ij}^{(m)} < m$ 时，$e_{ij} = 0$

式中：D——相邻交叉口关联矩阵；

n——网络节点数；

m——运算迭代次数，$m = 1, 2, \cdots$

直到 $D^{(m)} = D^{(m-1)}$，计算结束，得到路网关联矩阵 $E_{n\times n} = [e_{ij}]$

(3) 路网关联矩阵计算流程

路网关联矩阵求解的流程如图 5-9 所示。

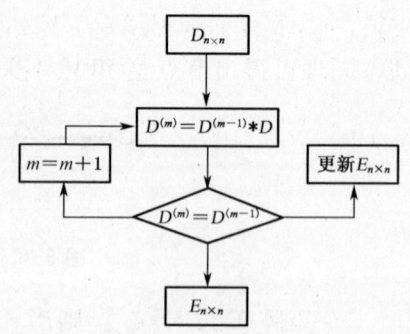

图 5-9 路网关联矩阵计算流程

3. 交叉口群的关联矩阵

交叉口群包括关联交叉口及相应的路段，因此交叉口群构成路网 G 中一个子网络，可记做公式(5-16)。

$$G^{(i)} = (V^{(i)}, E^{(i)}), \quad i = 1, 2, \cdots, k \quad (5-16)$$

记 $E_{m\times m}^{(i)}$ 为交叉口群 i 的关联矩阵。k 指路网内包含的交叉口群个数，m 指交叉口群 i 包含的交叉口数量。

根据交叉口群的交通特性，确定交叉口群关联矩阵的两个特性：①交叉口群内部任意交叉口相互关联；②交叉口群外部和交叉口群间不存在关联交叉口。

因此可得出 $E_{m\times m}^{(i)}$ 具有如下的特性：(a) $e_{ij}=1$, $i\neq j$；(b) $e_{ij}=0$, $i=j$；(c) $e_{mn}=0$, $m\in V^{(i)}$, $n\in V^{(j)}$。

由于交叉口群关联矩阵（路网关联矩阵）为对称矩阵，故可用上三角矩阵简化表示。

4. 矩阵分块

根据交叉口群关联矩阵的特点，可将路网关联矩阵划分为若干交叉口群关联矩阵，此即矩阵分块。每一个分块矩阵对应一个交叉口群，矩阵的规模即交叉口群交通控制范围。假设 $E_{n\times n}$ 被划分为 k 块：

$$E=\begin{bmatrix} E^1 & & & \\ & \cdots & & \\ & & E^i & \\ & & & \cdots \\ & & & & E^k \end{bmatrix}, i=1,2,\cdots,k \qquad (5-17)$$

其中：E^i——代表第 i 个分块矩阵，即第 i 个交叉口群。

5.3.2 确定方法及流程

基于耦合指数法的划分思路，提出基于矩阵分块的交叉口群交通控制范围确定方法，简记为矩阵分块法。其具体的分步流程如下：

Step 1 结合目标道路网络的空间结构，构建路网的邻接矩阵 $L_{n\times n}$；

Step 2 计算相邻交叉口关联度 I_{index}^{ij}，标定相邻交叉口关联矩阵 $D_{n\times n}$；

Step 3 计算路网关联矩阵 $E_{n\times n}$；

Step 4 对 $E_{n\times n}$ 进行分块运算，得到分块矩阵 $E_1, E_2, \cdots, E_k$，k 为分块矩阵数目；

Step 5 根据分块运算的结果，输出各个交叉口群交通控制范围。

综上所述，基于特征矩阵的交叉口群范围界定方法如图 5-10 所示。

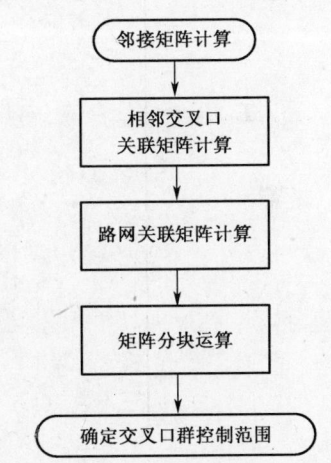

图 5-10 基于特征矩阵的交叉口群范围界定方法流程

5.3.3 实例验证

1. 实验设计

运用 Synchro 7 搭建仿真平台，以滁州市干道交通网络为例，演算基于矩阵分块的交叉口群交通控制范围确定方法。对比其确定结果与 Synchro 划分的结果[205]，验证交叉口群交通控制范围确定方法的正确性。仿真实验的交通网络如图 5-11 所示，该测试交叉口群道路网络共包含 19 个交叉口。

2. 交叉口群交通控制范围确定

应用基于特征矩阵的交叉口群范围界定方法把如上干道交通网络的交叉口划分为若干交叉口群，详细步骤如下所示。

Step 1 计算邻接矩阵 $L_{19\times19}$

路网节点正确标号后，可获得路网的邻接矩阵 $L_{19\times19}$

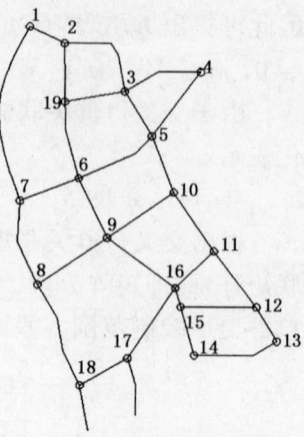

图 5-11 滁州市部分干道交通网络及编号

$$L_{19\times19}=\begin{bmatrix} 0 & 1 & & & & & & & & & & & & & & & & & \\ & 0 & 1 & & & & & & & & & & & & & & & & 1 \\ & & 0 & 1 & 1 & & & & & & & & & & & & & & 1 \\ & & & 0 & 1 & & & & & & & & & & & & & & \\ & & & & 0 & 1 & & & 1 & & & & & & & & & & \\ & & & & & 0 & 1 & 1 & & & & & & & & & & & 1 \\ & & & & & & 0 & 1 & & & & & & & & & & & \\ & & & & & & & 0 & 1 & & & & & & & & & & 1 \\ & & & & & & & & 0 & 1 & & & 1 & & & & & & \\ & & & & & & & & & 0 & 1 & & & & & & & & \\ & & & & & & & & & & 0 & 1 & & & & & & & \\ & & & & & & & & & & & 0 & 1 & & & & & & \\ & & & & & & & & & & & & 0 & 1 & & & & & \\ & & & & & & & & & & & & & 0 & 1 & & & & \\ & & & & & & & & & & & & & & 0 & 1 & & & \\ & & & & & & & & & & & & & & & 0 & 1 & & \\ & & & & & & & & & & & & & & & & 0 & 0 & \\ & & & & & & & & & & & & & & & & & 0 & \end{bmatrix}$$

Step 2 标定 I_{index}^{ij}，构造交叉口关联矩阵 $H_{19\times19}$

在不进行任何协调控制的条件下，仿真测试交通网络；获得各相邻交叉口间双向路段排队长度以及所有交叉口各进口道有效绿灯时间，结合交叉口间距、绿灯相位时间等固定因素，可计算得到路段排队比 I_s 和绿灯有效率 I_t；进而可根据 5.2 节中相邻交叉口关联度计算公式及流程，确定相邻交叉口关联度；进而可得关联矩阵 $D_{19\times19}$：

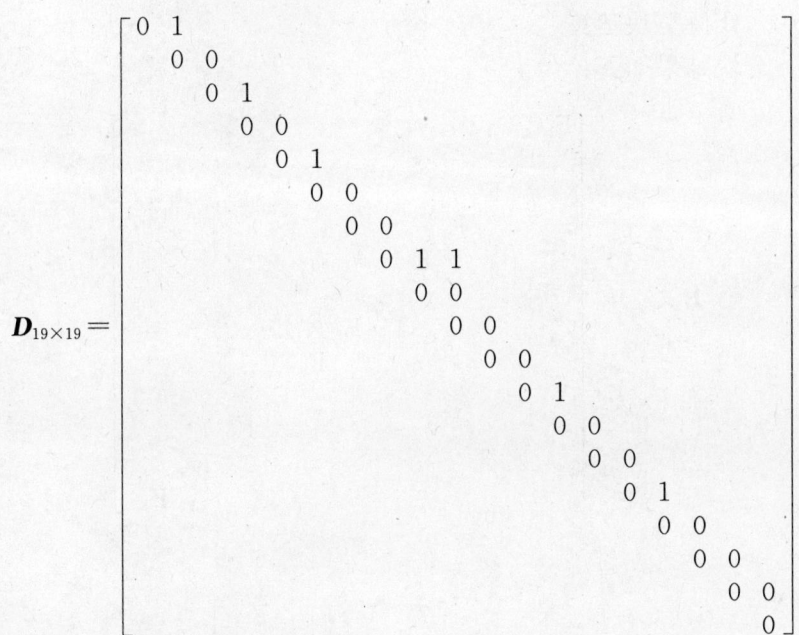

Step 3 计算路网关联矩阵 $E_{19\times 19}$

运用路网关联矩阵的计算方法与流程,迭代计算 3 次,得到交叉口群关联矩阵

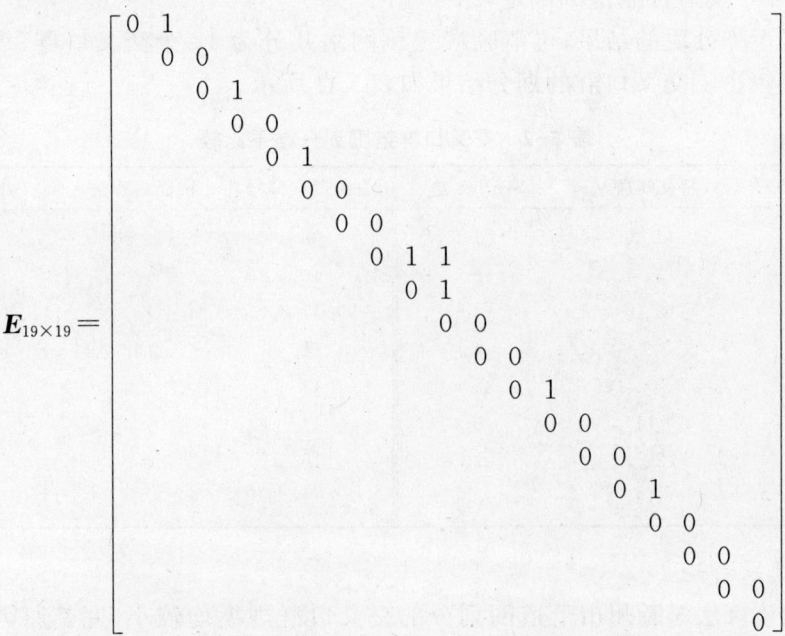

Step 4 矩阵分块运算

$E_{19\times19}$ 分块结果如下：

$$E_{19\times19} = \begin{bmatrix} E_1 & & & & & & & & & & & \\ & E_2 & & & & & & & & & & \\ & & E_3 & & & & & & & & & \\ & & & E_4 & & & & & & & & \\ & & & & E_5 & & & & & & & \\ & & & & & E_6 & & & & & & \\ & & & & & & E_7 & & & & & \\ & & & & & & & E_8 & & & & \\ & & & & & & & & E_9 & & & \\ & & & & & & & & & E_{10} & & \\ & & & & & & & & & & E_{11} & \\ & & & & & & & & & & & E_{12} \end{bmatrix}$$

其中：

$$E_5 = \begin{bmatrix} 0 & 1 & 1 \\ & 0 & 1 \\ & & 0 \end{bmatrix}$$

表示：交叉口 8、9、10 构成交叉口群 E_5；其他分块矩阵具有类似形式。

Step 5 交通控制范围确定，结果输出

根据矩阵分块的结果，可清晰确定该网络共分为 12 个交叉口群，每个交叉口群规模较小。交叉口群的划分结果如表 5-2 所示。

表 5-2 交叉口群范围划分结果比较

交叉口群编号	特征矩阵法	Synchro 法	交叉口群编号	特征矩阵法	Synchro 法
1	1、2	1、2	9	15、16	9
2	3、4	3	10	17	10
3	5、6	4	11	18	11、16、15、14
4	7	4	12	19	12、13
5	8、9、10	5	13		17
6	11	6	14		18
7	12、13	7	15		19
8	14	8			

3. 结果讨论

应用该算法对滁州市干道网划分的交叉口群规模均较小，究其原因在于所采用的道路网络为干道网，交叉口间距较大，车流关联性不强。

第五章
交叉口群范围界定

交叉口群范围界定的目的在于交叉口的协调控制,为验证交叉口群范围的结果,在 Synchro 软件中对基于特征矩阵方法划分方案和 Synchro 划分方案进行配时优化,通过仿真运行并以交叉口延误为指标对比各自的交通运行效果如表 5-3 所示。

表 5-3　交叉口群范围划分方案仿真延误统计对比

交叉口编号	延误(s)			交叉口编号	延误(s)		
	方案 A	方案 B	差值		方案 A	方案 B	差值
1	70	69.9	0.1	11	114.8	131.5	−16.7
2	8.9	8	0.9	12	30.8	26.6	4.2
3	30.6	35.6	−5	13	172.5	172.4	0.1
4	60.3	61.3	−1	14	7.5	7.4	0.1
5	183.2	178.5	4.7	15	5.6	5.5	0.1
6	67.7	68.5	−0.8	16	81.8	77.3	4.5
7	15.9	17.7	−1.8	17	38.7	38.8	−0.1
8	20	20	0	18	34.3	34.3	0
9	148.8	144.5	4.3	19	10.5	10.5	0
10	53.9	48.6	5.3				

表中:方案 A 代表运用基于特征矩阵的交叉口群交通控制范围确定方法划分结果,方案 B 代表 Synchro 划分结果。

两种交叉口群范围划分方法在 Synchro 配时方案优化后,得出的延误比较如图 5-12 所示。从图 5-12 可以发现:两种方案下交叉口延误较接近,基本维持在 10 s 范围内;表明两种交叉口群交通控制范围划分方案下,交叉口运行状态较为一致。第 11 号交叉口在两种方案下表现出较大的差异性。在方案 A 下,第 11 号交叉口为孤立交叉口,不参与其他交叉口的信号协调控制;在方案 B 下,第 11 号交叉口与 14 号、15 号、16 号交叉口构成交叉口群,参与信号协调控制。表 5-4 对比了两种方案下四个交叉口的周期长度。从表 5-4 中可以看出,在方案 B 下,第 11 号交叉口信号周期变长,造成绿灯间隔时间扩大,交叉口停车延误增大;同时,其他交叉口的停

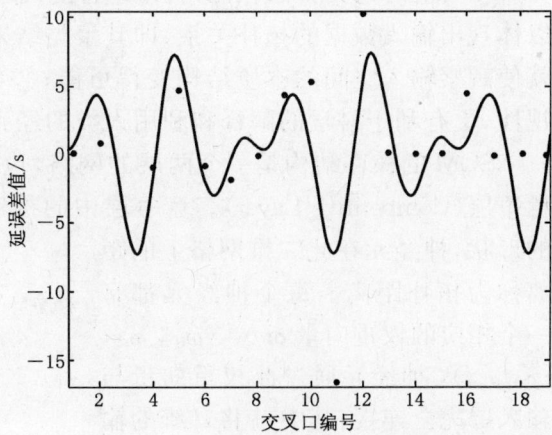

图 5-12　不同方案下交叉口延误比较

图中:散点代表不同交叉口在方案 A 与方案 B 下的延误差值,曲线为拟合结果。

车延误并没有获得可观的改善。这表明第 11 号交叉口没有必要与其他交叉口协调,方案 B 欠理想。因此,方案 A 在此例中显示出一定的优势,基于特征矩阵的交叉口群交通控制范围确定方法有效。

表 5-4　两种方案下交叉口周期长度

交叉口编号	特征矩阵法 信号周期(s)	Synchro 法 信号周期(s)
11	140	150
14	150	150
15	75	75
16	60	75

5.4　基于自组织神经网络的交叉口群范围划分

5.4.1　自组织神经网络模型

自组织神经网络(Self-Organizing Maps,SOM)是一种用于非监督学习(Unsupervised Learning)的神经网络。SOM 将高维空间中的输入向量映射到低维(通常是二维)的空间中,在映射的同时保留了输入向量之间的拓扑关系。SOM 既可以被看作是聚类工具,也可以被看作是降维工具。SOM 神经元的二维结构使其聚类结果很容易被可视化[206]。

和其他的聚类方法相比,自组织神经网络有两个优点:①自组织神经网络可以体现出输入数据的拓扑关系,即其聚类结果可以体现实际路网类似的状态,这就使观察输入空间的本质结构变得可能;②自组织神经网络方法拥有良好的可视性,更有利于科学的解释和利用人类的经验进行判断。

SOM 的核心结构是一个两层的网络,包括一个输入层(Input Layer)和一个竞争层(Competitive Layer)。竞争层中的神经元排列成二维矩形或蜂窝形网格的形状,神经元在此二维网格上的距离称为拓扑距离。每个神经元都有一个相应的权重向量 $\boldsymbol{\omega}_i = (\omega_{i1}, \omega_{i2}, \cdots, \omega_{im})$,神经元通过此权重向量与输入层完全连接,其中 ω_i 将 d 维的输入向量分配给第 i 个竞争层的神经元,因此 ω_i 代表神经元 i 在输入空间中的位置。SOM 网络结构如图 5-13

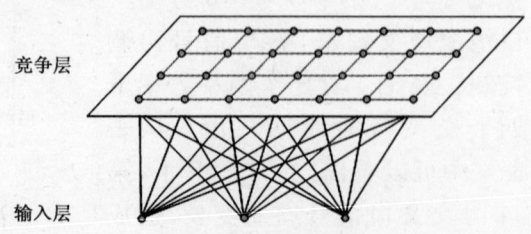

图 5-13　自组织神经网络结构图(以矩形网格神经元网为例)

所示。

　　SOM 的训练过程是通过对每个神经元的权重向量进行迭代更新完成的。在每个迭代步中,输入向量 F 被送入 SOM,然后通过式(5-18)确定最接近(在欧氏距离意义下)输入向量 F 的神经元 c,神经元 c 被称为获胜神经元或者最佳匹配单元(Best Match Unit,BMU):

$$\|F - \omega_c\| = \min_i \|F - \omega_i\| \tag{5-18}$$

　　确定获胜神经元后,所有神经元的权重都根据式(5-19)的学习规则进行更新:

$$\omega_i(s+1) = \omega_i(s) + \eta(s)h_{ci}(s)[F - \omega_i(s)] \tag{5-19}$$

式中:s——当前迭代步数;

　　　$\eta(s)$——学习率;

　　　$h_{ci}(s)$——从获胜神经元 c 到被更新神经元 i 的邻域核函数,此函数随着神经元 c 到神经元 i 的拓扑距离的增大而减少,可以取高斯函数或其他峰形函数的形式,其形状由其半径 $\sigma(s)$ 控制。

　　在此学习规则下,每一迭代步每个神经元都会被向当前输入向量移动,其中获胜神经元(即移动前距离输入向量最近的神经元)的移动幅度最大,离获胜神经元越远的神经元移动幅度越小;通过不断迭代,SOM 的各神经元将能够"学习"或"拟合"输入向量的形状。为了保证训练过程能够收敛,学习率 $\eta(s)$ 和邻域核函数 $h_{ci}(s)$ 的半径 $\sigma(s)$ 都随着迭代步数的增长而减小:

$$\eta(s) = \eta(0)\left(1 - \frac{s}{K}\right) \tag{5-20}$$

$$\sigma(s+1) = \sigma(s)\left(1 - \frac{s}{K}\right) \tag{5-21}$$

式中:K——迭代总步数。

　　以上训练过程需达到迭代总步数($s=K$)。训练过程完成后,每个输入向量 F 都被聚类到距离 F 最近的神经元,也可认为高维的输入向量 F 被映射到 SOM 神经元的二维平面上。

　　为了获得更好的聚类效果,可以在以上基本规则的基础上采用以下改进措施。训练过程可以分两个阶段进行。在第一阶段(称为粗糙学习阶段),学习率和邻域半径都取较大值,以迅速地将 SOM 神经元调节到接近输入数据;在第二阶段(称为精细调节阶段),学习率和邻域半径都取较小值,以精准地调节 SOM 神经元使之与输入数据符合,同时避免学习过程中出现振荡。另外可以采用"良心准则(Conscience Rule)"进行有偏向的权重更新,以使所有神经元都被充分利用。

5.4.2 划分流程

1. 交叉口群范围界定流程

基于 SOM 的交叉口群范围界定流程[207]如下:①模型的输入变量需根据交叉口群范围确定原则选择。一旦输入变量确定,其可以根据实时交通运行数据计算得出,并输入到 SOM 模型中。②在正式研究交叉口群范围前,需运用 SOM 模型对交叉口群范围进行初步识别。SOM 模型的初始化指 SOM 的初始神经网络结构选择和对输入数据的可视化分析。SOM 模型将选择相对于交通数据足够大的初始网络对交叉口群交通运行状态进行识别,运用可视化分析的方法,判别出交叉口群的交通运行状态。③在交叉口群范围的初步划分的结果上,通过选择 SOM 网络的大小和拓扑形式,对交叉口群范围进行正式划分。SOM 网的大小可以通过整个路网的交叉口个数除以交叉口群的大小来估计。所有在网络预估交叉口群个数附近的 SOM 拓扑结构会被评测,并选择最合适的初始 SOM 网络拓扑结构。结合城市路网的网状结构,选择 SOM 的网络拓扑结构形式为"gridtop",SOM 网络拓扑形式如图 5-16 所示。④经过充分的训练后,输出交叉口群范围识别结果,在分析输出结果中孤立点(孤立交叉口)后,再次与划分准则比较,如果符合划分准则,则输出网络分区,否则选择其他变量,重复上述过程。图 5-14 给出了利用 SOM 模型界定交叉口群范围的流程。

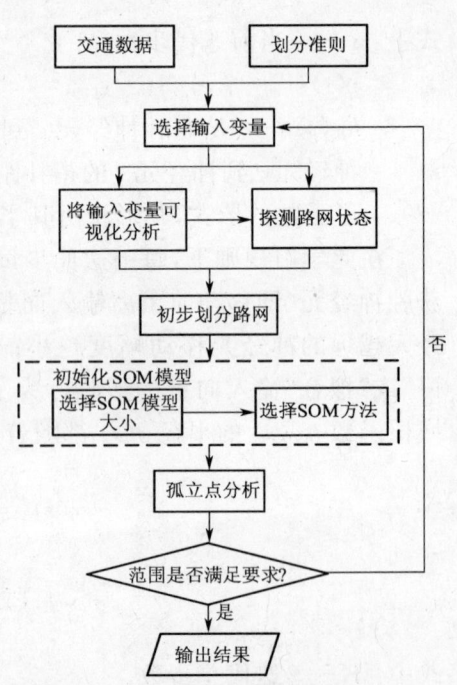

图 5-14 基于 SOM 模型的网络分区方法流程图

2. 输入变量选择

交叉口群范围界定模型的结果由输入变量的选择决定。已有模型采用了各种不同的输入参数来对交叉口群范围进行界定,如关联指数(Coupling Index,CI)[23],内在联系模型(Interconnection Model,IM)[208],改进的关联指数(Improved Coupling Index,ICI)[209],吸引强度(Strength of Attraction,SA)[209],协调系数(Coordinatability Factor，CF)[209,210]，排队减少量(Reduction in the Queue，QR)[24]和模糊自动划分方法(Fuzzy Automatic Division Method，FAD)[211]等。分析各种模型所采用的参数可以看出，影响网络划分结果的关键参数为交通量、平均车速和路段长度。为了在模型中能反映交通协调控制因素的影响，模型的输入参数应该也考虑相位差和周期长度等参数。为综合考虑各种关键影响参数，选用交叉口所连接路段中流量最高路段的饱和度(Saturation Degree)和旅行时间(Travel Time)作为模型的输入变量。

饱和度为路段流量和通行能力之比。路段的饱和度越高，其交通负担越重，相邻交叉口的交通运行状态就越容易被影响。而旅行时间是路段长度和平均车速之比。此参数表现了交叉口之间的空间联系，并能作为信号协调控制中相位差的初始值。公式(5-22)和(5-23)给出了从交通流数据中计算这些参数的方法。

$$s_i = \frac{q_{\max}}{C} \tag{5-22}$$

式中：s_i——交叉口 i 的饱和度；
$q_{\max}$——交叉口 i 所连路段中流量最高路段的交通量；
C——此路段的通行能力。

$$tt_i = \frac{l_i}{v_i} \tag{5-23}$$

式中：tt_i——交叉口 i 所连路段中流量最高路段的旅行时间；
l_i——此路段的路段长度；
v_i——此路段的平均车速。

5.4.3 方法验证

安徽省滁州市骨干路网的交通数据被用来评测所提出算法的有效性。测试路网包括 92 个交叉口和 167 个路段。如图 5-15(a)给出了测试路网的结构，如图 5-15(b)所示，每个交叉口所连接的 4 个路段都被编号。所采用的交通数据包括 2008 年 7 月 6 日晚高峰各路段的交通运行数据。根据交通运行数据，计算模型的输入参数并输入模型，由此将与每个交叉口的交通数据依次排列，形成一个 92 维的空间。因为 SOM 是基于欧几里得空间距离来进行分类，为避免输入数据中大的值对模式识别的消极影响，所有数据都被线性缩放到[0，1]区间中。

在探索路网中交叉口之间的交通联系时，需对 SOM 网络的大小进行选择，太小的 SOM 会模糊掉输入空间的关系，而太大的 SOM 会为可视化和主观分析带来困难。选用有 10×10 个神经元的 SOM 对具有 92 个交叉口的网络运行状况进行探索,既能充分显示路网中交叉口的联系,也不会模糊掉空间关系。SOM采用随机初始化规则、高斯邻域核函数,训练参数(学习率和邻域半径)通过试验确定。初始 SOM 拓扑结构如图 5-16 所示。

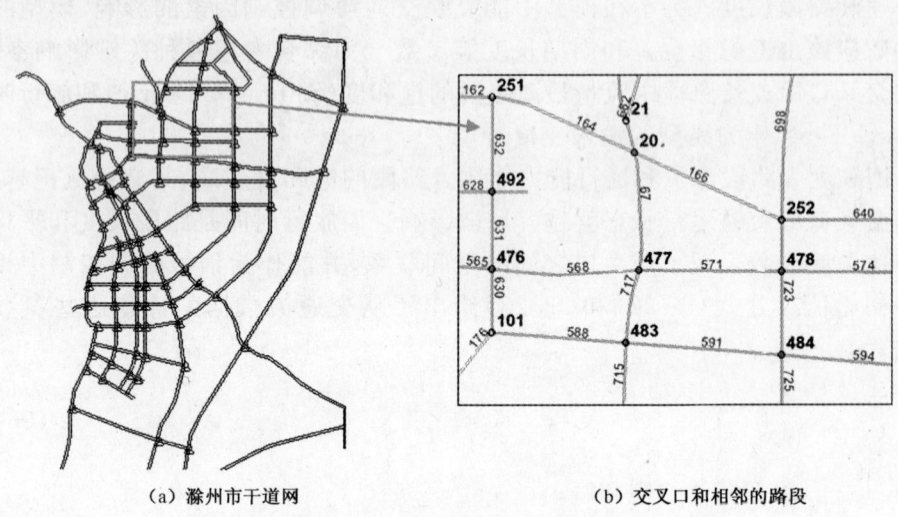

(a) 滁州市干道网　　　　　　　　(b) 交叉口和相邻的路段

图 5-15　滁州干道网和部分交叉口

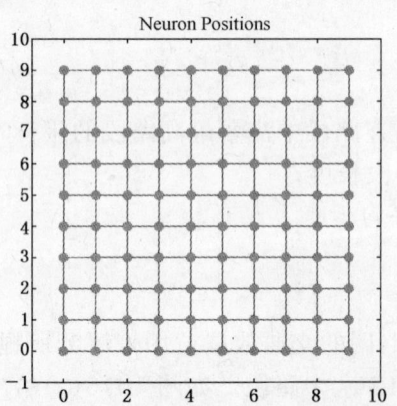

图 5-16　初始 SOM 网络拓扑结果

当 SOM 充分训练并取得分类结果后,通过图 5-17 显示的两个输入变量的权重距离分布,可以直观观察输入数据的结构和集群模式。图中深黑点表示SOM 模型的神经元,浅黑点表示输入数据点。可视化分析的结果表明,经过充分训练的 SOM 模型可以较为精确地描述出输入变量的分布。图 5-17 中显示的SOM 神经元的分布表明高维(多个路段)的交通流数据很可能在本质上是低维和非线性的。因此 SOM 模型可以通过观测挖掘实验数据内在特性以获得其特征。

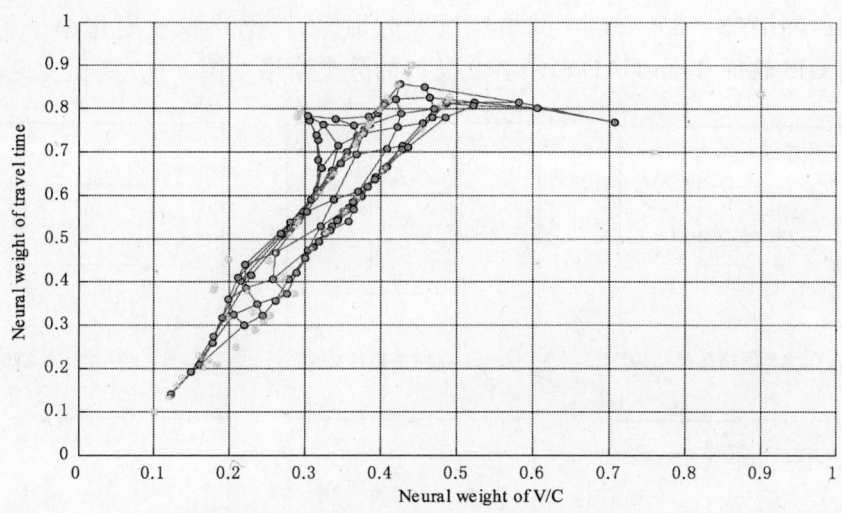

图 5-17　SOM 的神经元和输入数据的分布

10×10 的 SOM 网络经训练后可产生 100 个类，92 个交叉口将被分到其中若干分类中，一些分类将不会有交叉口分入。由图 5-18 所示的测试网络分类结果显示交叉口经分类后集中在某些区域，如网络的左上角和中部下方。被分类在一起的交叉口具备相似的交通特性。因此通过观测图中交叉口的分布情况可区分出各个交叉口交通模式的相似性和不同，也可以得出交叉口的交通模式如何在 SOM 网络中变化。选用 10×10 的网络拓扑结果对于 92 个交叉口的道路网络来说足够大以探寻交叉口之间的交通特性差异，但是对于交叉口群范围界定问题，较小的网络拓扑结构能更好地显示分类结果。

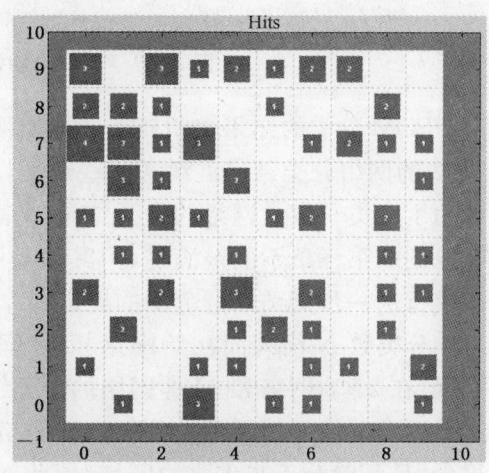

图 5-18　测试网络的神经元分布结果

不同初始 SOM 网络拓扑结构会导致不同分类结果，因此需要测试不同初始 SOM 网络拓扑结构的分类结果。假设路网中采用的主信号控制机最多可协调控制 16 个能独立计算单点交叉口信号配时方案的子信号控制机，对于一个有 92 个交叉口的道路交通网络，其分类数 N 可从 4 到 9 中选择。图 5-19 给出了测试中所选择的 6 个初始 SOM 网络拓扑，其中包括一个 4 个分类的网络（2×2），两个6个分类的网络(2×3和3×2),两个8个分类的网络(2×4和4×2),一个9个分类的网络(3×3)。SOM网络经过充分训练后(网络权重变化小于指定阈值),用GIS软件TransCAD显示各交叉口的分类结果如图5-20所示。

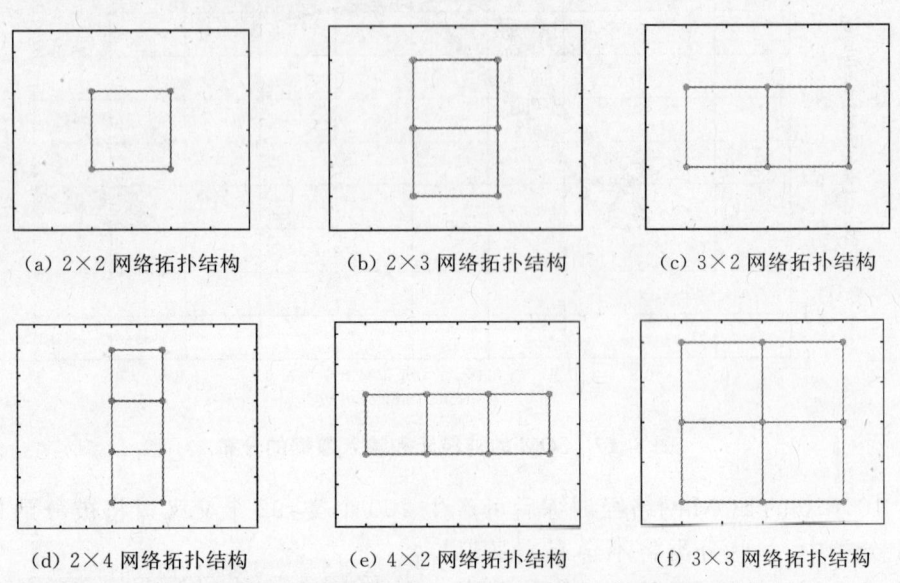

(a) 2×2网络拓扑结构　　(b) 2×3网络拓扑结构　　(c) 3×2网络拓扑结构

(d) 2×4网络拓扑结构　　(e) 4×2网络拓扑结构　　(f) 3×3网络拓扑结构

图5-19　不同的初始SOM网络拓扑结构

SOM分类的结果表明较小的初始网络的分类效果比较大的网络要好,然而2×2的网络分类结果混淆了一些交叉口的特征,有不应被归为一类的交叉口被聚为了一类。较大网络的聚类结果中很少有多于6个交叉口的,此种情况下分类原则的第三条不能被满足,但其聚类结果仍可作为交叉口群范围界定的依据来进行进一步交叉口群范围的界定。

分类数N相同而初始网络拓扑不同的两个SOM网络的聚类结果基本相同,但在2×3网络和3×2网络的聚类结果仍存在一些不同,而较大网络的聚类结果更多时候是相同的。分析小型网络的聚类结果可知,聚类结果不同的地方很少,且一般处于非重要的区域,因此初始网络形态对聚类结果影响不大,在训练充分的时候只需关注分类数N即可。

以2×3网络的分类结果为基础,对交叉口群范围进行界定。同时需确定主信号控制机负担没有超过其界限。为保证各主信号控制机的负担大致相同,规定每个交叉口群至少包含8个以上的交叉口。在同一类的临近交叉口以及交通状态相似的临近交叉口(颜色相近的交叉口)可被划为一个交叉口群。滁州市骨干路网的92个交叉口可以被划分为8个交叉口群,其范围界定结果见图5-21。表5-5给出了每个交叉口群所含的交叉口数。

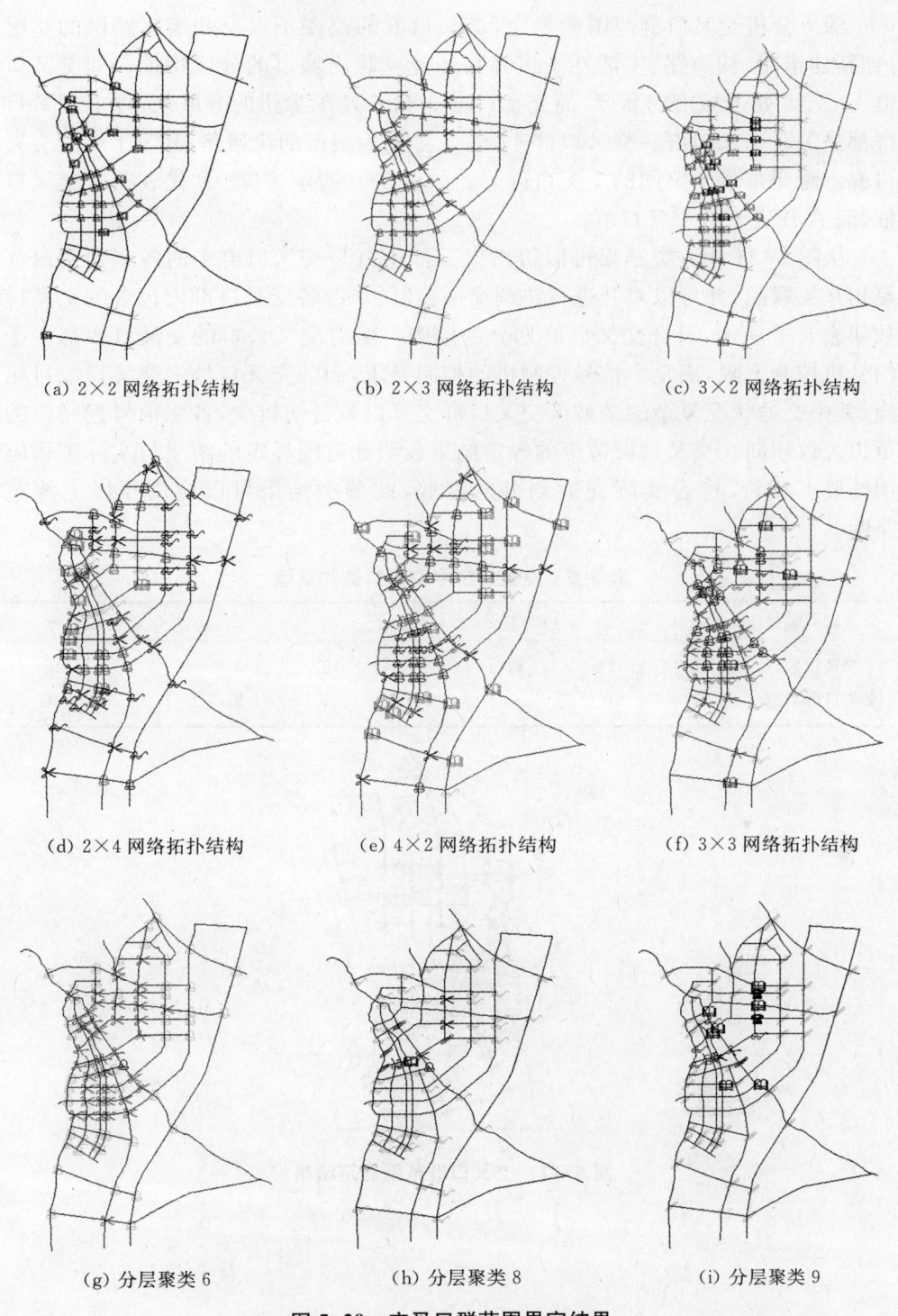

图 5-20 交叉口群范围界定结果

深入分析交叉口群范围的界定，交叉口群的范围不仅反映实际路网的状况（如新建道路、快速路、生活性干道等），还能反映出城市的分区特征。如交叉口群1、2、8处于城市的新区，而交叉口群3和6处于滁州的老城区，以上交叉口群都是关联交叉口群。交叉口群4、5、7主要为城市的快速路，其为干线型交叉口群。滁州市骨干路网的交叉口群分类如表5-5所示，其中R代表关联交叉口群，而A代表干线交叉口群。

从图5-21中分类结果可以得出以下推论：(1)交叉口群中的各个交叉口都是相互关联的，并可以对其进行协调交通控制。(2)各交叉口群内包含的交叉口数如表5-5所示，符合交叉口群划分的原则。所有交叉口群的交叉口数都少于信号机控制上限，满足主信号控制机的控制要求，而各交叉口群中交叉口数目相当，其中交通状况复杂的老城区交叉口群交叉口数目均较少，各主信号控制机的负担大致相同。交叉口群范围的界定结果表明此范围界定的结果与实际工程应用的要求相符，符合实际交通划分的经验，此分类结果可以应用于以上测试路网。

表 5-5 交叉口群中交叉口数和类型

交叉口群编号	1	2	3	4	5	6	7	8
交叉口数	10	16	11	9	12	9	11	14
交叉口群类型	R	R	R	A	A	R	A	R

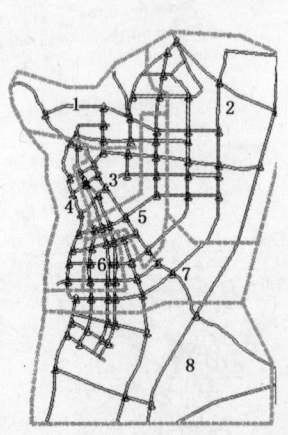

图 5-21 交叉口群范围界定结果

第六章
交叉口群过饱和状态识别方法

过饱和状态交叉口群的交通控制策略应结合其交通流过饱和状态特性制定,其与稳态的交通控制策略有本质区别。应用过饱和状态的交叉口群交通控制策略应首先确定过饱和状态控制策略应用的时间,以确保交叉口群的交通控制持续以最高效率运行。本章主要讨论了交叉口群过饱和状态识别的方法,包括对交叉口群中交通设施过饱和状态的定义的延伸和扩展,基于冲击波理论的交叉口群滞留排队计算方法和上游交叉口溢出状态识别方法,对应的过饱和系数计算方法,过饱和状态扩散范围估计和基于路径的交叉口群过饱和状态识别方法。

6.1 过饱和状态的延伸定义

由交通设施过饱和状态的定义可知,过饱和状态不能直接由交通参数测量或计算识别,而只能通过过饱和状态所产生的溢流等负面效应间接获取。过饱和状态交叉口群负面效应的相关讨论可参见3.2节。为定量识别交叉口群的过饱和状态,对交叉口群过饱和状态的定义进行延伸,通过由过饱和状态引起的负面效应计算过饱和系数,从而确定交叉口群的过饱和状态。负面效应可从时间维度和空间维度两个方面表现,时间维度上的负面效应指一个信号周期后进口处的滞留排队。交通协调控制应要求在当前信号周期绿灯时间内到达交叉口车辆全部通过交叉口。在交通需求较高或绿灯时间分配未能适应交通流特性时,存在车辆不能在当前周期通过交叉口,而占用下一个信号周期的绿灯时间来通过交叉口,此为时间维度的负面效应。空间维度的负面效应指上游交叉口溢流现象。当交叉口的交通流产生溢出时,上游交叉口处于阻塞状态,车流不能及时从上游交叉口驶离。此时上游交叉口的部分绿灯时间便成为无效绿灯时间,即空间维度的负面效应。需要注意的是,只有当上游交叉口由于溢流状况产生无效绿灯时间时才能被认为交叉口处于过饱和状态,当上游交叉口因红灯产生的溢出状况不一定产生负面效应。识别交叉口群的过饱和状态需综合考虑在时间维度和空间维度的负面效应。

为定量分析时间维度或空间维度的负面效应，引入过饱和系数（Severity Index of Oversaturation，SIO）来评价过饱和状态的负面效应。过饱和系数被定义为由负面效应造成的绿灯损失时间和总体可用绿灯时间的比值。其取值范围分布在区间[0，100]。当过饱和系数为 0 时，信号控制不会造成负面效应，而过饱和系数为 100 时所有的绿灯时间均为无效绿灯时间，交通状况极度恶化。根据以上分析，可延伸过饱和状态定义为：

过饱和状态指当一个受交通信号控制的交通设施发生交通需求大于其通行能力状态（即绿灯时间的最大通过数）时的情况，其可由某周期的滞留排队对下一周期的负面影响或上游交通设施因溢出而在一个周期内产生的负面效应来定义，并应用无效绿灯时间和总绿灯时间的比值（过饱和系数）来衡量过饱和程度。

根据过饱和状态的延伸定义，识别交叉口群过饱和状态的关键从测量交通需求变成了从时间维度和空间维度估计过饱和状态带来的负面效应。在下节中提出了根据时间维度和空间维度的负面效应识别交叉口群过饱和状态的算法，以估计滞留排队长度和检测识别溢出状态并计算交叉口群的过饱和的程度。

6.2 过饱和状态识别算法

本研究选用感应线圈交通检测数据估计交叉口群的过饱和状态。感应线圈典型布设方式包括停车线检测器和高级检测器（在停车线上游布设）两种。在过饱和状态下，交叉口排队一般较长，不管停车线检测器还是高级检测器都不能准确检测识别过饱和状态交叉口的交通状况，需应用参数估计方法来识别交叉口群的过饱和状态。应用过饱和状态下交通控制在时空范围内产生的"负面效应"来代替传统的估计方法评价交通设施的状态。算法所识别负面效应主要有信号周期结束时的滞留排队长度和上游交叉口的溢流现象。两种负面效应都会造成信号交叉口的有效绿灯时间降低。本书应用冲击波（Shockwave）的方法估算交叉口进口滞留排队长度；根据排队车辆长期停留在检测器上而造成的检测器高占有率（Queue-Over-Detector，QOD）现象识别交叉口群中的溢流现象，并进一步识别交叉口群的过饱和状态。

6.2.1 滞留排队长度估计算法

（1）过饱和状态交叉口的波动理论描述

滞留排队指在绿灯时间到达交叉口却因绿灯时间不足而不能通过交叉口所

形成的排队。滞留排队长度是信号周期中的最小排队长度。在一个周期结束时是否存在滞留排队可作为判定交通设施是否处于过饱和状态的依据。

估计滞留排队长度需要对一个周期内的排队变化过程进行重现,其包括可能达到的最大排队长度等。传统的排队长度估计方法只能解决排队长度小于停车线和检测器之间距离的情况。而利用交通波动理论[212,213]的排队长度估计方法[214]可复原过去几个周期内的排队变化过程,每个周期的最大排队长度和最小排队长度都可计算得出。

此方法基于交通状态的改变和在同一周期内与之相关联的冲击波(Shockwave)。如图 6-1 所示,假设在之前的周期不存在滞留排队,红灯开始时车辆开始排队,从而产生一个从停车线向后传播排队冲击波(Queuing Shockwave, v_1)。从有效绿灯时间起,车辆开始以饱和流率驶离交叉口(假设下游不处于拥挤状态),这样便形成一个从停车线向后传播的离驶冲击波(Discharge Shockwave, v_2)。离驶冲击波的波速 v_2 要大于排队冲击波的波速 v_1。因此这两个冲击波将会在绿灯开始后的某个时间相遇,此时交叉口的排队达到最大。当两个冲击波相遇时,会产生一个背离冲击波(Departure Shockwave, v_3)。如果压缩冲击波(Compression Shockwave, v_4)和背离冲击波在下周期红灯时间开始后相遇,交叉口产生滞留排队。压缩冲击波(v_4)和排队冲击波(v_1)非常类似,两个冲击波都形成了一个排队。不同点为压缩冲击波的交通状态从饱和交通间断地转变为堵塞状态(Jammed Status),而排队冲击波是从普通交通状态到拥堵状态,其之前的交通状态不一定要饱和。冲击波的变化描述了交叉口排队每个周期的变化特征。

应用高精度的检测器数据可识别以上交通状态的变化,即冲击波穿过检测器位置时(图 6-1 中的间断点(Break Points A, B 和 C)),最大排队长度($L_{\max}^n$)和最小排队长度(即滞留排队长度,$L_{\min}^n$)可以根据冲击波速 v_2、v_3、v_4 推导得出[215]。下文对各间断点如何识别和排队长度如何估算进行讨论。

(2)间断点识别方法

间断点 A, B 和 C 为一个周期内冲击波通过检测器的时间。定义周期开始时刻为有效红灯时间的开始,结束时间为有效绿灯时间的结尾。如图 6-1 所示,间断点 A 表示的是排队冲击波向后传播到检测器位置的时刻(T_A)。在第 $n-1$ 周期有效绿灯时间结束的时刻 T_g^n 和时刻 T_A 之间,车辆经过检测器的状态为(q_a^n, k_a^n),也就是第 n 个周期内车辆的到达率和密度。在时刻 T_A 到时刻 $T_{\max}^n$(排队长度最大的时刻)之间,没有车辆能通过检测器所在的位置,此时其交通状态为堵塞状态(0, k_j),也就是堵塞流和堵塞密度。因此间断点 A 可用于判定交叉口排队长度是否已经超过检测器位置。

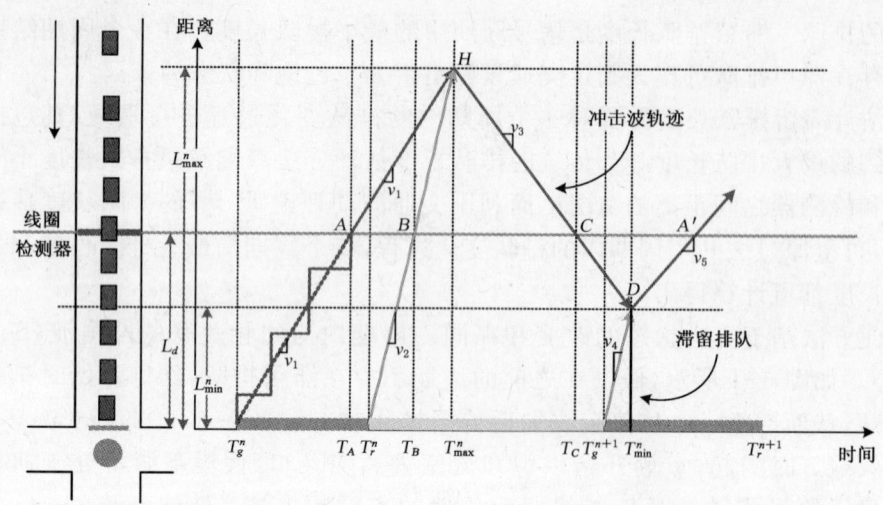

图 6-1　信号周期内交叉口排队动态变化示意图

如果间断点 A 不存在，即排队冲击波没有传播到检测器的位置，此时排队长度小于停车线与检测其之间的距离。应用高分辨交通数据，间断点 A 很容易被识别出，因为在时刻 T_A 以后某车辆会停留在检测器上较长时间，其占有率一直很高，检测器的占有时间也会相对较长。图 6-2 给出了一个主干道检测器占有率时间和车辆间距的实例。图 6-2(a) 给出了一个高级检测器在一个信号周期内占有时间的变化，图 6-2(b) 给出了一个信号周期内车头间距的变化情况。当车辆排队向后增长到此高级检测器时，从本周期第 45 s 开始其占有时间有显著的增长，由此可识别出间断点 A 所发生的时间，并可统计检测器后队列的增长。

间断点 B 指离驶冲击波 (v_2) 通过检测器的时刻。从有效绿灯时间开始的时刻 (T_r^n) 到时刻 T_B，检测器处的交通状况一直处于堵塞状态 $(0,k_j)$。从时刻 T_B 开始，检测器处的排队车辆开始以饱和流率驶离，交通状态也变为 (q_m,k_m)，即最大流率与对应密度 (q_m,k_m)。通过高分辨率交通数据也可检测识别出间断点 B。在有效绿灯时间开始到时刻 T_B 的时段里，交通流量为零，检测器占有时间相对较高。在时刻 T_{max}^n 以后，检测器处的排队车辆开始驶离，此时检测器的占有时间将会显著下降。如图 6-2(a) 所示在时刻 T_r^n 后，检测器占有时间下降到平均值 (0.5 s 左右)，由此可识别间断点 B。

间断点 C 代表背离冲击波 (v_3) 穿过检测器的时刻。因为背离冲击波是最大流状态 (q_m,k_m) 和普通到达流状态 (q_a^n,k_a^n) 的分界。在间断点 C 前，检测器处的车辆以饱和流率离驶，即状态为 (q_m,k_m)，经过间断 C 点后，车流状态变为 (q_a^n, k_a^n)。因此，时刻 T_C 为检测器两个状态的分界点。应用车头时距来识别交通状态的变化。如图 6-2(b) 所示，在时刻 T_C 之前，车头时距通常小于 2.5 s，这意味着大多数车辆在以饱和流率通过检测器。而在时刻 T_C 之后,车头时距开始变大,其方差也开始显著增加,所以可通过定义车头时距的阈值来识别时刻 T_C。

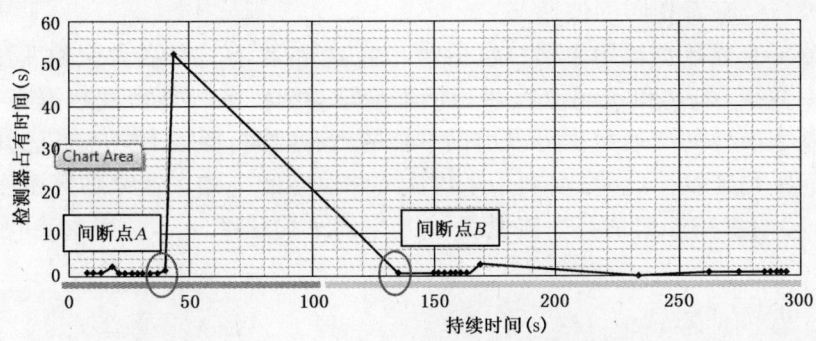

(a) 一个信号周期内的检测器占有率

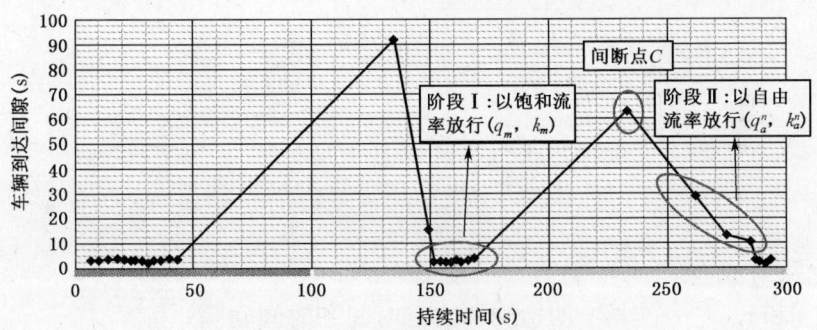

(b) 一个信号周期内的连续车辆间的时间间隔

图 6-2　间断点识别实例

(3) 冲击波波速计算方法

波速(v_2,v_3,v_4)也被用于计算一个周期内的最大排队长度(图 6-1 中的点 H)和最小排队长度(图 6-1 中的点 D)。因交通到达流率方差较大,排队冲击波(v_1)不适用于估算排队长度。选用离驶冲击波(v_2)和背离冲击波(v_3)估算排队长度,其计算公式如式(6-1)(6-2)所示。

$$v_2 = \frac{q_m - 0}{k_m - k_j} \tag{6-1}$$

$$v_3 = \frac{q_m - q_a^n}{k_m - k_a^n} \tag{6-2}$$

式中：q_m 和 k_m ——分别为流量最大时的流率和密度;

　　　k_j ——堵塞密度;

　　　q_a^n 和 k_a^n ——交通到达率和对应的密度。

在式(6-2)中，q_a^n 和 k_a^n 指的是在时刻 T_C 后经过检测器的交通流状态。在求解 v_2 时，此处假设了 q_m，k_m 和 k_j 为固定值。需要注意的是，压缩冲击波(v_4)和离驶冲击波(v_2)有着相同的波速。

高分辨交通数据被用来估算包括 q_a^n，k_a^n，q_m 和 k_m 在内的各种交通变量，其中交通流率数据，如 q_a^n 和 q_m 可直接由检测器获取，但 k_a^n 和 k_m 等密度数据必须进行估算。基于事件的交通数据可以提供单独的占有时间，假设有效车长已知，即可获得空间平均速度。此时，可利用平均流率除以空间平均车速来估算密度数据。公式(6-3)给出了如何估算个体速度(u_i)，空间平均速度(u_s)，流率(q)和密度(k)的方法。

$$\begin{cases} u_i = \dfrac{L_e}{t_{o,i}} \\[2mm] u_s = \dfrac{1}{\left(\dfrac{1}{n}\sum_{i=1}^{n}\dfrac{1}{u_i}\right)} \\[2mm] q = \dfrac{1}{\left(\dfrac{1}{n}\sum_{i=1}^{n}h_i\right)} = \dfrac{1}{\left(\dfrac{1}{n}\sum_{i=1}^{n}(t_{o,i}+t_{g,i})\right)} \\[2mm] k = \dfrac{q}{u_s} \end{cases} \quad (6-3)$$

式中：$t_{o,i}$ 和 $t_{g,i}$——车辆 i 的检测器占有时间和时间间隔；

u_i 和 h_i——车辆 i 的速度和车头间距；

q，u_s 和 k——分别为平均流率，空间平均车速和密度；

L_e——有效车长；

n——同一交通状态中一个车队的车辆数。

(4) 滞留排队长度及过饱和程度指数计算

由公式(6-1)(6-2)(6-3)求得的冲击波波速，第 n 个周期内的最大排队长度 $L_{\max}^n$ 和达到最大排队长度的时刻 $T_{\max}^n$ 可以由公式(6-4)所求得：

$$L_{\max}^n = L_d + \dfrac{T_C - T_B}{\dfrac{1}{v_2} + \dfrac{1}{v_3}}$$

$$T_{\max}^n = T_B + \dfrac{L_{\max}^n - L_d}{v_2} \quad (6-4)$$

式中：L_d——停车线到检测器之间的距离。

应用公式(6-5)可判断识别一个信号周期后是否会产生滞留排队，如果有滞留排队产生，公式(6-6)可用于计算滞留排队的长度 $L_{\min}^n$ 和相应的时刻 $T_{\min}^n$（图

6-1 中的 D 点)。

$$\begin{cases} \dfrac{L_{max}^n}{v_3} + T_{max}^n < T_g^{n+1} & 不产生滞留排队 \\ \dfrac{L_{max}^n}{v_3} + T_{max}^n \geqslant T_g^{n+1} & 会产生滞留排队 \end{cases} \quad (6-5)$$

$$\begin{cases} L_{min}^n = \dfrac{\dfrac{L_{max}^n}{v_3} + T_{max}^n - T_g^{n+1}}{\dfrac{1}{v_3} + \dfrac{1}{v_4}} \\ T_{min}^n = T_g^{n+1} + \dfrac{L_{min}^n}{v_4} \end{cases} \quad (6-6)$$

在整个绿灯时间车辆都保持以饱和流率经过检测器处时,间断点 C 不存在,如图 6-3 所示。此情况中滞留排队至少存在于检测器与停车线之间。因波速 v_3

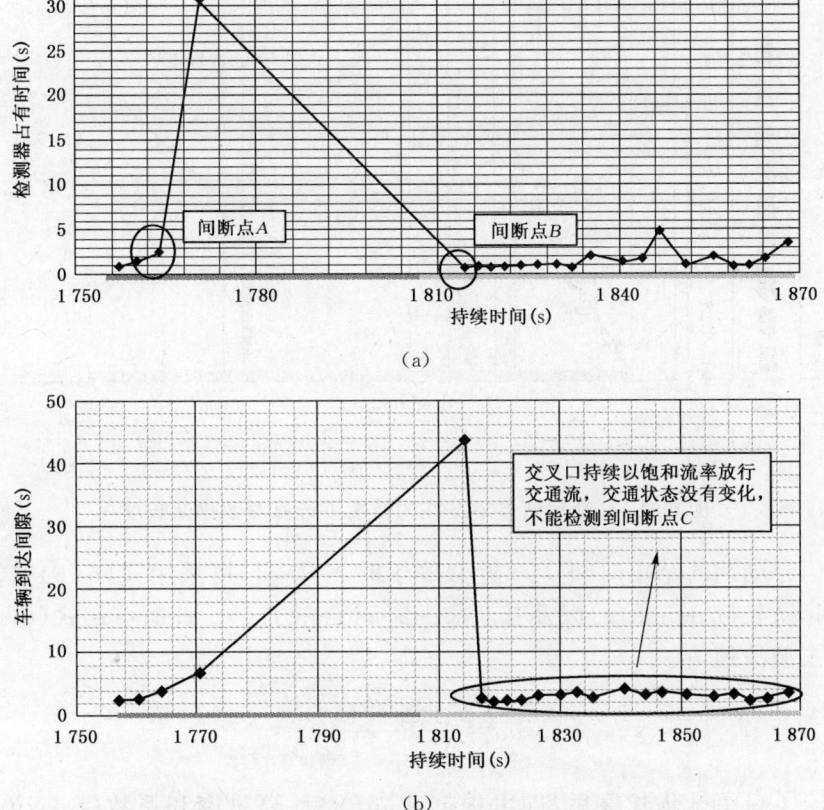

图 6-3　间断点识别(C 型间断点不能识别的情况)

不能计算得出,不能利用公式(6-4)(6-5)(6-6)来计算排队长度,排队过程不可利用检测器数据重现。因在整个有效绿灯时间内,车辆一直以饱和流率离驶,从 T_B 到 T_g^{n+1} 时间内驶离的车辆可以直接得出。如图 6-4 所示,将信号周期的结束时间 T_g^{n+1} 近似等于时刻 T_C 时,最大排队长度的最小值可以被估计出(min($L_{\max}^n$))。假设有效车辆长度和离驶冲击波波速(v_2)已知,可利用式(6-7)对最大排队长度的最小值和产生的时间进行估计。

$$\begin{cases} \min(L_{\max}^n) = l_{eff} \cdot N + L_d \\ \min(T_{\max}^n) = T_r^n + \dfrac{L_{\max}^n}{v_2} \end{cases} \quad (6-7)$$

式中: N ——从时刻 T_B 到时刻 T_g^{n+1} 的车辆通过数;

l_{eff} ——堵塞状态下的有效车辆长度(假设为已知常数)。

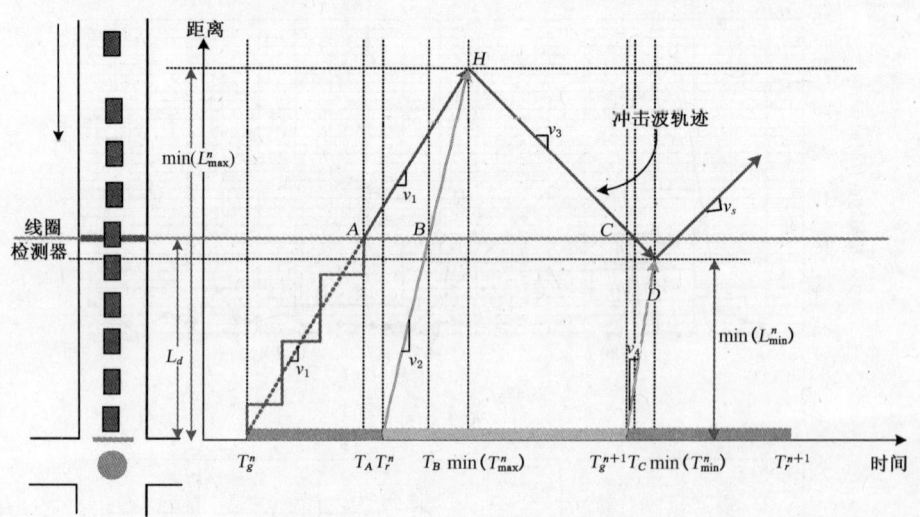

图 6-4　C 型间断点不存在的情况下计算滞留排队长度

当信号周期的结束时间 T_g^{n+1} 近似等于时刻 T_C 时,可采用式(6-6)估算最小的滞留排队长度 min($L_{\min}^n$)以及其对应的时间 min($T_{\min}^n$)。此时可用式(6-8)计算背离冲击波波速 v_3。

$$v_3 = \dfrac{L_{\max}^n - L_d}{T_g^{n+1} - T_{\max}^n} \quad (6-8)$$

确定了滞留排队长度后,即可根据式(6-9)计算过饱和系数(Severity Index of Oversaturation,SIO)。

$$\text{SIO} = \frac{\text{无效绿灯时间}}{\text{总绿灯时间}} = \frac{\frac{L_{\min}^{n}}{l_{eff} \cdot h}}{G} \qquad (6-9)$$

式中：G——总有效绿灯时间；

l_{eff}——堵塞状态下的有效车辆长度；

h——最大离驶车头间距。

滞留排队不一定是原始固定排队(最大固定排队长度可由 $L_{\max}^{n}$ 确定)。如果一部分固定排队的车辆不能在本周期的绿灯时间通过交叉口,这些车辆就一定会成为滞留排队的一部分(也就是固定残留排队),同时这些车辆在通过交叉口前会二次停车。并不是所有的残留车队的车辆都要经过二次停车才能通过交叉口。当残留固定排队的最后一辆车开始移动时,其他车辆可能会加入这个离驶车流,因此滞留排队不一定是过剩的固定排队的产物。当偶发的一大群车辆到达交叉口且本来较小固定排队正开始移动时也会产生滞留排队。

6.2.2 溢流状态识别算法

溢流状态是过饱和状态的负面效应在空间维度的表现,表明了拥堵状态开始在交叉口群范围内向多个交叉口延伸。根据排队超过检测器状态(Queue-Over-Detector, QOD)识别交叉口群上游交叉口的溢流状态。排队超过检测器状态指因交叉口排队超过检测器所在位置而引起的检测器被长时间占有。

(1) 溢流状态和排队超过检测器状态

由交通信号控制可以产生两种类型的 QOD。在红灯时间,接近交叉口停车线的车辆逐渐减速并到完全停车,当信号灯恢复为绿灯时,车辆重新开始行驶,同时形成了反向传播的离驶冲击波。当车辆在等候红灯的时候正好排队在检测器处时,检测器一直处于被占有状态,从而形成了第一类型的 QOD。第二类型的 QOD 是由溢流状况造成。当下游交叉口的排队向上游交叉口溢出时,上游交叉口的车辆被下游交叉口溢流排队的车辆所阻隔,即使在绿灯时间也不能驶离交叉口,如果上游交叉口的排队足够长,其必然存在某些车辆长时间的停在检测器上,从而造成较长的检测器占有时间。通过测量第二类型的 QOD 来定量描述由溢流造成的负面效应。

通过高精度的交通数据可以很容易地识别 QOD 状况。因为在 QOD 状况下,检测器的占有时间一般处在相对较大的程度(或者占有率在某些时间一直保持在 100%),因此可直接识别,定义识别 QOD 的阈值确定为 3 s。

因第一种类型的 QOD 不能识别溢出状态,因此需对检测器检测出的 QOD 状态进行识别。图 6-5 通过画出从上游交叉口到下游交叉口的车辆的轨迹线来显示两种类型的 QOD。因第一类型的 QOD 是由于交叉口的红灯所引起，检测器占有时间肯定小于或等于红灯时间。考虑到上个周期的滞留排队和绿灯开始时到达的排队，第一类型的 QOD 只能发生在两个离驶冲击波（其波速相同，均为 v_2）之间。因此如果 QOD 状况发生在时刻 $\left(T_g^n+\frac{L_d}{v_2}\right)$ 和时刻 $\left(T_r^n+\frac{L_d}{v_2}\right)$ 之间的时间段，此时的 QOD 为第一类型。

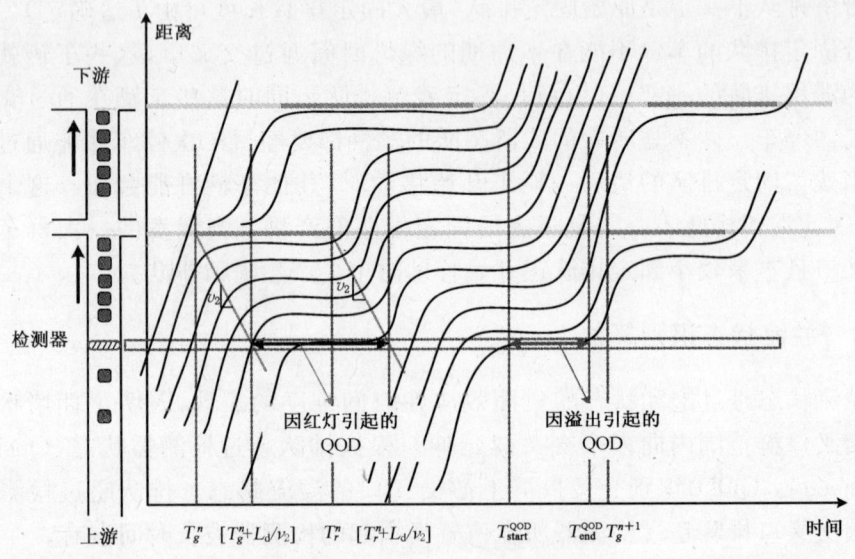

图 6-5　排队超过检测器现象

发生在时间区间 $\left[T_g^n+\frac{L_d}{v_2}, T_r^n+\frac{L_d}{v_2}\right]$ 之外的第二类型 QOD 意味着在下游的某个区域发生了排队溢出现象，这意味着因为下游交叉口的堵塞现象，车辆不能在绿灯时间及时消散，从而产生了大量的无效绿灯时间。如图 6-5 所示的第二类型的 QOD，当 QOD 被检测到时，排队溢出现象在时刻 T_{start}^{QOD} 发生，在时刻 T_{end}^{QOD} 结束，排队溢出现象在区间 $\left[T_g^n+\frac{L_d}{v_2}, T_r^n+\frac{L_d}{v_2}\right]$ 之外。

在发生排队溢出状况下的过饱和系数（Severity Index of Oversaturation，SIO）可以由式（6-10）计算所得：

$$\text{SIO} = \frac{\text{无效绿灯时间}}{\text{总绿灯时间}} = \frac{T_{end}^{QOD} - T_{start}^{QOD}}{G} \quad (6-10)$$

式中：T_{start}^{QOD} 和 T_{end}^{QOD} 分别为第二类型的 QOD 的开始和结束时刻。

为保证溢出状态识别的准确性，下游交叉口的最大排队长度应该也用前节提出的算法进行估计。如果估计的最大排队长度大于或等于路段长度时,这时交叉口肯定处于过饱和状态。此时能避免一些意外事件发生造成的过饱和状态错误识别,如故障车辆正好停留在检测器处造成的 QOD 状况。

6.2.3 基于路径的交叉口群过饱和状态识别

1. 交通流分析

当交叉口群中出现过饱和系数大于零的路段或节点时,路段或节点开始转入过饱和状态。当过饱和系数大于一定阈值时,需对交通流进行疏导,限制拥挤在路网中的传播,并采取措施使拥挤尽快消散。为了达到该目标,一方面限制流入拥挤区域(路段集或者节点集)的流量;另一方面尽快释放拥挤区域的交通流。如图 6-6 所示,中心三角形节点为拥挤节点,其周围的交通流分为 4 类[216]:

(1) 区域外部到区域外部的交通流;
(2) 区域外部到区域内部的交通流;
(3) 区域内部到区域内部的交通流;
(4) 区域内部到区域外部的交通流。

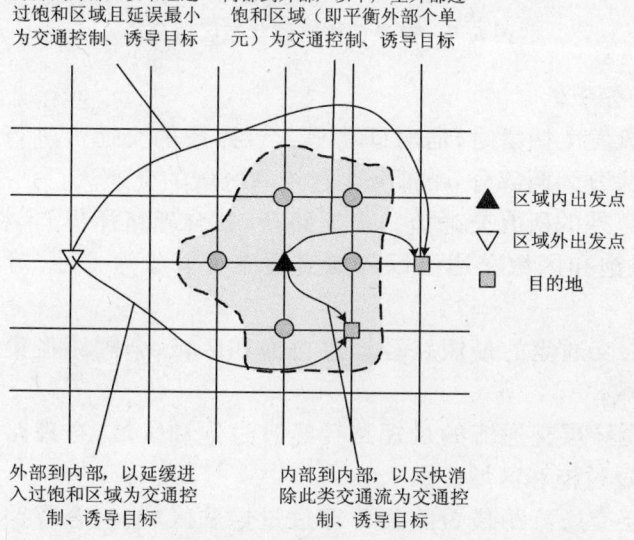

图 6-6 各种不同的交通流类型及交通管理控制目标

对于第(1)类交通流,其终点不在区域内部,因此应尽量使其路径不经过拥挤区域,这样能减少拥挤区域的交通需求。如果这部分交通流所有合理路径(即到达终点的所有可选择路径)都经过拥挤区域,则需要限制其进入拥挤区域;对于第(2)类交通流,应尽量延缓车流进入拥挤区域,以免拥挤继续蔓延;对于第(4)类交通流,应尽量释放车流,以达到缓解拥堵的目的。

如图6-7所示,将拥堵路网(交通流量已经超过阈值的区域)周围的区域分为4个层次:层次1为控制区域,对应第(2)类交通流;层次2为控制诱导区域,即综合利用控制手段和诱导手段,使车流尽量不进入拥挤区域,即使进入拥挤区域也受到一定的限制;层次3为诱导区域,即可采用诱导手段使车流不经过拥挤区域;层次4为与内核无关区域,该区域的交通流不会经过拥挤区域。

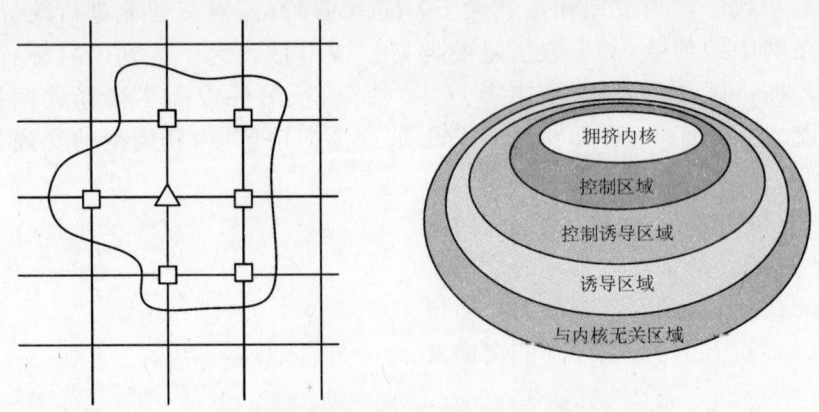

图6-7 交叉口群交通状态区域分层

2. 交通状态分析

当某些路段发生拥堵时,需对即将进入该路段的交通流进行诱导疏散。此时路网的交通流分为两部分:一部分为过饱和区域的交通流;另一部分为除过饱和区域交通流以外的所有交通流。根据路径(即合理路径集[217]和最短路径)终点的情况,除过饱和区域交通流以外的交通流可以分为4种,对应前文的四个层次:

(1) 控制层交通流的最短路径经过过饱和区域,合理路径集中每个路径都经过过饱和区域;

(2) 控制诱导层交通流的最短路径经过过饱和区域,合理路径集中至少有一条路径不经过过饱和区域;

(3) 诱导层交通流的最短路径不经过过饱和区域,但合理路径集中部分路径经过过饱和区域;

(4) 无关层交通流的最短路径和合理路径都不经过过饱和区域。

当某些路段拥挤、需要对其他交通流进行疏散时,对上述几种交通流的控制方式不同。对于第(1)类的交通流,无法改变其路径使其不经过拥挤区域,主要控制手段为限制其流入敏感区域;对于第(2)类的交通流,应结合控制和诱导手段,使其尽量绕过敏感区域;对于第(3)类的交通流,可暂时不加以控制(需要考虑前两种控制策略对它的影响)。

3. 交通状态计算

基于对过饱和状态交通控制的分析,需要考虑交通流路径,但某时刻出行者至终点之间可能存在多条路径,某些路径(例如存在环的路径)出行者是不会选择的。因此有必要对路径进行筛选,获取合理路径集。定义 $r(i)$ 为点 O 至 i 的最短距离,$s(i)$ 为 i 至终点 D 的最短距离。对于路段 $(i,j) \in A$,出行者选择此路段是因为从 i 到 j 可以离 O 点更远、离 D 点更近,因此合理路径定义为其中的每条路段 (i,j) 满足条件:

$$r(i) < r(j); s(i) > s(j) \tag{6-11}$$

分析交叉口群交通状态可用以下步骤。已知检测到过饱和路段 $a=(i,j)$ (即 $g_{ij}=1$)、路段的行程时间矩阵和 OD 后,可以对交叉口群进行状态分析。定义状态矩阵 $\boldsymbol{P}=(p_{mn})$,其中 $m,n \in N$,且 $\delta_{mn}=1$,设定拥堵路段的状态值 $p_{ij}=5$(可由过饱和指数变换而来),交叉口群交通状态分析过程如下:

Step 1 对于某一 OD 对 (r,s),寻找最短路 $p_{S_{rs}}$ 和合理路径集 $p_{R_{rs}}$,令 $p_{R_{rs},k}$ 代表路段 (m,n) 合理路径集的第 k 条路径。

Step 2 若 $\delta p_{R_{rs},k}(i,j)=0, \forall k$,即所有路径都不经过过饱和路段 (i,j),则 $p_{mn}=0$。

Step 3 若存在 k,使得 $\delta p_{R_{rs},k}(i,j)=1$,即路径 $p_{R_{rs}}$ 经过过饱和路段 (i,j),但 $\delta p_{S_{rs},k}(i,j)=0$,即最短路不经过过饱和路段,则 $p_{mn}=1$。

Step 4 若 $\delta p_{S_{rs},k}(i,j)=1$,即最短路经过过饱和路段,但存在 k 使得 $\delta p_{R_{rs},k}(i,j)=0$,存在合理路径不经过过饱和路段,则 $p_{mn}=2$。

Step 5 若 $\delta p_{S_{rs},k}(i,j)=1$,且 $\delta p_{R_{rs},k}(i,j)=1, \forall k$,则 $p_{mn}=3$

矩阵 $\boldsymbol{P}$ 中值为 3 的元素对应控制层,值为 2 的元素对应控制诱导层,值为 1 的元素对应诱导层,其余元素对应无关层。此时可将交叉口群的交通状态进行分类。

6.3 过饱和状态扩散范围估计

6.3.1 过饱和状态扩散范围估计流程

当交叉口群某路段处于过饱和状态后,根据交通信息估计过饱和状态在交叉口群内部可能的扩散范围和持续时间,对于制定合理有效的拥挤疏导措施具有重要意义。

从过饱和状态扩散范围估计看,已有的研究成果基本上都是以单个路段为对象,从微观的角度估计目标路段上排队长度的变化过程。此方法较适用于高速公路上交通过饱和状态扩散的估计,但不完全适用于估计城市道路。在城市道路中,交通拥挤的扩散不是线性的,具有显著的区域特性。因此有必要从更宏观的角度估计交通拥挤的空间影响范围。

从过饱和状态持续时间估计看,目前城市道路方面的研究成果基本上都是对排队长度的进一步预测,无法获得特定过饱和状态持续时间的信息,而路网结构与交通流特性方面的差异,决定了高速公路的相关成果难以直接应用于城市道路系统中。从交通管理决策和交通出行决策的角度看,过饱和状态的扩散范围和持续时间等信息具有重要意义。

过饱和状态是由于道路系统的某个局部由于通行能力的不足,当交通需求大于此处通行能力时,车辆无法全部通过而导致车流速度下降或停止运动,此时车流密度明显增加,产生长时间大范围的车辆排队现象,致使过饱和状态迅速向上游延伸、扩散,最终形成大范围的拥挤,导致全路网瘫痪[218,219]。

过饱和状态扩散的本质是由于存在交通瓶颈使得车辆滞留而产生排队,过饱和状态扩散的方向是与交通流的运行方向相反的。通过在逻辑上分析相邻过饱和状态出现与结束的时间顺序,可将相邻路段的交通拥挤分为原发性过饱和状态(Primary Over-Saturated Status)和继发性交通拥挤(Secondary Over-saturated Status)。原发性过饱和状态是指在一个道路瓶颈处首先形成的过饱和状态,继发性过饱和状态是指由原发性过饱和状态的溢流和蔓延而形成的过饱和状态。原发性过饱和状态出现与结束时刻之差即为过饱和状态的持续时间,该原发性过饱和状态导致的所有继发性过饱和状态所在的路段即为过饱和状态的扩散范围。

对于原发性过饱和状态而言,根据其产生的原因不同,又可分为常发性过饱和状态(Recurrent Over-saturated Status)和偶发性过饱和状态(Non-Recurrent Over-saturated Status)。常发性过饱和状态是由于交通需求大于道路上固定瓶颈(如交叉口)处的通行能力而引发的过饱和状态现象。常发性过饱和状态常在某些特定位置和某些特定时间反复出现。偶发性过饱和状态是由于诸如事故、特殊天气等突发交通事件造成的道路实际通行能力下降而引起的过饱和状态现象。

过饱和状态扩散范围估计主要包括单个路段的过饱和状态扩散过程估计和路网过饱和状态扩散估计。

对过饱和状态扩散估计的基本思想是:以单个路段为单位,应用过饱和状态识别算法逐个时段计算各个路段的过饱和系数,最先出现过饱和状态的路段认为是原发性过饱和状态路段。再对原发性过饱和状态路段进行路径关联分析，如果合理路径或最短路径相连则认为是区域原发性过饱和状态，不相连认为是单路段原发性过饱和状态。对路段的过饱和状态扩散过程进行估计，并判别过饱和状态是否蔓延到上游交叉口，通过逻辑分析相邻路段之间出现拥挤的时间先后顺序，计算拥挤的空间扩散范围及持续时间。

过饱和状态扩散范围估计方法流程如图 6-8 所示。

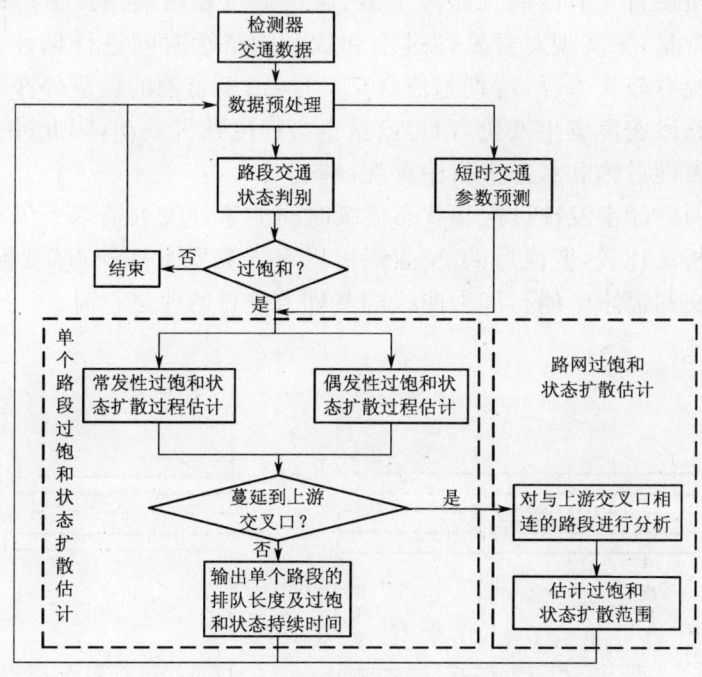

图 6-8　过饱和状态扩散范围估计方法流程图

6.3.2　单个路段过饱和状态的扩散范围估计

单个路段的过饱和状态扩散范围估计主要是针对原发性过饱和状态而言的，根据原发性过饱和状态的形成原因不同，分别对常发性过饱和状态和偶发性过饱和状态的扩散范围进行估计。

1. 常发性过饱和状态扩散范围估计方法

常发性过饱和状态是由于交通需求大于道路上固定瓶颈（如交叉口）处的通行能力而引发的过饱和状态现象。常发性过饱和状态发生的时间一般集中在交通高峰时段，过饱和状态持续时间包括过饱和状态形成时间和消散时间两部分。过饱和状态持续时间与到达交通量及周围道路交通状况有关，交通量大、道路交通状况复杂时对应的消散时间要长一些,反之亦然。

通常用于常发性过饱和状态持续时间估计的模型为累计交通需求-通行能力曲线模型和冲击波模型,尽管这两种模型应用比较广泛,但是存在如下缺点:①累计交通需求-通行能力曲线将车辆个体看成质点而忽略车辆长度,因此在考虑交叉口上游车辆排队时总是假设车辆到达停车线断面,实际上车辆在到达排队车辆队尾时便停车排队等待,从而该理论与实际交通状况有一定的出入。②冲击波分析法首先假设瓶颈路段上游、瓶颈路段和瓶颈路段下游的流量和密度等参数为常量,来实现对常发性过饱和状态的持续时间进行估计。但上述假设与实际情况有较大差异,特别是信号交叉口,由于车辆的反复停车-启动导致交叉口上游路段密度发生变化,而且流量也会产生随机波动,因此冲击波分析法在主干路常发性过饱和状态分析中存在缺陷。

与传统的估计常发性过饱和状态持续时间的累计交通需求-通行能力曲线和冲击波分析法比较,变换后的 N 曲线可以有效克服上述缺点,变换后的 N 曲线是在累计交通需求-通行能力曲线的基础上进行的改进,如图 6-9 和图 6-10 所示。

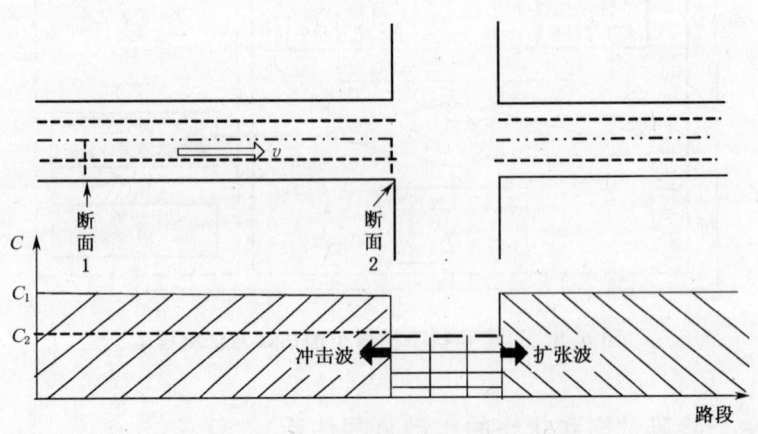

图 6-9 城市主干路通行能力变化示意图

变换后的 N 曲线所做的改进是将路段上游检测站的累计流量曲线 $A(t)$ 在时间轴方向水平移动 t_0 后得到曲线 $A'(t)$,t_0 为从上游检测站到下游检测站自由流的运行时间。

由图 6-10 可知:车辆在 t_1 时刻开始形成排队,直到 t_3 时刻消散完毕;在 t_1 至 t_3 之间的任一时刻 t,排队车辆数 $Q(t) = A'(t) - D(t)$;t 时刻到达的车辆经过 $W(t)$ 时间后才离去;t_2 时刻排队长度达到最大,此时的交通到达量 v 恰好等于道路的通行能力 C_1;排队总延误在数值上等于曲线 $A'(t)$ 和 $D(t)$ 之间的面积。

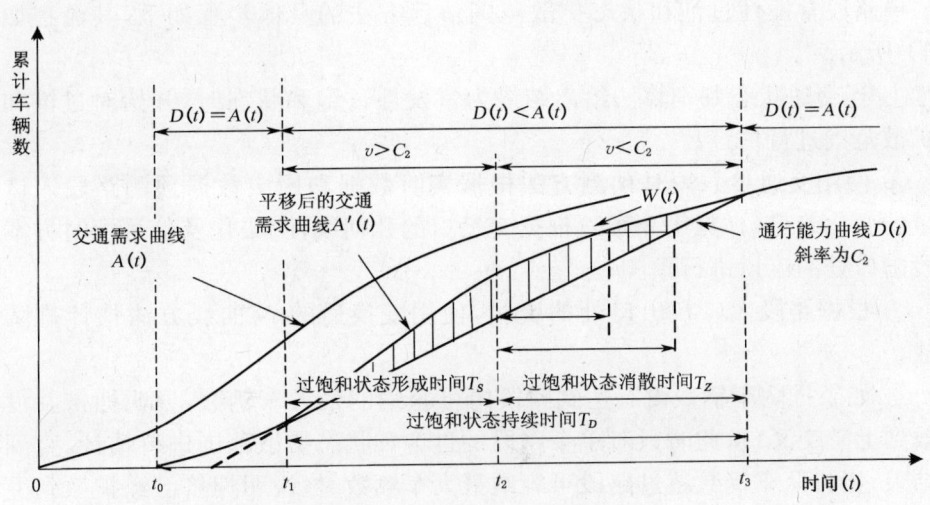

图 6-10 变换后的 N 曲线图

变换后的 N 曲线在分析过饱和状态时的优点主要有两个方面：① 变换后的 N 曲线通过把车辆的行程时间分为自由流行程时间和排队延误时间，对不同检测站之间的累计流量曲线进行时间平移，变换后的曲线模型更加符合实际，对拥挤持续时间的估计也更加精确。② 变换后的 N 曲线通过对实际流量数据进行累计、变换和分析后所得规律完全是实际交通状况所体现的特征，避免了冲击波分析法的理论缺陷。

采用变换后的 N 曲线方法，可估计常发性过饱和状态的扩散范围。但在估计单个路段上的排队车辆数 N 的时候要考虑到改路段所能容纳的最大排队车辆数 N^*。当 $Q(t) > N^*$ 时，说明过饱和状态已经扩散到上游交叉口，本路段上的排队车辆数为 N^*，剩余的车辆 $Q(t) - N^*$ 应该分布在上游交叉口的各个进口路段上。那么本路段上的排队车辆数 N 为：

$$N = \min\{Q(t), N^*\} = \min\{A'(t) - D(t), N^*\} \tag{6-12}$$

最大排队车辆数 N^* 的计算公式为

$$N^* = \frac{L}{\bar{d} - l} \tag{6-13}$$

式中：N^*——路段所能容纳的最大排队车辆数(veh)；

L——路段的长度(m)；

$\bar{d}$——平均车长(m)；

l——饱和车头间距(m)。

单路段常发性过饱和状态扩散范围估计方法的具体步骤如下,其流程如图 6-11 所示。

① 当交通状态判别算法给出结果为常发性过饱和状态时,开始对过饱和状态扩散范围进行估计;

② 使用交通参数短时预测方法根据实时数据和历史数据预测路段入口处流量的变化趋势(详见第 8 章);根据交叉口的几何线性、渠化及信号配时方案对路段出口处的流量进行预测;

③ 根据路段入口和出口处的流量,使用变换后的 N 曲线方法估计排队车辆数;

④ 如果排队车辆数没有达到路段内可容纳的最大车辆数,说明拥挤并没有扩散到上游交叉口,此时只对单个路段的过饱和状态扩散范围进行估计,直到拥挤结束;当排队车辆数超过路段可容纳最大车辆数时,说明拥挤已经扩散到上游交叉口,此时转入路网过饱和状态扩散范围估计模块,直到拥挤结束。最后输出过饱和状态扩散的空间范围和过饱和状态持续时间的估计结果。

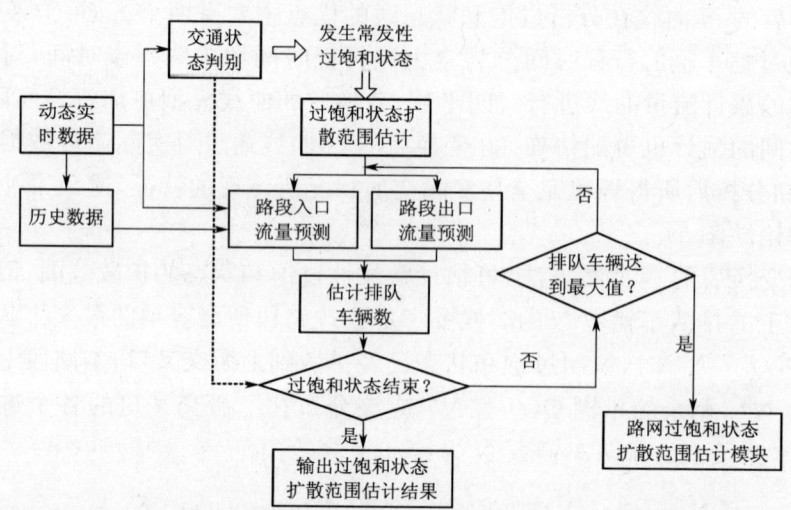

图 6-11　单个路段常发性过饱和状态扩散范围估计方法流程图

2. 偶发性过饱和状态扩散范围估计方法

偶发性过饱和状态产生、扩散及消散的过程是:当道路上发生突发性交通事件时,道路通行能力降低,当此处通行能力低于上游到达的交通流量时,无法通过的车辆在事件地点上游形成排队,排队不断向后延伸,甚至回溯到上游交叉口,使上游路段也处于过饱和状态,当事件清理完毕、道路通行能力恢复到原来的情况后,过饱和状态开始消散。偶发性过饱和状态产生、扩散及消散过程如图

6-12 所示。

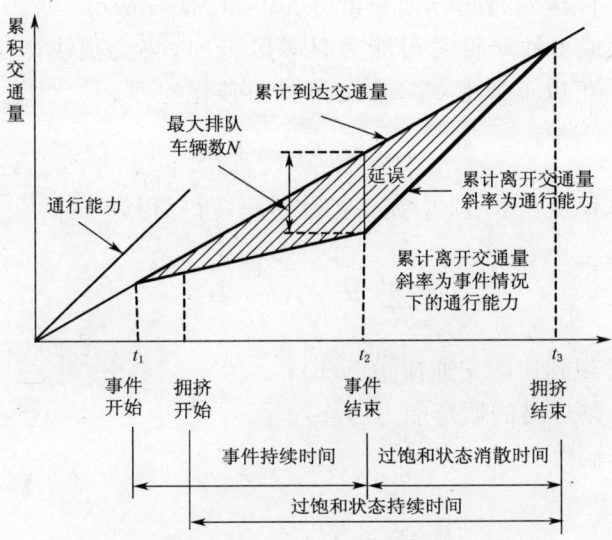

图 6-12 偶发性过饱和状态形成过程示意图

图 6-12 中阴影部分是偶发性过饱和状态引起的延误。t_1 是交通事件发生的时刻；t_2 是事件结束时刻；t_3 是拥挤结束时刻。事件持续时间又包括事件的检测时间、事件确认时间、事件响应时间和事件清理时间，如图 6-13 所示。

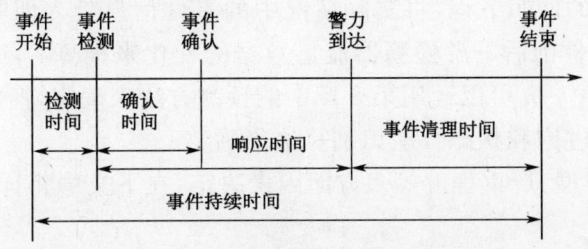

图 6-13 事件持续时间组成示意图

交通事件检测算法通常都是根据交通流参数的变化特征来检测事件的，当过饱和状态产生后事件的影响才会反映在交通流参数的变化特征中，检测到事件也就发生了拥挤，所以可以认为：

$$T_{OD} = T_{ID} + T_{DP} - T_{II} \tag{6-14}$$

式中：T_{OD}——过饱和状态持续时间（Over-Saturated Status Duration Time）；

T_{ID}——事件持续时间（Incident Duration Time）；

T_{DP}——过饱和状态消散时间(Over-Saturated Status Disperse Time);

T_{II}——事件检测时间(Incident Identification Time)。

当流量较大或事件严重通行能力显著降低时,将会很快产生拥挤,T_{II}远远小于T_{OD}和T_{ID},可以不考虑T_{II},公式(6-14)转化为

$$T_{OD} \approx T_{ID} + T_{DP} \tag{6-15}$$

根据流量守恒方程及图6-12中拥挤扩散过程,可以得到

$$\sum_{t=t_1}^{t_3}(n_t - c_t) = 0 \tag{6-16}$$

式中:n_t——t时刻到达的交通流量(veh);

c_t——t时刻道路的通行能力(veh)。

最大排队车辆数N为

$$N = \sum_{t=t_1}^{t_2}(n_t - c_t) \tag{6-17}$$

式中:c_t——道路通行能力,$t_2 < t < t_3$时,c_t等于道路的实际通行能力,与道路类型、道路几何特性等静态因素有关,可以根据道路通行能力手册里的计算公式获得;$t_1 < t < t_2$时,发生交通事件,c_t降低,其取值与事件类型、严重程度、事件车辆有无大车等因素有关。其确定方法主要有两种:①使用历史数据建立c_t与其主要影响因素之间的回归方程,将实际情况中的事件信息带入回归方程计算得到c_t;②通过对比事件前后下游检测器流量数据的变化来推算c_t,或由事件处理人员根据经验估算c_t。n_t可以运用第8章中的预测方法来确定,拥挤开始时间可以根据第6.2节的过饱和状态自动识别算法来确定。

T_{ID}由事件类型、严重程度等多方面因素决定,在下文中将详细说明T_{ID}和c_t的确定方法。

在确定上述关键参数后,偶发性过饱和状态扩散范围估计的方法流程如图6-14所示:

(1)当有交通事件发生引起偶发性过饱和状态后,开始对拥挤扩散范围进行估计;

(2)根据已有的事件信息对事件持续时间进行估计,并估计事件情况下的道路通行能力;

(3)使用交通参数短时预测方法根据实时数据和历史数据预测路段入口处流量的变化趋势,综合持续时间、到达流量预测结果和事件地点道路的通行能力几个参数,估计偶发性过饱和状态的扩散范围及持续时间。

(4) 如有新的事件信息反馈回来,回到步骤(2),重新对事件持续时间进行估计。最后输出偶发性过饱和状态扩散范围估计结果。

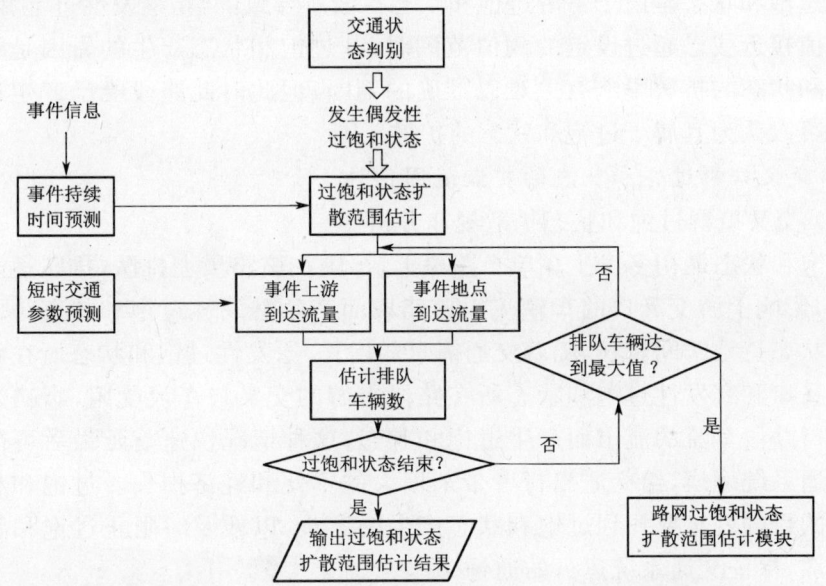

图 6-14　偶发性过饱和状态扩散范围估计方法流程图

6.3.3　交叉口群过饱和状态的扩散范围估计方法

过饱和状态扩散的本质是由于存在交通瓶颈使得车辆滞留而产生的排队现象,过饱和状态扩散的方向是与交通流的运行方向相反的。通过在逻辑上分析相邻路段过饱和状态出现与结束的时间顺序,相邻路段的过饱和状态可分为原发性过饱和状态和继发性过饱和状态。原发性过饱和状态出现与结束时刻之差即为过饱和状态的持续时间,该原发性过饱和状态导致的所有继发性过饱和状态所在的路段即为过饱和状态的扩散范围。

交叉口群过饱和状态扩散估计不用区分常发性过饱和状态和偶发性过饱和状态。一旦过饱和状态超过单个路段,其扩散过程基本上是一样的,只是偶发性过饱和状态的扩散具有更明显的方向性。

在对交叉口群过饱和状态扩散范围估计的时候,是通过分析相邻路段过饱和状态发生的先后顺序来判断原发性过饱和状态和继发性过饱和状态的,仅仅通过时间上的逻辑分析可能造成误将发生较晚的原发性过饱和状态认为是继发性过饱和状态,因此有必要对具有相似时间特征模式的原发性过饱和状态和继发性过饱和状态进行区分。

为了排除这种误判,可以对各上游路段的驶入流量时序图进行监控。若流量值并没有增大到会导致拥挤的阈值时,该路段上产生了过饱和状态,则认为此路段的过饱和状态是由于下游过饱和状态扩散所导致的,是继发性过饱和状态。若流量值接近或已超过设定的阈值范围时,其过饱和状态产生的原因是否与下游过饱和状态的扩散影响有关难以准确的判断,但此时此路段既已产生过饱和状态也可以认为其属于过饱和状态的扩散范围。

1. 交叉口群过饱和状态的扩散范围估计
(1) 交叉口群过饱和状态扩散规律分析

过饱和状态最初多发生在单个路段上,车辆在该路段上排队,排队逐渐向上游延伸,影响上游交叉口的车辆流入该路段而产生继发性过饱和状态。原发性过饱和状态持续时间较长,随着交通需求的增长,原发性过饱和状态所在路段上游的交叉口和继发性过饱和状态所在路段上游的交叉口车流受阻,影响交叉口其他入口路段车流的流出而产生过饱和状态,这种情况快速蔓延最后可能导致整个交通系统瘫痪,给交通出行者带来极大的不便和经济损失。过饱和状态扩散研究的目的就是要找到过饱和状态产生的源头,以便及时阻止过饱和状态的快速扩散,保证交通系统运行的通畅。

规定过饱和状态的传播方向与车流运行方向相反。在分析交叉口群过饱和状态扩散规律时需注意:

① 过饱和状态的空间扩散范围是根据交通参数短时预测结果估计得到的,因此估计结果与事后真实的过饱和状态扩散范围不一定完全相符。

② 过饱和状态的扩散范围定义为在原发性过饱和状态开始时刻 t_1 到过饱和状态的结束时刻 t_2 内,过饱和状态影响到的范围。

③ 过饱和状态扩散范围估计结果的输出方式为:原发性过饱和状态路段的编号、原发性过饱和状态的起止时间、继发性过饱和状态路段的编号、继发性过饱和状态的起止时间。

(2) 交叉口群过饱和状态扩散范围估计方法

对每个路段的交通状态进行实时监视,当某一路段最早产生拥挤时,判断该路段发生原发性过饱和状态。根据过饱和状态扩散的方向追溯到上游交叉口,连续调用与上游交叉口连接的各路段的交通状态信息,若在原发性过饱和状态消散前产生过饱和状态的路段,将其定义为一级继发性过饱和状态路段;若从原发性过饱和状态产生到消散的过程中,其上游各路段都没有发生过饱和状态则认为此次拥挤没有引起扩散。

由一级继发性过饱和状态路段继续向上游追溯,连续调用其上游各路段的交通状态信息,若在一级继发性过饱和状态消散前产生过饱和状态的路段,将其定义为二级继发性过饱和状态路段;反之亦然,依次递推。

直到原发性过饱和状态消散前,继发性过饱和状态路段一直都没有引发下一级的继发性过饱和状态,这样的路段与原发性过饱和状态所在路段之间的范围为最大过饱和状态扩散范围。

交叉口群过饱和状态扩散范围估计方法的流程如图 6-15 所示。

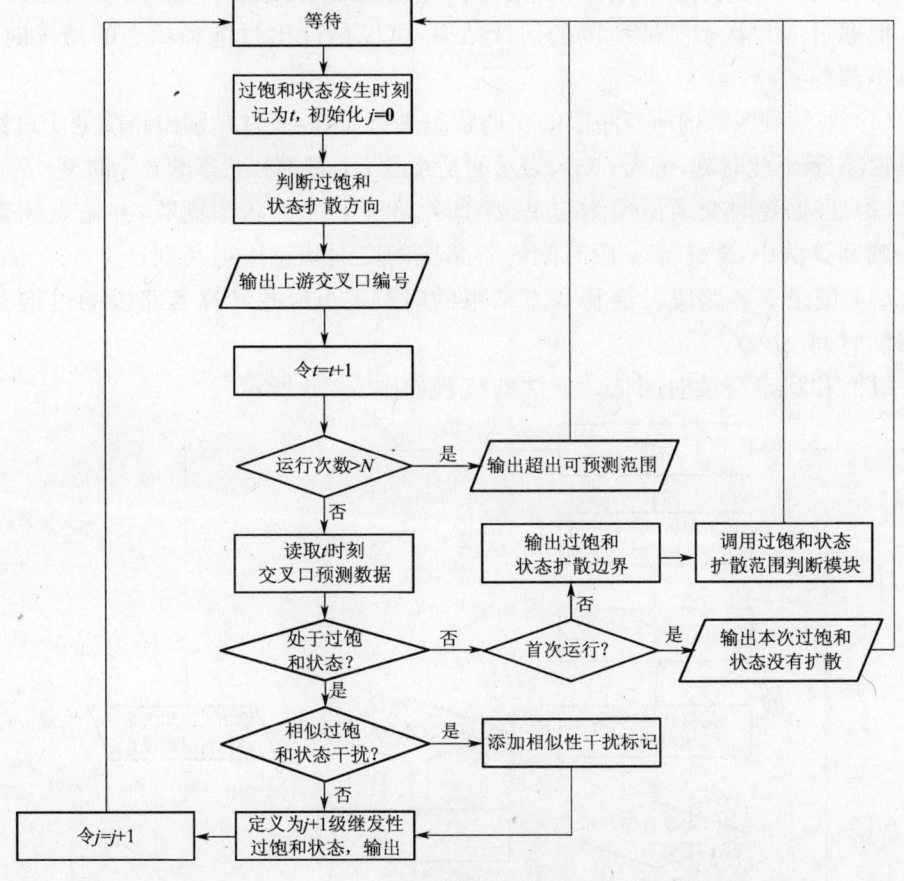

图 6-15　交叉口群过饱和状态扩散范围估计方法流程图

6.3.4　过饱和状态持续时间的估计方法

根据过饱和状态持续时间所属对象及对交通管理部门的作用不同,从单个路段的过饱和状态持续时间估计和原发性过饱和状态持续时间估计两个方面介绍。

对于一条单个路段 i,过饱和状态开始的时刻为 $t_1(i)$,过饱和状态结束的时

刻为 $t_2(i)$，则 $\Delta t(i) = t_2(i) - t_1(i)$，即为单个路段 i 的过饱和状态持续时间。

单个路段的过饱和状态持续时间需进行扩展，其中包含了所有路段，既有原发性过饱和状态所在的路段，也有继发性过饱和状态所在的路段。

原发性过饱和状态的持续时间指的是，原发性过饱和状态所在路段的单个路段过饱和状态持续时间。每条路段的过饱和状态持续时间对于交通管理部门都是有用的，但是原发性过饱和状态的持续时间对于交通管理部门意义更大。

根据过饱和状态扩散范围的估计结果，可以估计出过饱和状态的持续时间，具体步骤为：

（1）对管理区域内所有路段的交通状态进行监视，一旦判别出路段处于过饱和状态时，记录下此时刻，记为 $t_1(i)$，表示的是路段 i 上过饱和状态的开始时刻；

（2）根据短时交通流预测结果，计算各路段上的排队车辆数，并输入到交通状态判别算法中，对未来一段时间内各路段的交通状态进行判别；

（3）记录下各路段过饱和状态结束的时刻 $t_2(i)$，并计算各路段的过饱和状态持续时间 $\Delta t(i)$。

过饱和状态持续时间估计方法的流程如图 6-16 所示。

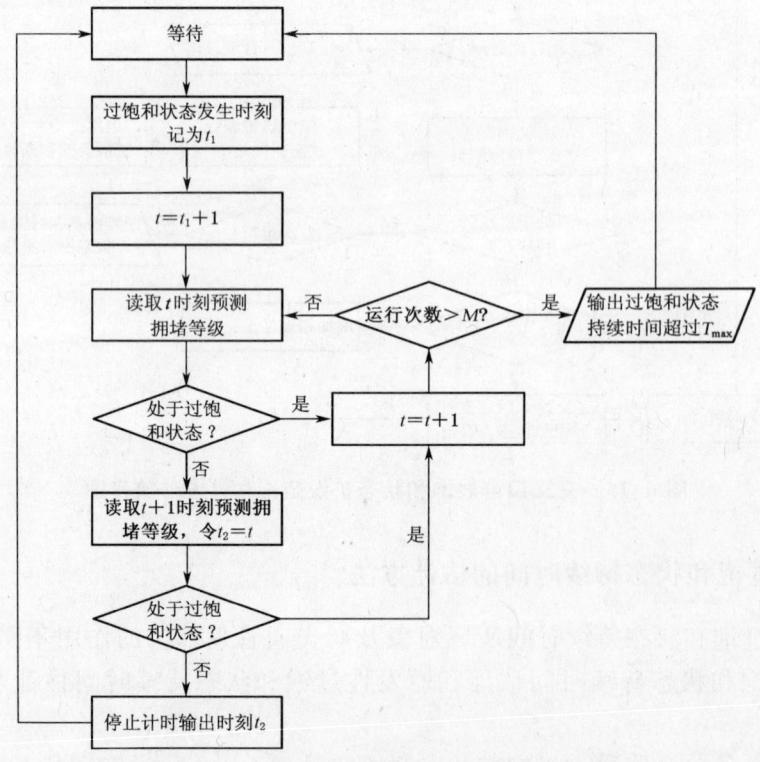

图 6-16　过饱和状态持续时间估计方法流程图

6.4 实例验证

6.4.1 测试区域及数据描述

为验证上述算法的有效性,应用南京市广州路部分交叉口所组成的交叉口群来测试过饱和状态识别算法。如图6-17所示,测试区域内包含由四个关联交叉口组成了干线型交叉口群,图中从左至右分别是广州路与龙蟠里、拉萨路、宁海路和上海路的交叉口。图6-18显示了检测区域内的感应线圈检测器布置状况。测试路段的线圈检测器可分为高级检测器(Advance Detectors)和停车线检测器(Stop-bar Detectors)两种。高级检测器布设在广州路沿线各个交叉口进口道距交叉口100 m左右处,停车线检测器布设在其他各道路的进口道停车线处。检测器布设位置为周期性发生过饱和状态的位置。通过线圈检测器可以获取路段的占有率(Occupation)、流量(Counts)等实时交通数据。

图6-17 测试区域交叉口群拓扑结构

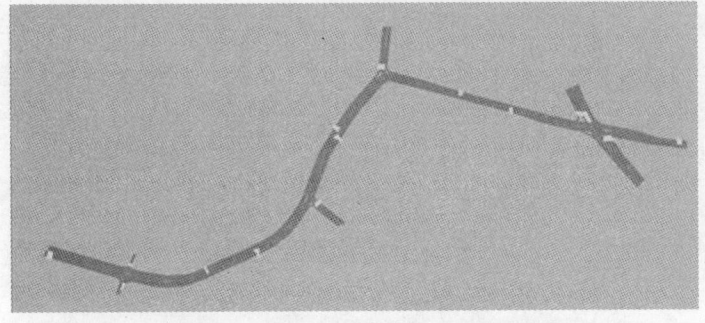

图6-18 检测区域的检测器布置状况

试验区域内四个关联交叉口的高分辨实时交通运行数据通过感应线圈收集并传送至数据处理服务器。图 6-19 显示了所收集数据的样本。由图 6-19 可知,所检测数据共包括两种事件:车辆检测事件和信号变化事件。每个时间的开始时间和结束时间也都包含在数据之中,由此可计算出每个车辆对检测器的占有时间和相位的持续时间。

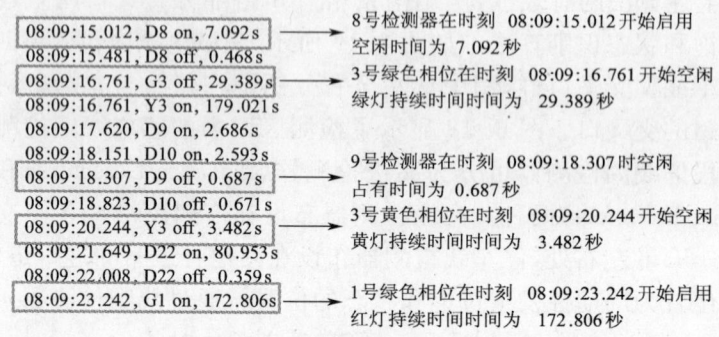

图 6-19　检测器检测数据示例

6.4.2　滞留排队长度估计

应用 6.2 节介绍的基于冲击波(Shockwave)的排队长度估算方法,根据广州路交叉口群的交通数据来估算交叉口进口的滞留排队长度和识别过饱和状态。如图 6-20 所示,2009 年 12 月 10 日早高峰广州路-龙蟠里交叉口西进口道部分时段的排队长度数据被应用于识别交叉口的过饱和状态。从图 6-20 可以看出,在前两个周期交叉口均出现了滞留排队,这就意味着此交叉口在这两个周期均处于过饱和状态,而在第三个周期,滞留排队消失,交叉口由过饱和状态转换为常规状态。由于第一个周期时产生的滞留排队,一些车辆无法在本周期内通过交叉口,而必须等到下一个周期,从而在接下来的周期中产生负面影响。

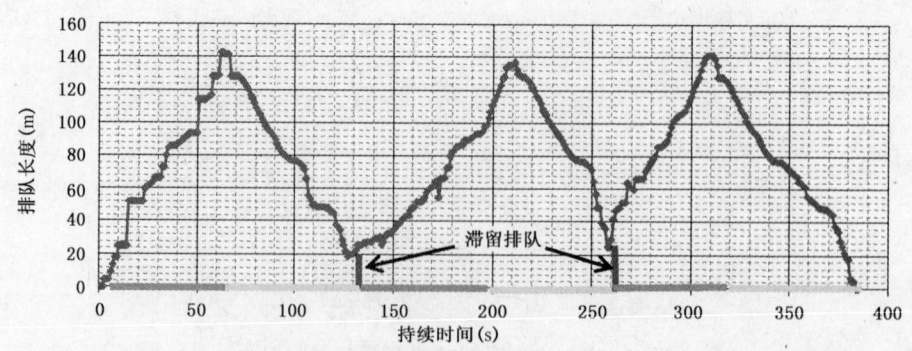

图 6-20　广州路-龙蟠里交叉口西进口排队长度

假设车辆有效长度为 7.5 m、饱和车头时距为 2 s,利用估计的滞留排队长度来估算处于过饱和状态下的两个周期的过饱和系数。根据过饱和程度指标的定义,这两个周期的过饱和程度指标约为 13.5 和 15.5,意味着在这些周期中 13.5% 和 15.5% 的绿灯时间将用于释放滞留排队。

需要注意的是虽然案例中三个周期所得到的最大排队长度(140~160 m)与交叉口之间的连接段长度比起来不是很长,但是滞留排队发生在前两个周期末端,表明虽然最大排队长度(仅包括停止的车辆)不是很长,但是在最后停止的车辆开始启动前,并入等待队伍的交通量非常高。一部分新到达的车辆将无法在绿灯期间通过交叉口,从而产生滞留排队。

根据前文分析结果,如果所有的绿灯时间都用来释放排队,背离冲击波就不能被识别,在实际应用中可只检测一个周期中最大排队长度的最小值。如图 6-21 所示,2009 年 12 月 10 日早高峰广州路-宁海路交叉口东进口道部分时段的滞留排队数据表明:在前三个周期均不能识别背离冲击波,因此可利用最大排队长度的最小值来代替。图 6-21 表明前三个周期的排队长度值都非常大,最大排队长度均在 325 m 左右,从图中也可以估计滞留排队长度的最小值。计算这三个周期过饱和程度指标分别为 7.7%,5.8% 和 8.6%,过饱和状态一直持续到第四个周期。

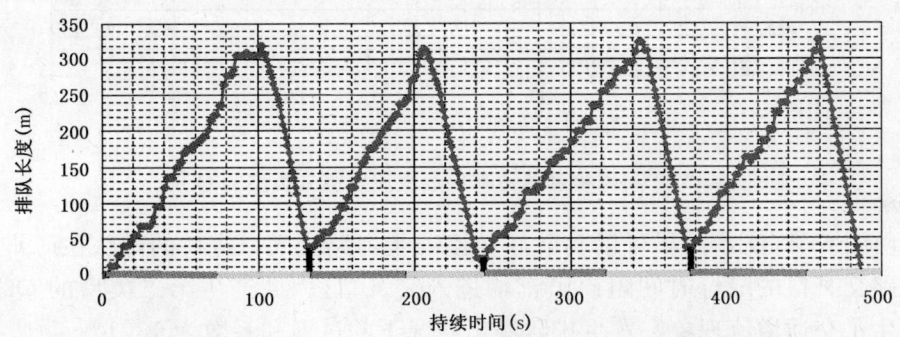

图 6-21　广州路—宁海路交叉口东进口排队长度

6.4.3　溢流状态识别

在干线/路网层面上,过饱和现象引起的空间负面影响主要为溢流现象。溢流可以通过识别第二类型的 QOD(Queue Over Detectors)而识别。2009 年 12 月 10 日早高峰广州路-宁海路交叉口东进口道部分时段的线圈占有率数据被应用于检测识别道路上的溢流现象。如图 6-22 所示,该交叉口存在在绿灯时间的 QOD 现象,即第二类型的 QOD。这说明由于在下游连接段发生了溢流现象,即机动车在绿灯信号时也无法驶离交叉口,因此可识别该周期下的交叉口处于过饱和状态。

为验证在下游路段出现了溢流的情况,本文应用由检测器检测数据绘制的广州路-宁海路交叉口至广州路-上海路交叉口之间车辆时空轨迹图来对其证实。为根据检测器数据生成车辆轨迹图,采用了一个简单的跟驰模型。假设车辆速度在低于路段限速(采用 60 km/h)时,车辆会不断加速,而当车辆速度高于路段限速时,其会减速至路段限速。车辆间的车头间距需保持大于最小安全车距。最小安全车距由两车的速度决定。假设驾驶员的反应时间为 1 s,车辆停车时车头间距为 0.65 m。在车辆经过交叉口遇到黄灯时,由驾驶员根据当时的车速,黄灯剩余时间和与前车距离等因素确定是否经过交叉口。本模型中假设车辆不采取换道行为。估计的车辆运行轨迹线从广州路-宁海路交叉口进口道的检测器开始,经过广州路-上海路交叉口后结束。

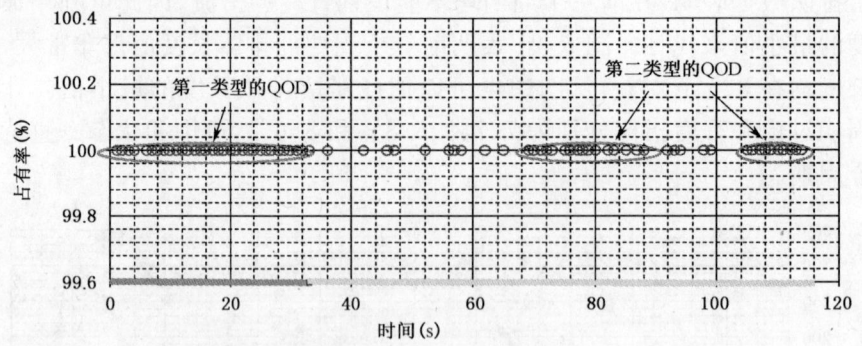

图 6-22 利用检测器占有率数据识别第二类型的 QOD

由图 6-23 所示结果可以看出,广州路-上海路交叉口进口的排队在广州路-宁海路交叉口的绿灯时间阻碍了车辆进入交叉口,因此产生第二类型的 QOD,即产生了交通溢流现象。发生排队溢出状况下的过饱和系数为 13.1%。

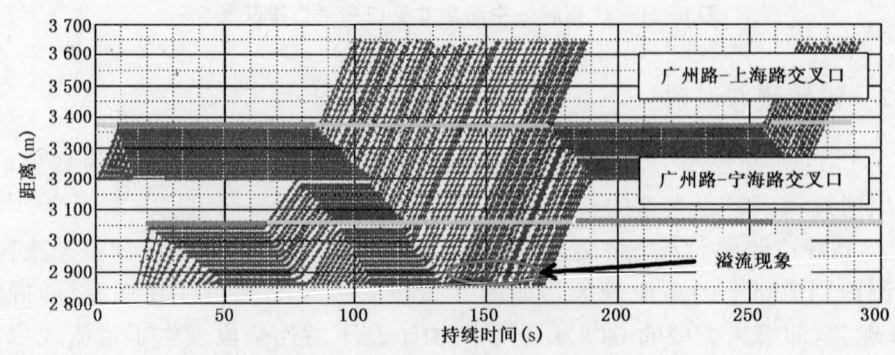

图 6-23 QOD 检测识别结果

6.4.4 过饱和状态扩散范围分析

根据交通拥挤扩散范围估计和拥挤持续时间估计方法,对交叉口群交通运行数据进行分析,得出过饱和状态扩散范围的估计结果。在 6:30AM~7:00AM 时,只有几条路段上出现了原发性过饱和状态,过饱和状态并没有蔓延到路段上游的交叉口,形成继发性过饱和状态,其中宁海路-上海路的过饱和状态扩散范围和持续时间估计结果如图 6-24 所示。

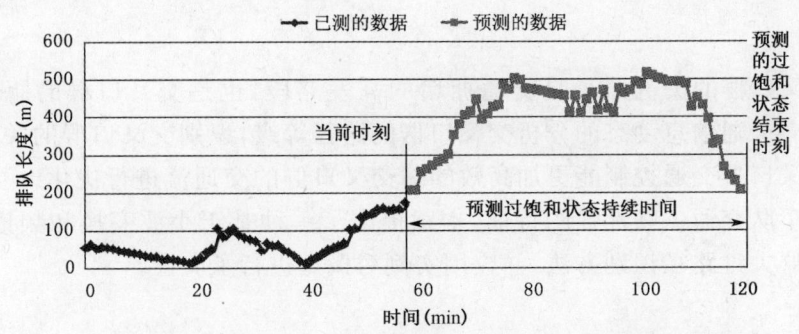

图 6-24 单个路段过饱和状态持续时间估计结果

从 7:30AM~8:30AM,交叉口群出现了过饱和状态蔓延到上游交叉口的现象,引起过饱和状态扩散的原发性过饱和状态出现在上海路至宁海路路段,交通流运行方向为宁海路至上海路的路段拥挤蔓延到上游交叉口拉萨路与宁海路交叉口,引发拉萨路至宁海路和龙蟠里至拉萨路等路段出现了一级和二级继发性交通拥挤,拥挤扩散范围为上游 2 个路段。

第七章 交叉口群关键路径识别及划分

交叉口群的关键路径是交通拥堵的高发路段，也是交叉口群的瓶颈路段。根据实时交通信息动态的分析交叉口群的路径等级，识别交叉口群的关键路径，可使交叉口群交通控制能更加高效的对交叉口群的交通流进行优化。基于交叉口群中车队交通关联性强的特征，本章提出了一种基于小波变换和频谱分析的交叉口群关键路径识别方法，并应用实例对模型进行了验证。

7.1 关键路径识别及分级模型框架

7.1.1 交叉口群关键路径识别问题

交叉口群中各交叉口交通关联性的强弱主要表现在交叉口间车流离散程度大小，即下游交叉口的到达车流特性和上游车流特性的相似性。这种相似性在关键路径上表现更为明显。一旦关联交叉口群中上游交叉口因交通信号控制或交通拥堵引起流量、车速等交通流参数变化，根据关联交叉口群相邻交叉口的强关联性，交通流参数的短时变化特性可保持至下游交叉口。在过饱和状态下，因车流一直以饱和流率通过交叉口，路段中交通流变化参数的离散程度比稳态时更少。将交叉口各流向交通流参数的短时变化特性作为依据，可建立模型识别过饱和状态交叉口群的关键路径。模型需确定合适的交通参数以描述车流特征，并选取恰当的数据挖掘方法提取车流的短时变化特性。

关联交叉口群中的车流特征可用流量、密度和平均车速等交通流参数来进行描述。采用多个交通流参数虽可更好地标定车流变化特征，但计算效率会大大降低；在单一交通流参数即可标定关联交叉口群关键路径时，宜采用单交通流参数作为关键路径检测依据。如图7-1所示，图(a)为交叉口群中上游的交叉口观测到的交通量数据，而图(b)为交叉口群中下游交叉口观测到的交通量数据。分析两个交叉口的交通量数据可以发现相配对的交通流数据，如图中标星号的两组交通量数据。虽然这两组交通量数据不完全相同，但是其交通特性基本相同。如图中方框所框选的交通数据，其他组交通量数据也存在类似特性，虽然总量相似，但其车队的离散性相比第一组较大。

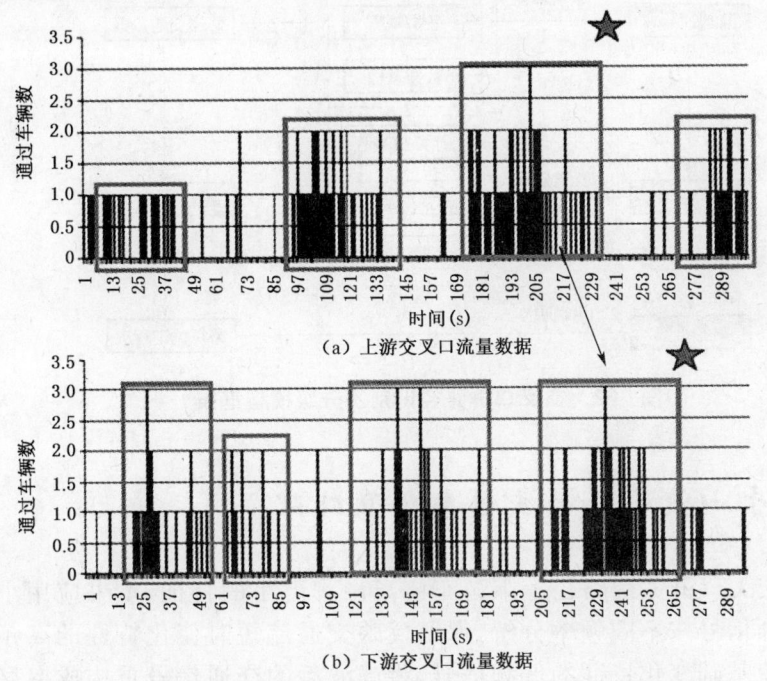

图 7-1 交叉口群上下游交叉口对应的交通状态

各交叉口的流量数据通过我国城市中广泛布设的交通感应线圈即可获取，采样率高，不易受外界环境影响，也不需布设额外的检测设备。

7.1.2 模型框架

根据交叉口群关键路径识别及分级问题特征，模型将此问题分为交通数据预处理、交叉口群路径识别和路径分级三个步骤。交通数据预处理应用小波变换方法从检测器采集的实时交通数据中提取交通流的短时变化特征，作为交叉口群流向识别步骤的输入数据。交叉口群流向识别通过频谱分析方法计算上下游流向的关联度，从而得到交叉口群中各路径中下游流向和上游流向的一致性，以此作为关键路径识别的依据。将交叉口群各路径上下游交通流的相关性信息输入关键路径识别及分级部分，通过模糊识别方法以路径关联度大小和流量的大小为依据，将路径分为各个等级并确定关键路径。图 7-2 给出了交叉口群关键路径识别及分级模型的框架。

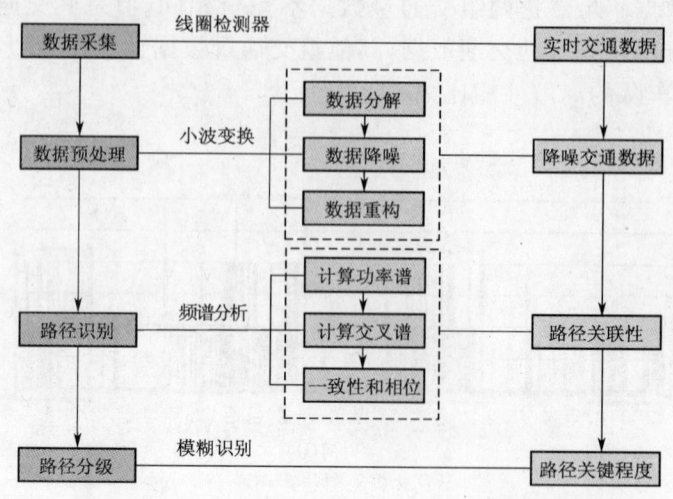

图 7-2 交叉口群路径识别及分级模型框架

7.2 基于小波变换的交通数据预处理

为突显交叉口群关键路径上下游车流离散程度小的特征,本书应用小波变换方法将交通信号按不同频率分解,保留反映交通流短时变化特性的高频信号和反映交通流基础变化特征的低频信号,将滤波后的交通信号重构成突显交通流短时变化特性的新交通信号,作为关键路径识别及分级的输入数据。

7.2.1 小波变换模型

与傅里叶变换(Fourier Transformation)相比,小波变换(Wavelet Transformation)是时间(空间)频率的局部化分析,它通过伸缩平移运算对信号(函数)逐步进行多尺度细化,最终达到高频处时间细分,低频处频率细分,能自动适应时频信号分析的要求,从而可聚焦到信号的任意细节,解决了傅里叶变换的困难问题。小波变换是一种窗口大小(即窗口面积)固定且其形状可变,时间窗和频率窗都可改变的时频局部分析方法[220]。其在低频部分具有较高的频率分辨率和较低的时间分辨率,而高频部分具有较高的时间分辨率和较低的频率分辨率。

小波变换继承和发展了短时傅立叶变换局部化的思想,同时又克服了窗口大小不随频率变化等缺点,能够提供一个随频率改变的时间-频率窗口,是进行信号时频分析和处理的理想工具[221]。它的主要特点是通过变换能够充分突出问题某些方面的特征,在许多领域都得到了成功的应用。

从数学角度讲,小波变换即为将待分析信号展开成一簇小波基之加权和,其含义为把母小波（Mother Wavelet）函数 $\psi(t)$ 作位移 τ 后，再在不同尺度 a 下与待分析信号 $f(t)$ 作内积，如式（7-1）所示。

$$W_f(a,\tau) = \frac{1}{\sqrt{a}} \int_{-\infty}^{\infty} f(t)\psi\left(\frac{t-\tau}{a}\right)dt \tag{7-1}$$

式中：a——尺度因子，$a > 0$；

τ——位移，其值可正可负；

$\psi_{a,\tau}(t) = \frac{1}{\sqrt{a}}\psi\left(\frac{t-\tau}{a}\right)$——小波基函数及其位移与尺度伸缩。

因 t,a 和 τ 均为连续变量，此种小波变换被称为连续小波变换（Continuous Wavelet Transforms，CWT）。将尺度与位移离散化之后得到离散小波变换（Discrete Wavelet Transforms，DWT）。在实际应用中，尺度通常按 2 的幂级数进行离散化，即取 $a = 2^j$, $j \in \mathbf{Z}$；取位移 $\tau = k \cdot 2^j T_s$。为简化起见，设 $T_s = 1$。这样对小波母函数进行变换分析的点由式（7-2）给出。

$$\psi_{j,k}(t) = \frac{1}{\sqrt{2^j}}\psi\left(\frac{t - k \cdot 2^j T_s}{2^j}\right) = 2^{-j}\psi(2^{-\frac{j}{2}}t - k) \tag{7-2}$$

在这些点上计算得到的小波变换被称为离散小波变换，如式（7-3）所示：

$$W_f(j,k) = \int f(t)\psi_{j,k}^*(t)\frac{1}{\sqrt{a}}dt \tag{7-3}$$

小波变换具有以下特点：(1) 具有多分辨（Multi-Resolution），也叫多尺度（Multi-Scale）的特点，可以由粗及精地逐步观察信号；(2) 可以看成用基本频率特性为 $\psi(\omega)$ 的带通滤波器在不同尺度 a 下对信号作滤波，这组滤波器具有品质因数（即中心频率与带宽之比）恒定的特点；(3) 适当地选择小波基函数，使之在时域上为有限支撑，在频域上也比较集中，这样便可以使小波变换在时、频两域都具有表征信号局部特性的能力，而且小波变换经适当离散化后能构成标准正交系，因此有利于检测信号的奇异点或瞬态。

在小波变换中，所观测信号被分解为高频（Details）和低频（Approximations）两个部分[222]。如图 7-3 所示，此过程可看做用两个互补的带通滤波器，对所观测的信号进行过滤，以得到互补的高频和低频两个信号。经

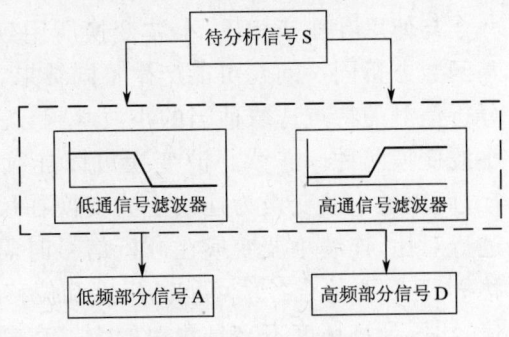

图 7-3　信号小波分解过程

过小波分解的高频信号和低频信号互为在母信号的正交补，即 $S = A_1 \oplus D_1$。

多分辨分析（Multi-Resolution Analysis）从空间的概念上说明了小波的多分辨率特性。图 7-4 为一个三层的小波分解树，由图可知，多分辨分析只是对低频部分进一步分解，而高频部分则不考虑。因经过小波分解的高频信号和低频信号互为在母信号的正交补，显然一个多分辨分析的子空间可以用有限个子空间来逼近，即有：

$$S = A_1 \oplus D_1 = A_2 \oplus D_2 \oplus D_1 = \cdots \\ = A_m \oplus D_m \oplus D_{m-1} \oplus \cdots \oplus D_1 \quad (7\text{-}4)$$

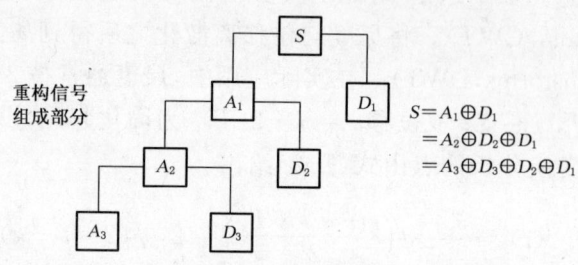

图 7-4　三层多分辨分析的小波分解树

7.2.2　数据预处理过程

（1）交通数据获取及处理

本步骤主要目的是将从交通检测设备获取的原始数据处理成模型需要的数据。模型采用交叉口各路径特定时间的累积交通量作为输入变量。为消除信号周期长度对交叉口流量变化的影响，每 15 min 的流量数据被应用于关键路径识别。

（2）小波基函数选取

与傅里叶变换相比，小波变换所用到的基函数具有不唯一性。不同的小波基函数分析同一问题可能产生不同结果。应用小波变换分析信号首先需针对待分析信号的特点选取适当的小波基函数。小波变换可分为连续小波变换和离散小波变换两种。连续小波变换可以连续地观察连续信号在各个频率的变化特征，而离散小波变换为连续小波变换在尺度与位移的离散化。对两种小波变化进行对比，连续小波变换在分析信号时需要大量的数据来标定尺度因子 a 和位移 τ，且需要整合各个可能的尺度和位移，造成连续小波变换在分析离散的交通信号时，计算精度不高且花费较大。离散小波变换只在指定的尺度因子 a 和位移 τ 上分析信号，适合于分析交通信号特征。

小波基函数的选取暂无确定方法，但可根据待分析数据特性和小波基函数特性进行初步比选后，再通过试算确定最优小波基函数。通过比对表7-1的七个常用的小波基函数及其特性[222]，Morlet、Mexican hat 和 Meyer 三个系列连续小波变换基函数不适用于分析离散的交通信号，因此选用 Daubechies 系列及其延伸系列的离散小波基函数分析实际交通数据。小波基函数的滤波长度越长，对所观测信号的高频分辨率越好，而小的支撑长度意味着较少的计算量可获得较高精度。综合比对各特性对分析交通数据的影响，本文选取 Daubechies 系列小波基函数和 Symlets 系列小波基函数进行试算。试算采用 12 h 的真实交通数据，应用两种小波基函数对其进行分解后再重构，并比较重构信号与原始信号误差的绝对值之和。试算结果表明，Symlets 系列小波基函数的误差约为 Daubechies 系列小波基函数的三分之一，更适用于分析交通数据，因此选用 Symlets 系列小波基函数对交通信号进行分析。

表 7-1 常见小波基函数及其特性

小波基函数	Haar	Daubechies	Coiflets	Symlets	Morlet	Mexican hat	Meyer
正交性	有	有	有	有	无	无	有
双正交性	有	有	有	有	无	无	有
紧支撑性	有	有	有	有	无	无	无
支撑长度	1	2N-1	6N-1	2N-1	有限长度	有限长度	有限长度
滤波器长度	2	2N	6N	2N	[-4, 4]	[-5, 5]	[-8, 8]
对称性	对称	近似对称	近似对称	近似对称	对称	对称	对称

（3）交通数据分解

通过对小波基函数选取不同的位移及伸缩尺度，$W_f(j, k)$ 表现出对应频率窗下的交通信号特征，在小波变换中，$W_f(j, k)$ 被称为对应频率小波系数。因离散小波变换将连续小波变换的尺度按 2 的幂级数离散化，其分解的最高层数为 $\log_2 N$（设 N 为待检测信号的数据量）[221]。经小波变换得到的各小波系数中，低频小波系数反映了交通量的基本变化特性，如日变化特性等，而高频系数反映了交通量的短时变化特性。关键路径识别模型关注交叉口各个流向车流的短时变化特征，即要求尽可能详尽的高频信号系数。在分解交通数据时宜分解到小波变换所支持的最高层，并对其进行降噪、重构等处理。

（4）交通数据降噪及重构

小波的降噪功能通过对不同频率的信号选取不同的通过阈值来去除其他频率的影响。根据关键路径识别问题的特性可知，对于反映车流短时变化特征的高频小波系数应选用高通过阈值。但在实际数据分析中，存在两个车流拥有相类似高频信号但并非属于关键路径的情况。因此在判定交叉口群关键路径时，不能仅采用高频信号作为识别关键路径的唯一标准,还需用低频信号辅助高频信号来判定交叉口群的关键路径,即对反映车流本质特性的低频小波系数也选取较高通过的阈值。其他频率的小波系数选取低通过阈值,以滤除不能突出车流短时变化特性频段的交通信号。

交通数据的重构为信号分解的逆运算,采用相同的小波基函数将降噪后各频段的小波系数进行重构。重构的新交通信号既能反映原交通信号的短时变化特性,也具备原交通信号的基本特征,且不存在噪声频率信号的干扰,适用于检测识别关联交叉口群的关键路径。

7.3 基于频谱分析的交叉口群路径关联度计算

为定量计算交叉口群各路径上下游交通流的关联度,本书选用频谱分析的方法,将交通流变化作为输入信号,分析其在不同频率下的谱变化特征。通过计算各个交叉口进口间交通信号的交叉谱密度,分析其信号的一致性系数,以确定两个交通信号的相关度,并应用两个信号的位相差,以判定算法的有效性。

7.3.1 频谱分析算法

频谱是指一个时域的信号在频域下的表示方式,可以针对信号进行傅里叶变换而得,所得的结果分别以振幅或相位为纵轴,频率为横轴。以"振幅频谱"表示振幅随频率变化的情况,"相位频谱"表示相位随频率变化的情形。频谱可以表示一个信号由哪些频率的弦波所组成,也可以看出各频率弦波的大小及相位等信息[223,224]。

频谱分析是一种将复杂信号分解为较简单信号的技术。许多物理信号均可以表示为不同频率简单信号的和。找出一个信号在不同频率下的信息(如振幅、功率、强度或相位等)的做法即为频谱分析。频谱分析可以对整个信号进行,也可将信号分割成段,再针对各段的信号进行频谱分析。周期函数最适合只考虑一个周期的信号进行频谱分析。傅里叶分析中有许多适合分析非周期函数需要的数学工具。

一个函数的傅里叶变换包括了原始信号中的所有信息,只是表示的形式不同,因此可以用反傅里叶变换重组原始的信号。如要完整的重组原始信号,需要有每个频率下的振幅及其相位。这些信息可以用二维向量、复数或是极坐标下的大小及角度来表示。在信号处理中常常考虑振幅的平方,也就是功率,所得的即为功率谱密度。在应用数学和物理学中,谱密度、功率谱密度和能量谱密度是一个用于信号的通用概念,它表示每赫兹的功率、每赫兹的能量这样的物理量纲。当波的频谱密度乘以一个适当的系数后将得到每单位频率波携带的功率，这被称为信号的功率谱密度（Power Spectral Density，PSD）或者谱功率分布（Spectral Power Distribution，SPD）。

时间序列的频域分析方法（简称谱分析）是捕捉波动周期和探究序列结构的有效工具，它和时域分析方法相结合，从频域角度进一步提取数据的信息。谱分析方法的基本思想是把时间序列看作互不相关的不同频率分量 μ 的叠加，利用傅里叶变换等手段将各频率分量加以分解，通过谱密度函数 $f(\mu)$ 衡量各分量的相对重要性以找出序列中存在的主要频率分量。

对时间序列的各类谱图进行分析研究，可以直观地获知序列包含的频域信息和形态，也可以比较不同序列之间的本质联系和差异[225]。对谱曲线的研究，一般重点针对峰、谷、倾斜等特征与频率值的关系，即对谱图的总面积、峰值的高度、平均值、方差、峰值的个数和图形的重心等特征进行提取，体现了局部信息最大化特征选取的思想，是一种较为有效的降维手段。谱分析算法的谱函数类型有很多，如数据谱、功率谱、交叉谱等。这些谱函数从不同角度和侧面反映波动时间序列（本文中为交通数据）的频域特征，本节对下文将用到的功率谱、交叉谱和交叉谱的一致性及位相进行简单介绍[226]。

(1) 功率谱

功率谱是数字时间序列在不同频率上能量分布特性的表征。如果时间序列自协方差函数 γ_k 足条件 $\sum_{k=-\infty}^{\infty}|\gamma_k|<\infty$，则功率谱密度 $f(\mu)$ 与 γ_k 之间有如下的对应关系：

$$f(\mu) = \frac{1}{2\pi}\sum_{k=-\infty}^{\infty} \gamma_k e^{-ik\mu} \tag{7-5}$$

式中：$f(\mu)$ 定义在 $[-\pi,\pi]$ 上，是实值非负函数。

(2) 交叉谱

交叉谱是研究和表征两个时间序列在不同频率上相互关系的有效工具，由交叉谱派生出的各种谱函数能从不同角度来度量两个序列的频率关系。两个相互平稳相关的数字时间序列 $\{x_t\}$ 和 $\{y_t\}$，式（7-6）给出了这两个时间序列的互协方差函数 γ_k^{xy} 与交叉谱密度 $f_{xy}(\mu)$ 的对应关系，即交叉谱密度：

$$f_{xy}(\mu) = \frac{1}{2\pi}\sum_{k=-\infty}^{\infty} \gamma_k^{xy} e^{-ik\mu} \tag{7-6}$$

交叉谱 $f_{xy}(\mu)$ 一般都是复函数，因此常用其模长 $|f_{xy}(\mu)|$ 作为交叉功率的度量。

交叉谱的一致性用来表征两个序列在同一频率 μ 上周期分量的相关程度，

式(7-7)给出了交叉谱一致性的定义：

$$R_{xy}^2(\mu) = \frac{f_{xy}^2(\mu)}{f_x(\mu)f_y(\mu)} \tag{7-7}$$

式中：$f_x(\mu)$ 和 $f_y(\mu)$ 分别为 $\{x_t\}$ 和 $\{y_t\}$ 的功率谱密度。显然 $R_{xy}^2(\mu) \leqslant 1$，$R_{xy}^2$ 越接近 1，$\{x_t\}$ 与 $\{y_t\}$ 在 μ 处相关程度越高。

交叉谱的位相反映了时间序列 $\{y_t\}$ 对于时间序列 $\{x_t\}$ 的统计滞后关系，其可由式(7-8)计算得出：

$$\text{Phase}_{xy} = \arctan(k\mu) \tag{7-8}$$

7.3.2 路径关联性计算

基于频谱分析的交叉口群路径流向关联性识别可以通过计算各流向的功率谱密度、计算各交叉口进口间的交叉谱密度、计算各交叉谱密度的一致性和位相及通过位相验证算法的有效性几个步骤实现。

经过数据预处理后，观测数据一般以矩阵模式进行存储。模式识别不能直接处理高维数据，需对其进行降维处理。高维数据降维处理的本质为特征选择和特征提取。特征选择是从一组特征中挑选出一些最有效的特征，以达到降低特征空间维数的目的；特征提取是通过映射（或变换）的方法将高维数据在低维空间中表示样本的过程。特征选取就是从全息利用特征的角度去处理高维数据，对变量按重要性和贡献率进行划分，重要的特征变量进行直接利用，不重要的特征变量进行融合。

交叉口群路径特征参数可按照以下步骤来提取：

Step 1 计算起点功率谱密度 $f_{x_i}(\mu)$、终点功率谱密度 $f_{y_i}(\mu)$ 和交叉谱密度 $f_{x_i y_i}(\mu)$；

Step 2 计算起讫点信号交叉谱一致性 $R_{x_i y_i}^2(\mu)$。根据调查在各路径中正常情况下车辆行驶最长时间段所对应的频率范围内寻找最大相干谱值，记为 $R_{\max_i}^2(\mu)$；

Step 3 计算 $\{y_i(t)\}$ 对 $\{x_i(t)\}$ 的位相 Phase_{xy} 以确定算法的有效性。

因此，路径 P_i 的特征参数集可表示为 $E(P_i) = \{f_{x_i y_i}(\mu), R_{\max_i}^2(\mu), \text{Phase}_{xy}\}$。

7.4 基于模糊识别的关键路径等级划分

模糊模式识别方法本质是根据实际问题进行特征提取或特征变换，建立模糊集的隶属函数，或建立元素之间的模糊相似关系，并确定这个关系的历史函数

（相关程度），然后运用有关的模糊数学的原理方法进行分类识别。本书采用此方法划分交叉口群交通路径控制的优先级别，具体步骤包括数据标准化处理，构造模糊相似矩阵，构造模糊等价矩阵和模糊聚类。以下对各个步骤进行详细介绍[227]：

Step 1：数据标准化处理

令 $P_i = \{x_i(t), y_i(t)\}$，待聚类的交叉口群的路径可以表示为 $\{P_1, P_2, \cdots, P_i, \cdots, P_n\}$，其指标序列为 $\{P_i(k)\}(i=1, 2, \cdots, n; k=1, 2, \cdots, m)$，对各指标序列进行归一化处理后聚类候选对象表示为 $\{P'_1, P'_2, \cdots, P'_i, \cdots, P'_n\}$。

Step 2：构造模糊相似矩阵

建立模糊相似矩阵是实现模糊聚类分析的关键所在，其任务是求样本集中任意两个样本 P'_i 与 P'_j 之间的相似系数 r'_{ij}，进而构造模糊相似矩阵。求取 r'_{ij} 的方法很多，选用相关系数法建立任意两个路径的模糊相似关系，建立方法如式(7-9)所示：

$$r'_{ij} = \sum_{k=1}^{m} \frac{|P'_{ik} - \overline{P'_i}| \cdot |P'_{jk} - \overline{P'_j}|}{\sqrt{\sum_{k=1}^{m}(P'_{ik} - \overline{P'_i})} \cdot \sqrt{\sum_{k=1}^{m}(P'_{jk} - \overline{P'_j})}} \tag{7-9}$$

其中，$\overline{P'_i} = \frac{1}{m}\sum_{k=1}^{m}P'_{ik}$，$\overline{P'_j} = \frac{1}{m}\sum_{k=1}^{m}P'_{jk}$。依次类推，可依据式(7-10)建立所有路径的模糊相似矩阵 $\boldsymbol{R}$。

$$\boldsymbol{R} = (r_{ij})_{n \times n} \tag{7-10}$$

其中，$r_{ij} = \frac{1 + r'_{ij}}{2}$，这样可使 r_{ij} 位于区间 $(0, 1)$ 之间。显然，$\boldsymbol{R}$ 具有自反性，即 $r_{ii} = 1$，又具有对称性，即 $r_{ij} = r_{ji}$，但不具备传递性（$R \cdot R \subseteq R$），从而不是模糊等价关系，不能用来进行模糊聚类分析，还需对相似矩阵进行传递闭包运算。

Step 3：构造模糊等价矩阵

传递闭包运算也就是对已有的相似矩阵进行褶积运算，即：

$$\boldsymbol{R}^2 = \boldsymbol{R} \cdot \boldsymbol{R}, \boldsymbol{R}^4 = \boldsymbol{R}^2 \cdot \boldsymbol{R}^2, \boldsymbol{R}^8 = \boldsymbol{R}^4 \cdot \boldsymbol{R}^4, \cdots \tag{7-11}$$

其中，$\boldsymbol{R}^2$ 中的 r_{ij} 可由以下公式计算，计算直至某一步得到 $\boldsymbol{R}^P = \boldsymbol{R}^{2P}$ 时终止，此时则 $\boldsymbol{R}^P$ 是模糊等价矩阵。

$$r_{ij} = \vee_{k=1}^{m}(r_{ik} \wedge r_{ki}) = (r_{1k} \wedge r_{k1}) \vee (r_{2k} \wedge r_{k2}) \vee \cdots \vee (r_{mk} \wedge r_{km}) \tag{7-12}$$

Step 4：模糊聚类

对模糊等价矩阵 $\boldsymbol{R}^p$，给定不同的置信水平 λ，当 $\lambda=1$ 时，各路径自成一类，而后对 λ 每取一个水平对矩阵 $\boldsymbol{R}^p$ 中的元素按式(7-13)进行一次代换：

$$r_{ij}^p(\lambda) = \begin{cases} 0 & \text{当 } r_{ij}^p < \lambda \\ 1 & \text{当 } r_{ij}^p > \lambda \end{cases} \tag{7-13}$$

经过以上计算可得到一个聚类矩阵，将元素完全相同的行聚为一类。随着 λ 由 1 变为零的过程中，其对应的 λ 截阵确定的分类由细变粗，逐步回归，得到动态的聚类图。根据路径控制级别划分的要求，如取 λ 越大，分类数越多，类之间的差异逐渐减小，失去了分类的意义，因此路径聚类矩阵分类不宜过多。

7.5 实例验证

7.5.1 模型结果

本书采用南京市广州路交叉口群的 2009 年 12 月 10 日早 6 点至晚 8 点实测数据对模型进行验证，交叉口群处布设的检测器对各进口道流向交通流量数据进行了统计，统计间隔时间为 1 min。该交叉口群空间形态及各交叉口进口道流向计数器编号如图 7-5 所示。各流向编号由三部分组成，以流向"A1S"为例，字母"A"表示交叉口编号，数字"1"表示进口道编号，"S"表示直行车道。

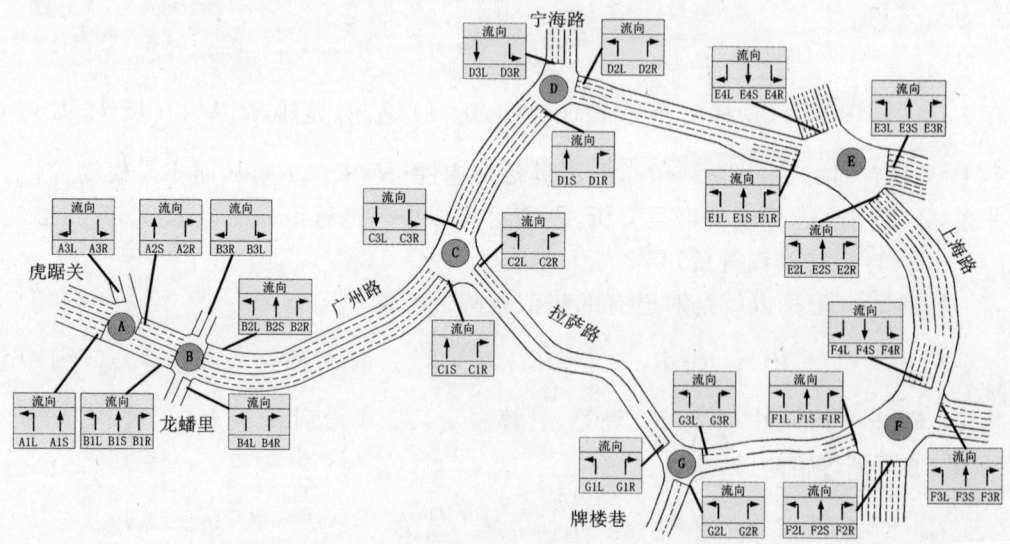

图 7-5　交叉口群及检测器布局

应用 Matlab R2010b 软件对交叉口群关键路径识别及分级模型进行实现。选取 Sym4 小波基函数对 58 组原始流向数据进行分解、降噪与重构。根据所选用时间段长度,将数据分解到第 5 层,各高频信号系数的降噪阈值分别选定为 [100,80,0,20,70],通过对数据降噪重构得到新信号。以交叉口 C 的 6 个流向的流量数据为例进行分解、降噪及重构,结果如图 7-6 所示。

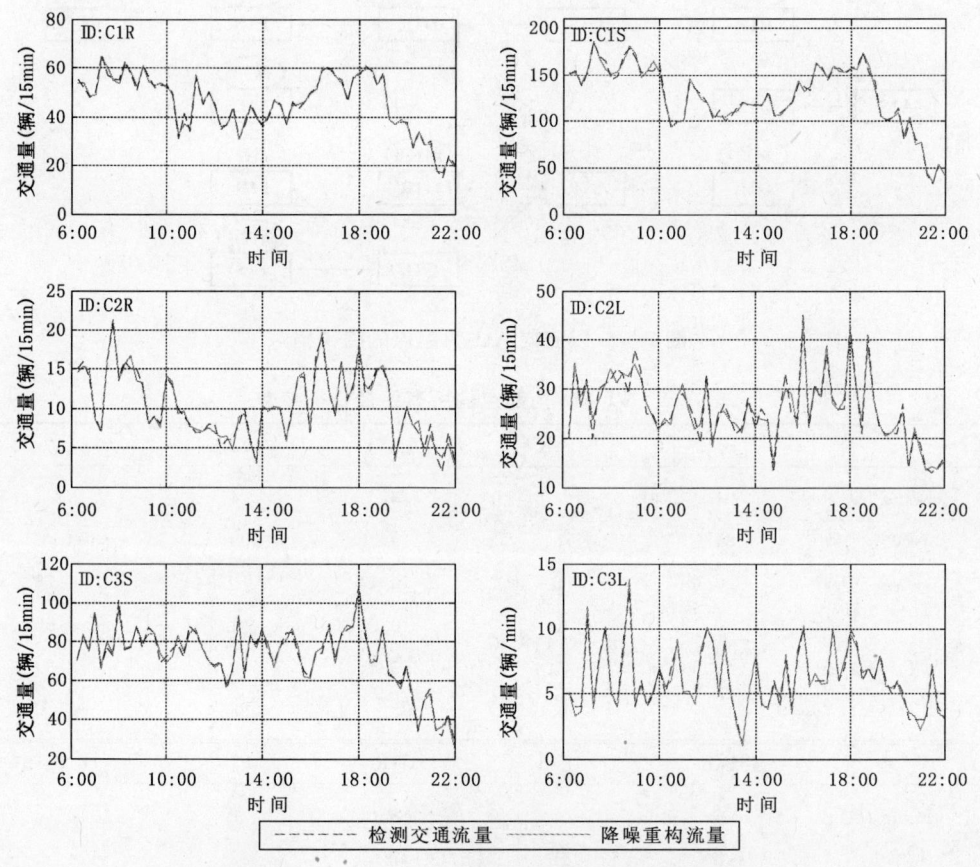

图 7-6 交叉口 C 交通检测数据及处理后数据

经数据预处理得到的 58 组数据为各交叉口进口道的流向流量,需要结合交叉口群交通流关联特性,进一步提取研究所需要的交叉口群路径特征。假设一辆车从任意一进口道进入研究区域内,再由任意一出口道驶离研究范围,中途没有掉头行为,经分析一共有 162 种可能行驶路径,即该环形路网中共有 162 条待研究路径。计算各路径起讫点信号的功率谱密度、交叉谱密度以及各交叉谱的一致性系数和位相,作为交叉口群关键路径识别及路径分级的路径特征向量。以进入交叉口 A 西进口道直行车流(ID:A1S)为例,在研究范围内共有 10 条可能的行驶路径,路径分析如图 7-7 所示。应用频谱分析,各路径特征参数如表 7-2 所示。

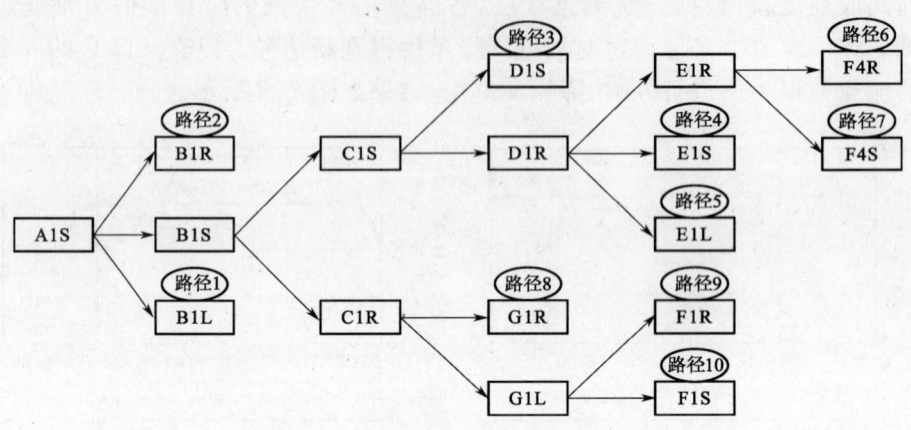

图 7-7 以流向 A1S 为起点的路径树

表 7-2 以 A1S 为起点的所有路径特征参数

	B1L	B1R	D1S	E1S	E1L
Route ID	1	2	3	4	5
$Count_{y_i}$	84	78	249	909	303
$R^2_{max_i}$	0.68	0.74	0.71	0.84	0.78
$Phase_{x_i y_i}$	0.172	0.159	0.998	1.781	1.668
$TT_e(\sec)$	49.3	45.6	286.1	510.5	478.5
$TT_r(\sec)$	42	42	293	508	508
	F4R	F4S	G1R	F1R	F1S
Route ID	6	7	8	9	10
$Count_{y_i}$	428	531	137	153	174
$R^2_{max_i}$	0.74	0.71	0.76	0.69	0.62
$Phase_{x_i y_i}$	2.132	1.967	1.404	2.034	2.142
$TT_e(\sec)$	611.1	563.8	402.4	583.0	613.9
$TT_r(\sec)$	576	576	381	597	597

从表 7-2 中数据可以发现,自流量输入端起的各个路径的一致性并非和位相值成正比关系,即并非离进口越近的相关性越高,如路径 4(A1S→B1S→C1S→D1R→E1S)的位相要滞后于路径 3(A1S→B1S→C1S→D1S),但相关性 $R^2_{max_i}$ 值却高于路径 3。在有些路径的末端,如路径 6(A1S→B1S→C1S→D1R→E1R→

第七章
交叉口群关键路径识别及划分

F4R)的相关性很低,而且位相出现负值,证明该流向车流先于进口道车流,这不符合实际,也说明两个流向相关性极小,此路径不合实际。上述特征表明谱分析可以作为挖掘交通路径特征的有效工具。

将待聚类的162组交通路径的各指标序列进行归一化处理后根据相关系数法建立模糊相似矩阵,通过传递闭包运算构造模糊等价矩阵后对其进行模糊聚类分析。在模糊聚类时拟将路径聚类矩阵分成A、B、C类。A类表示路径起讫点单位时间交通处理量大,终点流量很大程度上受起点流量的影响,因此需要给予优先通行权,在信号协调控制中,此类的路径为协调信号控制优先的路径;C类表示该路径流量小,起讫点之间关联性很弱,在必要情况下需服从主路径优先的原则;B类介于两者之间,在满足服务水平的前提下可不必考虑路径控制的要求,按照单点信号交叉口控制设计配时方案。

根据聚类结果可知获得优先通行权的路径为路径4和路径7,而路径1、2、9、10处于C类,即非关键路径。在调查当日8:30~9:30时段,采用牌照跟踪法对研究区域内交通路径进行了人工识别,模式识别法所得的结论与实际情况相符。

7.5.2　结果分析

1. 对谱分析的讨论

根据功率谱密度的定义,功率谱曲线的纵轴代表着待分析信号在不同频率下的振动幅度。在路径关联性分析问题中,待分析的时变信号为交通流量的变化。此时,交通流量的功率谱密度就代表着交通量在哪个频率变化更剧烈。因此,其纵坐标的单位为交通流率。当功率谱密度曲线的值高时,代表交通流量在对应的频率(频率对应的时间段)变化比较剧烈。交叉谱分析的本质为两个时变信号之间的协方差系数,即两个时变信号对应的功率谱之间的协方差。当应用交叉谱分析路径分级问题时,交叉谱曲线表明了两个时变信号在不同频率的相关性大小。如果两个信号的交叉谱的一致性值接近于1,则说明这两个信号十分相关,当一致性值较低时,说明这两个信号的相关程度较低。两个路径起点和终点流向交叉谱的比较分析如图7-8(a)所示,这两个路径的交叉谱曲线基本一致,因此可认为这两个路径处于同一关键路径上。这两个交叉谱在低频段和高频段各存在一段偏差较大的区域,可认为下游流向总流量的变化值比上游要小,差值为两个曲线围成的面积。然而如图7-8(b)所示,这两个交叉谱曲线在大多数频率相差均较大,因此两个路径相关性不强,可认为这两个路径不在同一关键路径上,对其进行协调信号控制优化对交叉口群整体交通运行贡献不强。

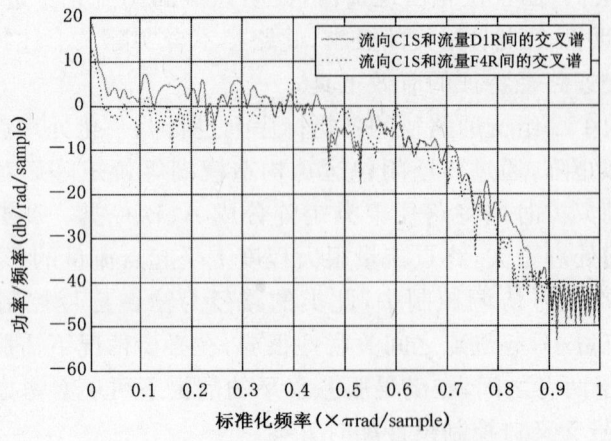

(a) 关键路径上下游流向的交叉谱

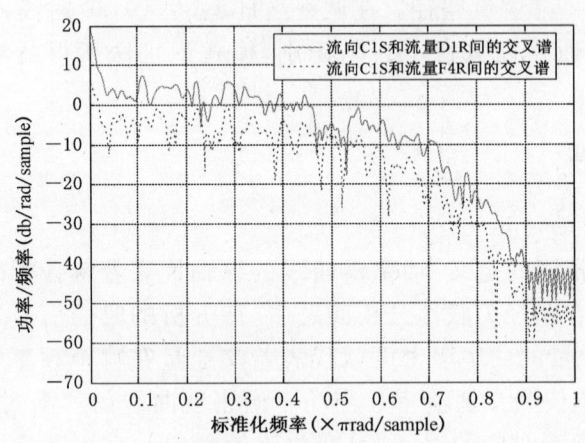

(b) 非关键路径上下游流向的交叉谱

图 7-8　不同性质路径上下游流向间交叉谱的比较分析

2. 一致性特性分析

交叉谱的一致性表现了两个流向之间相关性的强弱。图 7-9 显示了从流向 A1S 出发的所有 10 条路径在各个交叉口进口处的一致性。从图 7-9 可以看出，所有路径在下游交叉口流向和起点流向的一致性随着路径的变长在不断减小，但一致性减少的斜率有所不同。当此流向处于交叉口群关键路径时，一致性减少较慢；当流向一旦位于关键路径外时，一致性值迅速下降。路径上下游流向一致性变化的特性可以帮助交通工程师判断出交叉口群中各个路径的关键等级。如果只针对关键路径交通特性设计协调控制方案，其他路径的交叉口的配时方案配合关键路径的信号配时方案，信号配时优化的效率应该能在保证交通运行效果的前提下有所提升。

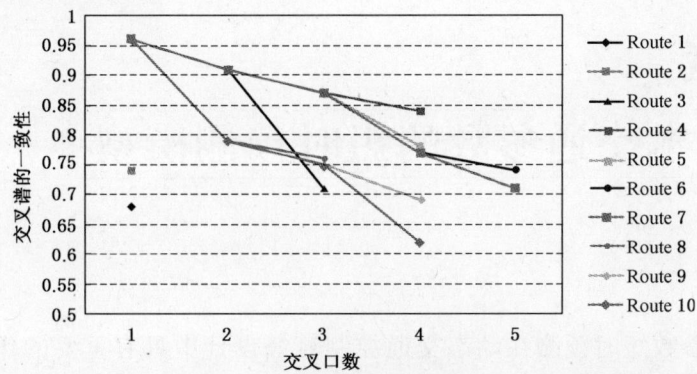

图 7-9　从流向 A1S 出发的所有路径的一致性特性分析

3. 位相和旅行时间分析

交叉谱的位相指的是下游交通信号对上游交通信号的滞后量。在路径等级划分问题中，假定两个信号之间的偏差量即为路段的出行时间（两个流向最好处于关键路径上，且一致性应较高），那么通过变换交叉谱的位相能计算出两个交叉口间的出行时间。表 7-2 给出了实测出行时间 TT_r 和根据位相变换计算得出的出行时间 TT_e。从估计结果可以看出，当交叉谱的一致性较高时，根据位相估计的出行时间和实测出行时间的值相差不大，但当一致性降低时，旅行时间的估计值和真实值的误差开始变大。因此，位相信息和旅行时间的关系可以被用来验证本书提出的路径分级方法的有效性。但是，因为根据位相估计的出行时间受交叉谱一致性的影响较大，不宜应用此方法估计交叉口间的出行时间。

第八章
基本交通参数的短时预测模型

交通流参数短时预测在动态交通控制算法设计中具有重要的作用,预测的精度对于交通控制算法的有效性有显著影响。本章首先对传统的交通参数预测方法进行了对比,针对存在的问题提出改进的指数平滑法、状态空间神经网络及扩展卡尔曼滤波方法和数据融合方法对短时的交通流参数变化进行预测,进一步提高了交通流参数的预测精度,为动态交通控制算法奠定了基础。

8.1 基本交通参数短时预测模型对比分析

8.1.1 基本交通参数短时预测模型

根据预测的基本方式的不同,短时交通流预测模型可以分为数据驱动(Data Driven)和基于模型(Model Based)两种类型。

数据驱动的方法用数理统计或人工智能的方法处理如交通流量、交通速度、旅行时间等的历史交通数据,并预测未来时段交通流的变化。常用的模型包括历史平均模型(History Average Model)、线性回归模型(Linear Regressive Model)、时间序列模型(Time Serial Model)、卡尔曼滤波模型(Kalman Filter Model)、马尔科夫预测模型(Markov Forecasting Model)、极大似然估计模型(Maximum Likelihood Formulation Model)、非参数回归模型(Nonparametric Regression Model)、神经网络模型(Neural Network Model)、混沌理论模型(Chaos Theory Model)等。这类模型一般假设未来预测的数据和历史数据有相同的特性,根据历史交通数据的变化规律来预测未来的数据。

基于模型的方法主要应用交通流传播模型对确定路径上的交通流状态进行估计和预测。按照模型对于交通流描述的细致程度,可将模型分为宏观模型、中观模型和微观模型三种。宏观模型和中观模型指出在某条路径上某时刻在某点处的交通参数 $s(t, x)$,除了与时间 t、位置 x 有关外,还与该时刻之前该位置处

交通变量值 $s(t-1,x)$ 以及该点上下游相邻处交通变量 $s(t,x-1)$、$s(t,x+1)$ 有关,即交通流过程是交通变量随着空间、时间而演变的动态过程。在该动态过程中,流量、速度和密度三个变量的数值之间不存在严格的对应关系(和稳态交通流不同),所以完整的模型应是三者的结合。在有些情况下,只取某一个或两个变量的模型也可对相应的变量进行控制。在微观模型中,交通系统中的每一辆车都被看做独立的个体,根据车与车之间的运动关系,建立数学模型。微观模型对交通系统的要素及行为细节描述的程度较高,车辆在道路上的跟车、超车及车道变换行为等微观行为都能得到较真实的反映。

短时交通流预测经历了从离线预测到准实时预测再到在线预测几个阶段。第一代城市交通控制系统(Urban Traffic Systems,UTCS)采用历史数据对交通流量进行离线预测;第二代 UTCS 应用实测数据对历史平均数据进行修正,进而对交通流量进行预测;第三代 UTCS 只利用实测数据预测交通量。第二代和第三代 UTCS 预测算法都存在着时滞问题。随着学科之间的相互交叉和渗透,出现了许多新的综合的信息处理技术。人工神经网络、模糊推理、数据融合和数据挖掘等智能型信息处理技术已经被应用到交通流短时预测中。Nicholson 和 Swann 利用谱分析法预测交通流量,但这种方法无法预测突发交通事件对交通流状态的影响[228]。Ahmed S A 和 Cook A R 利用 Box-Jenkins 技术对高速公路的交通流量进行预测,但此方法的精度有限[229]。Nancy L. Nihan 和 Kjell O. Holmesland 应用 Box-Jenkins 技术和某路段 4 年的交通量数据对该路段的交通流量进行预测,精度较高,但这种方法要求的历史数据较多,对建模者的知识水平和建模技巧要求较高[230]。Iwao Okutani 利用卡尔曼滤波理论建立了交通流量预测模型,预测的精度优于第二代 UTCS 预测方法[231]。Gary A. Davis 和 Nancy L. Nihan(1991)应用无参数回归模型预测交通流量,此模型在某些情况下比时间序列模型的预测精度要高[232]。P. C. Vythoulkas 提出了基于卡尔曼滤波理论的交通流量预测模型,预测结果具有较高的精度,并且没有时滞现象[233]。Maschavan DerVoort 神经网络与 ARIMA 时间序列模型相结合预测交通流量,使 ARIMA 模型具有更广泛的适应性和可移植性[234]。Corinne Ledoux 建立了基于神经网络的交通流量预测模型,首先利用神经网络建立每个路段的交通流量预测模型,再建立整个路网的交通流量预测模型,并应用模拟的数据对模型进行了验证[235]。对于交通参数短时预测研究,国内学者结合国内城市交通流运行的特点,改进了统计分析、卡尔曼滤波、人工神经网络等方法[193]对交通流进行短时预测,并取得一定成效。

应用于交通参数短时预测的方法形式多样,效果各异。某些预测模型经过不断的改进已经比较成熟,并且模型的适用范围广、对数据要求低,所以应用比较普遍；而有些模型正处于尝试和研究阶段，使用较少，预测结果的有效性还需要进一步验证。因此，有必要对常规的交通参数短时预测方法进行对比分析，找出影响预测精度的具体原因，从而为研究开发新的预测方法奠定基础。

8.1.2 常规预测方法对比分析

目前，现有交通参数短时预测方法都是在特定的背景下测试和应用的，其预测结果不具备直接的可比性。为了评价已有预测方法的性能，有必要采用同一个数据集合对常规预测方法进行测试和比较分析。

1. 常规预测方法的选择

综合考虑预测方法的成熟度、使用频率、使用效果及使用条件等因素，选择如下具有代表性的常规预测方法进行比较分析。

（1）多元线性回归预测

回归线性分析预测方法是一种通过分析事物之间的因果关系和影响程度进行预测的方法，常用于对多条路段进行分析。其中运用逐步回归方法建立的多元线性回归预测模型受到了极大的重视，其工作流程如图 8-1 所示。

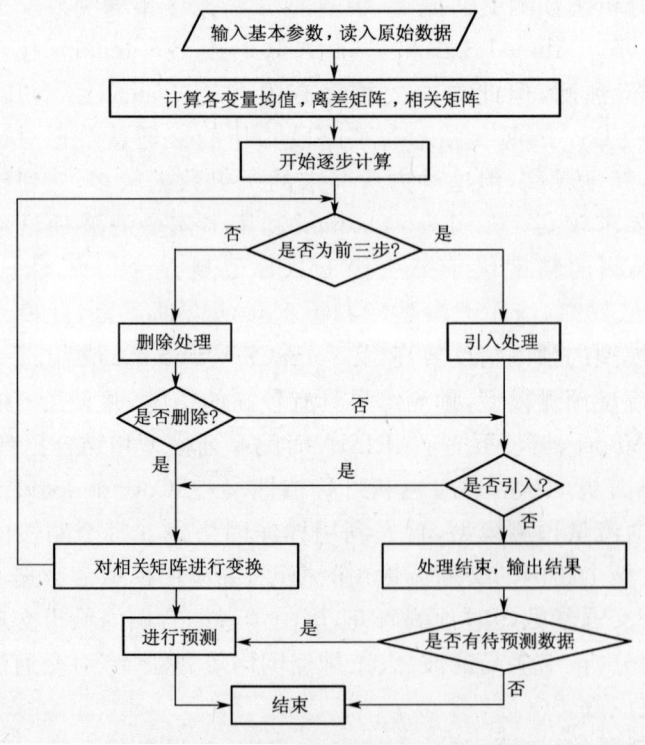

图 8-1　逐步回归分析预测计算流程图

(2) 指数平滑预测

指数平滑方法的应用过程中,平滑系数的取值对预测结果有很大的影响,一般经过多次误差分析确定比较理想的平滑系数。指数平滑法预测的工作过程如图 8-2 所示。

(3) 自回归综合移动平均(ARIMA)

自回归综合移动平均(ARIMA)是一种线性的时间序列预测模型,是自回归模型和移动平均模型的混合形式,其预测的工作步骤如图 8-3 所示。

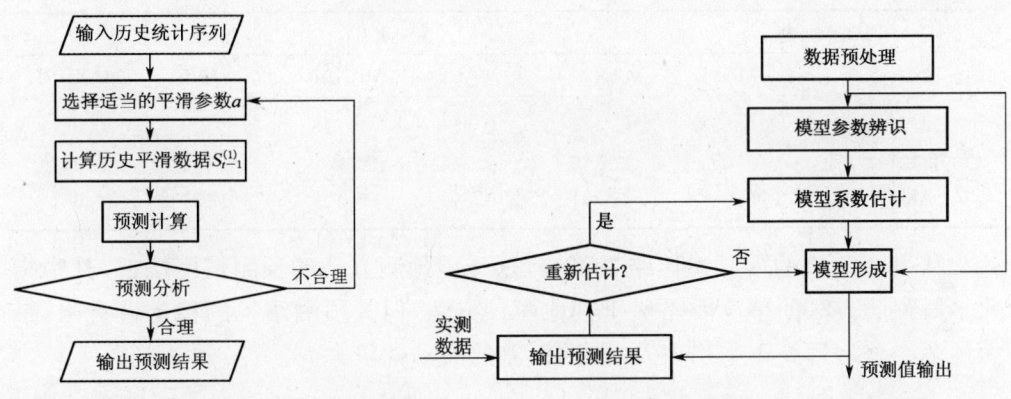

图 8-2　指数平滑预测的计算流程图　　图 8-3　ARIMA 模型预测的计算流程图

2. 常规预测方法的对比分析

应用某路段连续多个检测器的流量、速度和占有率数据对多元线性回归预测方法、指数平滑预测方法和自回归综合移动平均预测方法进行测试和对比分析,得出各模型的主要优点和不足。

由于回归分析建立的是相邻路段交通参数的线性方程,但在实际道路交通系统中,交通参数之间的关系是复杂多变、非线性的。这种非线性的关系在交通流过饱和状态下表现得尤为突出。用回归方法建立的关系方程不能完全准确的反应各路段交通参数之间的非线性关系。此外,这种方法建立的预测模型都有常数项,当各参数的实际数据均为 0 时,预测结果的误差会更大。

由于指数平滑方法的平滑系数是固定的,所以当交通流状态突然变化时,不能及时地跟随交通参数的变化规律,实测交通数据序列中的随机波动会对预测精度造成影响。这种影响在交通流由稳态向过饱和状态转换时表现得尤为突出,在过饱和状态下,指数平滑预测结果也不尽准确。

ARIMA 方法在对模型参数进行估计时,需要以大量的时间序列作为依据,当实际数据不足或存在错误时,预测精度明显降低。过饱和状态时,交通检测的数据精度不高,对模型的预测会产生较大的影响。此外,模型单纯从单个时间序列分析的角度进行预测,没考虑上下游路段交通流的相互影响,一定程度上影响了模型的预测精度。

为对上述方法的预测精度进行比较,采用两个误差评价指标:平均绝对相对误差(Mean Absolute Relative Error,MARE)和最大绝对相对误差(MAXimum Absolute Relative Error,MAXARE)。上述预测方法对本书中所采用的数据误差如表8-1所示。

表8-1 常规预测方法误差对比

误差指标 预测方法	流量		速度		占有率	
	MARE	MAXARE	MARE	MAXARE	MARE	MAXARE
回归方法	0.055	0.177	0.054	0.218	0.107	0.357
指数平滑	0.055	0.176	0.046	0.231	0.106	0.347
ARIMA	0.068	0.211	0.042	0.196	0.155	0.351

从表8-1中的误差对比结果可知,这几种预测方法的预测精度接近,其中指数平滑预测方法的精度要略优于其他两种方法,但其预测结果的稳定性有限,最大预测误差远远高于平均误差,预测误差的波动性较大。

8.2 改进的指数平滑预测方法

指数平滑法是由简单的移动平均方法发展而来的一种信息处理方法,此方法假设:时间序列具有某种特征模式,而观测数据既体现着这种特征模式,又反映着随机因素的影响。指数平滑法的目标是通过"修匀"历史数据来区分基本数据模式和随机变动模式。这相当于在历史数据中消除极大值和极小值,获得该时间序列的"平滑值",并以它作为未来时期的预测值。与移动平均法相比较,指数平滑法的优点是不需要保留较多的历史数据,只要有最近一期的观测值和上一期的平滑值就可以对下一期进行预测。

指数平滑实际上是一种以时间定权的加权平均,越近的数据加权系数越大,越远的数据加权系数越小。加权系数 α 的取值实际上体现了新的观察值与原平滑值之间的比例关系,直接影响着预测结果的精度。所以 α 的取值是非常重要的。

8.2.1 加权系数对预测结果的影响

为了考察加权系数对预测结果的影响程度,下面对 α 的取值及其作用进行分析。

在指数平滑计算公式

$$s_t^{(1)} = \alpha y_t + (1-\alpha) s_{t-1}^{(1)} \tag{8-1}$$

中,将 t 分别以 $t-1$、$t-2$、$t-3$、… 依次代入可得:

$$\begin{aligned}
s_t^{(1)} &= \alpha y_t + (1-\alpha)[\alpha y_{t-1} + (1-\alpha) s_{t-2}^{(1)}] \\
&= \alpha y_t + \alpha(1-\alpha) y_{t-1} + (1-\alpha)^2[\alpha y_{t-2} + (1-\alpha) s_{t-3}^{(1)}] \\
&\quad + \cdots + \alpha(1-\alpha)^j y_{t-j} + \cdots \\
&\quad \vdots \\
&= \alpha \sum_{j=0}^{\infty} (1-\alpha)^j y_{t-j}
\end{aligned}$$

可见 $s_t^{(1)}$ 实际上是 y_t、y_{t-1}、y_{t-2}、… 的加权平均。加权系数分别为 α、$\alpha(1-\alpha)$、$\alpha(1-\alpha)^2$、…,加权系数的和为 1。所以指数平滑实际上是一种以时间定权的加权平均,越近的数据加权系数越大,越远的数据加权系数越小。α 的取值实际上体现了新的观察值与原平滑值之间的比例关系。α 越大,y_t 在 $s_t^{(1)}$ 中的比例越大,当 $\alpha = 1$ 时,$s_t^{(1)} = y_t$,t 期的平滑值就等于 t 期的实测值,即以当前信息为重,而不考虑过去数据的影响;反之,α 越小,$s_{t-1}^{(1)}$ 占的比重就越大,当 $\alpha = 0$ 时,$s_t^{(1)} = s_{t-1}^{(1)}$,本期的平滑值就等于上一期平滑值,而没有考虑到当前数据 y_t 所载的信息。从前面的分析可知,将平滑的公式展开,则 y_{t-j} 的加权系数为 $\alpha(1-\alpha)^j$。因为 $0 < \alpha < 1$,故加权系数随着时间的前移按指数函数的形式衰减,如图 8-4 所示。

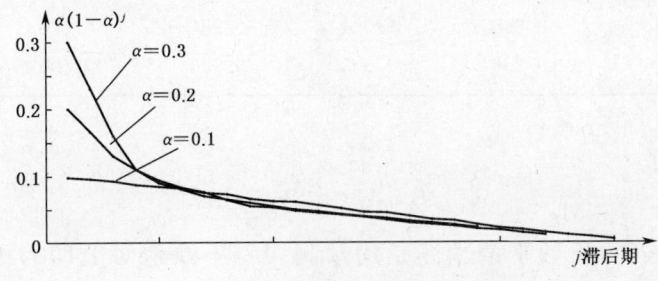

图 8-4 指数平滑各期加权系数的变化

表 8-2 中列出了不同 α 值对应的加权系数的分布及其前期的累积权数。从表中可以看到,当 $\alpha = 0.3$ 时,其以前 10 期的加权系数 $\alpha(1-\alpha)^{10} \approx 0.008$,所以 10 期前的数据对预测已经几乎没有影响,这时,预测模型中所包含的时间序列位数很短。当 $\alpha = 0.1$ 时,以前 10 期的加权系数仍有 0.035,说明 y_{t-10} 在预测中仍起着一定的作用。从表中可以清楚地看出,α 的大小实际上控制了时间序列在预测计

算中的有效位数。

表 8-2 一次平滑加权系数的分布

j	$\alpha=0.1$		$\alpha=0.2$		$\alpha=0.3$	
	加权系数	累积权数	加权系数	累积权数	加权系数	累积权数
1	0.100	0.100	0.200	0.200	0.300	0.300
2	0.090	0.190	0.160	0.360	0.210	0.510
3	0.081	0.271	0.128	0.488	0.147	0.657
4	0.073	0.344	0.102	0.590	0.103	0.760
5	0.066	0.410	0.082	0.672	0.072	0.832
6	0.059	0.469	0.066	0.738	0.050	0.882
7	0.053	0.522	0.052	0.790	0.035	0.917
8	0.048	0.570	0.042	0.832	0.025	0.942
9	0.043	0.613	0.034	0.866	0.017	0.959
10	0.039	0.652	0.027	0.893	0.012	0.971
11	0.035	0.687	0.021	0.914	0.008	0.979
12	0.031	0.718	0.017	0.931	0.006	0.985
13	0.028	0.746	0.014	0.945	0.004	0.989
14	0.025	0.771	0.011	0.956	0.003	0.992
151	0.023	0.794	0.009	0.965	0.002	0.994
16	0.021	0.815	0.007	0.972	0.001	0.995
17	0.019	0.834	0.006	0.978	0.001	0.996
18	0.017	0.851	0.005	0.983	0.001	0.997
19	0.015	0.866	0.004	0.987	0.000	0.997
20	0.014	0.880	0.003	0.990	0.000	0.997

对式(8-1)做变形得

$$s_t^{(1)} = s_{t-1}^{(1)} + \alpha(y_t - s_{t-1}^{(1)}) \qquad (8-2)$$

式(8-2)表明,指数平滑预测是用预测误差不断地对上期的预测值进行修正,而得到本期的预测值,α 的大小体现了修正的幅度。α 越大,表示越倚重近期数据所载的信息,修正的幅度也越大,采用的数据序列也较短;α 越小,修正的幅度也越小,采用的数据序列也越长。

但是常规指数平滑方法的加权系数是固定的,使用预测误差对于上一期预测值进行修正的幅度也是固定的,模型无法自动调整以反映时间序列趋势的变化。如果能够根据预测误差的大小不断地对加权系数进行调整,使其具有自适应的特性,则可以在一定程度上提高模型的预测精度。

8.2.2 加权系数的自适应确定方法

固定加权系数的指数平滑方法对时间序列的变化反应缓慢,预测结果存在较大的时间延迟。为了解决这一问题,引入误差跟踪信号的概念。这是一个基于预测误差的变量,根据其变化对 α 的取值不断进行调整,这种方法被称为自适应权重指数平滑法(Adaptive Weight Exponential Smoothing,AWES)。下面介绍误差跟踪信号及权重的具体确定方法。

在 t 时段,定义两个误差信号:

$$E_t = re_t + (1-r)E_{t-1} \tag{8-3}$$

$$A_t = r|e_t| + (1-r)A_{t-1} \tag{8-4}$$

式中:E_t——平滑误差;

A_t——平滑绝对误差;

e_t——预测误差 $e_t = y_t - \hat{y}_{t-1}$,$\hat{y}_{t-1}$ 为 $(t-1)$ 时段对 t 时段的预测值;

r——加权系数,$0 < r < 1$,一般 $r = 0.1 \sim 0.2$。

在 t 时段的跟踪信号 C_t 定义为:

$$C_t = \frac{E_t}{A_t} \tag{8-5}$$

当指数平滑模型能够较好地反映预测对象的发展规律时,预测误差 e_t 完全是由随机误差造成的,因而 e_t 服从均值为零的正态分布,所以有:

$$E(E_t) = E\left[r\sum_{j=0}^{\infty}(1-r)^j e_{t-j}\right] = r\sum_{j=0}^{\infty}(1-r)^j E(e_t) = 0 \tag{8-6}$$

故在模型正确的情况下,E_t 应该接近于零。而平滑绝对误差 A_t 则总是大于零的,所以误差跟踪信号总是在 $[-1,1]$ 内。

当预测无偏时,E_t 总是在零附近波动,跟踪信号 $C_t \to 0$,这说明预测结果与实际过程比较接近,α 的取值较小,且不必进行更高阶次的平滑处理。当预测有偏时,E_t 与 A_t 相差不大,C_t 值较大,这说明预测结果偏离了对象的实际变化过程,α 的取值较大。令平滑系数 α_t 为:

$$\alpha_t = |C_t| \tag{8-7}$$

每个时段的加权系数 α_t 便可根据跟踪信号 C_t 自动进行调整,是预测模型不断地适应预测对象的变化。

8.3 基于 SSNN 和扩展卡尔曼滤波的预测模型

在静态控制优化中,要求整个协调控制区域内所有需要的交通流参数都是已知的。而在动态交通控制优化中,由于交叉口群中各检测器所采集的交通流参数不同,检测器布设的位置也有不同,部分交通流参数可能无法直接实时获取。例如在交叉口群过饱和情况下,交叉口排队持续存在,车辆运行速度较低或处于堵死状态,线圈检测器或微波检测器无法正常采集交通数据,在没有其他交通流参数获取方式的情况下,此交叉口的交通流参数无法直接获取。对于无法直接获取的交通流参数需要应用模型估计或者离线标定的方法来确定。因此在过饱和交叉口群动态交通控制中,交通流参数的估计和预测是相当重要的研究内容,参数的估计方法和精度会对控制策略的效果产生很大的影响。

8.3.1 交叉口群短时预测的状态空间表述

1. 一般模型

应用神经网络等人工智能式算法预测短时交通流参数的方法最大的弊端在于:传统的神经网络只应用历史数据来预测未来的交通流参数,而不能反映实时的交通流参数变化。应用状态空间神经网络来预测短时交通流参数变化,能综合考虑当前时段和历史的交通流参数变化特征,准确、快速的预测交叉口交通流短时变化特性。

应用状态空间神经网络预测短时交通流状态的本质为通过交叉口群中各个交叉口的历史交通数据和实时交通数据预测下一时段的交通流状态,交叉口短时交通量预测的一般模型可如式(8-8)所示。其中各交叉口的状态可设为影响未来交通流参数变化量的函数,如式(8-9)所示。

$$y(t+1) = g[w, s(t)] \tag{8-8}$$

$$s(t) = f[s(t-1), x(t)] \tag{8-9}$$

其中:$s(t)$——t时段交叉口群交通流状态;

$x(t)$——描述影响交叉口群的交叉口在t时段的各观测变量的向量(如交通量、占有率、车辆速度等);

$y(t+1)$——预测$t+1$时段的交通流状态;

w——权重系数;

$f(\cdot)$ 和 $g(\cdot)$——传递函数。

(2) 短时交通流预测的状态空间模型

短期交通流预测和交通量、占有率和平均车速等观测变量在空间和时间上的变化都有着直接联系。状态空间模型类似于宏观交通流模型中路段交通流状态由当前状态和之前状态综合计算而得,其t时刻的输出结果是由t时刻的状态空间以及$t-1$时刻系统的状态综合计算而得。

建立交叉口群短时交通流预测的状态空间模型如图8-5所示，道路沿线的第k个交叉口动态的状态空间可用以下方法来定义。交叉口k在t时刻的状态$s_k(t)$可由t时刻的观测值$x_k(t)$和交叉口$t-1$时刻的交通流状态$s_k(t-1)$定义而得。以此类推，$t-1$时刻交叉口k的交通流状态由$[t-2,t-1]$时段模型输入转换而来。每个时段模型的输入为当前所有观测变量的总和：$x=\{x_1(t),\cdots,x_k(t),\cdots,x_K(t)\}$。

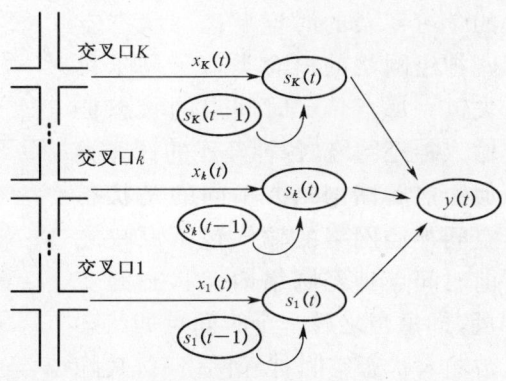

图8-5 交叉口群的动态状态空间结构

交叉口k的状态向量$s_k(t)$的值基于函数$f(\cdot)$的选择。向量$x_k(t)$反映了交叉口k在时段t的交通流变化状况。基于一般模型选用不同传递函数$f(\cdot)$及$g(\cdot)$推导出不同的状态空间模型。

① ARMA模型：令$x^T(t)=s^T(t)$，$g(\cdot)$为线性函数，再令$f(\cdot)$为恒等函数（即$f:x\to x$）。此时站点的状态即为反映站点平均客流变化量和站点间车辆运行速度的向量。

② 线性状态空间模型：$f(\cdot)$为和$g(\cdot)$均为线性函数，详细例证参见线性控制理论[236]。

③ 非线性状态空间模型：假设$f(\cdot)$为非线性函数，$g(\cdot)$为线性函数或非线性函数，宏观交通流理论中有类似的求解问题，非线性状态空间模型可用特定的递归神经网络求解[237]。

短时交通流预测的影响因素均为非线性变量，因此模型的输入变量是非线性的，由此可知交叉口短时交通流预测模型属于非线性状态空间模型，可选用特定的递归神经网络求解，如状态空间神经网络可用于求解此模型。

8.3.2 基于SSNN和扩展卡尔曼滤波的短时交通流预测模型

1. 状态空间神经网络

状态空间神经网络（State Space Neural Network，SSNN）起源于艾尔曼提出的递归神经网络（Recurrent Nerual Network，RNN）。递归神经网络能通过调节各神经元权重来高效地学习复杂的时空状态。和传统的神经网络不同，状态空间神经网络通过添加一个储存之前神经元状态的状态层作为短期记忆层，以使神经网络能根据当前时刻的状态和前一时刻的状态决定预测输出值，能更高效的学习复杂的时空状态。状态空间神经网络的概念类似于马尔科夫链。每当一个时间点的状态被输入神经网络,各神经元的计算类似于前反馈网络。不同的是状态空间神经网络的输入包括反映之前时间点神经网络内部状态的变量,即每当之后一个时间点的状态被输入状态空间神经网络时,其隐含层的神经元和输出层的神经元单位的状态值由之前时间点神经网络的状态计算得出。状态空间神经网络的拓扑图如图8-6所示[238]。

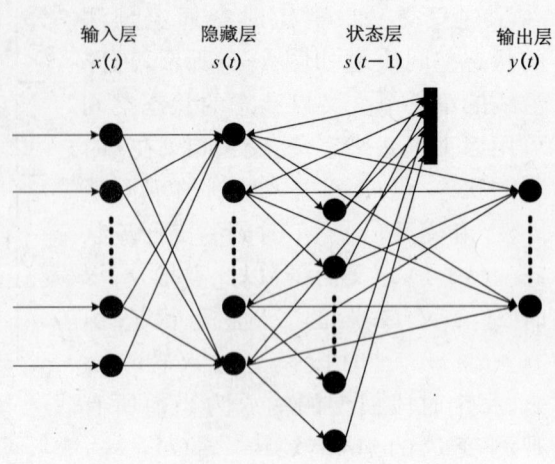

图8-6 状态空间神经网络拓扑结构

通过状态空间神经网络的数学描述可知,隐藏层的向量 $s(t)$ 为输入向量和偏差加权和,其可通过传递函数式(8-9)由输入层向量 $x(t)$ 计算得出。

$$\begin{bmatrix} s_1(t) \\ s_2(t) \\ \vdots \\ s_m(t) \end{bmatrix} = \begin{Bmatrix} h\left[\sum_{i=1}^{m} w_{i,1}^{il} x_i(t) + \sum_{e=1}^{m} w_{e,1}^{il} s_1(t-1) + v_1^{il} b_1\right] \\ h\left[\sum_{i=1}^{m} w_{i,2}^{il} x_i(t) + \sum_{e=1}^{m} w_{e,2}^{il} s_2(t-1) + v_2^{il} b_2\right] \\ \vdots \\ h\left[\sum_{i=1}^{m} w_{i,m}^{il} x_i(t) + \sum_{e=1}^{m} w_{e,m}^{il} s_m(t-1) + v_m^{il} b_m\right] \end{Bmatrix} \quad (8-9)$$

其中:s_m——第 m 个隐藏层神经元的值;

$w_{i,m}^{il}$——连接第 i 个输入层神经元和第 m 个隐藏层神经元的权重;

$w_{e,m}^{il}$——连接第 e 个隐藏层神经元和第 m 个状态层神经元的权重;

v_m^{il}——与第 m 个隐藏层神经元的偏差值权重;

b_m——第 m 个隐藏层神经元的偏差值,其值固定为1;

$h(\cdot)$——传递函数。

传递函数 $h(\cdot)$ 采用非线性的Sigmoid函数,其作用在于将结果之和转化到区间[0,1]中,如式(8-10)所示:

$$h(z) = \frac{1}{1+e^{-z}} \quad (8-10)$$

输出层向量 $y(k)$ 可由式(8-11)计算而得:

$$\begin{bmatrix} y_1(t) \\ y_2(t) \\ \vdots \\ y_m(t) \end{bmatrix} = \begin{Bmatrix} h\Big[\sum_{i=1}^{m} w_{i,1}^{lo} s_i(t) + v_1^{lo} b_1\Big] \\ h\Big[\sum_{i=1}^{m} w_{i,2}^{lo} s_i(t) + v_2^{lo} b_2\Big] \\ \vdots \\ h\Big[\sum_{i=1}^{m} w_{i,m}^{lo} s_i(t) + v_m^{lo} b_m\Big] \end{Bmatrix} \tag{8-11}$$

其中：w_i^{lo}——连接第 i 个隐藏层神经元和输出层神经元的权重；

v^{lo}——连接输出层神经元的偏差值的权重；

b——隐藏层神经元的偏差值，其定值为 1。

2. 基于扩展卡尔曼滤波的状态空间神经网络训练方法

状态空间神经网络因为其良好的特性可被用于短时交通量预测，但是其训练数据效率较低，因此可选用其他方法对其训练，在保证模型精度的同时减少神经网络的训练时间。扩展卡尔曼滤波模型可同状态空间神经网络相结合，提升其训练效率。

整个神经网络的系统状态可以表达如下非线性离散系统：

$$y_k = g(\theta_k) + v_k \tag{8-12}$$

$$\theta_{k+1} = \theta_k + \omega_k \tag{8-13}$$

其中：θ_k——神经网络的权重系数，可以看成一个静态的过程；

ω_k——过程噪声；

y_k——观测向量；

v_k——观测噪声；

$g(\cdot)$——非线性状态函数。

根据泰勒公式展开，公式(8-12)可以用状态估计量 $\hat{\theta}$ 表达为如下的形式：

$$y_k = g(\hat{\theta}) + \frac{\partial g(\hat{\theta})}{\partial \hat{\theta}}(\theta - \hat{\theta}) + o(\theta) \tag{8-14}$$

忽略掉高阶部分，扩展卡尔曼滤波就能够通过迭代公式(8-15)用来训练神经网络：

$$\begin{aligned} \hat{\theta}_k &= \hat{\theta}_{k-1} + K_k[y_k - g(\hat{\theta}_{k-1})] \\ K_k &= P_k H_k (R_k + H_k^T P_k H_k)^{-1} \\ P_{k+1} &= P_k - K_k H_k^T P_k \end{aligned} \tag{8-15}$$

每一个计算时刻,输入向量 x_k 代入到公式(8-9)、(8-10) 和(8-11),就得到输出向量 $\hat{y}_k$。根据误差向量 $y_k - \hat{y}_k$ 计算得出微分矩阵 H_k。再由 H_k 计算得出卡尔曼增益矩阵 K_k,其中,P_k 和 R_k 为误差协方差矩阵和测量值协方差噪声矩阵。神经网络权重系数的更新是根据增益矩阵、误差向量和当前的权重值而得到。状态空间神经网络和扩展卡尔曼滤波的模型拓扑如图 8-7 所示。

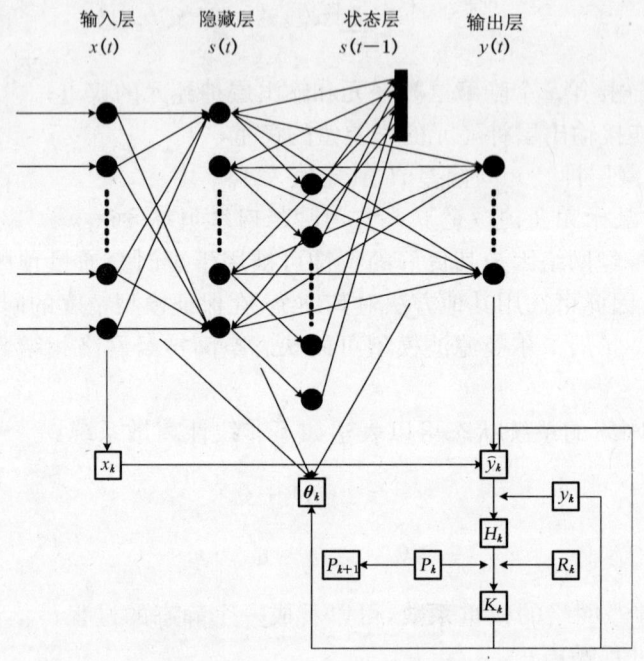

图 8-7 状态空间网络和扩展卡尔曼滤波模型拓扑结构示意图

8.4 基于数据融合的预测方法

数据融合是在一定的准则下利用计算机对若干检测器的采集数据加以自动分析与综合的数据处理过程。它通过对多检测器数据进行综合处理,取出冗余、克服歧义,进而得到更全面、更准确、更可靠的数据。

数据融合技术的最大优势在于它能合理协调多源数据,充分综合有用信息,在较短的时间内、以较小的代价,得到使用单个检测器所不能得到的数据特征,为道路交通参数预测提供一种新的途径。

路网交通信息是典型的多元信息,包括来自多个空间地点、多种检测器的信息,还可以扩展为来自不同预测模型的输出信息。由于道路交通系统复杂多变,在任意道路和交通条件下,单独使用某种预测方法所得到的结果并不理想。例如,回归分析预测方法是在可以获得多路段交通数据的基础之上,建立起各路段参数之间的线性回归方程,当数据有限时,此方法无法实现;历史趋势法可以在一定程度内解决不同时间、不同时段里的交通参数预测问题,但当有突发的交通事件发生时,此方法无法保证预测精度。所以有必要对来自不同预测模型的多源信息进行综合处理和判断,最后得出最优的预测结果。以不同预测模型的输出结果为信息源,以提高预测精度为目的,运用数据融合技术对交通参数短时预测方法进行研究。

8.4.1 融合模型的建立

就一种预测方法而言,在不同道路条件下、不同时间区间内的预测精度高低不一。对多种预测方法来说,在相同的道路条件和建模时段内,各方法的预测精度也有很大差异。在特定时段的预测中,对于在前若干时段预测精度较高的方法相对精度较低的方法应起较强的作用。如果能够综合考虑各种方法在前若干个时段内预测结果的精度,并将这些信息融合在一起,则既可以提高交通参数预测结果的精度,又可以保证预测误差的稳定性。下面介绍一种基于数据融合思想建立的交通参数短时预测方法——多模型融合预测算法(Multi-Model Fusion Algorithm,MMFA)。这种算法主要包含以下几个步骤:

(1) 基本预测方法的选择:以预测方法的成熟度、使用频率、预测效果、适用条件为原则,选择多种比较成熟、被广泛使用、预测精度较高的预测方法作为融合的基础。

(2) 数据的预处理:对交通检测器数据进行故障识别、补充、修复和平滑等处理,确保模型输入数据的质量。

(3) 基本方法预测:将经过预处理的数据序列分别输入到 n 种独立的基本预测方法的模型中,得到 n 个预测值,$\hat{y}_1(t), \hat{y}_2(t), \hat{y}_3(t), \cdots, \hat{y}_n(t)$。

(4) 多个预测结果融合:在 t 时段,根据上述预测模型在 t 时段之前的动态误差对各预测值进行加权,得到第 $n+1$ 个预测结果,即 MMFA 的预测结果 $\hat{y}_{n+1}(t)$,计算公式为:

$$\hat{y}_{n+1}(t) = \sum_{i=1}^{n} w_i(t) \cdot \hat{y}_i(t) \qquad (8-16)$$

式中:$\hat{y}_i(t)$ ——第 i 种方法在 t 时段的预测值;

$w_i(t)$ ——$\hat{y}_i(t)$ 的权重。

综上所述,MMFA 的计算流程如图 8-8 所示。

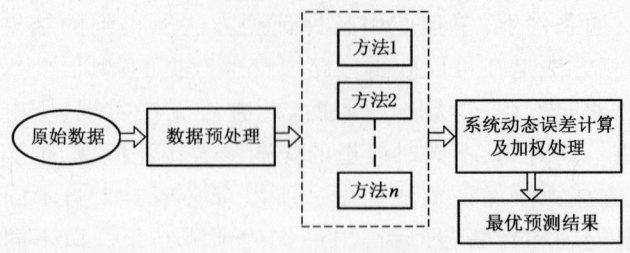

图 8-8 MMFA 计算流程

8.4.2 权重的确定方法

(1) 动态误差概念的引入

在 MMFA 中,权重的确定是极为重要的,它决定了某个方法输出信息对最终预测结果所起的作用,将直接影响到 MMFA 的预测精度。传统的权重确定方法有专家调查法、总分法、统计法、单因素分析法和模糊关系方程法等。这些方法多数主观性较强,在整个分析处理的过程中分配给每个因素的权重都是固定的,但在不同时期内,每种方法的预测精度并不是一直保持较高或较低,所以上述固定权重的确定方法对 MMFA 并不适用。MMFA 期望融合权重能够随着预测误差的变化不断调整,以使精度最好的预测结果可以对最终输出起到最大的作用,为解决这一问题,引入动态误差的概念。

定义动态误差 $e_{d,i}(t)$ 为

$$e_{d,i}(t) = \frac{1}{k}[e_{ar,i}(t) + e_{ar,i}(t-1) + \cdots + e_{ar,i}(t-k)] \tag{8-17}$$

式中:$e_{d,i}$——i 方法在 t 时段的动态误差,它实际上是 t 之前 k 个时段内 i 方法 $e_{ar,i}(t)$ 的均值;

k——误差累积数,通常根据预测数据的总数来确定其合适的取值;

$e_{ar,i}(t)$——t 时段 i 方法预测结果的绝对相对误差。

$e_{ar,i}(t)$ 的计算公式为:

$$e_{ar,i}(t) = \left| \frac{y_i(t) - \hat{y}_i(t)}{y_i(t)} \right| \tag{8-18}$$

式中:$y_i(t)$——t 时期的实测数据;

$\hat{y}_i(t)$——i 方法在 t 时段的预测值。

得到每种预测方法的动态误差之后,便可以据此确定各方法预测结果的融合权重。

(2) 反比例法

用 $t-1$ 时段的动态误差来确定 t 时段的权重,所以 $w_i(t)$ 是一个随着

$e_{d,i}(t-1)$ 变化而不断变化的函数。反比例法确定权重的原则是权重与误差大小成反比,即误差大的给予小的权重,误差小的给予大的权重。首先,用反比例法获得初始权重,计算公式为:

$$w_i^*(t) = \frac{1}{e_{d,i}(t-1)} \tag{8-19}$$

为保证所有权重之和等于1,对式(8-19)中的初始权重 $w_i^*(t)$ 进行规一化处理,得到最终的融合权重为:

$$w_i(t) = \frac{w_i^*(t)}{\sum_{i=1}^{n} w_i^*(t)} \tag{8-20}$$

(3) 等步长最小二乘法

最小二乘法又称最小平方法,其基本原则就是要使总的误差平方之和达到最小。式(8-16)中 $\hat{y}(t)$ 实际是 $\hat{y}_1(t)$, $\hat{y}_2(t)$, $\hat{y}_3(t)$, …, $\hat{y}_n(t)$ 的一个线性组合,$\hat{y}_1(t)$, $\hat{y}_2(t)$, $\hat{y}_3(t)$, …, $\hat{y}_n(t)$ 的权重分别为 $w_1(t)$, $w_2(t)$, $w_3(t)$, …, $w_n(t)$。反比例法在每一时段都需要对权重进行调整,工作量比较大,如果采用定期对权重进行调整的方法,可以减小权

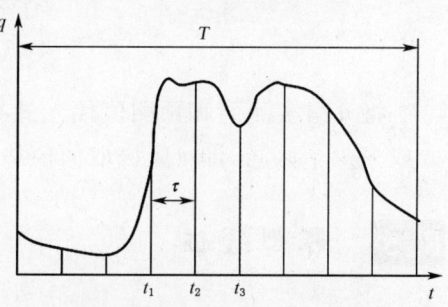

图 8-9 等步长最小二乘法示意图

重调整的工作量。因此以这种思想为基础,在对广义最小二乘法进行改进的基础上,提出了等步长最小二乘法。以图8-9为例,将预测模型的建模时间 T 分成若干个长度为 τ 的区间:

$$\tau = t_2 - t_1 \tag{8-21}$$

在每个区间内的融合权重是不变的,当新的区间开始时重新调整融合权重。在 $[t_1, t_2]$ 内权重固定,即:

$$w_i(t) = w_i(t_i), \quad t_1 \leqslant t \leqslant t_2 \tag{8-22}$$

则 t 时段的预测误差为:

$$e(t) = y(t) - \sum_{i=1}^{n} w_i(t_1) \cdot \hat{y}_i(t), \quad t_1 \leqslant t \leqslant t_2 \tag{8-23}$$

将式(8-23)两边平方并求和,得

$$\sum_{t=t_1}^{t_2-1} e(t)^2 = \sum_{t=t_1}^{t_2-1} \left[y(t) - \sum_{i=1}^{n} w_i(t_1) \cdot \hat{y}_i(t) \right]^2 \tag{8-24}$$

将 $w_i(t_1)$ 看作变量,要使误差平方和最小,对式(8-24)两边求偏导数,并令其等于零,有

$$\begin{cases} \dfrac{\partial \sum\limits_{t=t_1}^{t_2-1} e(t)^2}{\partial w_1(t_1)} = 0 \\ \dfrac{\partial \sum\limits_{t=t_1}^{t_2-1} e(t)^2}{\partial w_2(t_1)} = 0 \\ \vdots \\ \dfrac{\partial \sum\limits_{t=t_1}^{t_2-1} e(t)^2}{\partial w_n(t_1)} = 0 \end{cases} \quad (8-25)$$

将 n 组实测值和预测值代入式(8-25)中,即可求得所要的融合权重。将 t 分成多少个区间,即 τ 应该取何值最为合适,还需要进一步讨论。

8.5 模型验证

8.5.1 数据描述

应用南京市广州路上某交叉口群的 2009 年 12 月 4 日到 2009 年 12 月 10 日的实测数据对模型进行验证。该交叉口群共包括 17 个系统检测器以收集高精度的交通数据,观测数据包括车辆通过数和检测器占有率。该交叉口群的空间拓扑结构如图 8-10 所示。

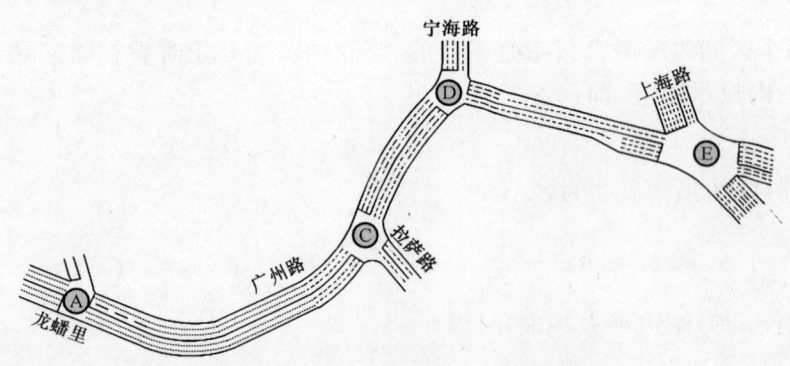

图 8-10 广州路交叉口群空间拓扑结构

8.5.2 改进的指数平滑预测方法

以交叉口群各检测器所检测到的数据为基础,运用改进的指数平滑法对检测器 C2108 检测器的交通量和占有率进行预测,基本交通参数的预测结果和实测结果的比较如图 8-11 至图 8-14 所示。

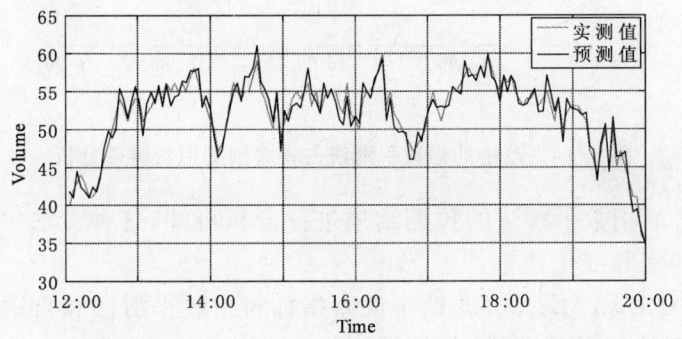

图 8-11　改进的指数平滑法的交通量预测结果

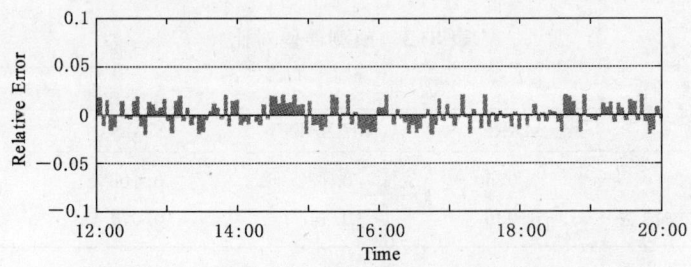

图 8-12　改进的指数平滑法交通量预测相对误差分析

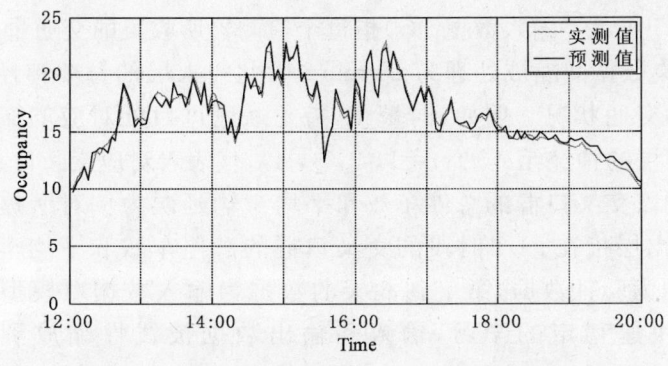

图 8-13　改进的指数平滑法的占有率预测结果

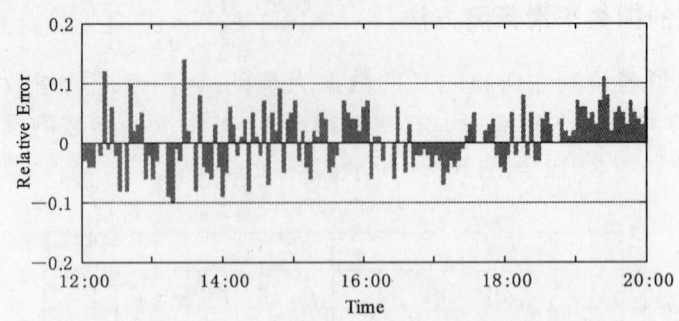

图 8-14 改进的指数平滑法占有率预测相对误差分析

通过改进的指数平滑法的预测结果进行分析可知,这种方法可以很好地跟踪交通参数的实际变化趋势。

使用 MARE 和 MAXARE 两个误差指标对指数平滑法和自适应权重指数平滑法的预测性能进行评价,其结果列于表 8-3 中。改进的指数平滑法的各项误差指标均小于常规的指数平滑法,说明改进的指数平滑法具有更高的预测精度。

表 8-3 预测误差对比

误差指标 预测方法	流量		占有率	
	MARE	MAXARE	MARE	MAXARE
指数平滑法	0.055	0.176	0.106	0.347
自适应权重指数平滑法	0.036	0.143	0.071	0.265

8.5.3 状态空间神经网络和扩展卡尔曼滤波方法

所选用交叉口群空间形态及对应的状态空间网络和扩展卡尔曼滤波模型的拓扑如图 8-15 所示。输入数据 $x(t)$ 指每个检测器所收集的交通量和占有率,为方便计算,收集数据间隔被处理为 15 min。因此输入层的每个神经元代表着对应检测器处的交通状况。例如,向量 x_1 指龙蟠里进口处对应的交通量和占有率。四个隐藏层的神经元 $s_i(t)(i=1,2,3,4)$,代表着对应交叉口在 t 时刻的交通状态。分别以交叉口群的总停车数和平均车辆延误为例对所提出模型进行验证,所以输出层指在 $t+1$ 时段的交叉口群的总停车数和平均车辆延误。以第 7 天的数据为验证数据,第 1 到 6 天的数据为输入数据对模型验证。为保证神经网络快速稳定的学习,输入和输出数据被线性缩放到区间[0.1, 0.9]中。

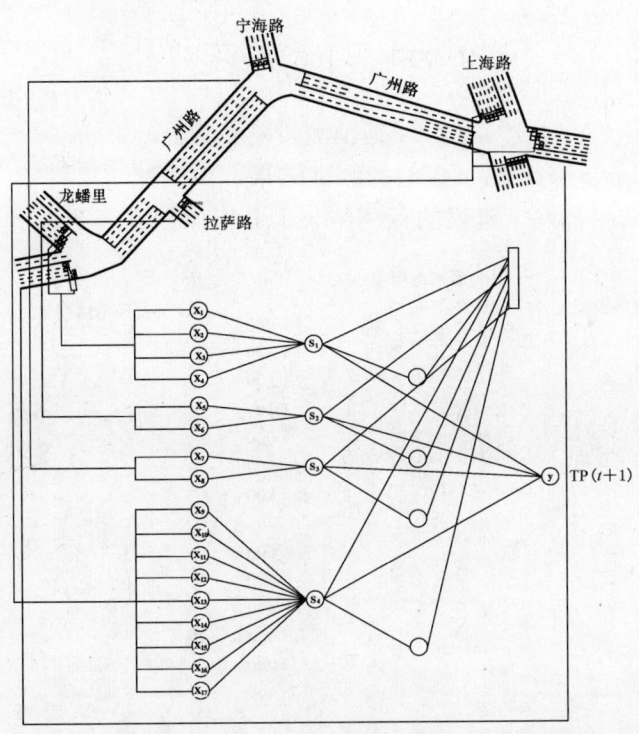

图 8-15 交叉口群空间布局特征及状态空间神经网络结构

应用 Matlab R2010b 软件中神经网络工具箱和卡尔曼滤波工具箱中的相关函数对状态空间神经网络和扩展卡尔曼滤波模型(State Space Neural Network and Extended Kalman Filter Model,SSNNEKF)进行编程实现。状态空间神经网络采用 Levenberg-Marquard 方法进行训练。对 SSNNEKF 模型,有两类参数是需要进行初始化设定的:神经网络权重系数和滤波噪声。这两类参数一般凭经验设定,在没有先验经验时,这两个参数采用随机数,并通过大量的训练数据对其进行标定可以发现,类似于其他启发式算法,SSNNEKF 模型的参数在初始阶段预测值和观测值的差异较为明显,但经过一定时间的训练后,误差会显著下降到一个可以接受的区域内。

为验证 SSNNEKF 模型的精度和稳定性,将 BP 神经网络和状态空间神经网络作为参照模型对 SSNNEKF 模型进行验证。误差指数由式(8-26)和(8-27)所确定。

$$\text{MRE} = 100 \frac{1}{N} \sum \frac{e_n}{t_n} \qquad (8\text{-}26)$$

$$RMSEP = 100\frac{\sqrt{\frac{1}{N}\sum e_n^2}}{\bar{t}} \qquad (8-27)$$

式中，e 是预测误差，t 是测量值，N 是预测段的总数。

图 8-16 和表 8-4 给出了模型的测试结果。由测试结果可知，三个模型的停车次数的预测结果都好于延误的预测结果。分析原因在于延误为非直接获取变

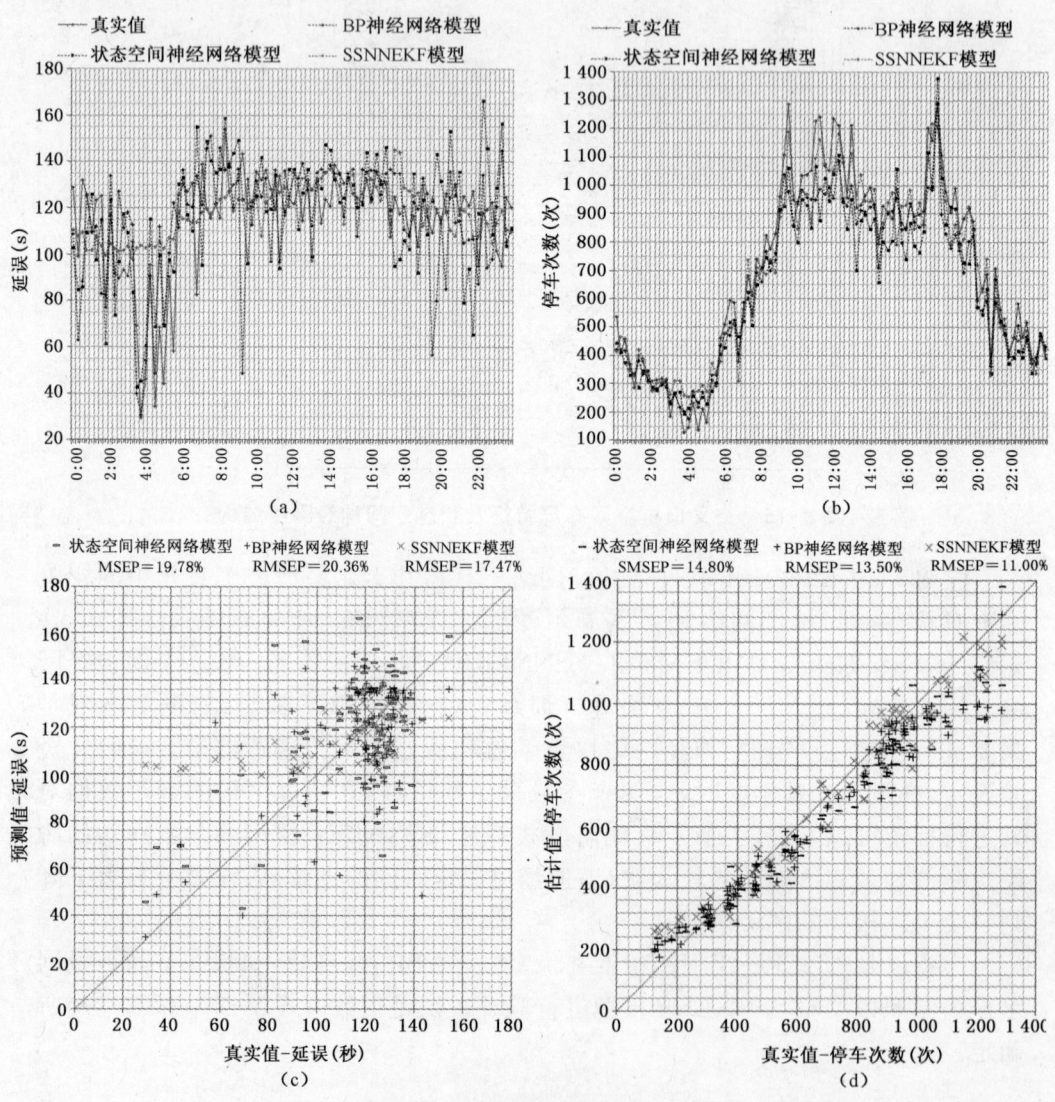

图 8-16 测试结果及误差分析

量,其值受到多种随机因素影响,因此原始训练值不如停车次数值精确。如表8-4所示,状态空间神经网络模型和SSNNEKF模型的估计结果没有太大的区别,但训练效率有了很大程度的提高,这说明应用扩展卡尔曼滤波训练状态空间神经可以在不降低模型预测精度的前提下极大地提高模型的训练效率。BP神经网络在稳态交通流的状态下预测值较好,但在交通状态发生突变时会产生极大的误差。BP神经网络和SSNNEKF模型的训练时间远远低于状态空间神经网络。测试结果表明,SSNNEFK模型比其他两种模型具有更好的鲁棒性。

表 8-4　模型测试结果

模　　型	指标	MRE（%）	RMSEP（%）	计算时间（s）
BP 神经网络模型	延误	16.72	20.36	29.00
	停车次数	10.63	13.50	29.98
状态空间神经网络模型	延误	18.16	19.78	78.50
	停车次数	13.02	14.80	79.06
SSNNEKF 模型	延误	17.30	17.47	22.03
	停车次数	12.49	11.00	21.92

8.5.4　基于数据融合的预测方法

选择上述比较成熟、已被广泛使用并且预测精度较高的方法作为融合的基本方法,包括改进的指数平滑法、状态空间神经网络、状态空间神经网络和扩展卡尔曼滤波方法,使用本章之前部分已经得到的预测结果,根据数据融合的计算流程,采用反比例法确定权重,对检测站的各交通参数进行预测,结果如图8-17至图8-20所示。

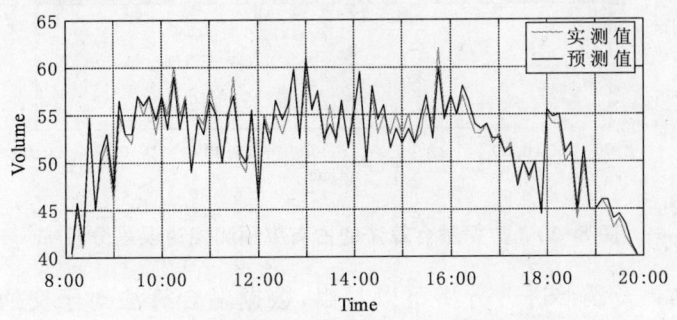

图 8-17　数据融合算法的交通量预测结果

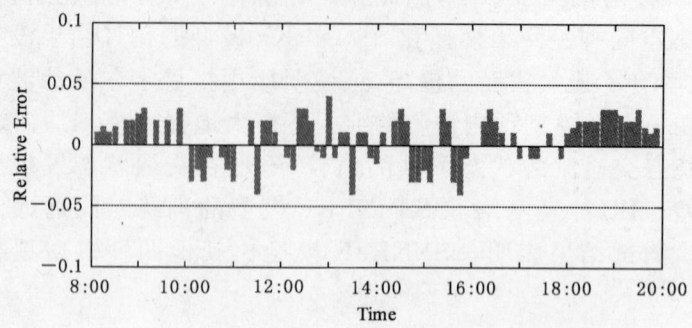

图 8-18　数据融合算法的交通量预测相对误差分析

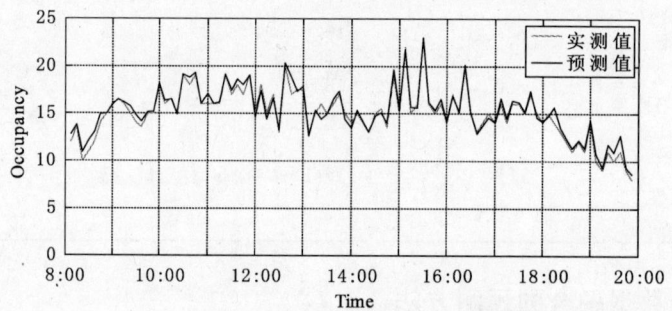

图 8-19　数据融合算法的占有率预测结果

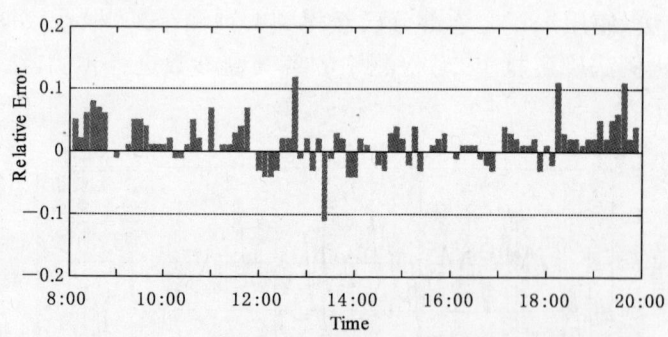

图 8-20　数据融合算法的占有率预测相对误差分析

对预测结果及误差进行分析可以看出,数据融合算法对于交通参数的预测结果与实际的变化曲线非常接近,相对误差都在[-0.1,0.1]范围内,这说明数据融合算法可以快速、准确地跟随实际数据的变化。

为了更好地对上述方法的预测效果进行评价,选用 MARE 和 MAXARE 作为预测效果的评价指标,将上述几种方法的预测误差列于表 8-5 中。

表 8-5 预测精度误差对比

误差指标 预测方法	流量		占有率	
	MARE	MAXARE	MARE	MAXARE
AWES	0.036	0.143	0.071	0.265
SSNN	0.043	0.177	0.082	0.306
SSNNEKF	0.024	0.081	0.037	0.120
MMFA	0.027	0.098	0.032	0.110

从表 8-5 中可以看出,MMFA 和 SSNNEKF 模型的预测结果较好,其预测误差指标小于其他预测结果,SSNNEKF 在流量预测结果较佳,而 MMFA 在预测占有率时精度较高。SSNNEKF 模型适用于历史数据充分的情况,也可应用于过饱和状态;MMFA 则很大程度依赖于所融合的模型预测结果,在所预测模型不适用于过饱和状态时,其预测偏差较大。

第九章

过饱和状态下交叉口群交通控制策略与模型

交叉口群优化目标、控制结构和交通控制策略及模型决定了信号控制方案在过饱和状态下的优化思路和控制效果。本章主要讨论了过饱和状态下交叉口群交通信号控制的优化目标、控制结构、控制策略、优化模型和总体优化流程,为设计动静协同的交叉口群信号配时优化方法奠定基础。

9.1 传统协调信号控制方案失效原因分析

9.1.1 干线协调控制失效原因分析

在过饱和条件下,上游交叉口绿灯期间通常以饱和流率放行,驶出的车辆将以车队的形式在交叉口间的连接路段上行驶。要使此车队顺利通过下游交叉口,则需下游交叉口的绿灯时间长度不能短于上游交叉口的绿灯时间长度,并且车流在连接路段上行驶的过程中不能受到任何阻滞。这种假设在实际中很难成立,由于过饱和状态下车流量较大,车辆间的纵向干扰严重,导致车队后方车辆行车速度下降,无法以预计速度抵达下游交叉口,并在绿灯期间顺利通过。上游交叉口在下一绿灯期间仍以饱和流率放行,此时驶出的车队将会受到前方排队车辆的影响而导致行驶速度整体下降,交叉口停车线前累积的排队车辆随之不断增多。如果这种情况不能尽快得到有效缓解,则若干个信号周期后,便会出现下游路段排队溢出的极端情况,导致上游交叉口绿灯期间车辆无法通行,绿波协调控制所追求的带宽几乎不复存在,结果使交叉口间的信号协调失去意义。

传统的干线协调信号控制方法在过饱和状态下失效的根本原因在于以下几个方面:

(1)下游交叉口通行能力限制。在过饱和状态下,由于下游交叉口的通行能力在已有信号控制方式下已达到最大,因此无法对停车线前的排队车辆进行快速疏导。如果要突破这种限制,及时给予干线排队车辆绿灯放行,则需打破已有的信号控制方式。

（2）上游交叉口放行车辆过多。下游交叉口停车线前排队车辆增多的另一个直接原因是上游交叉口放行的车辆过多。已有干线协调信号控制方法中没有考虑下游路段排队车辆对上游交叉口信号配时的影响，导致上游交叉口放行的车辆过多、过快，增加了下游交叉口的交通负荷。如果能根据下游路段的排队情况，控制上游交叉口绿灯的开启时间及持续时间，则既可实现控制的及时、有度，又可避免断流、超载现象的出现。

（3）缺乏实时监督评价机制。在已有干线信号控制方法中，仅追求在既定交通条件下的带宽最大化，并没有对带宽本身进行评价界定。如果某一交通条件下优化的带宽较小，如3 s，虽然已是最优结果，但对干线绿波通行显然已没有意义。现有的干线信号控制方法中并没有考虑这种情况，导致其在过饱和状态下的协调效果欠佳。

9.1.2 区域协调控制失效原因分析

已有的区域自适应信号控制系统，无论是方案选择式还是方案生成式，其参数的调整都是以实时采集的交通流量为基础，根据当前的交通流量自适应地选择或生成与其相适应的信号控制方案。即区域自适应信号控制系统的本质是信号周期、绿信比和相位差随着交通流量的变化而变化。

区域自适应信号控制系统的配时参数依赖于流量，而配时三参数的调整将直接影响到区域交通控制的效果。区域自适应信号控制系统的效果取决于当前采集到的流量能否真实地反映当前的交通状况。若流量与实际的交通状况一致，则优化调整的配时方案能够适应当前的交通需求，控制效果较为理想；若流量与实际的交通状况不符，则优化调整的配时方案不能适应当前的交通需求，难以取得预期的控制效果。

当道路上的车流密度达到或超过临界密度后，即道路上出现过饱和状态时，该指标便无法体现真实的交通状况。在图9-1所示的流量—密度曲线图中可以看出，车流密度达到临界密度以前，流量能够代表道路上的交通状况，随着流量的不断增加，道路上的车流密度也逐渐增大。当流量逐渐增大导致车流密度达到临界密度后，如果

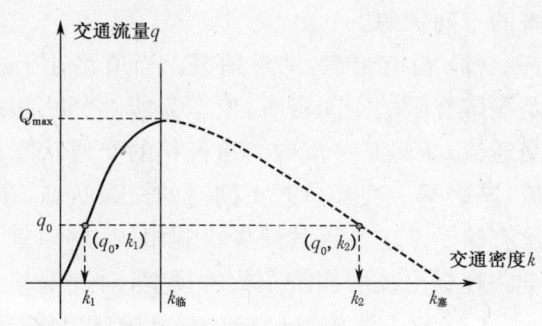

图9-1　流量—密度关系图

不能及时疏散车流,随着后续车辆的到达,车流密度将继续增大,但流量却不断减小。

信号控制系统适应的条件是 $k \leqslant k_{临}$ 的情况,对于饱和状态乃至过饱和状态的情况几乎未给予考虑。即区域自适应信号控制系统的适应条件是稳态的交通状况。

当城市道路处于过饱和状态时,应调整交通信号配时参数来对交通流进行有效调控。当道路上的车流密度达到阻塞密度时,固定型检测器检采集到的流量将为 0,此时信号控制系统的控制目标显然已不是适应当前的交通流量,而是想方设法让车流运动起来,即让 q 逐渐升高,拥挤的车流才能得到疏散,道路上的交通流才能逐渐恢复正常的运行状态。

反思上述过程,流量由 0 逐渐升高是通过调整信号配时完成的,即此时道路上的交通流量随着配时的变化而变化。而在非拥挤情况下,三个配时参数随着流量的变化而变化。因此,过饱和状态的交通信号控制策略和稳态的区域交通协调控制策略有所差异。自适应信号控制方式较适用于稳态条件,对于过饱和状态条件下的交通状况,这类信号控制系统没有给出明确的解决方案[239]。

区域自适应信号控制方法在过饱和状态条件下失效的原因可归纳为以下几个方面:

(1) 时空错位,适应失败。任何一个系统都有其适应范围,对于交通系统这样的"时空"矛盾体而言更是如此。稳态条件下,道路上的空间资源充足,此时时间资源是矛盾的主体,信号控制系统应想尽一切办法解决时间资源。此时,区域自适应信号控制系统便充分发挥了其特有的优势,即通过优化计算调配绿灯时间。过饱和状态条件下,道路上的空间资源匮乏,此时空间资源上升为矛盾的主体,而时间资源则降为矛盾的客体,信号控制系统应想尽一切办法率先解决道路空间资源,即通过重新组织交通流,使拥挤的车流得到优先释放,以缓解极度紧张的空间资源。

(2) 没有组织,缺乏预案。当道路处于过饱和状态时,首先要解决的问题就是缓解有限的空间资源,使车流能够"动"起来。但是,该如何协调组织各流向的交通流,减轻某一流向严重拥挤的交通状态;以及如何协调组织各交叉口的交通流,减轻某一交叉口严重拥挤的交通状态,在已有区域自适应信号控制系统中并没有给予考虑。因其缺少宏观组织,难以针对道路网中的处于过饱和状态的关键路径提出疏散拥挤车流的预案,对过饱和状态的交通流控制适应性较低。

(3) 权力集中,反应迟缓。已有区域自适应信号控制系统,通常控制子区固定,同一子区共用一个信号周期,采取集中式控制结构。这种集中式的控制方式能够保证总体策略的统一性,为保证整体的均衡性,控制决策的制定和执行通常是循序渐进的缓慢过程。然而当某一交叉口处于过饱和状态时,拥挤车流引起的冲击波向上游传播,上游车流的冲击波又不断地驶向处于过饱和状态区域,"双波"传递导致道路上的空间资源很快被耗尽。而集中式的"缓慢"调整显然难以适应这种"快速"的积聚反应,丧失了疏散拥挤的最佳时机,导致拥挤不断加剧。

(4) 同一周期,不利调配。已有区域自适应信号控制系统,同一控制子区,同一信号周期的方式方便了集中管理和技术实现。非拥挤时同一区域各交叉口的空间资源矛盾不突出,可通过集中优化配时、集中调配的方式使各交叉口的时间资源均衡。但过饱和状态时各交叉口的空间资源不对等是主要矛盾,此时时间资源是否均衡已经不重要。由于各交叉口信号周期一致,因此无法将非拥挤交叉口剩余的时间资源调配到处于过饱和状态的交叉口,以缓解其极度紧张的空间资源,导致同一区域各交叉口"忙"、"闲"不一,没能实现"资源共享、压力均分"这一全局优化思想。

(5) 缺乏跟踪、疏于防范。交通具有动态性,拥挤具有蔓延性,某一交叉口过饱和状态缓解便可能意味着其相邻交叉口交通状态恶化,因此,在对过饱和状态下的车流进行控制时,要从交通流的整体发展态势上给予充分的考虑,针对过饱和状态交叉口群的关键路径优化,做到防患于未然。应该实时跟踪拥挤点所在的路径并采取措施对其及时控制,使拥挤良性转移,逐渐疏散。但已有区域自适应信号控制系统尚不具备这样的能力,无法对交叉口群的关键路径进行疏导、跟踪。

综合以上分析,在过饱和状态下,交叉口群的信号协调控制与非拥挤条件下的区域信号控制在控制理念、控制策略、控制结构上都具有一定差异。不解决这些问题,则很难通过信号控制手段对拥挤车流进行有效疏导。

9.2 交叉口群控制策略优化目标

9.2.1 过饱和状态交通控制目标的要求

在识别交叉口群交通信号控制策略的效用前,需对交通控制策略的目标进行讨论。在不同交通条件下,交叉口应采取不同的交通优化目标才能达到相对较好的控制效果。在对过饱和状态的交叉口群进行信号优化时,应首先确定其优化目标。

传统交叉口信号控制优化目标由实践经验所确立。例如耶鲁公路局在优化单点交叉口信号周期时应用泊松分布来估计交叉口的到达率。此方法假设车辆到达不受其他因素影响并只在低交通量时有效。该方法采用了95%的置信率，以保证大部分到达车辆能有足够的绿灯时间通过交叉口。其优化目标为保证95%的到达车辆能在一个周期内通过交叉口，也就是最小化周期服务失败率（Cycle Failures）不大于5%。周期服务失败指在当前周期的绿灯时间内，交叉口排队车辆不能通过交叉口。

在某些情况下，周期服务失败不能作为优化目标。应用泊松分布估计到达车辆数并优化信号配时方案，会使周期长度变长，造成长红灯时间，结果会引发更长的排队，此时无法达到优化信号的目标。在交通量较高时，泊松分布车辆到达是独立的假设不再成立，其信号配时优化结果不再可信。

在交通量较高时，可将信号交通控制的目的调整为使交通流运行得更加顺畅。此时优化指标可替换为最小延误，最小停车次数或两者的综合。延误和停车次数的最小化和服务周期失败的最小化是不同类型的优化目标。以延误作为优化目标时，会出现当优化某个进口的长排队时会引发冲突流向上引发比本流向节省时间更长的延误。因此当前大多数交通信号优化软件采用了同时最小化延误和停车次数作为其优化目标[4]。

Synchro等交通信号优化软件利用交叉口的饱和度来代替停车次数和延误作为优化指标[205]。如《美国高速公路通行能力手册》[240]是根据式（9-1）所示的基本关系来对信号控制进行优化。

$$X_i = \left(\frac{v}{c}\right)_i = \frac{v_i}{s_i\left(\frac{g_i}{C}\right)} = \frac{v_i C}{s_i g_i} \quad (9-1)$$

式中：c_i——车道组 i 的通行能力；

v_i——车道组 i 的实际或预测需求流率；

s_i——车道组 i 的饱和流率；

g_i——车道组 i 的有效绿灯时间；

C——周期长。

根据这种算法确定的信号控制方案会试图平衡交叉口各个流向的饱和度。其优化指标为将交叉口各进口的饱和度差异最小。此算法认为各个流向饱和度的差异对于交叉口配时来讲是一种负面效应。

信号配时优化软件PASSER[241]的主要优化目的是干道的信号绿波控制，其通过平衡各个交叉口的饱和度来优化各个交叉口的绿灯时间。此优化目标和《关于高速公路通行能力的临时材料》[242]中的关键车道分析的概念（Critical Lane Analysis）相关。此方法没有以交叉口延误最小化作为优化目标。

在协调信号控制中，交叉口信号控制的优化目标一般为在网络范围取得最小的延误和停车次数或优化某个特定的流向(如绿波控制)。绿波控制能依靠信号控制最大限度地减少车流在行驶过程中因红灯而引起的停车损失时间。此时可形成一个指定宽度通过带,当指定路径上的车流以预定速度运行时,即达到绿灯时间的到达车辆最大。如 PASSER 软件在优化协调控制信号时,会明确地优化各个交叉口的相位差和相序,以使通过带宽度最大。同时软件也协调各个交叉口,以保证各个交叉口的饱和度相互平衡。

在过饱和状态下,稳态交通流状况下交通信号控制优化目标不再适用。稳态交通流交通信号控制的优化目标主要有最小化整体延误和停车次数、最大化交叉口通过车数和平衡各交叉口饱和度。在交叉口过饱和状态下,延误和饱和度均无法直接测量;交叉口排队常处于溢出状态,大部分排队车辆不能顺利行驶,从而使按照稳态车速设计的协调控制信号也失去意义;平衡饱和度法失去效用的原因主要在于饱和度受信号控制通行能力限制:当过饱和状态交叉口通行能力溢出时,饱和度不再表现交通需求的特征。在交叉口过饱和状态下,延误也不适合作为交通信号控制的优化目标。当交通到达车辆超过交叉口通行能力时,交叉口延误随时间的增加不断加大,延误数据也就变得不能定量描述。

过饱和状态下交叉口群信号交通控制优化目标和稳态交通流的控制目标不同。在过饱和状态,交叉口群处的交通流不能达到通畅的状态,因此需对其制定相应的控制优化目标。

9.2.2 过饱和状态下交叉口群交通控制优化目标

由于目前并未形成较为成熟的过饱和状态交通控制目标,因此当常规交通控制的目标可以使交通流通畅运行时,应尽量采用较为成熟的信号优化策略而不是选用新的控制策略。

在确认交叉口群处于过饱和状态时,首要的交通控制目标应为尽可能快速消除瓶颈路段处的拥堵,以避免交通拥堵进一步扩散,以致形成不可逆转的路网"锁死"状态。通过交通信号控制的方法使交叉口恢复正常运行状况的本质是,通过调整绿灯时间以尽可能地减少交叉口进口处的滞留排队(Residual Queuing)。根据尽快疏散过饱和状态交叉口滞留排队的思想,选取关键路径通过车数最大(Maximizing Throughput)和排队管理(Managing Queues)作为过饱和状态交通信号控制的优化目标。当其他优化目标不能达到时,可采用使交叉口通过尽可能多的车辆以减少产生拥堵的流向的排队的优化控制目标,同时应避免因不良交通设计而引起的负面交通效应(如交叉口溢流、绿灯空放及滞留排队等)。

为实现过饱和状态交通信号控制优化目标,在交通实践中可以采用对应的交通管控措施。通行车数最大的交通控制措施包括:①从下游的瓶颈交叉口开始解决交叉口群的过饱和问题。②将空间距离相近的交叉口(短连线交叉口)采用相同的控制方案。③优化交叉口的渠化设计,使交叉口的空间全部最高效的利用。④将左转重交通量的相位偏后服务,以确保左转车辆不会溢流至直行车道。⑤考虑使用合适长度的周期。因在长周期下,放行车流的车头间距会变大,放行车流密度会相应降低,应用短的信号周期将会使车流持续以饱和流率放行,但短周期的使用必然会带来更多的启动/停车的损失时间,因此需平衡周期长度以使周期内通行车数更多。⑥重交通量的关键流向对应的相位可以在一个周期内多次服务,每次服务的绿灯时间可以相应地减少,这样能使关键流向的排队能迅速消散,且不会阻挡别的流向的排队,同时也能均衡车辆到达的不均衡状况。⑦最小化行人和非机动车的影响。在我国机非混行情况严重,在过饱和状况下,如果不能很好地引导行人和非机动车通过交叉口,将使交叉口的秩序更加混乱,从而进一步加剧交叉口的拥堵状况。因此需对行人和非机动车的相位进行合理设计。⑧将非饱和流向的可用绿灯时间尽可能的转移到饱和流向上来。⑨对过饱和状态的流向和非饱和状态的流向分别处理。此种措施为过饱和状态流向增加了一个短周期,以使放行密度最大,而其他非饱和流向则和饱和流向在正常的周期内服务,从而使一个相位内通过的车辆和行人更多。这就等于在一个周期内为过饱和状态的流向增加了一个相位(或者说非饱和相位每两个周期服务一次)。⑩避免使用感应控制。在过饱和状态下,感应控制不能正常地检测交通状况,经常会给出过长或过短的交通周期,这样会使交通状况进一步恶化。

排队管理措施包括:①关键交叉口的关键流向禁左,以使左转车辆在其他不饱和的交叉口绕行。②保证临近交叉口的交通协调控制有效,以避免因协调控制失效引起的排队溢流现象。③均衡冲突流向的排队长度。④调整相位的绿灯时间,以防止上游非相关流向溢流,从而引起更大范围的交通拥堵。⑤试图使交通流平稳运行,从而增大道路空间的利用率。但此情况一般需要切换到长周期,并经常在有充足空间排队的路段引起较长的排队。⑥避免溢流现象的发生,尤其是延伸到上游交叉口的排队溢流。⑦在关键交叉口的上游交叉口截流,以保证关键交叉口交通需求降低。⑧在关键交叉口的下游交叉口尽快放行,以保证关键交叉口的排队尽快消散,尤其是关键路径上的排队,也避免下游交叉口排队会延伸至关键交叉口。

9.3 控制策略的控制结构

控制结构指为实现控制策略所采用的系统结构,其需要系统综合地考虑系统通信设备和计算机性能等硬件上的限制。常见的控制结构大致可分为集中式、分散式和分布式[40]。

集中式的控制结构中,所有的配时优化技术都在控制中心服务器中完成,交叉口的信号机只负责采集并转发检测数据以及根据中心发布的控制方案运行交叉口的信号灯。在这类控制结构中,控制方案的响应时间一般较长,大多以周期为控制间隔。集中式控制的优点在于控制策略能有效地对整体控制对象进行控制,但无法在短时间内响应突发状况,极大地影响控制的实时性,并限制了集中控制的区域范围。早期的交通控制系统大多采用集中式的控制结构。

分散式控制结构信号控制方案的计算功能被分散到各交叉口信号机来完成。各相邻信号机之间可通过相互交换信息来获取小范围区域内的交通状态,并决定本交叉口在优化间隔内的控制方案。此类控制结构控制方案的响应时间和优化间隔一般较短,能及时对控制范围内的交通状态波动进行响应。但单个交叉口的信息处理能力有限,只做到小范围的协调控制,无法跟踪更大范围的交通流变化。

分布式的控制结构集合了集中式和分散式控制结构的优点,并且在系统设计的时候将控制功能分布在不同控制单元中实现,通过设计相应的控制单元能提高系统的稳定性。分布式控制系统的设计思想是基于智能控制理论中的分层递阶控制思想,将控制策略按照自上而下精度渐增、智能程度渐减的原则分解为组织级、协调级和执行级。不同级别上的决策单元之间有往返的信息交换,向下的信息有优先权,较低级对这一信息应作为命令对待。整个控制策略的目标被分解为在不同级别实现的子目标,级别越高,控制方案的时效性越长。

9.3.1 过饱和状态交叉口群的控制结构

交通控制系统由于具有典型的信息分散(子系统分布于广阔的空间范围)的特点,随着路网规模的扩大难以做到集中式的控制。根据对路网交通状态的判别,实现控制参数和控制结构的分级与组合,是解决控制问题的核心[148]。

根据过饱和状态交叉口群的空间、交通流和交通控制的特性,在优化过饱和状态交叉口群交通控制方案时,应将交叉口群的交通控制分为三层:交叉口群交通管理层、关键路径协调控制层和单点交叉口优化层。交叉口群交通管理层在交叉口群层面对整体交通需求进行管理,保证在过饱和状态下,将交通压力向周边路网分担;关键路径协调控制层主要优化关键路径的协调交通信号控制方案,利用交叉口群路网的存储能力,保障交叉口群关键路径的交通流顺畅运行,快速疏散交通拥堵;单点交叉口优化层根据实时交通状况优化各交叉口的信号配时方案,保证关键路径通过车辆最多、平均排队长度最小,避免负面效应产生。图

9-2 说明了南京新街口地区交叉口群的三层控制结构。在交叉口群层采用限流策略,减少新街口地区周边交通流进入,并使被堵塞地区的交通尽快疏散;在关键路径层,针对交叉口群的关键路径和次关键路径优化信号协调控制方案,以使系统整体通过车数最大,并使交通负担均匀分布在交叉口群中;在单点交叉口层,根据实际道路情况,优化信号配时方案,防止负面效应的产生。

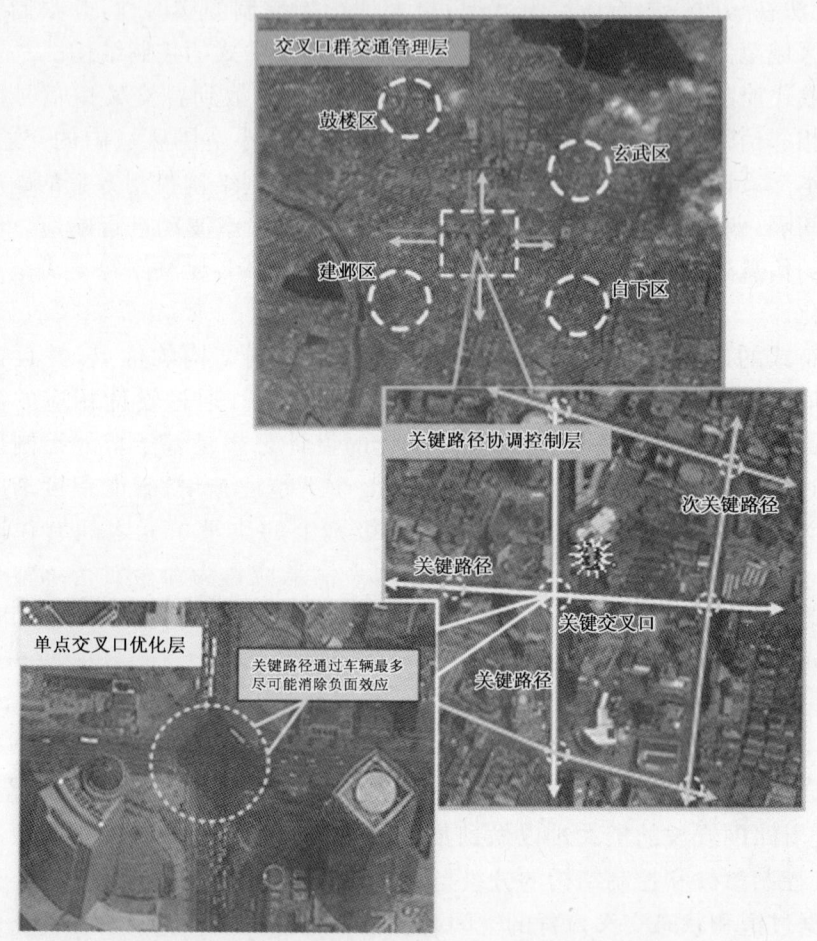

图 9-2 南京市新街口地区交叉口群三层交通控制结构

9.3.2 交叉口群过饱和状态交通信号控制策略

对应交叉口群的三层交通控制结构,过饱和状态的交通控制策略也分为单点优化层、关键路径优化层和网络优化层,各层之间的相互关系如图 9-3 所示。

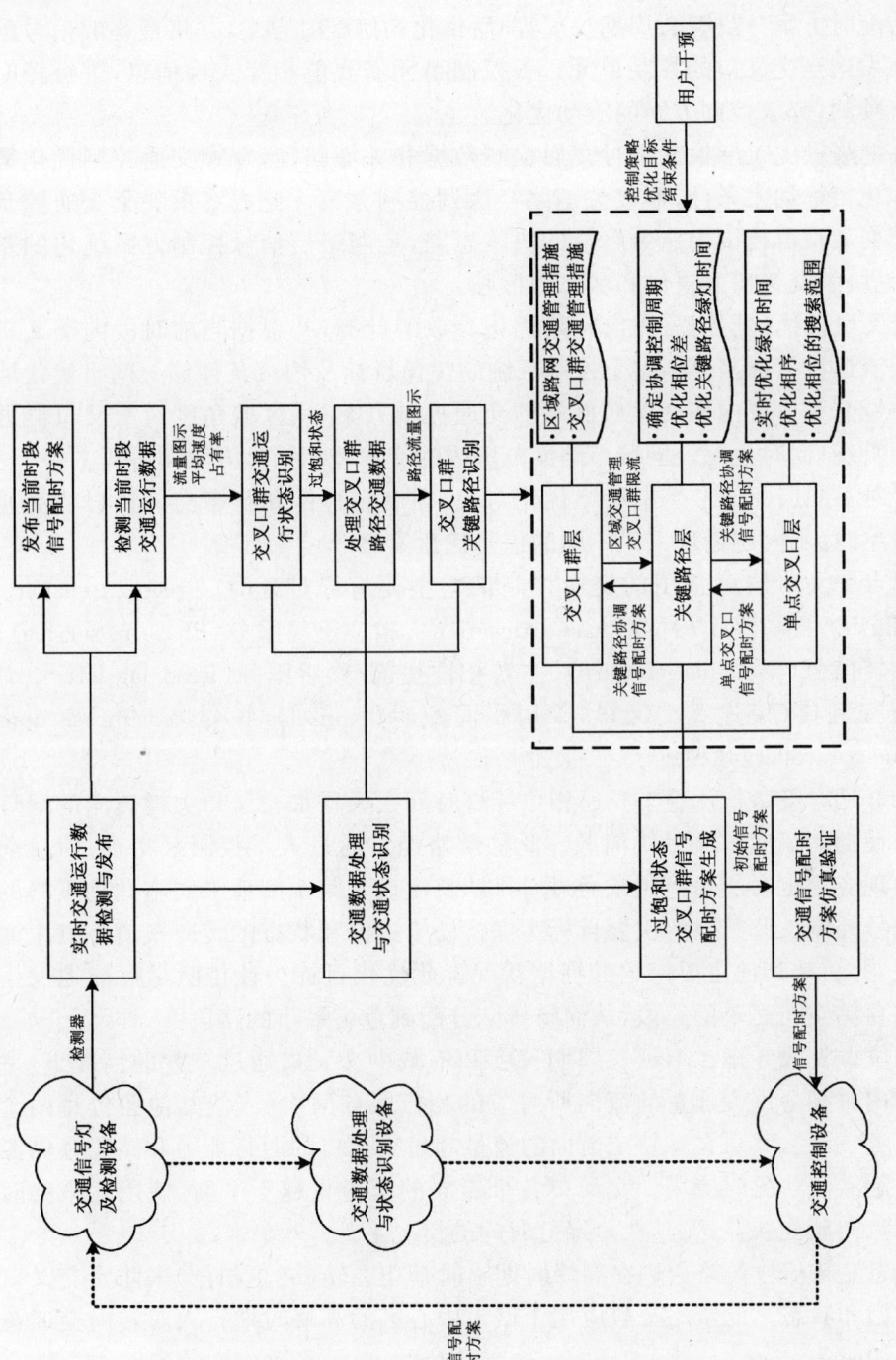

图 9-3 交叉口群交通控制策略框架

单点优化层主要关注于单个交叉口配时方案的计算,在关键路径优化层反馈初始配时方案(绿信比、周期长度等)后优化初始配时方案,并将最终的信号配时方案发送至交叉口的控制单元。各控制单元需要能相互交换信息,进行短时交通流预测,完成控制方案的滚动优化。

关键路径优化层根据实时交通检测数据和关键路径,兼顾交通控制优化策略和优化目标约束条件,形成关键路径协调控制方案。此方案反映了交通控制者缓解交叉口群范围内瓶颈路段的决策思路,是网络层信号控制方案优化的基础,也是缓解交叉口群过饱和状态的核心。

交叉口群优化层中需完成网络优化参数的计算,并根据当前时段内交叉口群交通流运行指标来更新整个控制系统的优化目标及约束条件等。网络优化层还需协调交叉口群内和交叉口群外的交通控制方案,从区域角度对交叉口群进行交通管理,同时也保证同城市路网范围内的交通控制信号方案相协调。

针对不同层面信号控制策略优化对象,在制定过饱和状态交叉口群的交通控制策略时,不同层面可采用不同的信号优化策略[166,243]。

单点交叉口层可选用的交通控制策略主要有绿灯延时(Green extension / green flush)、提前终止相位(Phase truncation)、相位重复服务(Phase re-service)、动态左转信号(Dynamic left-turn)、左转相位提前/移后服务(Lead/lag left-turn)和邻近交叉口(短连线交叉口)采用相同配时(Run closely-spaced intersections with one controller)几种。

绿灯延时策略指比稳态交通相位绿灯时间大大增加交叉口关键流向的绿灯时间以使拥堵流向车流尽快消散。此种策略经常通过人工控制来实现,但目前已经出现应用定时交通控制或通过对排队长度设置某个阈值来实施此种策略的自动信号控制。此策略的次要目标为保持处于过饱和状态的转向车道不发生溢流状况,并缓和其他主要街道的拥堵状况。此优化目标为让排队尽可能地发生在道路存储空间充足的路段,从而将排队分配到危害最小的路段。

相位重复服务指在不延长周期长度和不减少交叉口通过车数的情况下,一个周期内对某个重交通量的流向所对应的相位服务两次(或使其他相位每两个周期服务一次),其可在某特定流向的流量超过交叉口的通行能力和路段存储能力并引起溢流状况时应用。交叉口各个流向的交通量越不平衡,使用此策略时其关键流向越能获益,尤其在短绿灯时间的情况下。

动态左转信号策略通过在高峰时期临时禁止左转(终止相位)来防止交叉口处于过饱和状态。此策略一般应用于城市中心区的高峰时期行人对转向交通造成阻碍的时候。

左转相位提前或移后策略可以给饱和的直行交通流提供更多的绿灯时间,

尤其在交叉口有不平衡的转向交通流量时。通过相位的提前或移后，可以避免车道溢流或左转相位绿灯空放。当设计和应用相位提前或移后策略时，需对左转交通流的到达率进行特别注意。

提前终止相位策略可以当作在交通需求较少时防止绿灯空放的方法，也可以在当下游汇入路段道路空间已经占满或即将产生溢流的情况时使用。终止相位可以避免交叉口产生阻隔现象（也就是上游绿灯到达车辆无法驶入情况）。提前终止相位也可以作为交通管理措施降低左转通行能力，从而使左转车辆转向其他交叉口。

空间距离相近交叉口（短连线交叉口）最好使用同样的配时方案。此种策略能提供比协调控制更高级的信号协调，以避免溢流或绿灯空放现象的产生。因此此种策略能增加系统的通过车数，同时也能在有限的道路空间上管理交叉口的排队。

关键路径层控制策略主要指对交叉口群关键路径的交通信号协调控制，具体包括协调交通信号的特殊协调控制策略和信号灯的特殊控制方法，如延长绿灯时间等。

协调控制策略（即反向协调控制（红波控制）和同步协调控制）可被用于过饱和状态的交叉口群关键路径的交通控制。协调控制策略在假设关键路径上的车辆可以不受滞留排队的影响而持续行驶下去。如果滞留排队影响了关键路径的车辆继续行驶，可以应用反向协调控制来对关键路径的车流进行控制。反向协调控制策略可用于解决长排队情况，但应用此种控制策略要求信号控制方案可知，因此不适用于交通感应控制或自适应控制等方式。在应用反向协调控制时，应依靠现场的观测，而非应用优化软件计算出的最优方案。在过饱和状态下应用协调控制策略时建议不要超过五到六个交叉口。

延长绿灯策略（为下游交叉口增加通行时间窗）被认为可以有效地解决因侧向交叉口转向产生的下游交叉口滞留排队。假设交叉口的关键路径可以一直以饱和流率放行车流，延长处于过饱和状态的流向对应的绿灯时间（绿灯延时）可以增加交叉口的通行能力。实际观测数据表明在绿灯时间 30 s 后，交通流率显著下降[244]。联邦公路局的报告分析了两个可能原因：一是转向车辆会增加车辆间的间距因此会降低直行车辆的流率；也可能由于在排队中的位置，驾驶员不能及时对绿灯做出反应[245]。此外绿灯延时使信号周期长度变长，而对其他未拥挤的流向没有增加任何绿灯时间，因此绿灯延时策略在实际并不常用。此策略在从过饱和状态到常态交通恢复过程中非常有效。与常规方法不同，应用此策略会使瓶颈路段向下游交叉口转移。切换反向协调控制到绿灯延时也是队列管理策略，但是需要将短周期变为长周期，并且在次要路段的交叉口可能会形成排队。

交叉口群层控制策略主要指对交叉口群总体交通需求的管理控制,其可以分为限流、协调控制、自适应控制等交通控制策略。

限流是一种区域排队管理控制策略,应用此种策略需要识别交叉口群网络的关键交叉口和一条用于存储排队的路段。限流策略被用于截断上游到达交叉口的交通流量以防止交通需求超过下游交叉口的通行能力。虽然限流策略是一种有效地减轻"锁死"状况的策略并可以有效地阻止排队产生的负面效应,但是此策略并没有系统的方法流程,而必须根据实际情况进行优化。因为在很多城市中心区缺乏足够的检测设备,同步式协调控制和定时交通控制常应用于关联交叉口群。同步式协调控制一般应用于三到五个交叉口,并形成一个单元,应用多个同步协调控制单元的组合可以对交叉口群进行协调控制。自适应控制和交通感应控制也可以用来管理关联交叉口群。虽然自适应控制方法可以预防和应对拥堵状况,但是系统参数难以标定,且安装维护费用较高。

9.4 城市道路交叉口群控制模型

在对过饱和状态下的城市道路交叉口群进行协调控制时,应结合过饱和控制策略,针对交叉口群路网交通流的运行特征,在简化战略控制参数间相互影响的基础上,在关键路径上采用共同的信号周期进行控制,并把交叉口间车队的离散程度限制在可协调的阈值内,充分利用干支道路的空间存储能力,使整体优化后的控制输出方案能更好地适应交叉口群范围内交通需求状况的实时变化。

交通控制回路的最基本元素如图9-4所示。将对城市道路交叉口群中交通流产生影响的外部因素分为交通管控因素和控制干扰因素两种。其中交通管控因素指交通信号控制、可变情报板等交通管控设备,交通控制设备的选择受到交叉口群交叉口的设计与渠化方案以及交通组织管理措施的限制。控制干扰因素指某些无法被直接控制的参数,如交通

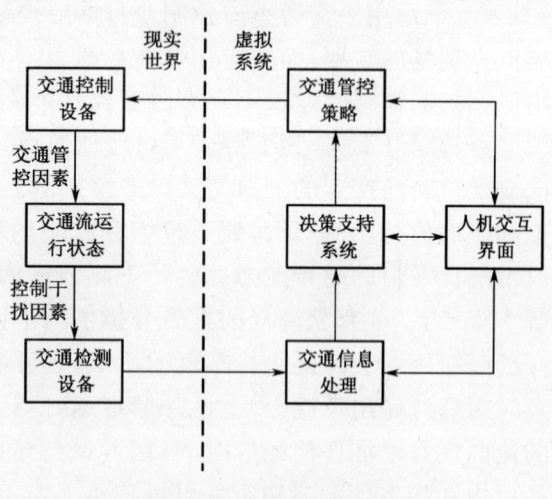

图9-4 交通控制回路

流量、交通事故、交通状态等,但这些参数可以通过检测装置被测量或预测出来[19]。

过饱和状态下城市道路交叉口群的交通运行状态评价标准和稳态的交通运行状态评价方法不同,其优化目标也有所不同。过饱和状态交叉口群的交通控制策略需根据交叉口群实时交通运行状态、交叉口群的设计特性及过饱和状态下的优化目标(如交叉口通过数、排队长度等)综合决定。通过检测装置(如磁感应线圈)采集的数据需要通过处理和计算才能满足交通控制和管理的需求。决策支持系统是整个交通控制回路中最核心的部分,该系统根据交通信息处理系统得出的实时交通运行数据以及短时预测信息来实时确定交通控制策略,从而在不同干扰的情况下实现预设的控制目标(如交叉口通过数最大、排队长度最短等),以供交通决策人员参考。交通决策人员通过实地交通状况和交叉口群交通运行特性来确定最终的交通控制策略。交叉口群交通控制系统的有效性是由控制策略的有效性以及和实际情况的相关性决定的。因此在确定交通控制策略时,应尽可能完善系统的优化方法和选择自动控制理论与算法,而非简单的应用某些特定的算法来解决问题。

城市道路交叉口群中交通运行的状况可用多种评价指标描述,为方便分析,选取路网中总旅行时间的消耗为标准进行评价。如图 9-5 所示,假设在时段 t 内第 i 个交叉口进入交叉口群区域的车辆数为 $D_i(t)$(辆,$i=1,2,\cdots$),所以交叉口群的总进入流量为 $D(t) = D_1(t) + D_2(t) + \cdots = \sum\limits_{i=1} D_i(t)$;同理,设时段 t 内流出交叉口群的车辆总数为 $S(t) = \sum\limits_{i=1} S_i(t)$(辆,$i=1,2,\cdots$)。因此,时段 t 内交叉口群范围路网车辆数存在式(9-2)所示的关系:

$$N(t) = N(t-1) + D(t) - S(t) \tag{9-2}$$

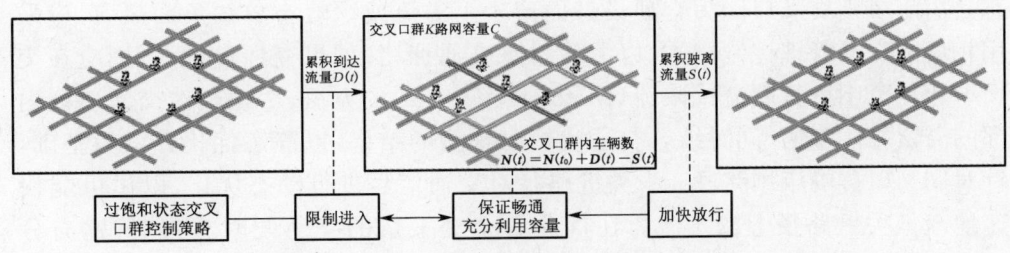

图 9-5 交叉口群及周边路网关系示意图

设交叉口群内部初始流量为 $N(0)$,则:

$$N(t) = N(0) + \sum_{t=0}^{t-1}(D(t) - S(t)) \tag{9-3}$$

设路网中第 i 辆车的消耗时间为 t_i，则路网中的总消耗时间 T_s 为：

$$T_s = \sum_{i=1}^{N(0)}(t_i N(0)_i) + \sum_{t=0}^{t-1}\left(\sum_{j=1}^{D(t)}(t_j D(t)_j) - \sum_{h=1}^{S(t)}(t_h S(t)_h)\right) \tag{9-4}$$

设每辆车的损失时间的数学期望为 T，式(9-4)可变换为：

$$T_s = T\left[N(0) + \sum_{t=0}^{t-1}(D(t) - S(t))\right] \tag{9-5}$$

式中，第一项和交通控制无关，第二项和交叉口群外进入交叉口群的控制相关，与交叉口群内部的控制措施无关，因此总消耗时间 T_s 最小等价于

$$T_{\min} = T\sum_{t=0}^{t-1}S(t) \tag{9-6}$$

城市道路交叉口群的总消耗时间最小等价于时间权重下的输出流量最大，即在适当的交通控制措施下，车辆能越快离开交叉口群，总体所消耗的时间越短。

9.5 动静态协同的交通信号控制

9.5.1 过饱和状态交叉口群动静态协同交通控制流程

根据城市道路交叉口群交通控制模型结构，对过饱和状态交叉口群进行交通控制，应结合交叉口群状态识别算法，识别交叉口群的过饱和状态。当确定交叉口群处于过饱和状态，且调整传统的交通信号控制方法不能消除当前拥堵状态时，应首先确定交叉口群过饱和状态形成的原因，如果交叉口群产生过饱和状态是由于个别交叉口因为交通设计而产生了溢流或绿灯空放等负面效应，应采用相应的交通管理控制措施，以尽快排除交通拥堵；如果交通量过大，则应在交叉口边界范围进行截流或限流(Metering Volume)的方法，尽快疏散交叉口群内部的滞留排队车辆，同时结合交通流短时预测的结果，以静态优化方案为基础，针对交叉口群的瓶颈路段——关键路径对交通信号进行动态优化，以尽可能快速地疏散关键路径上的车流。在优化各个交叉口的交通配时方案时，需充分利用路网的车流存储能力，保障车流顺畅运行，使拥堵尽快消散。如果交叉口群的过饱和状态的形成已经常态化，则需在城市整体范围内对交通需求进行分析，通过提高交通设施的供给和交通管理措施，并结合交通诱导等方式，减少瓶颈路段的交通流量。图9-6给出了交叉口群过饱和状态的交通信号控制优化流程。

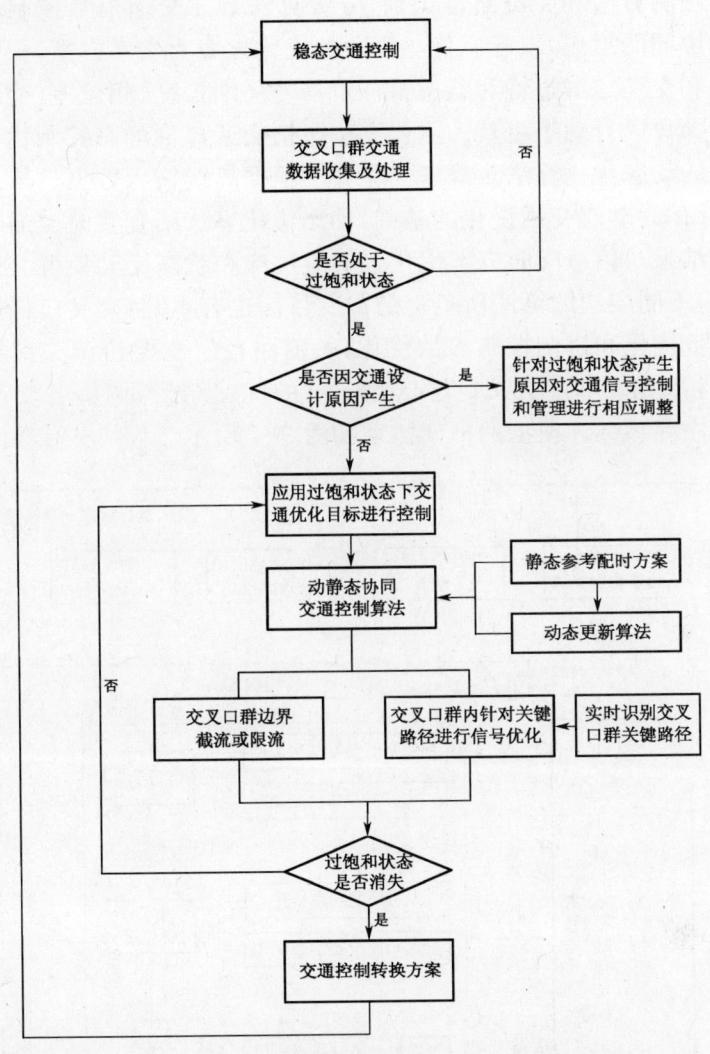

图 9-6 过饱和状态下交叉口群控制流程

9.5.2 交叉口群过饱和交通控制优化模型框架

由过饱和状态交叉口群交通控制的流程可知,过饱和状态交叉口群交通控制优化模型可以分为交通状态识别模型和交通信号控制优化模型两类。交通状态识别模型的主要作用有:识别交叉口群的交通状态,决定过饱和状态策略采用的时间;计算交通信号控制优化模型所需的参数,如滞留排队长度、交通流短时变化特征、交叉口群的关键路径等。主要算法包括:交叉口群交通状态识别算法、交通参数估计算法(识别滞留排队、最大排队等不可直接获取的交通参数)、交通流短时预测算法和关键路径识别、分级算法等。交通信号控制优化模型采用了动静态协同的思想,以静态优化算法的优化方案为参考方案,根据交通流实时变化特性和交叉口群过饱和状态特征对信号周期长度、相位差、交叉口绿信比等交通控制参数进行动态更新。主要算法包括交叉口群静态控制优化算法和交通控制参数的动态优化算法。静态优化算法根据离线输入数据选取最优的信号配时方案,并作为动态交通优化的基础,动态优化算法结合实时交通数据和短时交通流预测结果对信号配时方案优化。对应过饱和状态交叉口群交通控制策略的三层体系,不同层次的算法所负责的主要目标也有不同;交叉口群层主要负责网络配时参数优化和协调控制参数优化;关键路径层主要协调关键路径的信号控制周期和相位差;单点交叉口层依照上层的优化结果,调整各交叉口的绿信比、相位、相序等参数。模型的框架体系如图 9-7 所示。

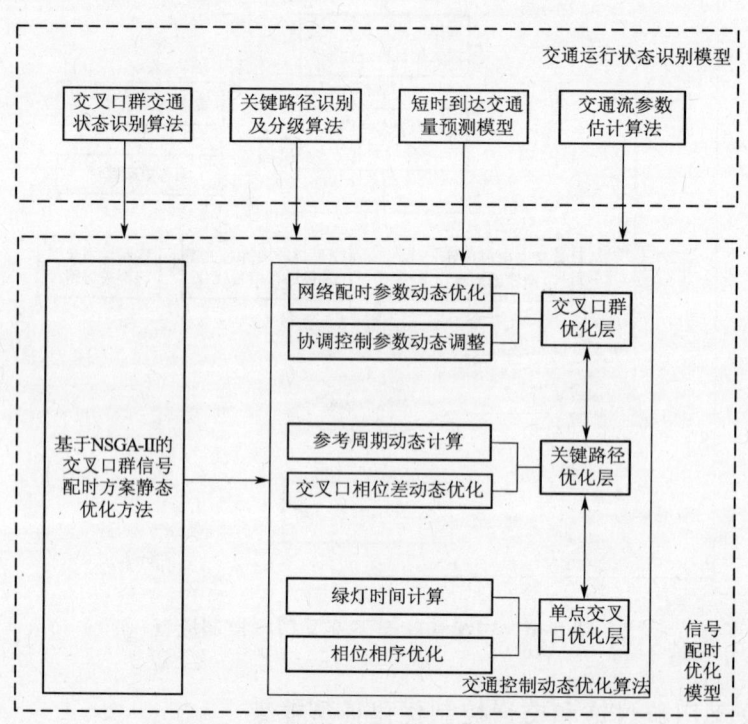

图 9-7 交叉口群交通控制优化模型体系

第十章
交通信号配时方案静态优化

因计算精度、实时性、环境和成本等方面的限制,交叉口群交通信号动态控制算法要在离线数据标定的基准配时方案的基础上,根据实时交通数据进行优化;在动态交通控制难以实施的交叉口群,也可应用静态配时优化方案对交通流进行管理。本章主要讨论了过饱和状态下应用多目标优化算法根据离线交通数据优化信号参考配时方案的方法及流程,为动态交通控制奠定了基础。

10.1 静态优化控制算法概述

交通信号控制可分为定时控制(Fixed Time Control)、交通感应控制(Traffic Response Control)及交通自适应控制(Traffic Adaptive Control)三种。对应不同的控制方式,信号配时计算方法主要可以分为离线计算、离线计算结合在线调整、在线优化等方式。随着通信技术和计算机计算能力的提高,信号配时算法逐渐向动态化、实时化发展,但高度的实时化、动态化的算法往往无法取得最优解,或者限于实际应用环境及成本等因素无法广泛应用。因此,自适应控制一般需要大量的离线工作标定优化参数或者缩小解空间的搜索范围,从而提高在线优化的速度和精度。由离线数据标定的基础配时方案往往能决定在线优化算法是否能达到预期的效果。因此,离线静态交叉口群信号控制配时优化算法是交通控制动态优化的基础。

根据过饱和状态交叉口群交通信号控制优化目标,在不同的交通流输入条件下,应该选用不同优化目标的组合。在交叉口群处于过饱和状态下,宜采用交叉口通过车数最大和平均排队长度最小两个优化目标。多目标信号配时优化控制的目标可分为正效用最大化、负效用最小化两种类型。常用的正效用指标包括通行能力、通过带宽、平均行程车速以及服务水平等;而常用的负效用指标包括排队长度、延误、停车次数、行程时间等。多目标信号配时优化模型的建模思路是将部分目标简化为优化的约束条件或设定各目标的权重求和,然后通过对指定目标的解空间进行分析后,设计特定的搜索算法进行求解。由于各控制目标的前提假设不同,无法简单的应用加权求和的方法作为交通控制的目标,此时可采用智能多目标算法(如多目标遗传算法)对模型进行求解。此类算法的优点在于无需预先对优化的解空间进行分析,可直接优化出 Pareto 多目标最优解集。

根据过饱和状态交通控制策略和动静态协同的交通控制模型体系,静态控制算法的主要优化对象为交叉口群的参考协调控制方案。利用交叉口群运行的离线数据,依照过饱和状态的交通控制目标,选取关键路径通过的加权通行车辆数最大和关键路径平均排队最小为优化目标,以各交叉口的绿灯时间为输入变量,应用第二代多目标非支配排序遗传算法优化协调配时方案,作为动态优化的基准配时方案,为交叉口群交通信号控制动态优化奠定基础。

10.2 多目标优化算法

10.2.1 多目标优化

多目标优化问题(Multi-objective Optimization Problem,MOP)的定义为在可行域中确定由决策变量组成的向量,使得一组相互冲突的目标函数值尽可能同时达到极小[246],其数学表达式为:

$$\begin{cases} \min F(x) = (f_1(x), f_2(x), \cdots, f_k(x)) \\ \text{s.t.} \quad g_i(x) \leqslant 0, i = 1, 2, \cdots, m \quad x \in \Omega \end{cases} \quad (10\text{-}1)$$

式中:$g_i(x) \leqslant 0$——不等式约束条件。

MOP 的解是使向量 $F(x)$ 的各分量取得最小值的决策变量,其中 x 是空间 Ω 中一个 n 维的决策变量。一个 MOP 由 n 个决策变量,k 个目标函数和 m 个约束条件组成,这些目标函数可以是线性的,也可以是非线性的。目标函数和约束条件是决策变量的函数。MOP 的评价函数 $F:\Omega \rightarrow A$(Ω 是决策空间,A 是目标函数空间)把决策变量 $x=(x_1, x_2, \cdots, x_n)$ 映射到向量 $y=(a_1, a_2, \cdots, a_k)$。

MOP 在优化过程中,各个子目标往往是相互冲突的,一个子目标性能的改善往往可能引起另一子目标性能的降低,因此通常不存在使所有子目标函数同时达到最优值的绝对最优解,只能在它们之间进行折中和协调,使各子目标函数都尽可能地达到最优。

根据 MOP 的性质,给出 MOP 中的关键定义[247]如下:

目标向量比较:对于任意两个向量 u 和 v,当且仅当对于所有 $P_i \in \{1, 2, \cdots, n\}$ 都有 $u_i = v_i$ 时,可称为 $u = v$;当且仅当对于所有 $P_i \in \{1, 2, \cdots, n\}$ 均为 $u_i \leqslant v_i$ 时,称为 $u \leqslant v$;当且仅当 $u \leqslant v$ 且 $u \neq v$ 时,称为 $u < v$。

Pareto 优超(Pareto Dominance):对于任意两个决策变量 a 和 b,当且仅当 $f(a)<f(b)$ 时,称 a 优超(Dominate)b(记作 $a \succ b$);当且仅当 $f(a) \leqslant f(b)$ 时,称 a 弱优超 b(记作 $a \succeq b$);当且仅当 $f(a) \not\leqslant f(b) \cap f(a) \not\geqslant f(b)$ 时,称为 a 与 b 无差异(记作 $a \sim b$)。

非劣解是指 Pareto 最优解通过函数 F 映射到目标函数空间的向量。若向量 x 是多目标函数 F 的 Pareto 最优解,则向量 $F(x)=(f_1(x), f_2(x), \cdots, f_k(x))$ 称为非劣解(Nondominance)。

当且仅当 $\exists a \in A: a \succ x$ 时,可称决策变量 $x \in X$ 对于集合 $A \subseteq X_f$ 非劣;若 x 对于 X_f 非劣,则可称 x 是 X_f 中的 Pareto 最优解(Pareto Optimality),亦可称有效解、非优超解或非劣解。

若 $A \subseteq X_f$,则 A 中所有的 Pareto 最优解组成的集合 $X_p = p(A) = \{x \in A \mid \exists a \in A: a \succ x\}$ 被称为 A 的 Pareto 最优集;它的目标函数空间的象 $Y_p = f(X_p)$ 被称为 A 的 Pareto 最优前沿(Pareto Front)。

对于任意 $x \in A$,若存在 x 的一个邻域使得 x 对此邻域非劣,则称 x 是 MOP 的局部 Pareto 最优解;若 x 对整个设计容许集 X_f 非劣,则称 x 是 MOP 的全局 Pareto 最优解。对于实际的复杂系统 MOP,不可能精确地求出整个 Pareto 最优集,为了能够获得 Pareto 最优集的良好近似,要求多目标搜索方法满足以下目标:

(1) 求得的近似 Pareto 最优前沿与真正的 Pareto 最优前沿的距离应尽可能小;

(2) 求得的各个近似 Pareto 最优解应尽量的在近似 Pareto 最优前沿上分布均匀;

(3) 求得的近似 Pareto 最优前沿应具有较广的散布,各个目标都能在较广的取值范围内被各个近似 Pareto 最优解所覆盖。

10.2.2 古典多目标优化方法

传统的多目标优化方法是将各子目标聚合成一个带正系数的单目标函数,系数由决策者决定,或者由优化方法自动调整。为了获取近似 Pareto 最优集,各种优化方法使用不同的系数来实施动态优化。常见的方法有加权法、约束法、目标规划法和极大极小法等,本书概略介绍前两个方法。

(1) 加权法

加权法是通过目标函数的线性组合将多目标优化问题转换成单目标优化问题(Single-object Optimization Problem,SOP):

$$\max \quad y = f(x) = \omega_1 f_1(x) + \omega_2 f_2(x) + \cdots + \omega_k f_k(x) \quad (10-2)$$
$$\text{s. t.} \quad x \in X_f$$

式中：ω_i——称为权重，其通常可正则化使得$\sum \omega_i = 1$，求解上述不同权重的优化问题后，可以输出一组解。

如果所有的权重取正值，这种方法可以得到一些 Pareto 最优解。假设一可行决策向量a在给定的权重下使f取极大值，但a不是 Pareto 最优解；另有一个优于a的解向量b，不失一般性对于$i=2,\cdots,k$，存在$f_1(b) > f_1(a)$和$f_1(b) \geqslant f_1(a)$，因此$f(b) > f(a)$，这与$f(a)$是极大值相矛盾，故如果能使f取极大，必然是 Pareto 最优解。但这种方法存在的最大缺陷在于它不能在非凸均衡曲面上得到所有的 Pareto 最优解。

(2) 约束法

约束法是一种不局限于优化 Pareto 最优前端凸部的方法。该方法将k个目标中的$k-1$个目标转化为约束条件，剩下的一个目标作为 SOP 的目标函数。该方法的模型如下：

$$\max \quad y = f(x) = f_h(x)$$
$$\text{s. t.} \quad e_i(x) = f_i(x) \geqslant \varepsilon_i \quad 1 \leqslant i \leqslant k, i \neq h \quad (10-3)$$
$$x \in X_f$$

式中：ε_i——作为下界可在优化过程中取不同值，以便于发现多个 Pareto 最优解。

10.2.3 多目标遗传算法

求解多目标优化问题的遗传算法基本结构与求解单目标优化问题的遗传算法基本结构大致相似。但在利用遗传算法进行多目标优化问题求解时，需考虑如何评价 Pareto 最优解，如何设计适合于多目标优化问题的选择算子、交叉算子和变异算子等问题，因此算法在实现时有其独特的特性。

多种基于遗传算法的求解方法可用于求出多目标优化问题的 Pareto 最优解。根据各种遗传算法选择机制的不同，主要有并列选择法、权重系数变化法、排序选择法、共享函数法和外部辅助选择法几种。对于具体的应用问题应选择何种方法，应根据对该问题的理解程度和决策人员的偏好进行选择。

(1) 并列选择法

"向量评估遗传算法"[248]是一种非 Pareto 方法，该方法先将群体中的全部个体按子目标函数的数目均等分为若干子群体，对各子群体分配一个子目标函数，各子目标函数在其相应的子群体中独立进行选择操作后再组成一个新的子群体;将所有新生成的子群体合并为一个完整的群体再进行交叉和变异操作,如此循环执行"分割—并列选择—合并"过程,最终求出问题的非劣解。这种并列选择方法可能产生个别子目标函数的极端最优解,而要找到所有目标函数在某种程度上较好的协调最优解却较困难。

(2) 权重系数变化法

"可变目标权重聚合法"[249]是另外一种非 Pareto 方法,在适应度赋值时使用加权和法,对每一目标赋予一个权重。为了并行搜索多个解,权重本身并不固定,问题解和权重同时实施进化操作。为了保证收敛速度和遗传搜索的稳定性,该方法需要使用配对约束。

(3) 排序选择法

"多目标遗传算法"[250]和"非劣分类遗传算法"[251]都属于排序选择法。它们根据"Pareto 最优个体"的概念对群体中的所有个体进行排序,依据这个排列次序实施进化过程中的选择运算,从而使排在前面的 Pareto 最优个体将有更多的机会遗传到下一代群体。如此这样经过一定代数的循环后,最终可求出多目标优化问题的 Pareto 最优解。

所谓的 Pareto 最优个体是指群体中比其他个体更优越的一个或一些个体。需要说明的是,在群体进化过程中所产生的 Pareto 最优个体并不一定对应于多目标优化问题的 Pareto 最优解。当遗传算法结束时,需要取排在前面的几个 Pareto 最优个体,以它们所对应的解作为多目标优化问题的 Pareto 最优解。对群体中的所有个体进行 Pareto 最优个体排序的算法如下:

① 设置初始序号 $r \leftarrow 1$;
② 求出群体中的 Pareto 最优个体,定义这些个体序号的 r;
③ 从群体中去掉 Pareto 最优个体,并更改序号 $r \leftarrow r+1$;
④ 转到第②步,直到处理完群体中的所有个体。

由上述 Pareto 最优个体排序算法可知,排序选择算法仅仅度量了各个体之间的优越顺序,而从未度量各个体的分散程度,因此它容易产生很多个相似的 Pareto 最优解,而难以生成分布较广的 Pareto 最优解。

(4) 共享函数法

求解多目标共享优化问题时,一般希望所得到的解能尽可能地分散在整个 Pareto 最优解集合内,而不是集中在其 Pareto 域上。为达到这个要求,最优解集合内的某一个较小的区可利用小生境遗传算法的技术求解多目标优化问题。这种求解多目标优化问题的方法通常被称为共享函数法,它将共享函数的概念引入求解多目标优化问题的遗传算法中。典型的算法是"小生境 Pareto 遗传算法"[252]。

在利用通常的遗传算法求解最优化问题时,算法并未限制相同个体或类似个体的数量。但当在遗传算法中引入小生境之后,算法对它们的数量就要加以限制,以便能产生种类较多的不同最优解。对于某一个个体 i 而言,在它的附近还存在有多少种,多大程度的相似的个体,这种度量值被称为小生境数(Niche Count)。

在计算出各个个体的小生境数后,可使小生境数较小的个体能够有更多的机会被选中遗传到下一代群体中,即相似个体较少的个体能够有更多的机会被遗传到下一代群体中去,这样不仅增加了群体的多样性,也增加了解的多样性。

遗传算法中的共享选择算法综合运用了联赛选择和共享函数的思想,由此来选择当前群体中的优良个体遗传到下一代群体中,算法描述如下:

① 从群体中随机选择 k 个个体组成个体比较集合 C,其中 k 为预先指定的一个表示比较集合规模的常数;

② 从群体中随机选择 2 个个体组成个体联赛集合 T;

③ 分别比较个体联赛集合 T 中的 2 个个体与个体比较集合 C 中的各个个体之间的优越关系,根据比较结果,按照如下方法从个体联赛集合 T 中选择出一个个体遗传到下一代群体中。所遗传的个体选择方法如下所示:

如果集合 T 中的一个个体(记作 X)比集合 C 中的所有个体都优越,而集合 T 中的另一个个体都不比集合 C 中所有个体优越,则将个体 X 遗传到下一代群体中;

如果根据上面所示的条件不能选择出一个个体,则利用共享函数的概念从集合 T 中选择出一个小生境数比较小的个体遗传到下一代群体中。

使用该选择操作方法的优点是能够得到多种不同的 Pareto 最优解,但另一方面由于每次进行选择操作时都需要进行大量的个体之间优于关系的评价和比较运算,使得算法的搜索效率较低。

(5) 外部辅助选择法

"强度 Pareto 遗传算法"[253]具有四个特殊特征:将每代的非劣个体存储在外部的一个附属可更新群体;群体中个体适应度与外部辅助集中优于该个体的数目有关;利用 Pareto 优于关系来保持群体的多样性;使用聚类方法保证外部集的非劣个体数目不超过规定范围且又不破坏其特征。该算法流程如下:

① 产生初始群体 p 和一个空的外部辅助非劣集合 p';

② 将 p 中的非劣个体拷贝至 p';

③ 将 p' 中的劣解个体删除;

④ 如果外部辅助存储集中的非劣解个体数目超过预订数 N',则对 N' 进行聚类处理,使其规模不超过 N';

⑤ 计算 p 和 p' 中每个个体的适应度值;

⑥ 从 $p \cap p'$（两集合的交集）中进行选择操作,直至配对池满,选择过程使用二进制联赛选择机制;

⑦ 应用与所求问题相关的交叉和变异操作算子;

⑧ 如果达到规定的最大进化代数则停止运行,否则转至步骤②。

10.3 基于 NSGA-Ⅱ 的交叉口群静态优化控制算法

10.3.1 NSGA-Ⅱ 算法

第二代非支配排序遗传算法(None-dominated Sorted Genetic Algorithm Ⅱ, NSGA-Ⅱ)是目前最具有代表性的多目标遗传算法,是 NSGA 算法的改进,在 NSGA 算法的基础上增加了精英策略、密度值估计策略和快速非支配排序策略,很大程度上改善了 NSGA 算法的缺点[254]。NSGA-Ⅱ 算法的初始种群确定与一般遗传算法类似。当初始种群确定以后对第一代种群进行非支配排序形成多个 Pareto 最优前端。第一个最优前端包含了所有当前种群中的非支配个体,第二个最优前端包含了所有仅被第一个最优前端所支配的个体,以此类推。在各最优前端的每个个体都会被分配适应度值,或根据所在的最优前端来赋值。在第一个最优前端的个体适应度值为1,第二个最优前端的个体适应度值为2,以此类推。

除了适应度值,每个个体还需计算一个名为拥挤距离的参数。拥挤距离用于描述一个个体与周围个体的接近程度。较大的拥挤距离能保证在种群中个体的多样性。

父代种群根据每个个体的适应度值和拥挤距离通过二项联赛选择算子在初始种群中选出,一个个体如果适应度值小于其他个体或者拥挤距离大于其他个体会被选出,被选出的后代种群继续进行交叉和变异算子计算。然后将父代种群和子代种群混合后再进行非支配排序,选出最好的 N 个个体。最后一个被选择的最优前端将仅根据拥挤距离进行选择。

NSGA-Ⅱ 算法主要过程如图 10-1 所示,具体过程描述如下:

Step 1 随机产生初始种群 P_0,然后对种群进行非劣排序,每个个体被赋予秩;再对初始种群执行二进制锦标赛选择、交叉和变异,得到新的种群 Q_0,令 $t=0$。

Step 2 形成新的群体 $R_t = P_t \cup Q_t$,对种群 R_t 进行非劣排序,得到非劣前端 $F_1, F_2, \cdots$。

Step 3 对所有的 F_i 按拥挤比较操作 $<_n$ 进行排序,并选择最好的 N 个个体形成种群 P_{t+1}。

Step 4 对种群 P_{t+1} 执行复制、交叉和变异,形成种群 Q_{t+1}。

Step 5 如果终止条件成立,则结束;否则,$t=t+1$,转到 Step 2。

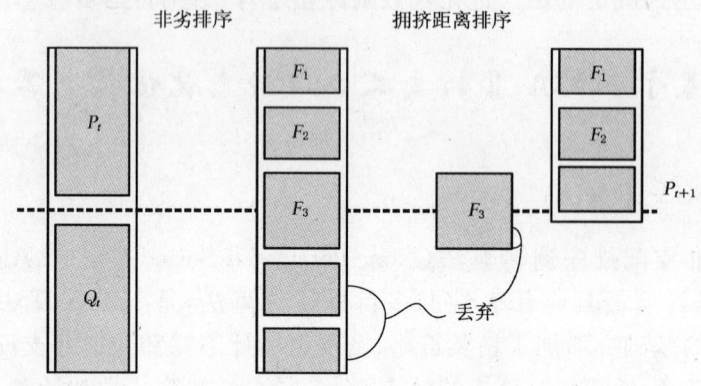

图 10-1 NSGA-Ⅱ主要过程

NSGA-Ⅱ算法内部非劣排序和拥挤距离排序及关键参数的过程如下所示[247]:

(1) 非劣排序

对集合 P 进行非劣排序的具体过程如下:

Step 1 令每个解 $x \in P$ 对应的支配数即支配解 x 的所有个体的数量 $n_x = 0$,以及解 x 对应的集合 S_x,即解 x 所支配的个体的集合为空集,然后对应集合 P 中的每个解 q,如果 $q > x$,则 $S_x = S_x \cup \{q\}$,如果 $x > q$,则 $n_x = n_x + 1$。最终得到每个解对应的支配数 n_x 和集合 S_x,并将 $n_x = 0$ 的解放入前端 F_1 中,且 $x_{\text{rank}} = 1$。

Step2 $i = 1$。

Step 3 令 Q 为空集,对于每个解 $x \in F_i$,执行如下操作:

对于每个解 $q \in S_x$,$n_q = n_q - 1$;如果 $n_q = 0$,则 $q_{\text{rank}} = i + 1$ 且 $Q = Q \cup \{q\}$。

Step 4 如果 Q 不为空集,则 $i = i+1$,$F_i = Q$,转到 Step 3,否则停止迭代。

(2) 拥挤距离和拥挤距离排序

拥挤距离用来估计一个解周围其他解的密集形式,对于每个目标函数,先对非劣解集 L 中的解根据该目标值的大小进行排序,然后对每个解 i,计算由 $i+1$ 和 $i-1$ 构成的立方体的平均边长;最终的结果就是解 i 的拥挤距离 i_{distance}。边界解(其某个目标函数值最大或最小)的拥挤距离为无穷大。

拥挤距离排序是建立在拥挤比较算子($>_n$)的基础上,当且仅当非劣排序值

$i_{rank} < j_{rank}$ 或者 $i_{rank} = j_{rank}$ 且 $i_{distance} > j_{distance}$。

(3) 交叉算子的计算方法：

进行编码的时候，NSGA-Ⅱ采用了模拟二项交叉算子。计算公式如下

$$C_{1,k} = \frac{1}{2}[(1-\beta_k)p_{1,k} + (1+\beta_k)p_{2,k}] \tag{10-4}$$

$$C_{2,k} = \frac{1}{2}[(1+\beta_k)p_{1,k} + (1-\beta_k)p_{2,k}] \tag{10-5}$$

其中，$C_{1,k}$ 为第一个后代的第 k 段基因，$p_{1,k}$ 为选中的父代，β_k 为通过随机数产生的具有如下密度函数的一个样本量。

$$当 0 \leqslant \beta \leqslant 1 时, \rho(\beta) = \frac{1}{2}(\eta_c + 1)\beta^{\eta_c} \tag{10-6}$$

$$当 \beta > 1 时, \rho(\beta) = \frac{1}{2}(\eta_c + 1)\frac{1}{\beta^{\eta_c}+2} \tag{10-7}$$

分布函数可以通过一个在(0, 1)之间取值的随机数 u 来确定，η_c 为交叉索引分布系数，可由以下公式计算得出：

$$\beta(u) = (2u)^{\frac{1}{\eta+1}} \tag{10-8}$$

$$\beta(u) = \frac{1}{[2(1-u)]^{\frac{1}{\eta+1}}} \tag{10-9}$$

(4) 变异算子的计算方法：

变异算子采用多项式变异计算，计算公式如下所示：

$$C_k = p_k + (p_k^u - p_k^l)\delta_k \tag{10-10}$$

其中 C_k 为产生的子代的第 k 个基因，p_k^u，p_k^l 分别为变异基因的上下限，δ_k 为由如下多项分布函数所确定的变量。

$$当 r_k < 0.5 时, \delta_k = (2r_k)^{\frac{1}{\eta_m+1}} - 1 \tag{10-11}$$

$$当 r_k \geqslant 0.5 时, \delta_k = 1 - [2(1-r_k)]^{\frac{1}{\eta_m+1}} - 1 \tag{10-12}$$

10.3.2 算法实现

(1) 算法思想

应用过饱和状态下交叉口群排队长度及通过车数的估计方法，建立多目标

遗传算法的优化目标函数。在计算单点交叉口群交通信号配时方案时，可通过算法直接对配时方案进行优化，得出最优配时方案。在计算交叉口群信号配时方案时，还需额外输入之前检测识别的交叉口群关键路径，然后再对信号配时方案进行优化。经算法所得的信号配时优化方案可和应用Synchro等交通信号方案优化软件生成的配时方案作比较，通过模拟仿真验证算法的有效性。算法整体流程如图10-2所示。

(2) 遗传算法编码

遗传算法的编码策略和方法对遗传操作，尤其是对交叉操作的性能有很大的影响，选择适当的编码方法可以充分发挥遗传算法的功能。将问题空间的解转化为遗传空间的个体，这种转换操作称为编码；对经过遗传操作的个体进行性能评价时又需要把遗传空间的个体转

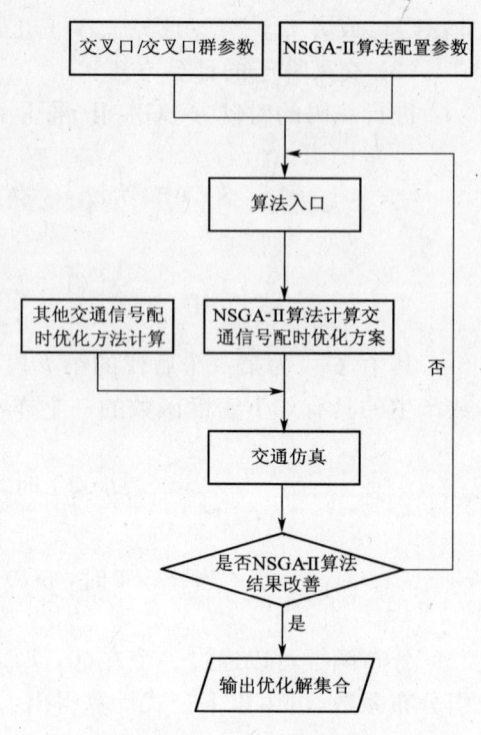

图 10-2 算法整体流程

为空间问题的解，再采用适值函数对解进行评价，这种转换被称为解码。

遗传算法中常用的编码方案有二进制编码(Binary Encoding)、实数编码(Real Number Encoding)、结构式编码(Structural Encoding)等三种形式。采用不同的编码方案可能会对算法的优化性能有较大影响。

在信号控制配时优化问题中，编码的方案需要能对信号配时方案进行描述。信号配时方案可以有多种不同的描述方式，所有描述方式均需满足信号控制参数的基本需求。使用二进制编码描述信号配时方案时，在运算变异和交叉算子时需要满足额外的约束，同时在编码时还需要考虑各基因之间的逻辑约束关系(如各相位长度加上损失时间必须等于信号周期长度等)，这增加了计算的复杂性。针对信号控制配时优化问题的特点，选用实数编码方法。在计算单点交叉口交通配时方案时，将每个相位的绿灯时间长度作为可执行所有遗传算子的基因。在计算交叉口群的交通配时方案时，如果采用相同信号周期长度的信号协调控制，则 m 个 n 相位的交叉口所需的基因个数为 mn。关键交叉口的基因个数 n 表示 n 个相位的绿灯时间；次要交叉口的基因个数 n 包括其他 $(n-1)$ 个相位的绿灯时间$((n-1)$个基因)和相位差长度(一个基因)，此外还需一个表示公共周

期长度的基因。

(3) 优化目标函数

遗传算法的优化目标函数的选择直接影响信号配时方案的优劣。根据不同状态下交通控制优化策略的不同,在稳态交通流时选用最小延误和最小排队长度为优化目标,而在过饱和状态交通流时则选择最大通过数和最小排队长度为优化目标。本书应用前文分析的根据实时交通信息估算交通流参数的算法和交叉口群关键路径识别算法中的相应函数作为模型的优化目标函数,根据高精度交通运行数据作为模型输入,模型输出结果为交叉口各相位的交通信号配时方案。

① 关键路径通过车辆数最大

在过饱和状态下,首要控制目标不应为减少车辆的延误,而应尽量维持交通流的稳定运行状况,使尽可能多的车辆尽快离开可能产生拥堵的区域。交叉口群中关键路径的交通量远远大于其他路径,其发生交通拥堵的概率远远高于其他路段。因此交叉口群交通控制的首要目标为保证交叉口群关键路径交通流稳定运行,保证其通过车辆数最大,迅速缓解交通拥堵。

根据交叉口群过饱和状态的定义,当交叉口群处于过饱和状态时,其关键路径作为流量最大的路段,必然处于过饱和状态,即到达车流量大于交叉口群关键路径上交叉口的通行能力。为保证交通流的顺畅运行,不在过饱和的路段产生滞留排队或溢流等现象,应尽可能提升其实际通行能力,以使到达车流尽快疏散。因关键路径交通量最大,增大其通行能力能更高效地利用绿灯时间,以关键路径层各交叉口的实际通行能力最大作为模型的优化目标和以最大通过车数为优化目标是等价的。

交叉口群的优化目标为交叉口群关键路径的通过车辆数最大,在算法中可根据不同路径的关键程度给予其相应的权重系数,并通过调节各个进口道对应相位的绿灯时间以使交叉口群各进口的加权通行能力最大,其优化函数如式(10-13)所示:

$$O_c = \max \sum_{i=1} \sum_{n=1} \omega_i^n c_i^n = \max \sum_{i=1} \sum_{n=1} \omega_i^n s_i^n \frac{g_i^n}{C_i} \tag{10-13}$$

式中: c_i^n ——交叉口群中第 i 个交叉口第 n 个进口道的通行能力(veh/h);

ω_i^n ——交叉口群中第 i 个交叉口第 n 个进口道的权重系数,由进口道所在路径的关键程度决定;

s_i^n ——交叉口群中第 i 个交叉口第 n 个进口道的饱和流率(veh/h);

$\dfrac{g_i^n}{C_i}$ ——交叉口群中第 i 个交叉口第 n 个进口道的有效绿信比。

② 平均排队最小

受到交叉口信号控制的影响,部分车辆在经过交叉口时会产生减速、停止、启动等状态,在交叉口进口道处形成排队。交叉口群内,由于路段长度短、交通流量大,往往会造成交叉口排队车辆经过周期性累积,引起排队长度过长至上游交叉口,发生溢流现象,甚至会产生大面积的交通堵塞。因此,对于处于过饱和状态下的交叉口群,交叉口信号控制参数的优化需要考虑交叉口处排队长度的因素。

为兼顾被控交叉口内部和交叉口之间的控制优化效果,提出了将平均排队占比最小作为饱和状态下交叉口群内部交叉口信号参数优化模型优化目标之一。与通常采用的平均排队长度、最大排队长度、平均最大排队长度、排队消散长度等定义相比,平均排队占比的优点在于引入了可容纳排队空间的概念,强调在交叉口优化每个相位排队长度的同时,还考虑了路网对交叉口排队长度的容纳程度,更加符合饱和状态交叉口群对交叉口信号参数优化的要求。交叉口群平均排队占比最小的目标函数如式(10-14)所示:

$$O_l = \min \sum_{i=1} \frac{1}{p_i} \sum_{p=1}^{P} \frac{len_p^i}{L_p^i} \tag{10-14}$$

式中:p_i——交叉口群中第 i 个交叉口车流运动的相位总数;

$len_p^i(t)$——交叉口群中第 i 个交叉口第 p 相位的车辆排队长度;

L_p^i——交叉口群中第 i 个交叉口第 p 个车辆运动方向的最大可容纳排队长度。

(4) 模型约束条件

① 信号控制参数约束

交叉口各个相位信号灯控制参数的变化是红灯、绿灯和黄灯等三种信号状态之间的跳变,具有离散性。应用布尔函数 $u_p(t)$ 描述信号灯各相位的状态函数,如式(10-15)所示。采用布尔函数 $\xi_p(t)$ 作为信号灯各相位的控制函数,用于控制被控交叉口的信号灯变化,如式(10-16)所示。

$$u_p(t) = \begin{cases} 1 & \text{当相位 } p \text{ 为绿灯状态} \\ 0 & \text{当相位 } p \text{ 为红灯状态} \end{cases} \tag{10-15}$$

$$\xi_p(t) = \begin{cases} 1 & \text{改变相位 } p \text{ 的控制状态} \\ 0 & \text{维持相位 } p \text{ 的控制状态} \end{cases} \tag{10-16}$$

式中:$u_p(t)$——表示时间 t 信号灯第 p 个相位的信号状态;

$\xi_p(t)$——表示时间 t 信号灯第 p 个相位的决策情况。

根据 $t-1$ 时刻相位 p 的信号灯状态 $u_p(t-1)$ 和信号灯控制决策 $\xi_p(t-1)$,可确定时刻 t 相位 p 的信号灯状态,如表 10-1 所示:

表 10-1　$u_p(t)$ 状态逻辑表

$u_p(t)$ \ $\xi_p(t)$	维　持	改　变
红灯	0	1
绿灯	1	0

根据表 10-1,采用卡诺图化简法[255],得式(10-17):

$$u_p(t) = u_p(t-1) + \xi_p(t-1) - 2u_p(t-1)\xi_p(t) \tag{10-17}$$

由式(10-17)可获得在不同时间步长,各个相位的信号灯显示红灯、绿灯的状态。黄灯的状态通常仅在相位从绿灯变为红灯时才会出现,持续时间约 3~5 s。即当 $u_p(t-1)\xi_p(t-1)=1$ 时,在时刻 t 的前 3~5 s 为黄灯,其他时间为红灯。因此可将黄灯时间纳入红灯状态范围。

由每个时间段 p 相位的信号灯状态 $u_p(t)$,可得 p 相位的绿灯时长:

$$G_p(t) = (G_p(t-1) + \Delta T) \cdot u_p(t) \tag{10-18}$$

式中:$G_p(t)$——表示在时刻 t 相位 p 的绿灯时长。

每个相位的绿灯时长必须满足大于等于该相位的最短绿灯时长 $G_p^{\min}$ 和小于等于最大绿灯时长 $G_p^{\max}$ 的约束条件:

$$G_p^{\min} \leqslant G_p(t) \leqslant G_p^{\max} \tag{10-19}$$

要求相位 p 的绿灯时长必须大于最小绿灯时长 $G_p^{\min}$ 的目的是为提高被控交叉口行车、行人的安全性:①保证行车安全,避免绿灯时间过短,后车驾驶员对信号灯变化反应不及时造成追尾事故;②保证该相位一定数量的排队等待车辆可以完全消散;③保证一定数量的行人和非机动车安全过街。规定相位 p 的绿灯时长也不能大于最大绿灯时长 $G_p^{\max}$ 有利于优化交叉口各相位整体信号配时性能,避免其他相位等待时间过长,造成交叉口的控制延误过长。

同样,每个周期时长也必须满足大于等于最短周期时长 $C^{\min}$ 且小于等于最大周期时长 $C^{\max}$ 的约束条件:

$$C^{\min} \leqslant C \leqslant C^{\max} \tag{10-20}$$

② 交叉口之间的排队空间约束

交叉口群交通管理与控制的首要目标就是防止溢流现象的产生,在制定控制方案时需要针对交叉口群结构和溢流生成特点,研究交叉口之间的排队空间约束条件。

预防溢流现象的主要途径就是控制交叉口的排队长度,避免排队长度大于交叉口之间路段的可容纳空间。其中交叉口的排队是在一段时间内,路段的车辆驶入流率大于路段的驶出流率,车辆在该路段积压而形成。因此通过优化路段上下游交叉口的信号控制策略,调节路段的车辆驶入流率和驶出流率,可实现控制该路段排队长度的目的。

为预防排队溢流现象,提出了溢流排队长度指标 L_i^{cr}。当排队长度触及溢流排队长度指标时,表明该路段存在出现排队溢流现象的可能,上下游交叉口需要调用针对溢流现象的特殊交通控制方案。

溢流排队长度指标 L_i^{cr} 可根据交叉口信号参数优化反应时间和交叉口之间的路段长度 L_i^{link} 确定。从时间角度考虑,上下游交叉口信号参数优化是以优化步长 ΔT 作为交叉口信号控制滚动优化和更新的离散时间步长。因此,被控交叉口至少应提前一个优化步长 ΔT,预防可能发生的排队溢流现象。从空间角度考虑,路段至少也应提供可容纳在 ΔT 时间内驶入最大车辆数所需的停车排队空间 L_i^{con} 作为预防排队溢流现象的预留空间。如图 10-3 所示:

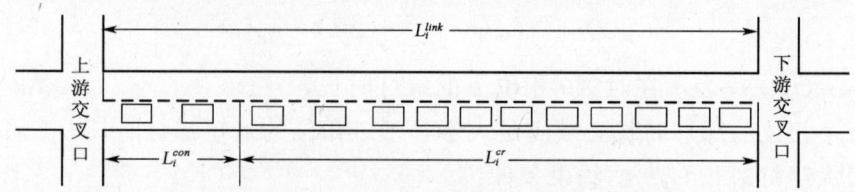

图 10-3 溢流排队长度指标示意图

由此可得该控制区域内,每个路段的溢流排队长度指标:

$$L_i^{cr} = L_i^{link} - L_i^{con} = L_i^{link} - (s_i \cdot \Delta T \cdot l_{veh}/n_i) \quad (10-21)$$

式中:L_i^{link} ——排队长度的最大容纳空间长度,即路段 i 长度;

L_i^{con} ——表示预防交叉口排队溢流而预留的安全空间长度;

s_i ——表示路段 i 的饱和流率;

l_{veh} ——表示平均车辆长度;

n_i ——表示路段 i 的车道数。

(1)当交叉口群内,被控交叉口的路段 j'($j' \in A'$,A' 为交叉口群所控制区域内从被控交叉口驶向直连交叉口方向的路段集合)可能发生溢流现象时,交叉口群需对上游交叉口临时禁行,等路段 j' 的溢流现象清除后再恢复正常配时,信号控制逻辑如式(10-22)所示:

$$\begin{aligned} &\text{if} \quad len_{j'}(t) \geqslant L_{j'}^{cr}, \forall j' \in A', \\ &\text{then} \\ &\quad u_p(t+1) = 0 \quad \forall p \in I_{j'} \end{aligned} \quad (10\text{-}22)$$

式中：$len_{j'}(t)$——路段 j' 的排队长度；

$I_{j'}$——被控交叉口交通信号控制相位中，控制驶入路段 j' 的相位集合；

p——路段 j 中引起最长排队长度的相位。

(2) 交叉口群内，被控交叉口的路段 $j(j \in A,A$ 为交叉口群内从直连交叉口驶向被控交叉口方向的路段集合)可能发生排队溢流时，所控制区域需要采取下游交叉口的通行原则，尽快为该路段的排队车辆提供通行权，如式(10-23)所示：

$$\text{if} \quad len_j(t) \geqslant L_j^{cr}, \forall j \in A$$
$$\text{then}$$
$$u_p(t+1) = 1 \quad \forall p \in I_j \tag{10-23}$$

路段排队长度即为该路段的下游交叉口各相位引起最长的排队长度，如式(10-24)所示：

$$len_j(t) = \max_{p \in U_j}\{len_p(t)\} \tag{10-24}$$

式中：U_j——表示被控交叉口交通信号控制相位中，控制驶出路段 j 的相位集合。

当路段溢流排队逐渐消散之后，被控交叉口群的信号控制需结束特殊控制方案，对被控交叉口的信号控制参数重新优化。判断该路段等待通行车队是否逐渐消散不能以车队长度小于溢流排队长度指标 L_j^{cr} 或车队长度消失为标准。交通流的随机性决定了交叉口的排队长度可能会在溢流排队长度指标 L_j^{cr} 附近上下波动，造成控制排队溢流约束条件之间的频繁切换，不利于被控交叉口对该路段实施结束控制排队溢流原则。若将排队车辆完全消散作为优化标准时，上游交叉口需要控制驶入该排队路段的相位长时间处于红灯状态，造成上游交叉口的这些相位的排队车辆过长，形成新的排队溢流现象；下游交叉口也需要为该路段保持长时间的绿灯状态，其他相位车辆无法获得通行权，造成排队车辆过多，形成新的排队溢流现象。为此可将式(10-14)写为：

$$O_l = \min \sum_{i=1} \frac{1}{p_i} \sum_{p=1}^{P} \varepsilon_p \frac{len_p^i}{L_p^i} \tag{10-25}$$

式中：ε_p——表示各个路段车流影响系数，其取值可由第七章中所识别的交叉口群各路径的等级决定。

10.4 算法验证分析

为了验证算法的有效性，使用 Matlab 软件对算法进行了计算机程序的实现。算法的验证分为两部分,第一部分试验了单点交叉口在稳态交通流以及过饱和状态下不同的方案序列数量和相位相序优化,第二部分主要验证该算法在过饱和状态交叉口群交通控制优化的效果。

1. 单点交叉口优化实验研究

首先选取一个简单的四路单点交叉口作为算法验证对象,交叉口几何特征如图10-4所示,算法需输入参数如表10-2所示。

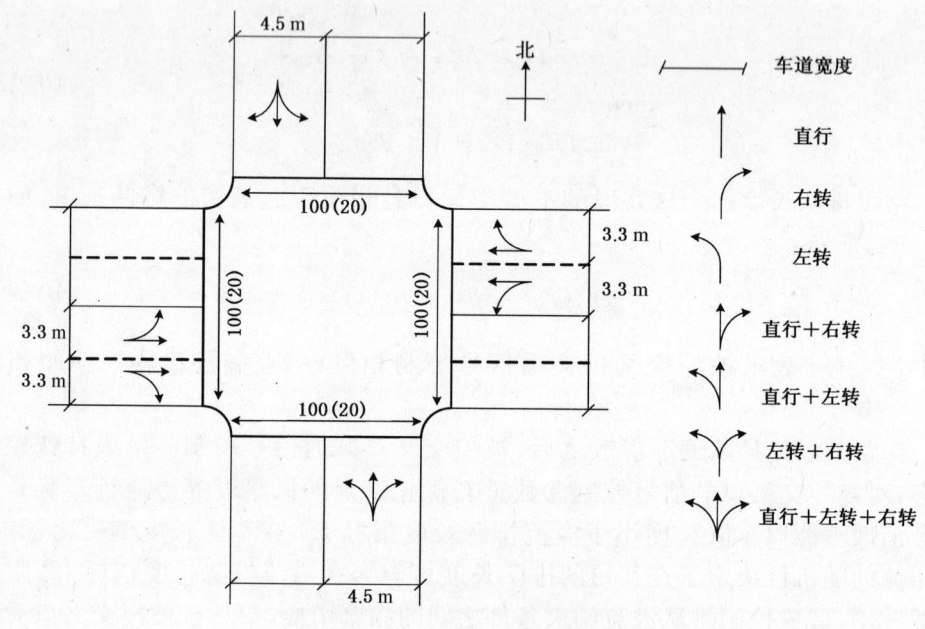

图10-4 交叉口几何特征

表10-2 单点交叉口优化实验算法参数配置表

参数名			参数值
路段长度			550 m
进口道宽度			南北4.5 m,东西3.3 m
进口道数量			南北各1条,东西各2条
进口道车道功能			南北为左直右,东西为直左+直右
出口道宽度			南北4.5 m,东西3.3 m
出口道数量			南北各1条,东西各2条
路段车速			60 km/h
交通流量	西进口	左转	低流量 65 pcu 高流量 130 pcu
		直行	低流量 620 pcu 高流量 1 240 pcu
		右转	低流量 35 pcu 高流量 70 pcu

续表 10-2

参数名			参数值
交通流量	东进口	左转	低流量 30 pcu 高流量 60 pcu
		直行	低流量 700 pcu 高流量 1 400 pcu
		右转	低流量 20 pcu 高流量 40 pcu
	南进口	左转	低流量 30 pcu 高流量 60 pcu
		直行	低流量 370 pcu 高流量 740 pcu
		右转	低流量 20 pcu 高流量 40 pcu
	北进口	左转	低流量 40 pcu 高流量 80 pcu
		直行	低流量 510 pcu 高流量 1 020 pcu
		右转	低流量 50 pcu 高流量 100 pcu
基因个数			4(单周期)、5(单周期+相序)、8(双周期)
种群规模			200
交叉概率			0.8
变异概率			0.1
进化代数			100
优化目标			延误+排队

算例的结果主要从算法的收敛性、不同基因个数时算法的优化结果、稳态交通流和过饱和态交通流的优化结果和不同信号配时算法的结果几个方面进行分析：

(1) 算法收敛性分析

如图10-5所示，对算法的初始种群、50代种群和100代种群进行比较，可以看出算法收敛较快，在50代优化时已经具有较好的收敛性，与100代的优化结果比较接近。因此在需要考虑算法计算时间的情况下，可以通过减少进化代数，以降低一些解的精度为代价，节省优化时间。

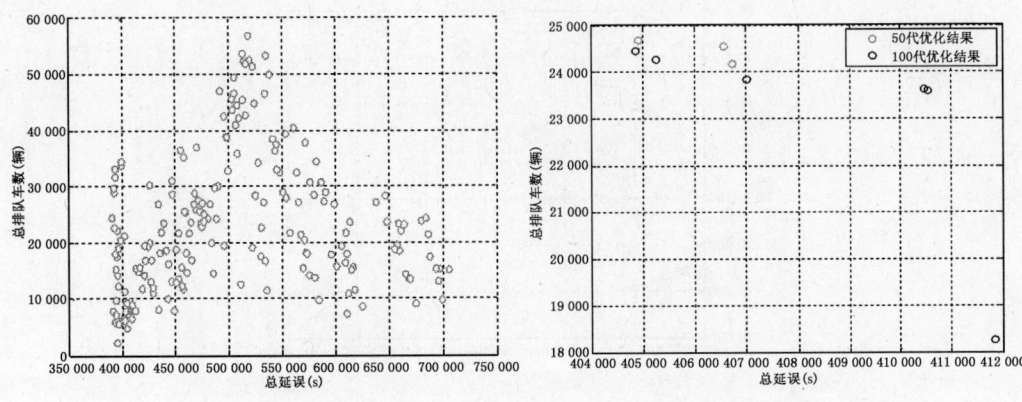

(a) 初始分布　　　　　　　　(b) 50代和100代后的优化解分布

图 10-5　不同优化代数优化解分布

（2）不同基因个数的优化结果

因为不同基因数代表不同的优化策略,4个基因代表优化四相位交叉口一个周期的配时方案,5个基因代表优化一个周期的方案加相序优化,而8个基因代表优化连续两个周期的方案。由图10-6所示的优化结果可知,4个和5个基因的优化策略中的可行优化解数量还较多,8个基因的优化解已经收敛到几个局部最优解上。对比4个基因和5个基因的优化结果,5个基因中优化解的分布较为均衡。8个基因优化解的平均值要低于4个和5个优化策略。由此可知,如果优化解的方案数量能遍布整个优化时间段,优化结果会很好,这也与自适应控制的有效性一致；随着基因数的增加,优化的代数和种群数量会有很大的上升,算法的复杂度会大幅度增加。

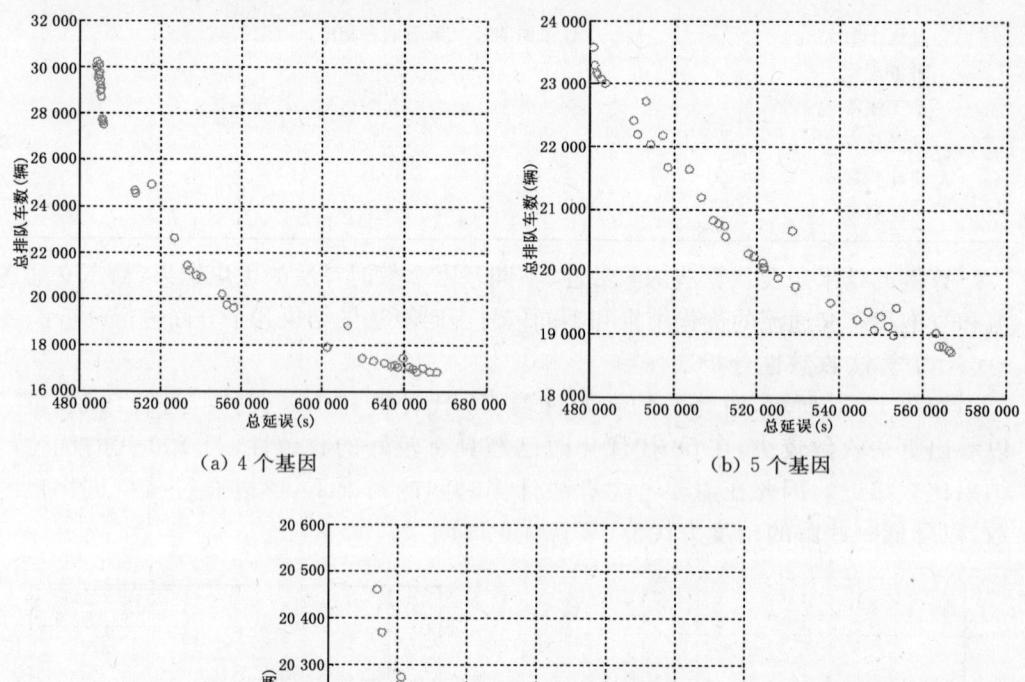

图10-6　不同基因数优化解分布

第十章 交通信号配时方案静态优化

(3) 不同流量情况下的优化结果对比

图 10-7 给出了两种不同流量下的优化结果对比,可以看出算法能对不同流量状况下对交通信号控制进行优化。

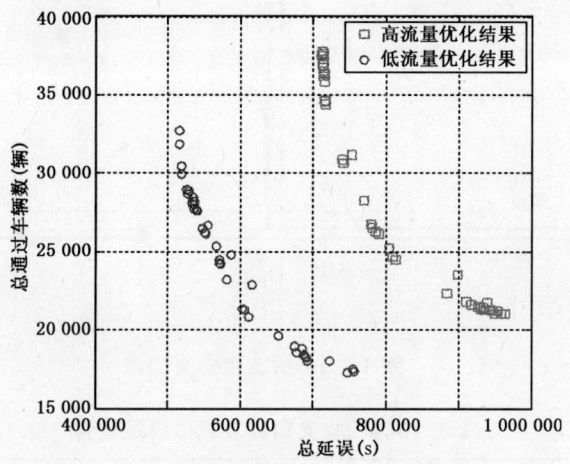

图 10-7 不同流量状况下优化解分布

(4) 与其他静态算法的优化结果比较

将算法的结果与 Webster 和 Synchro 的静态配时方案相比较,结果如表 10-3 所示。比较结果说明算法在单周期策略上延误和其他优化算法大致持平,但排队指标有较好的结果,双周期的优化结果较为理想。从单周期结果指标的相似性也可说明本书所提出的算法能搜索并收敛到多目标问题域中的 Pareto 最优前端。

表 10-3 静态优化配时算法结果评价

算法名称	车均延误(s/veh)	总排队长度(veh)
NSGA Ⅱ (4 基因)	8.57	25 594
NSGA Ⅱ (5 基因)	8.04	24 582
NSGA Ⅱ (8 基因)	7.38	23 417
Webster	8.94	29 598
Synchro	8.42	29 814

2. 交叉口群优化实验研究

选用如图 10-8 所示的交叉口群验证配时算法进行验证,假设经检验路径 1 和路径 2 为交叉口群的关键路径,交叉口 I2 为关键交叉口,交叉口群及算法参数设置如表 10-4 所示。

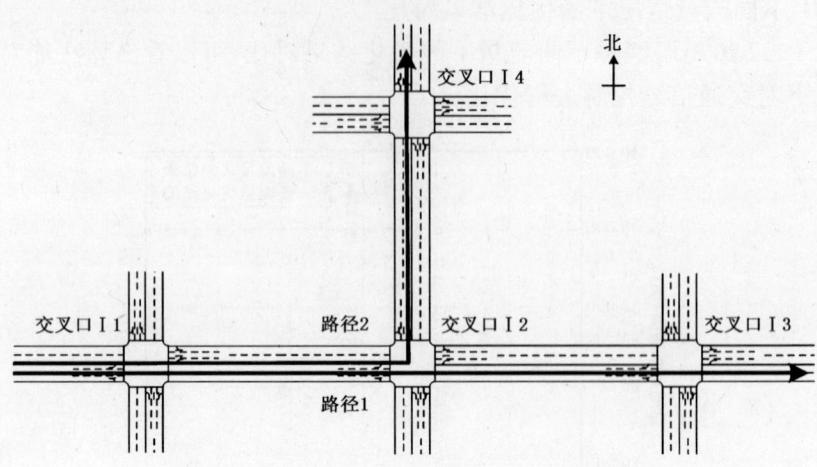

图 10-8　仿真用交叉口群

表 10-4　交叉口群及算法参数设置

参数名	参数值	参数名	参数值
路段长度	550 m	最短绿灯时间	12 s
路段车道数	双向 4 车道	最长绿灯时间	60 s
路段车道宽度	3.5 m	种群规模	200 个
展宽段车道数	3 车道	基因个数	12 个
展宽段长度	70 m	交叉概率	0.8
进口道功能	左转＋直行＋直右	变异概率	0.1
进口道宽度	3 m	进化代数	100
车流转向比例	左转∶直行∶右转＝0.8∶1∶0.5	优化目标	排队＋通行数
路段车速	50 km/h	仿真时间	3 600 s
边界输入流量	1 500(pcu/h)		

交叉口群配时优化模型计算得到各交叉口的配时方案如表 10-5 所示,利用 Synchro 软件计算得各交叉口的配时方案,作为对比组方案如表 10-6 所示。

表 10-5　基于 NSGA-Ⅱ算法的交叉口群配时方案(单位:s)

交叉口编号	公共周期				138
	相位 1	相位 2	相位 3	相位 4	相位差
交叉口 I1	30	37	36	35	44
交叉口 I2	33	35	35	35	0
交叉口 I3	27	40	33	38	58
交叉口 I4	31	39	33	35	47

表 10-6　Synchro 优化的交叉口群配时方案（单位：s）

交叉口编号	公共周期				156
	相位 1	相位 2	相位 3	相位 4	相位差
交叉口 I1	41	38	41	35	126
交叉口 I2	36	43	36	41	0
交叉口 I3	41	38	41	36	127
交叉口 I4	39	38	42	37	123

分别将 NSGA-Ⅱ 算法和 Synchro 计算得出的配时方案输入 VISSIM 仿真软件中进行仿真，得到两种控制方案的评价指标对比，见图 10-9 至图 10-11。

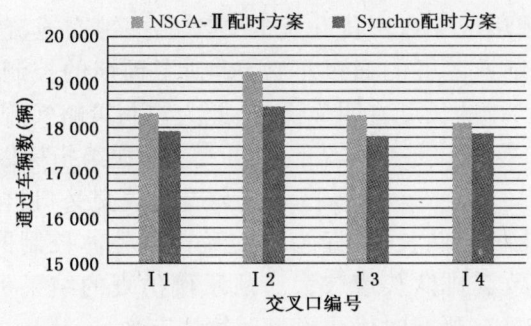

图 10-9　各交叉口车辆通过数比较

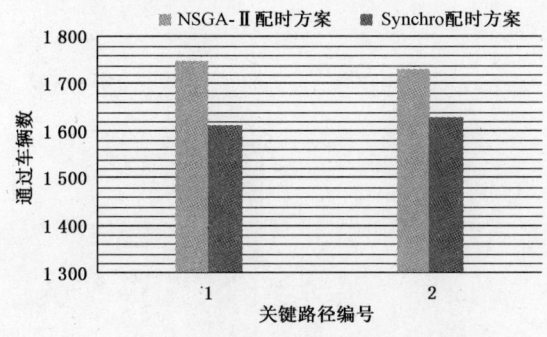

图 10-10　关键路径通过车辆数比较

由图 10-9 可看出，在交叉口群优化配时方案的控制下，关键交叉口的通行车数明显大于 Synchro 的控制方案，其他交叉口的通过车数也有一定程度的提高，但和 Synchro 方案近似，这说明此交叉口群控制策略使得交通流平均分布在交叉口群的各个路段，充分利用了路段的存储能力，从而避免将交通流量集中于关键交叉口，造成堵死现象。示例中假定了两条关键交通流所通过的路径，从图

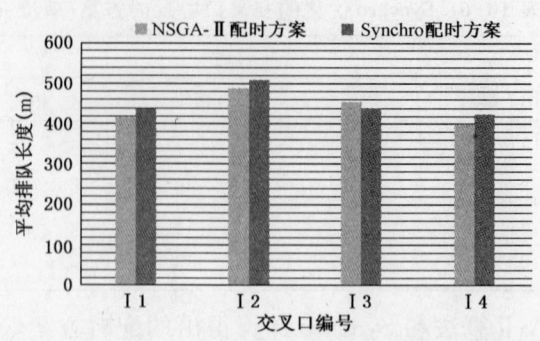

图 10-11　各交叉口平均排队长度比较

10-10 中可看出,采用交叉口群优化配时方案的关键交通流所通过的车辆数明显大于 Synchro 控制方案下的通过车数,达到了预期的控制目标。而图 10-11 中,关键交叉口平均排队长度有明显优势,此为控制策略实现的充分体现。而非关键交叉口中除 I3 交叉口平均排队长度略大于对比组指标以外,I1 和 I4 交叉口均小于对比组指标。由于 Synchro 控制方案周期较交叉口群配时优化方案的信号周期长,导致更大的排队长度,而为了交叉口群整体控制的需要,将交通压力转向 I3 交叉口,导致其排队长度较大。从示例仿真的结果可知,本书提出的过饱和状态下静态交叉口群配时优化模型及算法有效。

第十一章

过饱和状态交叉口群交通动态控制优化算法

离线交通控制的缺点在于无法实时反映交叉口群路网交通状态的变化,整个控制过程是开环的,无法通过反馈信息对控制方案的效果进行评估和改善。本章主要对过饱和状态城市道路交叉口群的动态控制框架、模型和算法进行研究。

11.1 过饱和状态交叉口群交通动态控制优化流程

在线动态交通控制的有效性不仅由交通控制模型、算法及参数的适用性决定,控制方案的动态优化模式也是决定动态交通控制效果的重要因素。动态交通控制方案的优化模式可分为基于周期(Cycle-based)以及基于步长(Step-based)两种类型。基于周期的动态交通控制指信号配时方案的响应时间由当前的周期确定,即在每个周期都会决定下一周期配时方案。基于周期的动态交通控制对交通运行数据的粒度和实时性要求较低,响应速度相对较慢,但稳定性好,优化参数较少,优化模型和算法较为简单。包括 SCOOT 和 SCATS 在内的早期动态优化控制算法都是基于周期的优化算法。其基本特点是把车流的到达融合在周期流量中,控制参数的表达以预设的周期、绿灯长度和绿灯间隔时间等为准,动态控制变量的调整和执行以及数据的采集均以周期为单位,控制周期执行过程中无法改变相位相序。基于周期的控制算法由于配时方案调整的间隔必须包含完整的周期,系统响应速度明显受到限制,但系统运行的稳定性较高。基于步长的动态交通控制是在配时方案的动态优化中引入交通预测、滚动优化和反馈校正等过程,使得交通控制优化和数据采集不再受到周期长度时间单位的约束。应用基于步长的动态交通控制的系统主要有 RHODES、OPAC 和 UTOPIA 等。由于控制变量的急剧增加和对数据通讯设备的严重依赖,导致基于步长的控制算法仅在局部路网或理论研究层面获得推广,实际应用较少。

交叉口群动态交通信号控制模型采用了离散时间(Discrete Time)和滚动优

化(Rolling Horizon)的思想。离散时间和滚动优化已经在包括交通信号控制在内的多个领域得到了应用,并取得了较好的效果。在过饱和状态交叉口群的交通控制中,模型的输入数据为交叉口群中各交叉口一定时间窗内的交通流运行数据。模型将时间细分为小的时间段,每个时间段称为一个滚动区域。每个滚动时间窗可以分为前部和后部两个部分,在时间窗的前部执行的是上一次滚动计算的优化方案,时间窗后部的方案虽然同前部同时完成的优化,但由于预测的数据不如前半部分精确,仅作为下次滚动优化的参考。图 11-1 给出了过饱和状态交叉口群交通信号控制优化的流程,模型的算法步骤如下所示。

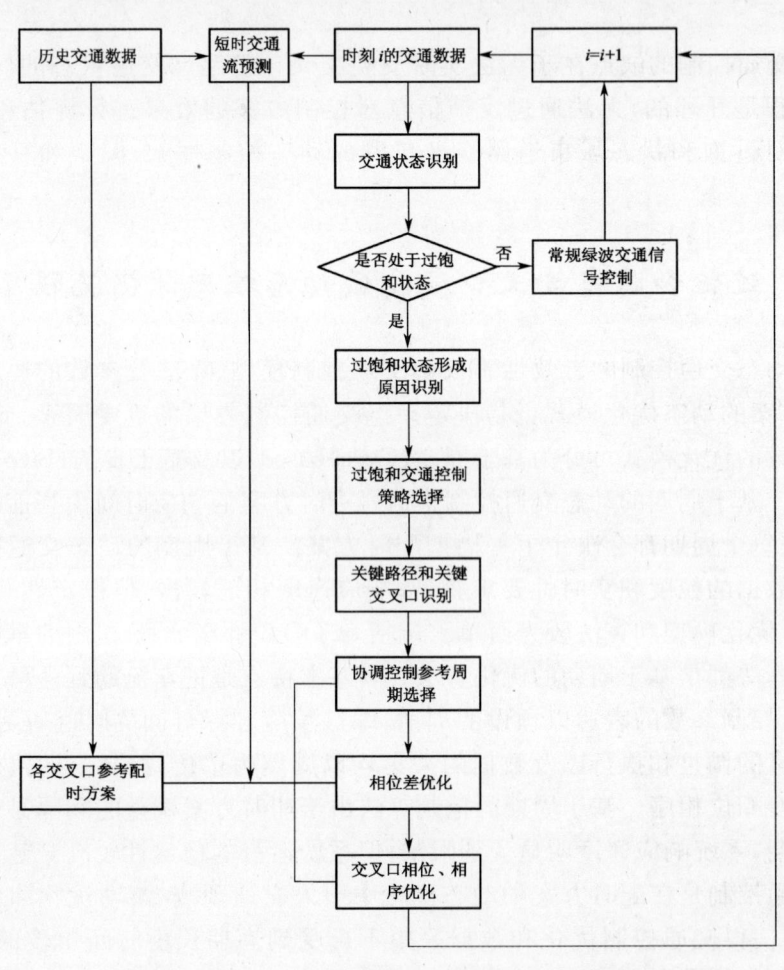

图 11-1 交叉口群交通控制动态优化方法流程图

Step 1: 收集并发送时刻 i 的实时交通运行数据至交通控制中心;

Step 2: 通过交通状态识别算法识别交叉口群的交通运行状态。如果交叉

第十一章
过饱和状态交叉口群交通动态控制优化算法

口群处于过饱和状态,跳至 Step4,如果处于稳态,则跳至 Step 3。

Step 3: 按照常规绿波控制制定交叉口群交通信号时段 $i+1$ 控制方案,转至 Step 12;

Step 4: 识别交叉口群过饱和状态形成的原因。

Step 5: 根据交叉口群过饱和状态形成的原因,制定与之相适应的交通控制策略。

Step 6: 根据当前时刻的交通运行数据,识别交叉口群的关键路径并对之分级,在此基础上确定交叉口群的关键交叉口。

Step 7: 根据历史数据和当前时刻的交通运行数据预测时段 $i+1$ 交叉口群的交通运行状态。

Step 8: 调用由历史数据确定的交叉口群中各交叉口的参考配时方案。

Step 9: 在交叉口群控制策略的指导下,根据参考配时方案和短时交通流预测结果,选择交叉口群关键路径在时段 $i+1$ 的协调控制周期。

Step 10: 优化协调控制的相位差。

Step 11: 优化交叉口群中各交叉口的参数。包括各交叉口的绿灯时间,绿信比,相序等。

Step 12: 进入时段 $i+1$ 的交叉口群交通信号控制优化。

以上步骤中,交叉口群运行数据的收集与处理可参见第 4 章,过饱和状态的判别可参见第 6 章,交叉口群关键路径识别与分级可参见第 7 章,短时交通参数预测可参见第 8 章,过饱和状态交通控制策略选择与确定可参见第 9 章,交叉口交通信号配时方案的确定可参见第 10 章,下文主要对过饱和状态下交叉口群动态交通控制的协调控制周期选择、相位差优化和交叉口信号控制自适应更新方法进行介绍。

11.2 参考协调控制周期计算

交叉口群关键路径协调控制周期的计算是过饱和状态信号协调控制的关键任务。选取非最优信号周期长度将会增加交叉口排队溢流和阻挡发生的概率。在稳态交通流状况下,周期长度可以通过到达交通量和路段通行能力等参数确定[256],而在过饱和状态下,协调控制周期长度的主要影响因素为路段存储能力及红灯时间和绿灯时间车辆的到达率(例如短连线交叉口当红灯时到达率很高时需要采用短周期长度)。

过饱和状态交通协调控制周期长度选取的主要目标在于避免交叉口群的关键交叉口发生排队溢流现象,应用上游截流策略(Internal Metering Policy,

IMP)[166]通过协调上游交叉口的周期长度来避免交叉口溢流现象的产生。应用此策略生成的建议周期长度为确保排队形成的冲击波在到达上游交叉口前消散的最大周期长度。图 11-2 通过时空图给出了计算防止产生排队溢流的最大信号控制周期的计算方法,其计算公式如式(11-1)所示。

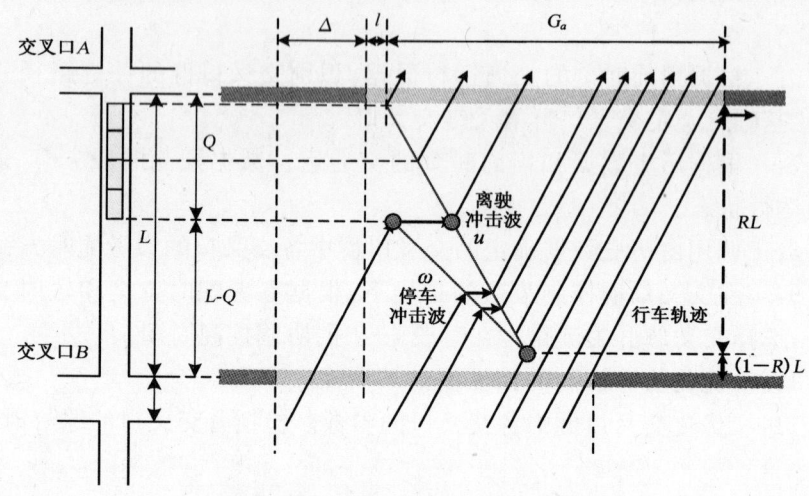

图 11-2　防止溢流的周期长度计算

$$C_1 \leqslant \frac{Lh}{L_v} \frac{\left(1 - \dfrac{W}{L} - \dfrac{(SF)L_v}{L}\right)}{\dfrac{G_a - l}{C_1}} \tag{11-1}$$

图 11-2 及式(11-1)中:L——路段长度;

W——上游交叉口宽度;

G_a——下游交叉口的有效绿灯时间;

h——离驶车辆车头时距;

l——损失时间;

L_v——平均车辆有效车度;

RL——冲击波消散地点;

C_1——防止溢流的周期长度;

SF——车辆清空时的安全系数;

u——离驶冲击波的波速;

v——下一车流第一辆车的速度;

ω——停车冲击波的波速;

Δ——协调控制相位差。

过饱和状态下协调控制周期长度还应考虑关键路径下游离驶率和路段长度[6]，计算周期长度公式如式（11-2）所示。

$$C_2 \leqslant \frac{L}{L_v} \cdot \frac{3\,600}{v_i} \tag{11-2}$$

交叉口群各交叉口的周期长度应在关键路径协调控制周期的范围基础上，根据单点交叉口层的交通控制优化策略和信号控制约束（如最小绿灯时间、最小通行能力约束、最大通行能力约束和最大饱和度约束等）结合实际交通到达率对信号周期长度进行搜索。当路段或短连线交叉口交通流量较大时，应避免使用短周期。为避免短连线交叉口产生排队溢出现象，当不能使用短周期时，可采用调整相位差的方法以减少红灯时间的到达率。同样，延长下游交叉口绿灯时间以便在上游交叉口产生截流效果也可避免产生排队溢流产生。短连线交叉口在交通量较高时对周期长度的限制如式（11-3）至式（11-6）所示。

过饱和状态下交叉口群静态优化算法优化的参考周期将会成为动态优化算法周期长度搜索的参考。参考周期的计算将主要以交叉口群内关键路径上关键交叉口的交通状态来确定。交叉口群的关键交叉口是关键路径上饱和度最高且通过流量最大的交叉口，也可以是关键路径和次关键路径的交叉点。综合考虑关键交叉口的静态优化算法参考周期、实时计算周期和通行能力、饱和度等约束，选取信号协调控制的参考周期。参考周期计算需考虑的约束有：

（1）各路口的最小通行能力约束

$$C_3^i \geqslant \sum_j (G_j^i)_{\min} + L^i \tag{11-3}$$

式中：G_j^i——第 i 个交叉口相位 j 的时间长度；

L^i——第 i 个交叉口的总损失时间。

（2）各交叉口的最大通行能力约束

$$C_4^i \leqslant \sum_j (G_j^i)_{\max} + L^i \tag{11-4}$$

（3）各交叉口的最大饱和度约束

$$C_5^i \leqslant \frac{k_m^i L^i}{k_m^i - Y^i} \tag{11-5}$$

式中：k_m^i——第 i 个交叉口相位最大饱和度。

Y^i——第 i 个交叉口的流量比之和，可按式（11-6）计算。

$$Y = \sum_{j=1}^j \max[y_j, y_j', \cdots] = \sum_{j=1}^j \max\left[\left(\frac{q_d}{S_d}\right)_j, \left(\frac{q_d}{S_d}\right)_j', \cdots\right] \tag{11-6}$$

式中：j——一个周期内的相位数；

y_j，y'_j——第 j 相位的流量比和设计流量比；

q_d——设计交通量，单位 pcu/h；

S_d——设计饱和流量，单位 pcu/h。

交叉口群协调交通控制的参考周期长度取满足上述条件的周期的最小值，即 $C_{ref}=\min(C_1,C_2,C_3,C_4,C_5)$。

11.3 相位差计算方法

相位差优化可以被看作以相位差为优化参数的优化问题，其优化目标为某个复杂函数的值最大或最小。过饱和交叉口群相位差在线优化时，应优先关键路径的相位差。在优化相位差时，将交叉口群中各路段分为若干路径，并按照关键路径的重要程度对其进行优化。在包含 n 个交叉口的路径中，可能存在的相位差个数为 $(C/r)^{n-1}$，C 为周期长度(s)，r 为搜索步长(s)。由此可见求解相位差的计算复杂度呈 n 的指数幂增长，因此需采用高效的优化方法。表 11-1 总结了各种求解相位差方法的优点、缺点和应用实例[257]。综合比较各种相位差优化方法的优缺点，结合以关键路径为基础的交叉口群交通控制思想，本书采用线-轴结合法(Link-Pivoting Combination Method，LPCM)来优化城市道路交叉口群关键路径的相位差。

表 11-1 相位差优化方法比较

方法	优点	缺点	应用实例
准穷举上搜索法 (Quasi-Exhaustive Search)	1. 在低维度用系统选择的参数搜索整个解空间	1. 不能反映网络拓扑结构 2. 在计算高精度数据或多交叉口时计算难度高 3. 可能获得局部最优解	软件 Synchro 中部分应用
蒙特卡洛法 (Monte Carlo Simulation)	1. 应用随机选择的参数搜索整个解空间	1. 不能反映网络拓扑结构 2. 不清楚应用多少模拟能覆盖到整个解空间 3. 可能获得局部最优解	软件 SIGOP 中部分应用
启发式算法优化 (Stochastic Optimization) (如遗传算法等)	1. 应用先验信息来智能的获取更多的指定参数 2. 过程能覆盖整个解空间 3. 比蒙特卡洛法更加高效	1. 不能反映网络拓扑结构 2. 模型结果和应用的逻辑选择有关 3. 可能获得局部最优解	文献 [258,259]
爬山法 (Hill Climbing)	1. 计算简单 2. 效率高	1. 不能反映网络拓扑结构 2. 对初始设置参数敏感 3. 可能获得局部最优解	TRANSYT 软件

续表 11-1

方　法	优点	缺点	应用实例
结合法 (Combination Method)	1. 非常适合线性干线路网相位差优化 2. 能反映路网的拓扑特征 3. 计算简单,没有死循环 4. 能寻找全局最优解	1. 只有串联/混联状的路网拓扑才能应用结合法来优化	文献 [260, 261]

　　线-轴结合法通过一系列搜索、结合的步骤把路网等价为一个路段。每次结合相当于把一个额外的路段转化为与之前路段相同的路段,以直接利用之前路段所优化的路段流量。结合法适用于优化干线型交叉口群,对于网络型交叉口群处理效果不佳。因此线-轴结合法适用于优化交叉口群关键路径的相位差。其通过"串联"和"并联"组合的形式来优化交通信号控制网络的相位差。串联组合(Parallel Combinations)通过合并连接到一个终点交叉口的两个路段的优化函数并选择相应优化目标的最优解来确定最优的相位差。并联组合(Series Combinations)通过构建从一个路网中的交叉口延伸出的两个路段相位差的二维优化函数来确定两个路段的最优相位差,所选择的相位差必须满足两个优化函数的优化目标。以一条干道的相位差优化为例,说明线-轴结合法的计算过程。

　　Step 1： 在所优化干线道路的起点位置定义起始交叉口 j_0。

　　Step 2： 按照以下过程依次组合干线路网上的各个交叉口。

　　假设 j 的取值范围是从 j_0 到 j_{max},

　　(1) 令 $\{\Delta\}=\{\Delta_{j_0}, \Delta_{j_0+1}, \cdots, \Delta_{j-1}\}$(设第 j 个交叉口为关键交叉口,相位差优化以第 j 个交叉口优先级最高)

　　(2) 令 $\{\Delta\}=\{\Delta\}\cup\{\Delta_j\}$(其中, Δ_j 为先前合并过的相位差)

　　(3) 假设每个周期可分为 B 个时段,每个时段长度为 w,设 $\delta=1, 2, \cdots, (B-1)$,通过对每个交叉口当前的相位差和之前结合的相位差增加来建立网络相位差评价模型,如式(11-7)所示

$$\{\Delta\}_\delta = \begin{cases} \Delta_{j_0} = (\Delta_{j_0}+\delta)\bmod B \\ \Delta_{j_0+1} = (\Delta_{j_0+1}+\delta)\bmod B \\ \cdots \\ \Delta_j = (\Delta_j+\delta)\bmod B \end{cases} \tag{11-7}$$

　　注意,如果 $w=1\,\mathrm{s}$,则 $B=C$。此时计算整个网络每个 δ 的评价本质上意味着两条单行道的串联组合包含了双向行驶路段的情况。

　　(4) 选择合适的 δ 值以取得最好的评价效果,使得 $\{\Delta\}\leftarrow\{\Delta\}_\delta$。

　　Step 3： 对于孤立系统,可指定相位差的调整集合 $\{\Delta_j\}$ 至特定值以便指定交叉口相位差达到要求。

优化过饱和状态交叉口群的相位差尤其需要考虑下游交叉口通行能力的限制和其他流向汇入关键路径的重转向交通流所形成的交叉口排队。过饱和状态交叉口群相位差的优化需在原有方法的基础上考虑两个约束,即设计相位差防止交叉口产生溢流现象和绿灯空放现象。

(1) 防止溢流现象的相位差设计

为防止溢流现象的产生,可以调整协调控制的相位差,来防止停车冲击波在到达上游交叉口前消散。如图 11-3 所示,停车冲击波在上游放行车流同排队车辆相遇时产生,向上游交叉口传播。当与离驶冲击波相遇时,停车冲击波消散,车流正常运行。但当消散点经过上游交叉口时,上游交叉口车辆排队便会产生溢流现象。在设计过饱和状态相位差时,通过将原相位差减少 Δ_r,使停车冲击波产生时间减少 Δ_r,从而以确保消散点位于上游交叉口之前。假设消散点恰好位于上游交叉口处,应用公式(11-8)计算出相位差的约束[132]。

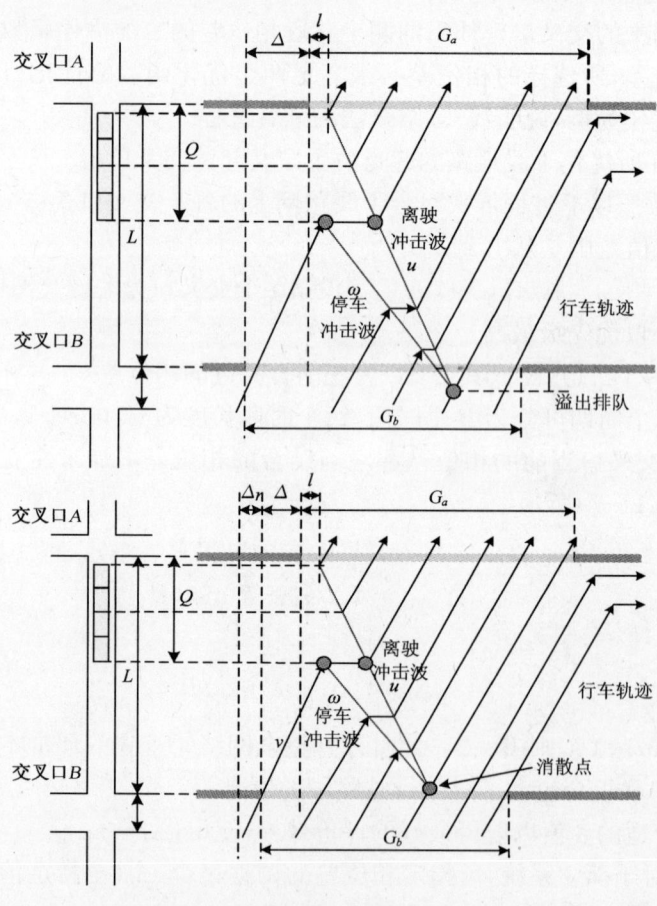

图 11-3 防止溢流现象的相位差设计

$$\Delta_1 \geq \frac{L}{u_s} - \frac{L(1-\rho)}{L_v} \cdot h \qquad (11-8)$$

式中：ρ——排队长度和路段长度的比；

u_s——离驶冲击波波速。

（2）防止绿灯空放的相位差设计

绿灯空放现象指交叉口离驶车辆在汇入到下游交叉口车队前已经到达下游交叉口的情况。绿灯空放现象一般发生在上游交叉口的车队滞后于理想相位差时。绿灯空放会造成下游交叉口部分绿灯时间变为无效绿灯时间，使其实际通行能力减少。如图11-4所示，在检测到绿灯空放时，可以通过调整信号控制的相位差，使上游车队在到达下游交叉口时正好加入下游交叉口放行车队，即可避免绿灯空放现象的产生。防止绿灯空放的最大相位差可由式(11-9)计算。

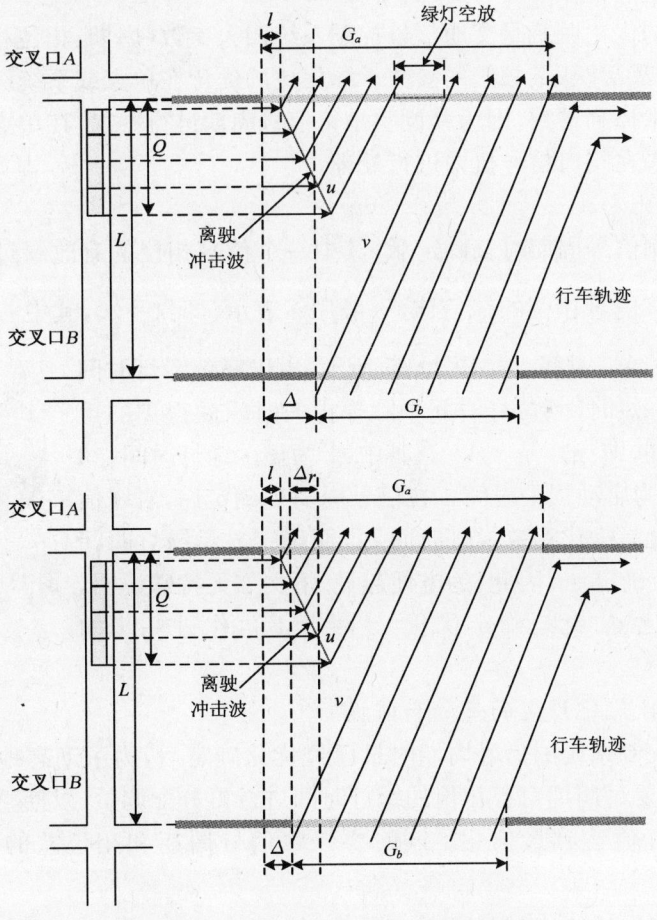

图11-4　防止绿灯空放的相位差设计

$$\Delta_2 \leqslant \frac{L \cdot \rho \cdot h}{L_v} - \frac{L}{v} \tag{11-9}$$

应用线-轴结合法在优化干线型交叉口群或交叉口群关键流向的相位差,首先从一个端点交叉口开始优化,然后逐个优化邻近的交叉口。优化每个路段的相位差时,需综合考虑防止过饱和状态负面效应的两个约束,以求得相位差的优化范围,并在优化范围内搜索最优解。本算法将双向道路分别用串联组合建模,不需要对其排序。算法基于路径对相位差进行优化的优点在于可以简化计算的过程。在当前优化阶段,相位差曲线的表现仅仅和两个对应的路段相关,而不必再考虑前面已合并的路段,由此可减轻优化网络时的计算量。

11.4 单点交叉口绿信比优化

绿信比的优化调整是交通信号控制系统四大参数(周期、相位相序、绿信比、相位差)调整中最活跃、最频繁的参数。绿信比的优化在单点或系统级实时自适应控制中属于战术控制参数,因为其调整是每信号周期进行一次,在单点实时自适应控制时可以考虑在路口信号机内进行处理。

1. 绿信比定义

交通控制信号周期时长确定后,其中一个信号相位的有效绿灯时间与周期时长之比即为该信号相位的绿信比,一般用 λ 表示,即:$\lambda = \frac{g_e}{C}$,其中 C 为信号周期时长,g_e 为有效绿灯时间。如图 11-5 所示,由于有效绿灯时间为实际显示绿灯时间、黄灯时间中除掉损失时间后得到的可利用通车时间,即:$g_e = g + A - l$,其中:g 为显示绿灯时间,A 为黄灯时间,l 为启动损失时间。在信号周期 C 确定后,对绿信比 λ 的优化就是优化有效绿灯时间 g_e,而确定显示绿灯时间 g 之后同时就确定 g_e,因此,为方便起见,下文如无特殊说明,可以认为优化 g_e 就是确定优化 g,两者不再作进一步的区分。

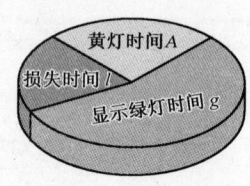

图 11-5 绿信比定义图

2. 绿信比优化设置的目的和前提

当交通控制系统的信号周期时长已经优化确定后,为了动态地对应交通流的实际变化,需要每周期对各相位的绿灯时间进行再分配调整,以使整个交叉口交通流运行的指标值达到最佳化。同时要保障信号周期和相位差的优化结果得以执行。

在进行绿信比优化时假定:

- 信号周期已经得到合理的确定；
- 相位相序已经得到合理的选择优化；
- 交叉口各进口道连线的上下游均埋设了车辆检测器；
- 混合交通流对绿信比优化的影响在最大最小绿灯时间和绿灯间隔时间等约束中合理考虑。

3. 绿信比初值的确定

系统开始运行时相位的绿灯时间，可通过离线优化确定，或调用在此前相近时段的方案，随着系统的运行可不断地在线优化调整，通过优化算法逐步符合实际交通流的运行状态。

不同信号周期下的各相位的最佳绿信比之比基本与相位的饱和流量比之比大致成比例，见图11-6，即：

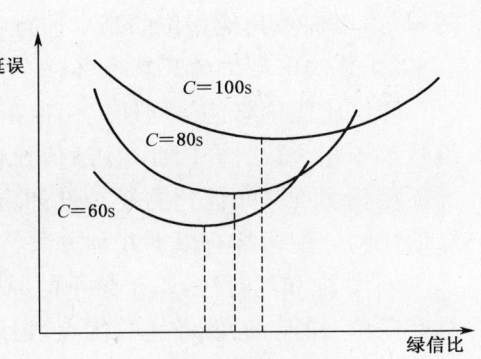

图 11-6 最佳绿信比优化图

$$\frac{g_i}{g_j} \approx \frac{y_i}{y_j} = \frac{\dfrac{q_i}{S_i}}{\dfrac{q_j}{S_j}} \quad (11\text{-}10)$$

式中：g_i、g_j——相位 i、j 的最佳绿信比；

y_i、y_j——相位 i、j 的饱和流量比；

q_i、q_j——相位 i、j 的流量；

S_i、S_j——相位 i、j 的饱和流量。

因此，在信号周期已经优化确定的情况下，可以按照等饱和分配的原则，依据各相位的饱和流量比之比来进行单点实时自适应控制下的绿信比初值的确定。

4. 绿信比优化的约束条件

绿信比优化的约束条件主要是信号周期约束、最大最小绿灯时间约束和通行能力约束，即：

$$g_{\min} \leqslant g_i \leqslant g_{\max}, \quad \sum_{i=1}^{m} g_i = C, \quad x_i = \frac{q_i C}{g_i S} \leqslant x_p \quad (11\text{-}11)$$

其中，i——相位数目；

q_i——相位 i 的流量；

C——信号周期；

g_i——相位 i 的绿信比；

S——相位 i 的饱和流量；

x_p——每一相位的饱和可接受的最大临界的饱和度，一般地取 $x_p=0.95$。

g_{min} 为相位的最小绿灯时间，g_{max} 为相位的最大绿灯持续时间，g_{min} 和 g_{max} 可依据城市的交通状况离线确定，以有利于保证交通安全并提高效率。在实际的绿信比优化调整过程中，如果相位的绿灯时间低于 g_{min}，则不能进一步降低，必须保障最低下限值。相反，如果相位的绿灯时间要大于 g_{max} 时，则不再增加其相位的绿灯，以保障其他相位的基本通行权。

5. 绿信比优化的原理和算法

绿信比优化与信号周期优化存在最大的不同点在于：绿信比为多维向量，其维数等于相位数目。因此，在绿信比优化时必须考虑如何在保证优化精度的情况下简化多维空间优化的复杂性和占用的内存开销。在信号周期确定情况下，绿信比的分配通常有以下几种方法：

- 等饱和配时法：基于公平的原则，按饱和流量比作为绿信比优化的依据，具有简单、快速、近似最优的优点，但通车效率和服务水平并不如总延误最小化配时法；
- 总延误最小化配时法：基于效率的原则进行绿信比分配，通车效率和服务水平最好，但计算时间长、模型要求复杂；
- 车均延误相等配时法：使各相位车流的车均延误相等；
- 排队率相等配时法：使各相位车流的排队率相等。

因此，基于以上各种方法的优缺点，应用基于等饱和分配的总延误最小化的优化法，以等饱和分配的绿信比作为系统寻优的初始绿信比，再逐步逼近最佳的绿信比，具体方法如下：

（1）首先以各相位的交通量为依据，进行等饱和分配，得到近似最优的初始绿信比；

（2）然后依据流量大小再把相位划分为延长相位和非延长相位，把对总延误影响最大的相位（即交通量最大或饱和流量比最大的相位）定义为"延长相位"（图 11-7 中的相位 B），其他相位视为非延长相位。由于延长相位的延误占总延误的比例最高、影响最大，调整延长相位带来的交通效益最大，故对所有相位绿信比的优化总是从延长相位等饱和分配后的绿信比开始。

（3）依据"先延长相位，后非延长相位"的原则，使用爬山法首先对延长相位的绿信比进行调整，然后以服从信号周期约束、最大最小绿灯约束、最大饱和度约束，对所有的非延长相位按照等饱和的原则进行绿信比调整。

（4）依据感应控制的基本原则，把非延长相位的多余绿灯时间调剂给延长相位，以进行绿信比理论优化后的感应执行优化，进一步降低系统运行的延误。

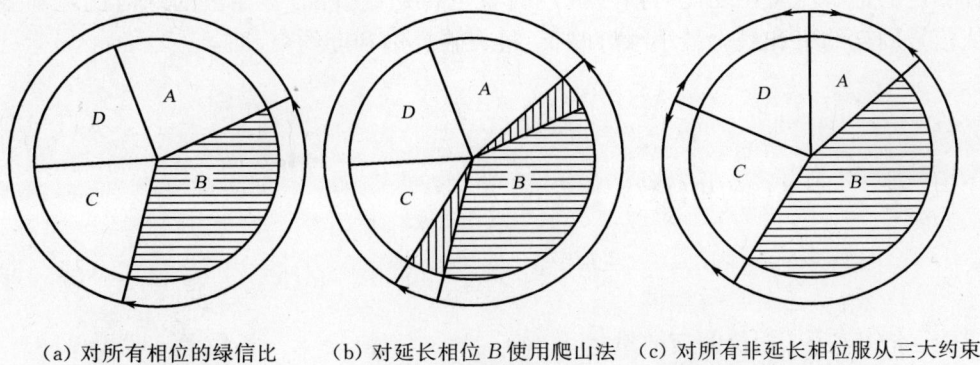

(a) 对所有相位的绿信比　　(b) 对延长相位 B 使用爬山法　　(c) 对所有非延长相位服从三大约束
　　进行等饱和分配　　　　　　　进行扩大再分配　　　　　　　　条件再进行等饱和分配

图 11-7　基于等饱和的绿信比优化示意图

6．绿信比优化流程

依据上面的分析,绿信比优化的运算流程可以分为三个阶段,具体见图 11-8,即:

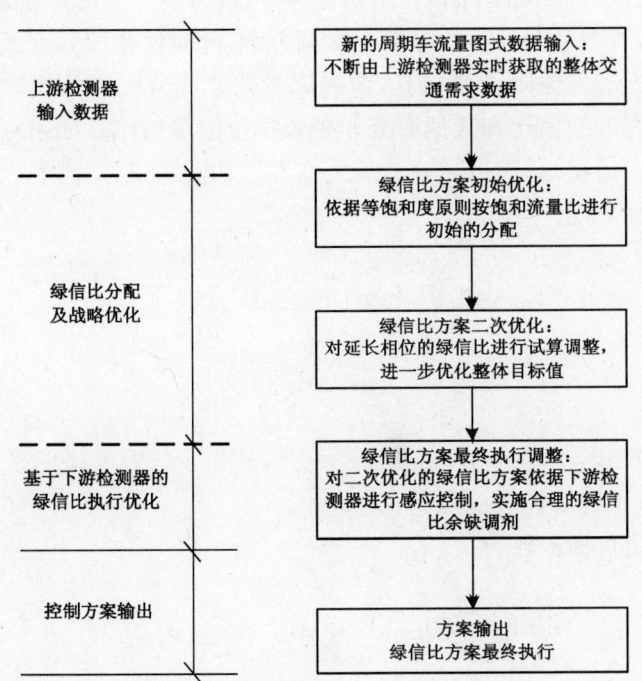

图 11-8　绿信比优化三阶段法流程图

（1）绿信比的初始分配阶段

利用上游检测器实时检测生成的周期交通量图式,依据等饱和度的原则,按照各相位的饱和流量比之比对信号周期时长进行初始分配,各相位的绿信比之和服从信号周期约束和最大最小绿灯时长、最大临界饱和度约束,即:

$$\sum_{i=1}^{m} g_i = C \tag{11-12}$$

式中:m——交叉口的相位数;

$$g_i : g_j = \frac{q_i}{S_i} : \frac{q_j}{S_j} \tag{11-13}$$

式中:q_i——第 i 相位的交通量;
S_i——第 i 相位的饱和流量。

(2) 绿信比的二次优化

如果增加相位绿灯时间减少的延误和停车次数的总收益,大于被红灯延误的车辆所受的总损失,就应增加绿灯配时;相反,则应减少绿灯时间。基于以上原则,绿信比的优化从交叉口主路上的延长相位的绿信比开始,使用爬山法,在绿灯开启前,与上一周期执行的绿信比进行比较,搜索 $+\Delta g$ s、0、$-\Delta g$ s 情况下交叉口总延误大小的变化,找到延误最小的绿信比微调方案,此时优化试算交叉口所有的非延长相位依据等饱和度原则,按照到达饱和流量比之比分配绿信比。由此优化得出交叉口延长相位的绿信比和其他所有非延长相位的绿信比。如果存在任一非延长相位不满足最大最小绿灯时长约束、最大临界饱和度约束,则满足以上约束之后再重新进行等饱和分配。

$$\sum_{i=1}^{k-1} g_i^* + g_k^* + \sum_{i=k+1}^{m} g_i^* = C \tag{11-14}$$

$$g_i^* : g_j^* = \frac{q_i}{S_i} : \frac{q_j}{S_j} \tag{11-15}$$

其中,$g_k^* = g_k^\perp + \Delta g$,$g_k^* = g_k^\perp - \Delta g$,$g_k^* = g_k^\perp$,其中 g_k^* 为本周期延长相位的绿信比,$g_k^\perp$ 为上一周期延长相位的绿信比。

绿信比优化目标函数为:

$$\text{Min}\left(\sum_{i=1}^{k-1} d(g_i^*) + d(g_k^*) + \sum_{i=k+1}^{m} d(g_i^*)\right) \tag{11-16}$$

(3) 绿信比的执行调整优化

由于系统上下游均设置了检测器,因此可以依据感应控制节约绿灯时间的情况,进行节余绿灯时间的重新分配,以获得更好的效益,促使系统的延误值进一步降低。首先按照对二次优化后的绿信比方案在执行时的调整方向对所有相位进行

分类,即定义了以下三类相位:
- 延长相位:执行时相位绿灯时间只能延长,不能缩短;(+)
- 感应相位:执行时相位绿灯时间不能增加,只能达到最大绿灯或被跳过(−)
- 基本相位:执行时相位绿灯时间一般维持不变;(0)

规定以上三类相位的目的,主要是便于感应控制时合理的调剂各相位绿灯时间的余缺,把非延长相位多余的绿灯时间优先分配给交通量大的延长相位。同时界定了三类相位的绿灯时间的调整范围如下:
- 把二次优化后的绿灯时间作为感应相位控制的最大绿灯时间;
- 把二次优化后的绿灯时间作为基本相位的执行绿灯时间;
- 把二次优化后的绿灯时间作为延长相位的最短绿灯时间。

7. 延长相位设置的原则

延长相位一般设置在交通量大或饱和流量比大的主路,其最终绿灯时间,只能在其他相位的绿信比确定之后才能确定,其等于周期时长减去其他所有相位之后的剩余时间。延长相位的总数目一般应小于设置感应相位的总数。

引入延长相位后,一般需要把延长相位紧跟设置在感应相位之后,当感应相位被跳过时或有多余绿灯节余时,延长相位可以获得感应相位的多出的全部绿灯时间。反之,把延长相位设置在感应相位完结之前则不可取,因为当感应相位尚未达到最大绿灯时,则节余绿灯时间无法调剂给延长相位以保证优化的周期时长得以执行,见图11-9。

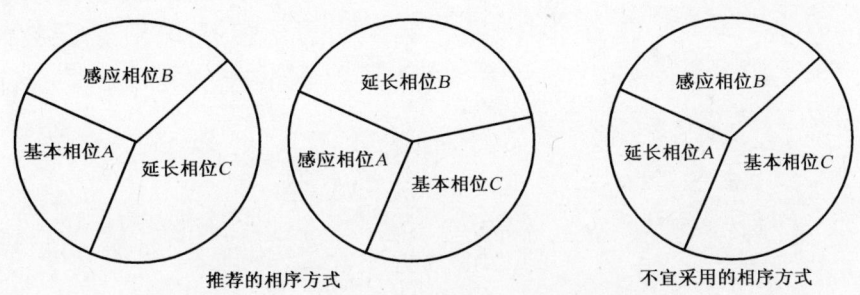

图 11-9　基于延长相位的相位相序设置示意图

一个主路方向一般最多可以设置一个延长相位,不一定每个协调方向均需要设置有延长相位,特别是在两相位情况下。基本相位只是为了规定执行调整时的方向而引入的相位,不一定每个交叉口都必须设置基本相位,特别是在两相位情况下。

如果感应控制相位在上一周期被跳转过去,则在下一周期的绿信比优化时把一般相位设置时的最小绿灯时间赋为初始优化的感应相位绿信比初值。

感应相位绿灯提前结束的条件性检验：
- 在设计的感应时间间隔内无车辆到达。
- 选取感应时间间隔的基本原则：检测到有车辆到达延长单位绿灯时间时，必须保证该车辆能顺利的驶离交叉口；检测到没有车辆到达时，必须保证该车辆能够安全停止在进口道停车线前。据此一般感应间隔取为3～5 s为宜，由此定出下游检测器的位置。
- 该相位内所有交通实体均已获得了最小绿灯时间：主要是指也必须满足相位内其他交通参与者的通行权，如过街的行人和非机动车。

8. 基于双延长相位的绿信比优化

上面主要是对单延长相位情况下的绿信比优化进行了描述，但会存在延长相位不唯一的情况，比如在两条主干道相交的大型交叉口存在典型的四相位情形。此时存在两个延长相位，可以采用双方向爬山法进行优化搜索，得到总延误最小情况下的最佳绿信比。此时，对所有非延长相位按照等饱和进行绿灯分配，对所有延长相位也按照等饱和进行绿灯分配，但又不等同于计算初始绿信比情况下的所有相位间完全等饱和，而是同类相位间相对的等饱和。下面以典型四相位情况为例进行说明，令 g_1、g_3 为非延长相位1和3的绿信比，g_2、g_4 为延长相位2和4的绿信比，对绿信比的优化搜索采用双方向爬山法，则有：

$$\sum_{i=1}^{4} g_i = C \tag{11-17}$$

$$\frac{g_1}{g_3} = \frac{\dfrac{q_1}{S_1}}{\dfrac{q_3}{S_3}} \tag{11-18}$$

$$\frac{g_2}{g_4} = \frac{\dfrac{q_2}{S_2}}{\dfrac{q_4}{S_4}} \tag{11-19}$$

双延长相位的绿信比优化采用双方向爬山法，其优化的目标函数为：

$$\begin{aligned}\mathrm{Min}[&d(g_2^* + \Delta g_2) + d(g_1) + d(g_3) + d(g_4),\\ &d(g_4^* + \Delta g_4) + d(g_{11}) + d(g_{33}) + d(g_{44})]\end{aligned} \tag{11-20}$$

其中：$d(g_1)$、$d(g_3)$、$d(g_4)$——沿延长相位 g_2 方向使用爬山法得到的各非延长相位延误值；

$d(g_{11})$、$d(g_{33})$、$d(g_{44})$——沿延长相位 g_4 方向使用爬山法得到的各非延

长相位延误值；

Δg_2——延长相位2的搜索步长；

Δg_4——延长相位4的搜索步长；

g_2^*——延长相位2上一信号执行的绿信比；

g_4^*——延长相位4上一信号执行的绿信比。

在绿信比优化时一般可选取2 s为调整幅度，其原因在于：受红灯约束聚集后的交通流在得到绿灯驶离排放后，开始存在绿初损失，但一般从第四辆车开始，达到最大饱和排放流量状态，此时的饱和车头时距约为2 s，也就是是否多排放出1辆车的问题，即以单位车辆排放所需时间为调整的幅度。

9. 绿信比优化的间隔

为了最终实现信号周期确定情况下的延误最小化，必须实时匹配于不断变化的各进口连线的交通状况。当绿信比的调整间隔太长，则实时性较差，系统应对各相位交通需求变化过于滞后。当绿信比调整间隔太短，则频繁调整将带来系统运行的不稳定。由于作为战略主参数的信号周期的优化间隔为两周期，而绿信比作为纯战术参数，其调整间隔应低于信号周期，故绿信比的优化为每周期一次。绿信比的优化时间一般在本周期信号结束前优化下一周期的绿信比。考虑到系统优化运算以及通讯传输所需要的时间，故在下一周期第一相位绿灯开启前必须优化出各相位的绿信比，其提前时间 T 由以下两部分组成，见图11-10，即：

- 系统优化运算所需的时间 T_1：取决于算法的性能、计算规模、硬件配置情况；
- 系统方案执行所需的时间 T_2：由通讯传输时间和信号机解码时间所决定。

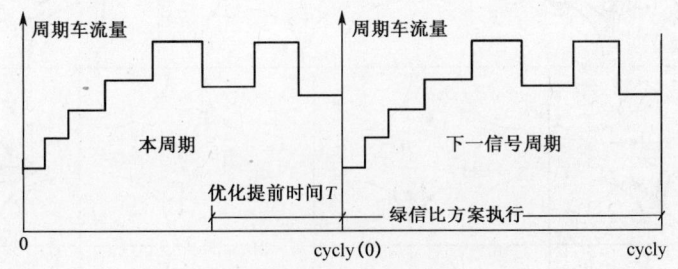

图11-10 绿信比优化提前时间示意图

11.5 单点交叉口相位相序的优化与选择

1. 相位相序定义

相位就是一股或几股交通流，它们在一个信号周期内，不管任何瞬间都获得完全相同的信号灯色显示,那么就把它们所获得不同灯色间的连续时序,称作一个信号相位。各个信号相位是周期性交替获得绿灯通行权的,其灯色显示是无限个"黄~红~绿"的循环。交通信号分相的主要目的在于部分或全部消除冲突。在经过必要交叉口相位间的绿灯间隔时间之后,前一相位通行权的终止同时意味着下一相位通行权的开始,这种相位通行权之间的轮流交替的切换顺序称为相序。

2. 相位组合的基本原则

单点交叉口层对信号控制需确定交通信号控制配时方案的相位数、相位顺序、各相位绿灯时间等。交通信号控制的相位、相序一般采用离线优化控制方案的优化结果。除采用临时禁行的交通管制措施外,在动态交通优化时不对其进行调整。在设定交通信号相位时,应遵循以下原则[8]:

(1) 信号相位必须同交叉口进口道车道渠化(即车道功能划分)相对应。有专用转向相位必须相应的设定转向专用车道。

(2) 信号相位对应于左右转弯交通量及其专用车道的布置,常用设置方案如图 11-11 所示。

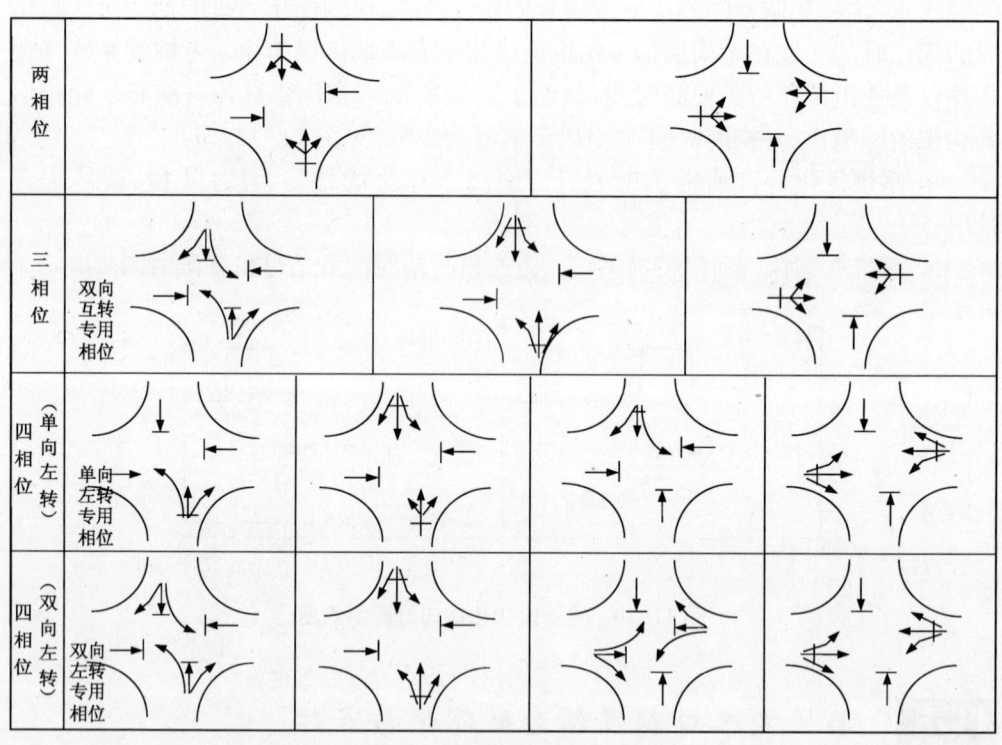

图 11-11　信号相位常用基本方案

(3) 各股通行流(Movement)之间不存在交织或冲突,有利于交通安全和效率。

(4) 占用绿灯时间的匹配程度最为接近。

(5) 保障相位内所有交通实体的通行权(对于混合交通流而言,作为约束条件)。

(6) 应确保同一交通流线上相位的连续性:对同一股交通流设置两种以上的相位时,这些相位在时间上要保证连续性,以免多次启动损失和驾驶员困惑。

(7) 遵循惯性原则,保障相位的平稳过渡:优先考虑驶过停车线的车辆,其次是已启动的驶出车辆。

(8) 有左转专用车道时,根据左转流向设计交通量计算的左转车平均达到3辆时,宜设置左转专用相位。

(9) 同一相位各相关进口道左转车周期平均到达量相近时,宜用双向左转专用相位;否则宜采用单向左转专用相位。

3. 相位相序的选择

依据交通需求的分布情况进行匹配以及上一周期的交通状况,主要是指交叉口上游检测器处的周期车流量图式,进行相位相序的选择,相序选择的主要依据:

- 依据感应控制情况:先感应相位后延长相位;
- 依据交通量大小情况:连线周期车流量图式大,则先给予排放绿灯;
- 依据排队溢出情况:先排队长度发生溢出的相位,后其他相位;
- 排放的优先级别情况:先到达先排放(First in First out);先到达后排放(First in Last out);后到达先排放(Last in First out);后到达后排放(Last in Last out)。

4. 机动车左转相位问题

为了确保左转车的安全和交通的畅通,有必要设置左转箭头等专用相位,但是设置专用左转相位会增加相位数,降低交叉口的处理能力。因此,是否设置左转相位取决于两个方向的左转交通量,对向的直行交通量以及两者之间的关系。

为了分隔左转弯车流行驶的冲突,依据实时检测的左转车流量组合情况,灵活选用多相位方案。获得上游交叉口左转车辆的周期车流量图式,确定机动车的左转相位情况,然后结合非机动车和行人的交通量情况,进行调整。

(1) 提前左转弯

适用于一个进口方向上左转车流在信号周期的前半周期到达量较多,而在后半周期到达量很少的情况,而对称方向几乎没有左转车辆到达的不均衡状况(比如早晚高峰时)。一般情况下车道设计时无专用左转车道,且左转交通量较小或对向进口道禁止左转。其放行顺序是:一个进口的左转和直行先放行,然后是双向进口的直行,见图11-12。

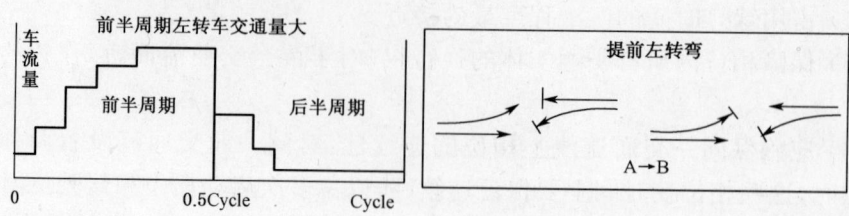

图 11-12 提前左转弯

(2) 滞后左转弯

适用于一个进口方向上的左转车流在信号周期的前半周期基本没有到达，而在后半周期到达量较多的情况，而对称方向几乎没有左转车辆到达的不均衡状况。其放行顺序是：先放行双向进口的直行，然后是一个进口的左转和直行，见图 11-13。

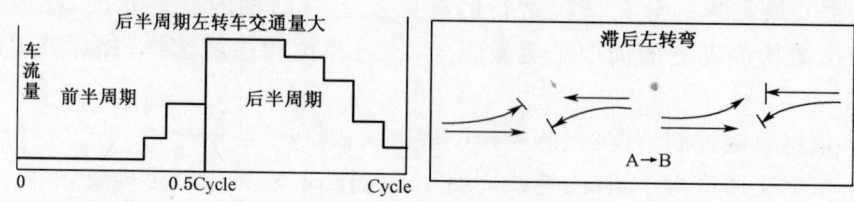

图 11-13 滞后左转弯

(3) 同步左转弯

适用于交叉口两个对称进口方向流量到达规律相同，双向流量呈较均衡状态的情况，一般设置有专用左转车道，此时可以视交叉口面积大小来确定非机动车是与机动车同步左转一次过街，还是更好的左转二次过街。依据放行顺序，又可分为：

• 提前同步左转弯

其放行顺序是：先是双向进口的左转，然后是双向进口的直行，见图 11-14，是最常用的典型四相位设置。适合于左转车辆在前半信号周期到达较多，而在后半信号周期到达较少的情况，或为了保障主路的协调相位而提前放行的情况。

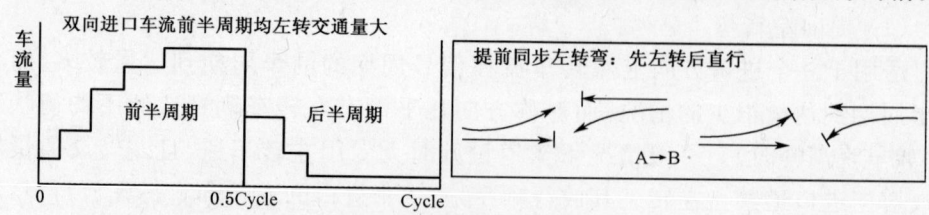

图 11-14 提前同步左转弯

- 滞后同步左转弯

其放行顺序是：先是双向进口的直行，然后是双向进口的左转。适合于左转车辆在在前半信号周期到达较少，而在后半信号周期到达较多的情况，或为了保障主路的协调相位而滞后放行的情况，见图 11-15。

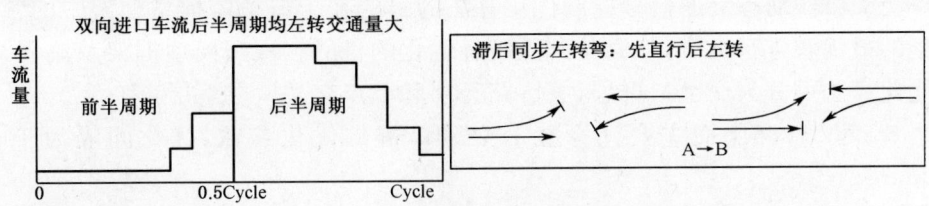

图 11-15　滞后同步左转弯

（4）组合左转弯

适用于交叉口对称的两个进口道在一个信号周期内出现两个左转弯高峰的情况，其中一个进口方向在前半周期存在左转高峰，另一个进口方向在后半信号周期存在左转高峰的情况。其放行顺序是：先是放行一个进口方向的左转与直行，然后是双向进口的直行，最后是另一进口方向的左转与直行，见图 11-16。

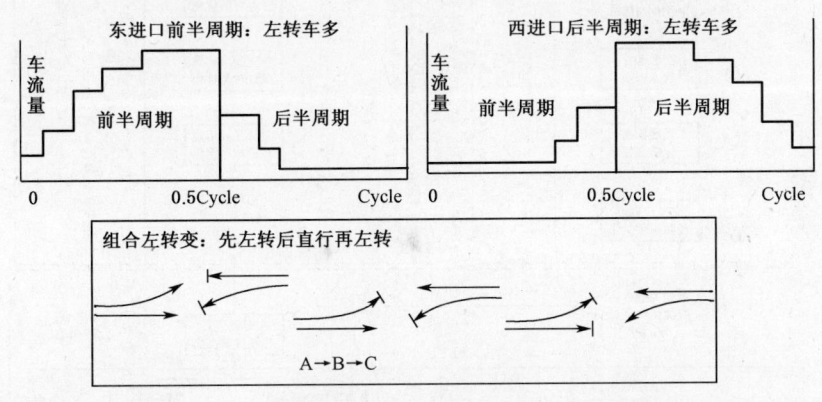

图 11-16　组合左转弯

（5）混行左转弯

适用于进口车道较少，无法渠化设计出左转专用车道的情况，此时交叉口的面积一般较小，属典型的两相位设置，见图 11-17。此时对于左转的非机动车而言，为了减少更多的冲突，可以禁止非机动车

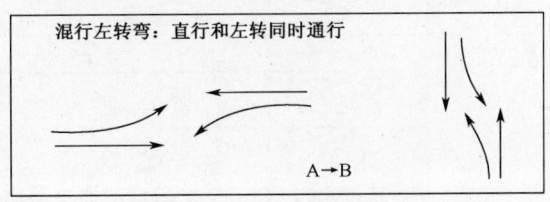

图 11-17　混行左转弯

直接左转过街,而是先直行然后再二次过街。

11.6　交通信号控制方案在线调整耗时分析

交叉口群动态交通信号控制优化算法的目的在于将整体模型框架中的各类模型的最优解进行结合,从而达到系统最优化的目的。根据模型框架及流程,总体优化算法可分为交叉口群层、关键路径层和单点交叉口层三层:

- 交叉口群层面主要计算整个交叉口群的优化参数,优化间隔为10~15 min;

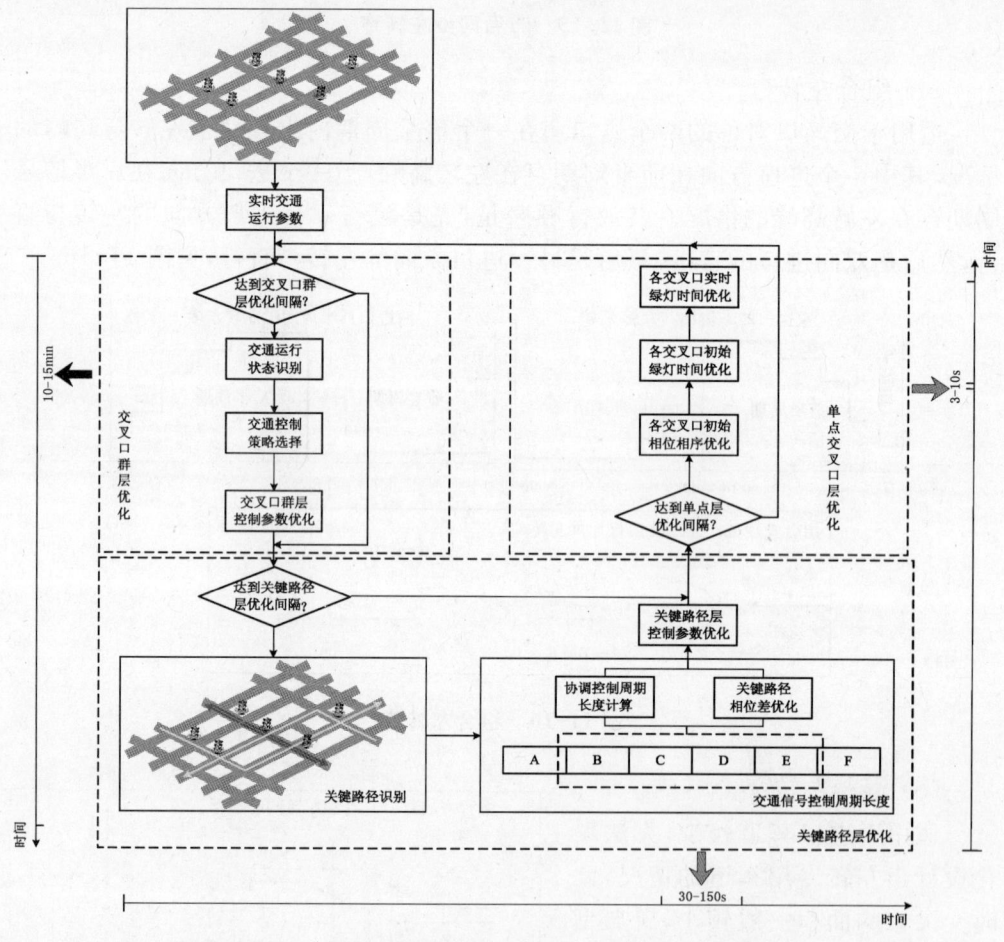

图 11-18　交叉口群动态交通信号控制流程及时耗分析

- 关键路径层面主要结合上一层的优化结果和控制策略,计算关键路径上

各交叉口详细的信号配时,优化间隔将根据实际的配时情况来确定,一般为30～150 s;

- 单点交叉口优化层面受第二层优化结果的约束,根据实时交通信息,在更细微的间隔对信号配时进行局部优化,优化间隔为 3～10 s。

交叉口群动态交通信号控制优化算法的每一层都包含了对应的优化,且模型的优化目标和约束各不相同,需要根据模型的复杂性,如变量个数、搜索范围、精度要求、线性非线性等,来选择合适的优化求解算法。模型参数指标的计算主要通过离线计算和动态调整两种方式进行计算。离线计算主要基于历史数据,计算路网的参考配时方案。在线调整的思想为在离线计算方案的基础上,根据交叉口各进口交通流变化趋势,动态调整交通信号配时参数。通过连续多个周期(一般取三个周期)对车流的相位饱和度、排队长度、通过车辆数等指标分析,获取车流的状态变化趋势。信号交叉口群整体优化流程及耗时如图 11-18 所示。

11.7 仿真应用实验

交通控制模型和算法的验证主要有现场应用试验(Field Test)和仿真应用试验(Simulation Test)两种。现场应用试验可以直接获得模型算法的应用效果,其检验效果较好,能同时对交通控制模型和算法中的建模误差,算法实时性和准确性、控制流程的可靠性及控制参数的误差进行同时检验,但现场应用试验需要包括检测器、信号机、通信电缆、服务器和试验路网等在内完整的外场设备,一般只有在工程应用阶段才能具备这些条件。仿真应用试验的优点在于易于实现和调试,但由于仿真模型和控制模型由于建模思想不同而造成的差异难以调和,且仿真模型和现实路网中的车流运行状况也有一定差异,因此仿真应用试验的结果只能用于对算法整体有效性进行评估,不适宜对控制模型的参数进行校正和评价。

11.7.1 仿真测试数据

应用南京市广州路周边某交叉口群对控制模型和算法的有效性进行评估。广州路交叉口群范围共包括 7 个交叉口,为关联型交叉口群。对交叉口群中的交叉口和路段进行编号,将各个路段标记为 $L_i(i=1, 2, \cdots, 32)$,各个交叉口标记为 $I_n(i=1, 2, \cdots, 7)$,交叉口群拓扑及交叉口编号如图 11-19 所示,路段编号如图 11-20 所示。各路段的长度和进口车道布设如表 11-2 所示。路网中现实相位方案如表 11-3 所示。在对控制模型效果进行评价时,对各交叉口的相位相序未做大的调整,但在控制算法中解除了每个信号控制阶段对信号灯组的约束,各信号灯组有迟起早断的配时。

图 11-19　广州路交叉口群网络拓扑示意图

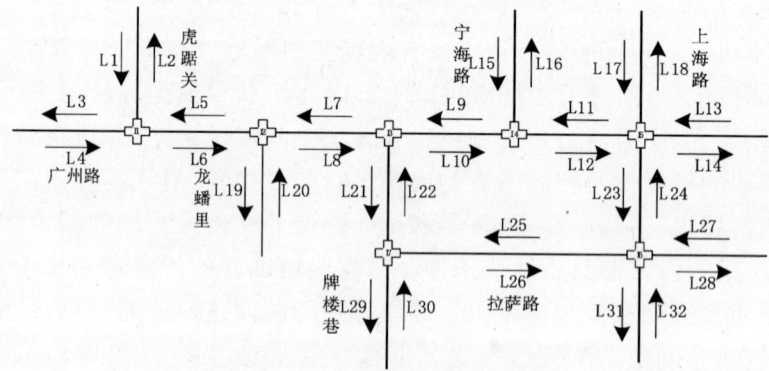

图 11-20　交叉口群路段编号

表 11-2　路段长度及进口道布设

路段编号	路段长度(m)	进口道布置		
L1	517	左转3条	—	右转2条
L2	517	—	—	—
L3	445	—	—	—
L4	445	左转2条	直行2条	—
L5	140	—	直行2条	右转1条
L6	140	—	直行3条	右转1条

续表 11-2

路段编号	路段长度(m)	进口道布置		
L7	450	左转1条	直行3条	—
L8	450	—	直行2条	右转1条
L9	343	左转1条	直行2条	—
L10	343	—	直行1条	右转2条
L11	435	左转2条	直行1条	—
L12	435	左转1条	直行2条	右转1条
L13	700	左转2条	直行2条	右转1条
L14	700	—	—	—
L15	335	左转2条	直行1条	—
L16	335	—	—	—
L17	470	左转2条	直行3条	右转1条
L18	470	—	—	—
L19	340	—	—	—
L20	340	左转1条	—	右转1条
L21	350	左转1条	—	右转1条
L22	350	左转1条	—	右转1条
L23	385	左转1条	直行1条	右转1条
L24	385	左转1条	直行3条	右转1条
L25	365	左转1条	—	右转1条
L26	365	左转2条	直行2条	右转1条
L27	255	左转1条	直行1条	右转2条
L28	255	—	—	—
L29	370	—	—	—
L30	370	左转1条	—	右转1条
L31	470	—	—	—
L32	470	左转1条	直行2条	右转1条

表 11-3 交叉口现实配时方案

交叉口编号	信号相位			
	1	2	3	4
I1	东西直行	北左右转	东右转西左转	—
I2	东西直行	南左右转	东左转西右转	—
I3	东西直行	南左转西右转	南右转东左转	—
I4	南北直行	东右转北左转	南右转东左转	—
I5	东西直行	东西左转	南北直行	南北左右转
I6	东西直行	东西左右转	南北直行	南北左右转
I7	东西直行	南左转西右转	南右转东左转	—

仿真模型中所应用的主要配置参数依照现场测试的数据取用,如表 11-4 所示。

表 11-4 主要配时参数

参 数	指 标	参 数	指 标
直行车道饱和流量	1 600(pcu/h)	转弯/混行车道饱和流量	1 400(pcu/h)
主干道限速	60(km/h)	次干道限速	40(km/h)
临界密度	$1/\rho_m - sw/3\,600$ (pcu/m·lane)	阻塞密度	0.166 7(pcu/m·lane)
随机数分布	正态分布	车流集散波波速	6(m/s)
最大周期时间	180(s)	到达流量波动比例	±10%
最小绿灯时间	12(s)	绿灯间隔时间	3s
绿灯调节步距	2s, 4s	信号协调时当前信号灯组绿灯压缩比例	50%

仿真过程中边界的流量输入采用 2009 年 12 月 10 日早高峰(6:00 AM~9:30 AM)交叉口群边界的观测流量。交叉口群边界输入参数如图 11-21 所示,应用过饱和状态识别算法可知 7:30 AM~8:45 AM 时间段交叉口群持续处于过饱和状态。

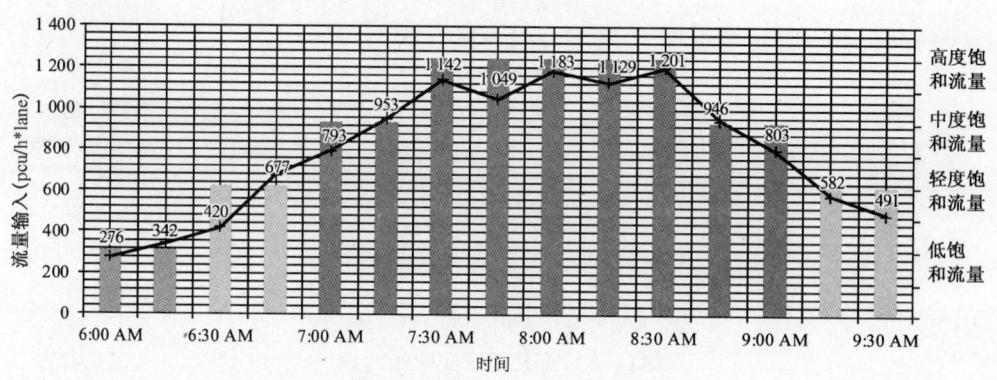

图 11-21 交叉口群流量输入

11.7.2 仿真实验设计

为验证所提出算法的有效性,本书采用 VISSIM 微观仿真软件对算法进行评估。VISSIM 软件相对于其他软件的优点在于:

(1) VISSIM 能提供灵活的驾驶行为和交通条件编辑的可能性,可以很好地验证过饱和状态下交通运行情况;

(2) VISSIM 是基于.NET Framework 开发,为其他附加算法程序的开发提

供了良好的开发环境;

(3) VISSIM 提供了编辑交通策略的工具,如 VAP 语言(Vehicle Actuated Programming,VAP)、美国 NEMA 信号控制机模拟器、交通信号控制应用程序界面(Signal Control Application Programming Interface,SCAPI)等。

VISSIM SCAPI 方法被用来开发本书提出的信号控制系统[262]。SCAPI 控制器要求所开发的算法集成到一个动态链接库文件(.dll 文件)中,应用 C++语言编写能从 VISSIM 中布设的各检测器收集实时交通信息反馈到算法中,并将算法计算的最新控制方案反馈到 VISSIM 仿真环境的数据交换软件,以用于测试算法的有效性。在动态仿真算法每个数据更新时间段开始时,软件从 VISSIM 中读取路网的实时交通信息,并作为输入变量输入交通控制动态优化算法。算法根据实时交通数据更新下一时段的交通信号配时方案后,通过软件将信号配时方案返回到 VISSIM 仿真软件,并转入下一时段的运行。软件运行过程如图 11-22 所示。

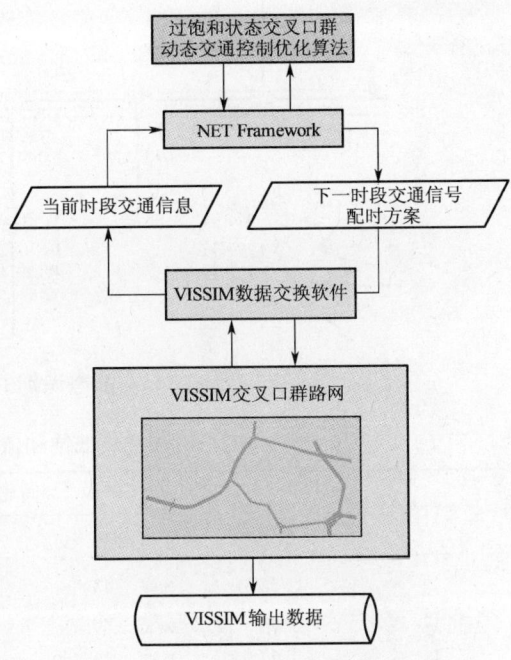

图 11-22　VISSIM 仿真环境示意图

11.7.3　仿真应用试验结果分析

对于城市道路交叉口群动态交通信号控制的评估主要考察以下三个方面:
- 动态交通信号控制在过饱和状态下是否优于静态交通控制;
- 动态交通信号控制能否实时跟踪交通需求的变化;
- 基于交叉口群关键路径的过饱和状态下控制策略是否有效。

为验证以上目标,分别应用静态优化算法和基于关键路径的动态优化算法以及未基于关键路径的动态优化算法对交叉口群的信号配时方案进行评价。以通过车数最多和排队长度最小为优化目标,计算不同时段各种交通状态下的各交叉口静态配时方案。经过基于历史数据的关键路径识别,确定交叉口群的关键路径为 L4→L6→L8→L10→L12→L14 及 L13→L11→L9→L7→L5→L3,次关键路径为 L17→L23→L31,L32→L24→L18 及 L4→L6→L8→L10→L12→

L23→L31,如图 11-23 所示。由图 11-23 可以得知交叉口 I5 为交叉口群的关键交叉口。在此基础上优化的各种状态下交叉口群优化控制方案如表 11-5 至表 11-8 所示。

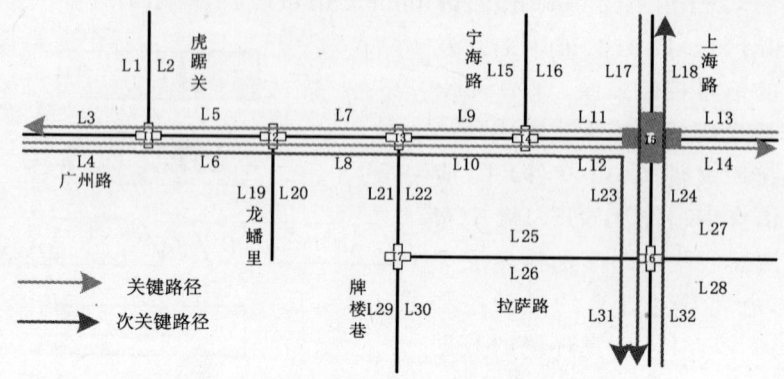

图 11-23 静态识别的交叉口群关键路径

表 11-5 低饱和流量静态配时方案

交叉口编号	共同周期				92s
	相位1	相位2	相位3	相位4	相位差
I1	33	33	26	—	84
I2	38	28	26	—	72
I3	34	29	29	—	48
I4	32	30	30	—	25
I5	30	18	26	18	0
I6	24	18	30	20	28
I7	36	28	28	—	49

表 11-6 轻度饱和流量静态配时方案

交叉口编号	共同周期				118s
	相位1	相位2	相位3	相位4	相位差
I1	43	43	32	—	94
I2	48	36	34	—	87
I3	44	37	37	—	56
I4	41	38	39	—	32
I5	39	23	33	23	0
I6	30	23	38	27	39
I7	46	36	36	—	52

表 11-7 中度饱和流量静态配时方案

交叉口编号	共同周期				143s
	相位1	相位2	相位3	相位4	相位差
I1	51	51	40	—	126
I2	58	44	40	—	110
I3	52	45	45	—	78
I4	50	46	46	—	41
I5	46	28	40	28	0
I6	36	30	46	30	50
I7	56	43	43	—	84

表 11-8 高度饱和流量静态配时方案

交叉口编号	共同周期				168s
	相位1	相位2	相位3	相位4	相位差
I1	60	60	48	—	152
I2	70	50	48	—	138
I3	62	53	53	—	85
I4	58	55	55	—	52
I5	55	33	48	32	0
I6	44	32	55	37	58
I7	66	51	51	—	89

如图 11-24 和图 11-25 所示,对比交叉口群中关键交叉口在评价时间段静态配时和动态配时的信号控制周期长度可以发现,关键交叉口的周期长度明显随输入流量的变化而发生波动。

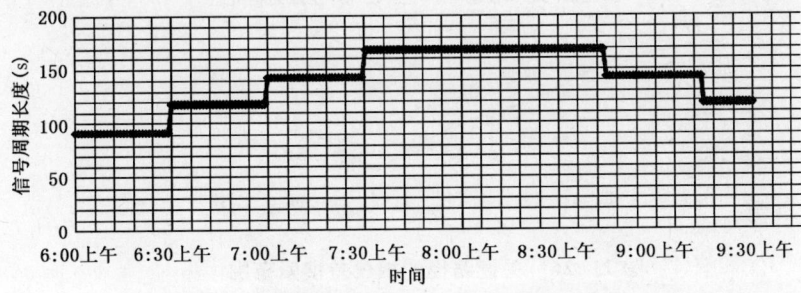

图 11-24 交叉口群关键交叉口信号周期长度静态配时方案

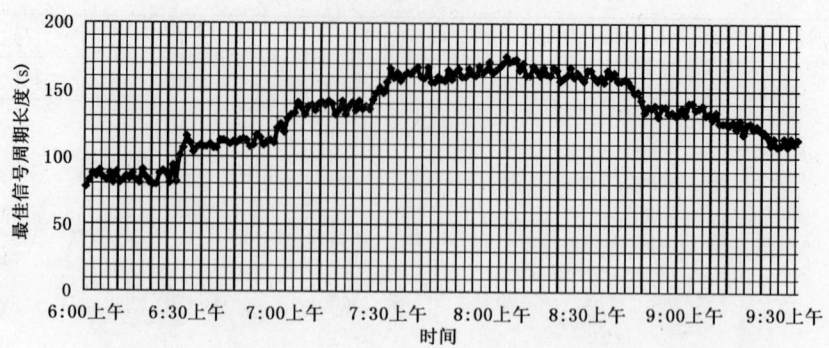

图 11-25　交叉口群关键交叉口信号周期长度动态配时方案

通过交通仿真评价静态和动态控制下过饱和状态交叉口群以及各个交叉口的车辆通过数、延误和关键路径的排队长度等指标,结果如表 11-9 和图 11-27 至图 11-29 所示。交叉口群动态路径识别的结果表明,在测试时间段内交叉口群的关键路径一直为 L4→L6→L8→L10→L12→L14 及 L13→L11→L9→L7→L5→L3,次关键路径为 L17→L23→L31 及 L32→L24→L18,这与基于历史数据检测的结果相符。根据交叉口群相位差优化的约束可以求得交叉口群的相位差优化范围如图 11-26 所示。在相位差优化范围中,根据实时交通数据,对相位差进行动态搜索,并进一步获得交叉口的配时方案。动态通过对静态控制,无关键路径的动态控制和有关键路径的动态控制方案的仿真效果进行评价可知,基于交叉口群关键路径的动态控制方法可显著增大交叉口群内通过车辆数,缓解交通拥堵,其总体延误及关键交叉口的延误均小于静态交通控制,并比无关键路径的动态控制更优。从仿真结果可以看出,本书提出的过饱和状态下交叉口群控制策略和配时优化模型是有效的。

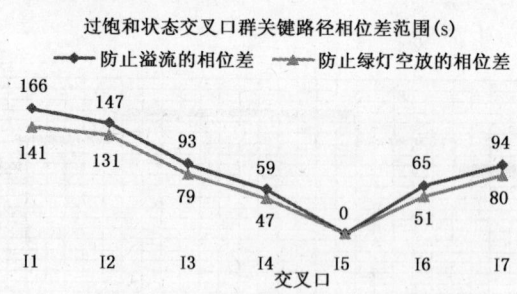

图 11-26　关键路径的相位差搜索范围

表 11-9 静态控制与动态控制的评价参数对比

	评价参数	I1	I2	I3	I4	I5	I6	I7	总计	平均
通过车辆数	静态控制	13 140	13 468	14 135	16 099	18 452	17 198	14 076	106 568	—
	无关键路径的动态控制	13 878	13 865	14 602	16 825	20 426	17 730	15 123	112 449	—
	有关键路径的动态控制	14 575	14 763	15 463	17 543	21 244	18 483	15 793	117 864	—
延误	静态控制	825 743	815 098	818 713	874 327	976 874	931 248	824 014	6 066 017	56.92
	无关键路径的动态控制	685 100	651 179	645 297	677 754	789 942	710 250	677 243	4 836 765	43.01
	有关键路径的动态控制	672 197	646 614	637 069	659 428	769 447	691 822	660 467	4 737 044	40.19

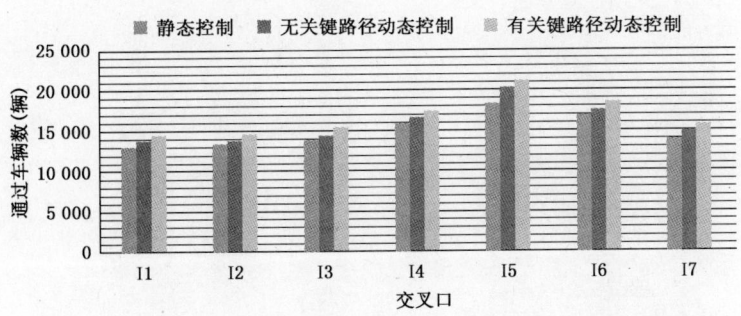

图 11-27 静态控制和动态控制下交叉口总通行车数对比

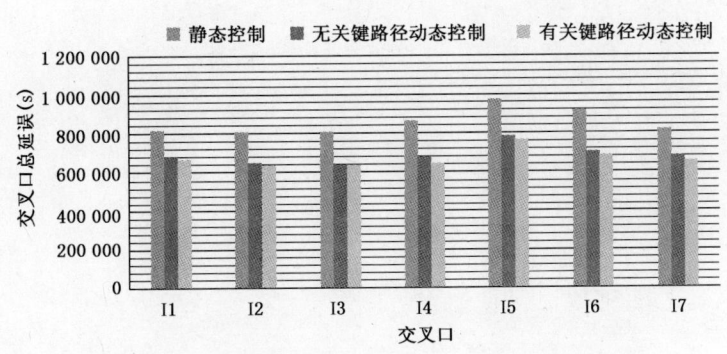

图 11-28 静态控制和动态控制下交叉口总延误对比

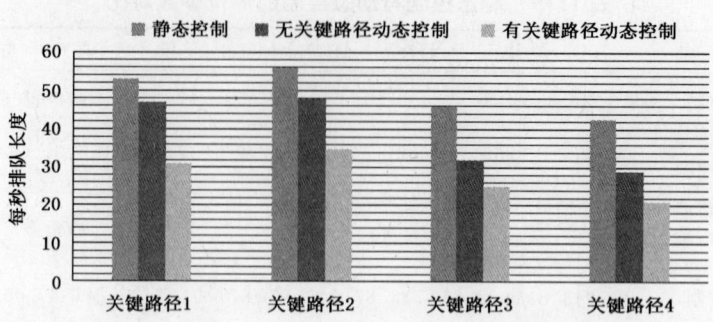

图 11-29　关键路径在不同控制条件下每秒排队长度对比

第十二章
交叉口群交通信号控制相关问题

本章对交叉口群协调控制中仍需考虑的影响因素和需解决的问题进行简要分析。所研究分析的问题主要包括交通信号控制与交通诱导协同优化、车流离散模型簇分析、协调信号控制的升降级问题和信号配时方案转换方法等。

12.1 交通控制与交通诱导的协同

随着智能交通系统 ITS 的出现，基于交通控制的交通信息诱导对于解决过饱和情况下的交叉口群的交通实时自适应控制问题提供了极大的便利。依照"交通实时自适应控制与交通信息诱导相结合"的原则，把交通控制系统与交通信息诱导系统整合形成一个完整的反馈系统，通过对驶入车流行驶路线的调节来改变实时自适应控制系统的输入问题。

在进行交通信息诱导时，交通实时自适应控制与交通信息诱导的协同，应遵循以下几点基本原则[9]。

（1）交通实时自适应控制是交通信息诱导的基础和前提。如果没有交通信号控制系统的信息采集和对路网交通流运行状态的实时分析，则交通信息诱导就无法获得生成交通诱导方案所必需的基本信息输入。虽然是交通过饱和发生点，但如果（诱导区域内交叉口群）没有交通信息采集和交通控制设施，则仍然不能进行交通信息诱导以解决过饱和问题。

（2）交通实时自适应控制是交通信息诱导得以有效实施的根本保障和手段。发布交通诱导信息后，不同的交通参与者对信息产生不同反应，进而作出不同的路径决策。为了实现系统总体出行费用的最优，防止交通参与者出现过剩反应或集中，必须依靠实时自适应控制进行有控制地放行。因此，交通控制方案调整应与交通信息诱导相匹配。

（3）交叉口的负荷过饱和状况是选择发布交通诱导信息的基本出发点，但更为重要的是，在过饱和交叉口的上游必须有可以进行分流的转移路径。仅仅是交通拥挤阻塞发生点不够,还必须是下游有路(富余通行能力的可替代路径)可导。必须同时考虑交通拥挤发生点、交通信息发布点、拥挤分流点三者之间的关系,具体见图 12-1。

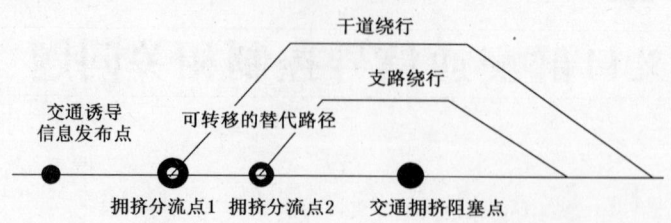

图 12-1　交通拥挤点-诱导信息发布点-交通分流点关系图

12.2　车流离散模型簇分析

车流受到红灯的阻碍而聚集成车队的形式,这些车队在绿灯相位得到排放驶离交叉口,在驶向下游交叉口的路段过程中,由于车速的差异,车队会由原来的密集状态,趋向于逐渐散开,当行驶距离足够远,一般会分散为均匀流,车队的这种变化称为车流的离散。车流的离散模型主要用于由设置在上游出口处的检测器实时生成的周期车流量图式预测得到车流到达下游停车线的到达曲线。

国外由于机动车类型较为单一、小汽车居多、平均车速较高、离差较小,在车队离散模型中可以把行程时间和行程车速作为常量考虑。而我国由于道路上车种混杂,车辆动力性能相差悬殊,公共汽车、货运车占较大比重,车速离差大,对车队离散的影响较大,而且还存在非机动车的干扰。因此,为了结合中国不同城市的道路交通结构特点,以及实际离散车流中车队车辆类型的分布而应分别建立不同情况下的车流离散模型簇,然后依据绿灯放行后由检测器得到的车辆类型排列组合,进行实时的选择调用。通常使用于混合交通情况下的车流离散模型为指数平滑车队离散模型,通过离线确定不同行程时间和车速情况下的平滑系数 F,一般可以考虑以下三种情况:

头车为大型车,次车为大型车,第三车为小型车:此时基本不发生车流离散情况,因为小型车存在超车的机会较小;

头车为大型车,次车为小型车,第三车为大型车:此时视上下游交叉口间距的情况而变化,一般会发生车流离散现象;

头车为小型车,次车为大型车,第三车为小型车:此时肯定会发生车流离散现象,而且车流离散现象最大。

12.3 交叉口群协调控制的升降级问题

系统要具有多级控制模式,在正常情况下进行实时自适应控制,当交通信息采集设施(如检测器)或通讯系统出现故障或其他原因时,能够依据实际情况灵活采取降级的控制模式。依据高低级别分别为:人工干预控制模式→实时自适应控制模式→延时协调控制模式→无电缆协调控制模式→单点控制模式→手动控制模式。一般情况下,几种控制模式的内涵如下:

人工干预控制模式:由交通管理人员主观的根据道路运行状况,对当前信号配时方案进行优化,该方案主观性较强,受交通管理人员的经验影响较大。

实时自适应控制模式:能根据检测器实时检测的交通数据通过优化算法确定系统控制方案,实现对绿信比-相位差-周期时长的优化(检测器、通讯电缆工作正常)。

延时协调控制模式:当系统通讯发生故障时,系统能自动调用在故障发生前最后使用的实时自适应控制模式下的优化方案,作为系统的控制方案。

无电缆协调控制模式:系统能调用根据交通流的时间变化,以及记录下来的实时自适应控制模式下运行的控制方案,自动生成不断更新的脱机优化方案,即多时段多方案的时间表控制方案,来达到脱机优化控制的目的。

单点控制模式:是指对单个控制节点进行的信号配时控制,控制节点之间无协调。依据控制功能情况依次分为:单点实时自适应控制→单点感应式控制→单点半感应式控制→单点多时段多方案控制→单点定周期控制→闪灯控制。

手动控制:是指对单个控制节点的信号配时方案进行手动调节,以获得特殊的控制效果(如通行能力最大化、排队长度不发生溢出等)。

12.4 信号配时方案转换分析

不同的交通状况下的交通信号控制方案的绿灯时间分配、周期时长及相位差等参数均有不同。从某一信号方案向另一信号方案切换的过程称为信号切换过程。在交叉口群由常态控制向过饱和状态控制转换以及从过饱和状态控制恢复到常态交通控制时,均需要对信号控制方案进行切换。从交通工程角度出发,这种切换必须有意义,即方案切换产生尽量少的干扰,并且方案切换可以通过合理的控制技术实现。

从一个运行的信号方案切换到另一个信号方案取决于特定的切换时间(离线操作),或实时的检测数据(联机操作)。交通信号控制方案的切换方法可分为直接切换、包含空闲时段的相位切换、无需切换点的切换和通过信号切换方案切换四种方法[188],以下对各种方法基本原理进行简单介绍。

1. 直接切换

如果存在切换信号方案的请求,当前的信号方案将一直运行到切换点(Switching Point)SP_1,同时请求方案在空当位置即切换点 SP_2 等待。到达切换点 SP_1 时,当前运行信号方案结束,同时在切换点 SP_2 开始运行新方案,直接切换信号过程如图 12-2 所示。

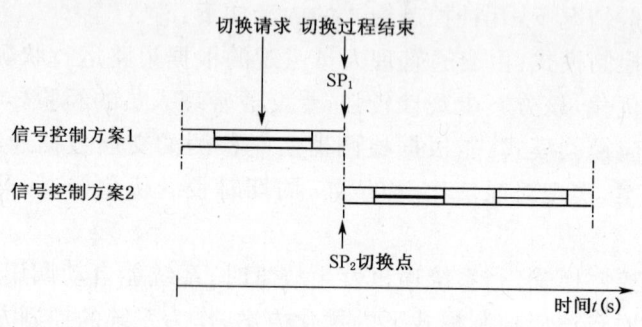

图 12-2 相位直接切换原理

对于单点控制,相位直接切换所需设计工作最少,交通流影响也处于易管理的范围内。但若由于协调控制的需要或所使用的交通控制机不同造成两个信号方案的参考时间不同,但又必须同步时则需要通过其他方法来解决。图 12-2 所示的信号切换过程中,所有信号方案均基于相同的参考时间。

2. 包含空闲时段的相位切换

包含空闲时段的相位切换指信号控制机在收到切换请求时,将当前的信号方案运行到切换点 SP_1,并维持在该方案的最后一个信号阶段,同时未切换的信号方案的参考时间将继续运行直到下一个切换点 SP_2 的相位切换方法。将前后两个信号方案的切换点之间的时段称为空闲时段,包含空闲时段的相位切换原理如图 12-3 所示。应用此方法时,切换过程通常比不减少空闲时段的过程要长。

由于切换过程结束的时间无法预计,被停止的车流方向可能产生较长的等待时间。只有在红灯相位的车辆排队能在短时间内消散的情况下,才可以采用空闲时段的相位切换。

因为包含空闲时段的相位切换方案不需要太多的设计,其可作为协调控制的一种简单解决办法。需要注意的是,这种方法会给交通流带来扰动,其切换过程持续时间需要受到限制。当切换一个基于交通自适应决策的信号方案时,需要注意因空闲时段的交通流扰动会引起更多的基于交通自适应决策的方案切换,由此可能导致控制不稳定。在实际应用中可以应用以下措施来减少空闲时

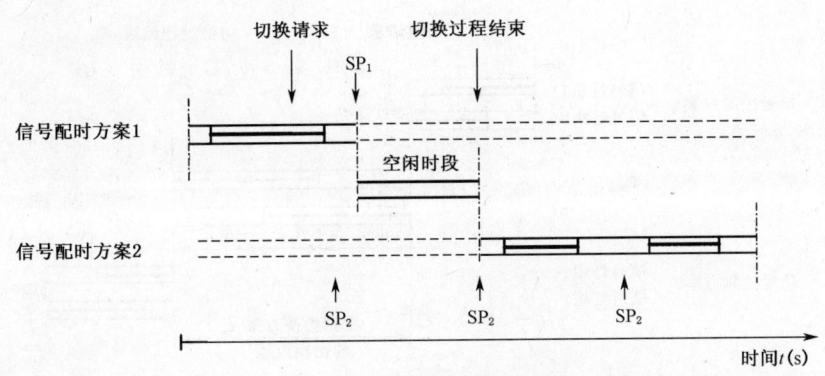

图 12-3　包含空闲时段的相位切换原理

段的持续时间或完全避免其发生：

- 定义空闲时段的最大持续时间。被切换的信号方案通过多个阶段，经多个周期实现同步；
- 在给定的多个周期中选择空闲时段最短的那个周期。这样有利于使用公倍数最小的周期；
- 在每个信号方案中定义多个切换点，同时确定对应的期望空闲时段。切换过程发生在最短的空闲时段；
- 定义切换时段而不是切换点，使得切换点在切换过程中可根据交通状况自动确定；
- 在切换过程中修改周期时长。

3. 无需切换点的切换

无需切换点的相位切换指交通信号控制机在收到切换请求时直接结束现行信号方案，并将其信号阶段与目标信号方案相比较，如果两个方案不匹配，相关的信号灯组将切换为目标信号方案的信号阶段，并考虑最小绿灯时间 $\min t_{Gr}$，绿灯间隔时间 t_z 和可能的最大绿灯时间和红灯时间等约束条件，在所有信号灯组到达目标阶段，目标信号方案开始运行。无需切换点的相位切换原理如图12-4所示。需要注意的是，前一信号方案不必运行到定义的下一个切换点。在给定的边界条件下，从当前信号阶段向目标信号方案切换需以最短的时间完成切换。

4. 通过信号切换方案切换

当交通信号控制机收到信号方案切换要求时，将当前信号方案运行到切换点 SP_1，然后信号机设计一个独立的信号切换方案在切换点 SP_2 开始运行直到切换点 SP_3。这一切换点与请求的信号方案的初始信号阶段相一致。在该点目标信号方案被激活，并且在切换点 SP_4 开始工作。此种相位切换方法是前面各种相

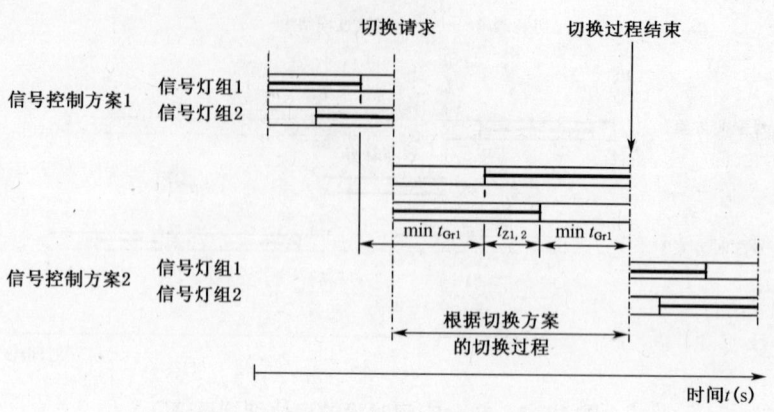

图 12-4　无需切换点的相位切换原理

位切换方法的综合应用。

　　为避免在实际应用中可能产生的问题，在应用信号方案切换原则时需考虑以下边界条件：

　　• 在协调控制下，切换点可设置在协调方向的绿灯时间中或绿灯时间之外。它们不可设置在过渡时段中。如果在特殊情况下必须将切换点设置在过渡时段中时，应采取特殊的技术或措施，保证即使在临界条件下，绿灯间隔时间和最小绿灯时间也能满足。

　　• 在单个交叉口相位切换时，只有独立直接切换可以实行。

　　• 不限定切换点进行切换时切换方案是自动产生的。但任何情况下都必须保证绿灯间隔时间和最小绿灯时间。对于需要较长时间的切换方案，绿灯时间的分配也要满足这一点。

　　• 在复杂交叉口，不同信号方案在相同相位间的切换原则不应改变，应采取恰当的技术和措施，以保证切换开始或结束在这样一个相位过渡中。

　　• 当规划复杂的网络信号切换方案时需要注意，在现有技术设备下，需要综合考虑各种影响因素。

　　• 在大型的网络中，为了减少规划工作和切换所需的计算机调节时间，应只对特殊情况提供这种信号方案。

参考文献

[1] Downs A. An economic theory of democracy[M]. New York: Harper & ROW, 1957

[2] 史忠科,黄辉先,曲仕茹,等. 交通控制系统导论[M]. 北京:科学出版社,2003

[3] WANG D, YANG S, CHU L. Modeling Car-Following Dynamics During the Starting and Stopping Process Based on a Spring System Model[J]. Journal of Tsinghua Science and Technology, 2004, 9(6): 643-652

[4] Denney R W, Head L, Spencer K. Signal Timing under Saturated Conditions[R]. 2008, Federal Highway Administration: Washington, DC

[5] 杭明升. 城市道路交叉口群实时自适应控制若干理论与方法研究[D]:[博士论文]. 上海:同济大学,交通运输工程学院,2002

[6] Roess R P, Prassas E S, McShane W R. Traffic Engineering[M]. Upper Saddle River: Pearson Education, Inc., 2004

[7] Green D H. Control of Oversaturated Intersections[J]. Operational Research Quarterly, 1968, 18(2): 161-173

[8] 吴兵,李晔. 交通管理与控制[M]. 北京:人民交通出版社,2009

[9] 杨晓光,曾松,杭明升. 中国城市道路交通实时自适应控制与管理系统研究[J]. 交通运输工程学报,2001,01(02):74-77

[10] Ma Y-Y, Chiu Y-C, Yang X-G. Urban Traffic Signal Control Network Automatic Partitioning Using Laplacian Eigenvectors[C]. in the 12th International IEEE Conference on Intelligent Transportation Systems. 2009. St. Louis, MO, United states: IEEE

[11] 胡华,高云峰,杨晓光. 考虑路网OD路径的交叉口群动态划分方法[J]. 计算机工程与应用,2010,46(31):1-4

[12] 胡华,高云峰,邱薇华. 基于路径关联性的交叉口群动态划分方法[J]. 重庆交通大学学报(自然科学版),2010,29(5):758-762

[13] 杨晓光,黄玮,马万经. 过饱和状态下交通控制小区动态划分方法[J]. 同济

大学学报(自然科学版),2010,38(10):1450-1457

[14] Li Y, Yang J, Guo X, et al., Urban Traffic Signal Control Network Partitioning Using Self-Organizing Maps, in Transportation Research Board Annual Meeting 2011, Transportation Research Board: Washington, DC, USA

[15] 杨晓光,付晶燕.短连线交叉口群通行能力计算方法研究[J].交通与计算机,2006,24(02):27-30

[16] 马万经,杨晓光.信号控制交叉口群左转交通协调设计方法[J].同济大学学报(自然科学版),2008,36(11):1507-1525

[17] 曾滢.城市道路信号控制交叉口群交通设计方法研究[D]:[博士论文].上海:同济大学,交通运输工程学院,2010

[18] 李岩,过秀成,杨洁,等.过饱和状态交叉口群信号控制机理及实施框架[J].交通运输系统工程与信息,2011,11(4):1-7

[19] 沈峰.城市道路交叉口群交通控制模型算法及其实现[D]:[博士论文].上海:同济大学,交通运输工程学院,2008

[20] 傅惠,徐建闽,卢凯.基于粒子群优化的关联交叉口群信号控制策略研究[J].交通与计算机,2007,(03):23-26

[21] 李瑞敏.城市道路交通管理[M].北京:人民交通出版社,2009

[22] Wong C K, Wong S C. Lane-based Optimization of Signal Timings or Isolated Junctions[J]. Transportation Research Part B: Methodological, 2003, 37(1):63-84

[23] Yagoda H N, Principe E H, Vick C E, et al. Subdivision of Signal Systems into Control Areas[J]. Traffic Engineering, 1973, 43(12):42-45

[24] Gordon R L, Tighe W. Traffic Control Systems Handbook[R]. 2005, Federal Highway Administration: Washington DC

[25] Ferguson J A. Computer Control of Traffic: Combining Subareas[C]. in 3rd international Symposium Control in Transportation System. 1976. Columbus, OH, USA

[26] Mamoru H, Tsutomu U. Optimal Division of Signal-Coordinated Arterial Street into Subareas[M]. Yamaguchi: Yamaguchi University Press, 2006

[27] Tian Z, Thomas U. System Partition Technique to Improve Signal Coordination and Traffic Progression[J]. Journal of Transportation Engineering, 2007, 133(2):119-128

[28] 卢凯.交通信号协调控制基础理论与关键技术研究[D]:[博士论文].广州:华南理工大学,控制理论与控制工程,2010

[29] Moore J E, Jovanis P P. Statistical Designation of Traffic Control Subareas [J]. Journal of Transportation Engineering, 1985, 111(3): 208-223

[30] 张兆庆,李琰,刘青峰. 城市交通控制系统自组织方法研究[J]. 制造业自动化,2002,24(3): 64-67

[31] 高云峰,胡华,陈红洁,等. 交叉口群交通控制实时评价模型仿真研究[J]. 系统仿真学报,2007,19(24): 5607-5616

[32] Chin-Ping C E. How to Decide the Interconnection of Isolated Traffic Signals [C]. in Proceedings of the 1985 Winter Simulation Conference. 1985. New York, USA ACM

[33] Hook D, Albers A. Comparison of Alternative Methodologies to Determine Breakpoints in Signal Progression[C]. In The 69th Annual Meeting of Institute of Transportation Engineers. 1999. Las Vegas, Nevada: ITE

[34] Gazis D C. Optimum Control of a System of Oversaturated Intersections[J]. Operations Research, 1964, 12(6): 815-831

[35] Longley D. A Control Strategy for A Congested Computer Controlled Traffic Network[J]. Transportation Research, 1968, 2(4):391-408

[36] Pignataro L J, McShane W R, Crowley K W. Traffic Control in Oversaturated Street Networks[R]. 1978, Transportation Research Board: Washington D. C

[37] Lieberman E B, Messer C J. Internal Metering Policy for Oversaturated Networks[R]. 1992, Transportation Research Board: Washington DC

[38] Gazis D C, Potts R B. The Oversaturated Intersection[C]. in Proc 2nd International Symposium on the Theory of Traffic Flow. 1963. London: The Road Research Laboratory

[39] Abu-Lebdeh G, Ahmed k Benekohal R. Signal Coordination and Arterial Capacity in Oversaturated Conditions[J]. Transportation Research Record, 2000, (1727): 68-76

[40] Abu-Lebdeh G, Benekohal R. Design and Evaluation of Dynamic Traffic Management Strategies for Congested Conditions[J]. Transportation Research Part A: Policy and Practice, 2003, 37(2): 109-127

[41] Center H T. A Report on Regular Traffic Sensor Performance[R]. 1994, FHWA: Washington

[42] Dion F, Rakha H, Kang Y-S. Comparison of Delay Estimates at Under-Saturated and Over-Saturated Pre-timed Signalized Intersections[J]. Transporta-

tion Research Part B: Methodological, 2004, 38(2): 99-122

[43] Engelbrecht R J, Fambro D B, Rouphail N M, et al. Validation of A Generalized Delay Model for Oversaturated Conditions[J]. Transportation Research Record, 1996, (1572): 122-130

[44] Benekohal R F, Kim S-O. Arrival-Based Uniform Delay Model for Oversaturated Signalized Intersections with Poor Progression[J]. Transportation Research Record, 2005, (1920): 86-94

[45] Kim S-O, Benekohal R F. Comparison of Control Delays From CORSIM and the Highway Capacity Manual for Oversaturated Signalized Intersections[J]. Journal of Transportation Engineering, 2005, 131(12): 917-923

[46] Cronje W B. Comparative Analysis of Models for Estimating Delay for Oversaturated Conditions at Fixed-Time Traffic Signals[J]. Transportation Research Record, 1986, (1091):48-59

[47] Cronje W B. Analysis of Existing Formulas for Delay, Overflow, and Stops [J]. Transportation Research Record, 1983, (905): 89-93

[48] Cronje W B. Derivation of Equations for Queue Length, Stops, and Delay for Fixed-time Traffic Signals [J]. Transportation Research Record, 1983, (905): 93-95

[49] Perrin J, Martin P T, Coleman B. Monitoring Commuter Congestion on Surface Streets in Real Time[J]. Transportation Research Record, 2002, (1811): 107-114

[50] Sharma A, Bullock D M, Bonneson J A. Input-Output and Hybrid Techniques for Real-Time Prediction of Delay and Maximum Queue Length at Signalized Intersections[J]. Transportation Research Record, 2007, (2035): 69-80

[51] Hallenbeck M E, Ishimaru J M, Davis K D, et al. Arterial Performance Monitoring Using Stop Bar Sensor Data[C]. in Transportation Research Board Annual Meeting 2008, Washington DC

[52] Gettman D, Shelby S G, Head L, et al. Data-driven Algorithms for Real-Time Adaptive Tuning of Offsets in Coordinated Traffic Signal Systems[J]. Transportation Research Record, 2007, (2035): 1-9

[53] Smaglik E J, Sharma A, Bullock D M, et al. Event-Based Data Collection for Generating Actuated Controller Performance Measures[J]. Transportation Research Record, 2007, (2035): 97-106

[54] TRB. Highway Capacity Manual 2000[M]. Washington DC: National Academy of Sciences, 2000

[55] 过秀成. 道路交通运行分析基础[M]. 南京:东南大学出版社,2010

[56] 王谷,过秀成,姜玉佳,等. 高速公路交通运行效率监控方法研究[J]. 公路交通科技,2010, 27(4): 154-158

[57] 刘俊娟,王炜,程琳. 基于梯形白化权函数的信号交叉口服务水平评价[J]. 交通运输工程学报,2009, 9(02): 121-126

[58] 林瑜,杨晓光,马莹莹. 城市道路间断交通流阻塞量化方法研究[J]. 同济大学学报(自然科学版),2007, 35(03): 336-340

[59] 许伦辉,唐德华. 短时交通流交通状态转变及其特性分析[J]. 系统工程,2009, 27(08): 80-84

[60] 姜桂艳,郭海锋,吴超腾. 基于感应线圈数据的城市道路交通状态判别方法[J]. 吉林大学学报(工学版),2008, 38(S1): 37-42

[61] 何蜀燕,关伟. 城市快速路交通流状态跃迁的实证分析[J]. 中国公路学报,2008, 21(05): 81-86

[62] 关伟. 交通拥堵发生时车道非同态性变化的仿真分析[J]. 系统仿真学报,2006, 18(05): 1339-1342

[63] Hunt P B, Robertson D I, Bretherton R D, et al. SCOOT-S Traffic Responsive Method of Coordinating Signals[R]. Transport and Road Research Laboratory, 1981,(1014)

[64] Bretherton R D, Bowen G T. Recent enhancements to SCOOT - SCOOT Version 2.4[C]. In Proceedings of the 3rd Conference on Road Traffic Control. 1990. London: IEE

[65] Sims A G, Dobinson K W. The Sydney Coordinated Adaptive Traffic (SCAT) system philosophy and benefits[J]. IEEE, VT, 1980, 29(2): 130-137

[66] Dion F, S. Y. Real-time Control of Signalised Networks - Different Approaches for Different Needs[C]. In Eighth International Conference on Road Traffic Monitoring and Control. 1996: IEE

[67] Gartner N H. A Demand Responsive Strategy for Traffic Signal Control[J]. Transportation Research Record, 1983, (906): 75-81

[68] Gartner N H, Pooran F J, Andrews C M. Optimized Policies for Adaptive Control Strategy in Real-time Traffic Adaptive Control Systems Implementation and Field Testing[J]. Transportation Research Record, 2002, (1811):

148-156

[69] Mirchandani P, Head L. A Real-Time Traffic Signal Control System: Architecture, Algorithms, and Analysis[J]. Transportation Research Part C, 2001, 9(2): 415-432

[70] Head K L. An Event-based Short-term Traffic Flow Prediction Model[J]. Transportation Research Record, 1995, (1510): 45-52

[71] Luyanda F, Gettman D, Head L, et al. ACS-lite Algorithmic Architecture Applying Adaptive Control System Technology to Closed-loop Traffic Signal Control Systems[J]. Transportation Research Record, 2003, (1856): 175-184

[72] Dixon M P, Rilett L R. Population Origin-destination Estimation Using Automatic Vehicle Identification and Volume Data[J]. Journal of Transportation Engineering, 2005, 131(2): 75-82

[73] 姜桂艳,张玮,常安德. 基于GPS浮动车的交通信息采集系统的数据组织方法[J]. 吉林大学学报(工学版), 2010, 40(2): 397-401

[74] Han J, Kamber M Pei J. Data Mining: Concepts and Techniques[M]. San Francisco: Morgan Kaufmann, 2005

[75] van Zuylen H J, Branston D M. Consistent Link Flow Estimation from Counts[J]. Transportation Research Part B: Methodological, 1982, 16(6): 473-476

[76] Hu S R, Wang C M. Vehicle Detector Deployment Strategies for the Estimation of Network Origin-destination Demands Using Partial Link Traffic Counts[J]. IEEE Transactions on Intelligent Transportation Systems, 2008, 9(2): 288-300

[77] Park E S, Rilett L R, Spiegelman C H. A Markov Chain Monte Carlo-based Origin Destination Matrix Estimator That is Robust to Imperfect Intelligent Transportation Systems Data[J]. Journal of Intelligent Transportation Systems: Technology, Planning, and Operations, 2008, 12(3): 139-155

[78] Morris B T, Trivedi M M. Learning, Modeling, and Classification of Vehicle Track Patterns from Live Video[J]. IEEE Transactions on Intelligent Transportation Systems, 2008, 9(3): 425-437

[79] Yung N H C, Chan K C, Lai A H S. Vehicle-type Identification Through Automated Virtual Loop Assignment and Block-based Direction Biased Motion Estimation[J]. IEEE Conference on Intelligent Transportation Systems, Pro-

ceedings, ITSC, 1999, 692-696

[80] Choi J H, Lee K H, Cha K C, et al. Vehicle Tracking Using Template Matching Based on Feature Points[C]. in 2006 IEEE International Conference on Information Reuse and Integration, IRI-2006, September 16, 2006-September 18, 2006. 2006. Waikoloa Village, HI, United states: Inst. of Elec. and Elec. Eng. Computer Society

[81] Jin X, Davis C H. Vehicle Detection from High-resolution Satellite Imagery Using Morphological Shared-weight Neural Networks[J]. Image and Vision Computing, 2007, 25(9): 1422-1431

[82] Wang W, Guo X, Hou J. GPS Probe Map Matching Algorithm Based on Spatial Data Model[J]. Journal of Southeast University (English Edition), 2010, 26(3): 461-465

[83] Wang W, Jin J, Ran B, et al. Large-scale Freeway Network Traffic Monitoring: A Map-matching Algorithm Based on Low-logging Frequency GPS Probe Data[J]. Journal of Intelligent Transportation Systems: Technology, Planning, and Operations, 2011, 15(2): 63-74

[84] Liu M, Yu L, Geng Y, et al. Double-Sided Optimization of ITS Data Aggregation Via Wavelet Transformation[J]. Journal of Transportation Systems Engineering and Information Technology, 2008, 8(1): 49-54

[85] Dailey D J. Travel-time Estimation Using Cross-correlation Techniques[J]. Transportation Research, Part B: Methodological, 1993, 27(2): 97-97

[86] Chen Y, Zhang Y, Hu J, et al. Mining for Similarities in Urban Traffic Flow Using Wavelets[C]. in Intelligent Transportation Systems Conference. 2007. IEEE seattle, WA

[87] Adam Z, Abbas M, Li Y. Critical Routes Identification Method Using Wavelet Filtering[C]. in Proceeding of the 13th International IEEE Annual Conference on Intelligent Transportation Systems. 2010. Madeira Island, Portugal: IEEE

[88] Qu L, Hu J, Zhang Y. Modeling and Clustering Network-level Urban Traffic Status based on Traffic Flow Assignment Ratios[C]. in 13th International IEEE Conference on Intelligent Transportation Systems. 2010. Funchal, Madeira Island, Portugal

[89] Adam Z, Abbas M, Li Y. Critical Routes Identification Method Using Wavelet Filtering[C]. In 13th International IEEE Conference on Intelligent Trans-

portation Systems (ITSC 2010). 2010. Madeira Island, Portugal: IEEE.

[90] 程琳,于春青,王炜,等.基于网络均衡的交叉口分流率计算方法[J].西南交通大学学报,2008,43(02):165-172

[91] 杨晓光,蔡润林,庄斌.基于车牌自动识别系统的城市道路行程时间预测算法[J].交通与计算机,2005,23(03):29-32

[92] 孙剑,李克平,魏静,等.基于视频牌照识别的动态交通OD估计仿真优化[J].公路交通科技,2009,26(08):130-134

[93] 卞建勇,徐建闽,胡跃明.基于视觉和后推方法的智能车轨迹跟踪控制[J].华南理工大学学报(自然科学版),2008,36(06):90-94

[94] 林培群,徐建闽.基于快速小波变换和卡曼滤波的车辆检测与轨迹跟踪[J].微计算机信息,2008,24(33):275-277

[95] 朱中,杨兆升,初连禹.交通流诱导系统信息采集技术[J].吉林工业大学自然科学学报,1999,29(1):86-91

[96] 宋俪婧,陈金川,石建军,等.应用车辆牌照自动识别系统自动检测行程延误的算法研究[J].交通运输工程与信息学报,2008,06(02):107-112

[97] 高自友,四兵锋.从路段流量估计OD交通量的新算法(英文)[J].交通运输系统工程与信息,2002,2(1):30-41

[98] 揣锦华,李续龙,许宏科.基于视频图像处理的交通流检测方法[J].长安大学学报(自然科学版),2005,25(5):86-89

[99] 王正武,黄中祥.短时交通流预测模型的分析与评价[J].系统工程,2003,11(21):97-100

[100] Smith B L, Demetsky M J. Traffic Flow Forecasting: Comparison of Modeling Approaches[J]. Journal of Transportation Engineering 1997, 123(4): 261-266

[101] 陈玉祥,张汉亚.预测技术与应用[M].北京:机械工业出版社,1985

[102] Kalman R E. A New Approach to Linear Filtering and Prediction Problems [J]. Transactions of the ASME - Journal of Basic Engineering, 1960, 82 (Series D): 35-45

[103] Hotelling H. Analysis of a Complex of Statistical Variables into Principal Components[J]. Education Psychology, 1933, 24(3): 417-444

[104] 诸静.智能预测控制及其应用[M].杭州:浙江大学出版社,2002

[105] Junchaya T, Chang G-L. Exploring Real-time Traffic Simulation with Massively Parallel Computing Architecture[J]. Transportation Research Part C: Emerging Technologies, 1993, 1(1): 57-76

[106] 王进，史其信. 短时交通流预测模型综述[J]. 智能交通，2005，1(6)：92-98

[107] Yang J, Li Y, Guo X, et al. Related Intersections Group Traffic State Estimation Using State Space Neural Network with Adaptive Filter[C]. in 2010 International Conference on Intelligent Systems Design and Engineering Applications. 2010. Changsha, Hunan: IEEE

[108] Li Y, Abbas M, Guo X. Urban Arterial Travel Time Prediction Using State Space Neural Network with Adaptive Filters[C]. in The Second International Conference on Transportation Engineering. 2009. Chengdu, China: ASCE

[109] Quinn D. A Review of Queue Management Strategies[R]. Traffic Engineering and Control, 1992,33(11):600-605

[110] Huddart K W, Wright C. Catastrophic traffic congestion and some possible ways of preventing it. [C]. In Proc. TRAFFEX International Traffic Engineering Exhibition. Seminar on Congestion, Control and Parking Enforcement. 1989. Brighton

[111] Dunne M C, Potts R B. Algorithm for Traffic Control[J]. Operations Research,, 1964, 12(6):870-881

[112] Michalopoulos P G, Stephanopoulos G. An Algorithm for Real Time Control of Critical Intersection[J]. Traffic Engineering and Control, 1979, 20(1): 9-15

[113] Michalopoulos P G, Stephanopoulos G. Oversaturated Signal Systems with Queue Length Constraints—Ⅰ: Single Intersection [J]. Transportation Research, 1977, 11(6): 413-421

[114] Michalopoulos P G, Stephanopoulos G. Oversaturated Signal Systems with Queue Length Constraints—Ⅱ: Systems of Intersections [J]. Transportation Research, 1977, 11(6): 423-428

[115] Chang T-H, Sun G-Y. Modeling and Optimization of An Oversaturated Signalized Network [J]. Transportation Research Part B: Methodological, 2004, 38(8): 687-707

[116] Chang T-H, Sun G-Y. Optimal Signal Timing for An Oversaturated Intersection[J]. Transportation Research Record, 2000, 34(6): 471-491

[117] Abbas M, Li Y. A Proactive Traffic Responsive Control Using State Space Neural Network[C]. in the Eleventh IASTED International Conference on

Control and Applications. 2009. Cambridge，United Kingdom：ACTA

[118] Miller A J. Computers in Analysis and Control of Traffic[J]. Traffic Quarterly, 1965, 19(4)：556-572

[119] Weinberg M I, Goldstein H, McDade T, et al. Traffic surveillance and means of communicating with drivers[R]. 1964, Transportation Research Board Washington DC

[120] Ross D W, Sandys R C, Schlaefli J L. A computer control scheme for critical-intersection control in an urban network[J]. Transportation Science, 1971, 5(2)：141-160

[121] 徐良杰,李兆康,王炜. 利用混沌搜索全局最优的交通流控制优化模型[J]. 武汉理工大学学报(交通科学与工程版), 2008, 32(03)：413-416

[122] 徐良杰,王炜. 基于遗传算法的交通流控制优化模型[J]. 公路交通科技, 2006, 23(05)：92-96

[123] 郑长江,王炜. 混合交通流条件下信号交叉口配时优化设计[J]. 公路交通科技, 2005, 22(04)：116-119

[124] 沈峰,杨晓光. 多目标城市道路交叉口信号配时优化算法研究[J]. 同济大学学报(自然科学版), 2009, 37(07)：898-902

[125] 曾滢,杨晓光,马莹莹. 交叉口动态车道功能与信号控制协同问题研究[J]. 同济大学学报(自然科学版), 2009, 37(07)：903-908

[126] 李丽丽,曲昭伟,陈永恒,等. 可变车道的控制方法[J]. 吉林大学学报(工学版), 2009, 39(S1)：98-103

[127] 唐德华,许伦辉,林泉. 过饱和信号交叉口的多目标控制模型[J]. 科学技术与工程, 2009, 09(19)：5726-5729

[128] 裴玉龙,蒋贤才. 饱和交通状态下的绿信比优化及其应用研究[J]. 哈尔滨工业大学学报, 2005, 37(11)：1499-1502

[129] May A, Montgomery F. Quinn D. Control of Congestion in Highly Congested Networks[C]. in Proc. CODATU IV Conference. Jakarta, 1988

[130] Robertson D I. TRANSYT：A traffic network study tool[R]. 1969, TRRL：Crowthorne

[131] Gordon R L. A Technique For Control of Traffic at Critical Intersections[J]. Transportation Science, 1969, 3(4)：279-287

[132] Rathi A K. A Control Scheme for High Traffic Density Sectors[J]. Transportation Research Part B, 1988, 22(2)：81-101

[133] Beaird S, Urbanik T, Bullock D M. Traffic Signal Phase Truncation in

Event of Traffic Flow Restriction[J]. Transportation Research Record, 2006, 1978(1): 87-94

[134] 卢凯,徐建闽. 干道协调控制相位差模型及其优化方法[J]. 中国公路学报, 2008, 21(01): 83-88

[135] 孙超,徐建闽,丁恒,等. 基于模糊控制算法的干道信号协调控制优化[J]. 交通与计算机, 2008, 26(04): 55-58

[136] 王殿海,李凤,宋现敏. 干线协调控制中公共周期优化方法研究[J]. 交通信息与安全, 2009, 27(05): 10-13

[137] Rouphail N M, Akcelik R. A Preliminary Model of Queue Interaction at Signalized Paired Intersections[J]. Proceedings of Australian Road Research Board, 1992, 16(5): 325-345

[138] Prosser N, Dunne M. A Procedure for Estimating Movement Capacities at Signalized Paired Intersections[C]. in Proc., 2nd International Symposium on Highway Capacity. 1994. Sydney

[139] Messer C. Extension and Application of Prosser-Dunne Model to Traffic Operation Analysis of Oversaturated[J]. Transportation Research Record, 1998, (1646): 106-114

[140] 王浩,彭国雄,杨晓光. 基于车流到达波动分析的协调控制评价方法[J]. 同济大学学报(自然科学版), 2005, 33(10): 1313-1316

[141] 赵忠杰,丁恒,乔梅梅. 两近距离城市交叉口交通信号的研究[J]. 交通标准化, 2004, (07): 30-32

[142] 李岩. 过饱和状态交叉口群关键路径识别及交通信号控制研究[D]: [博士论文]. 南京:东南大学,交通学院, 2011

[143] 任敏. 饱和状态下交叉口群控制策略与配时优化研究[D]: [硕士论文]. 南京:东南大学,交通学院, 2010

[144] 高云峰. 动态交叉口群协调控制基础问题研究[D]: [博士论文]. 上海:同济大学,交通运输工程学院, 2007

[145] 袁长亮. 城市路网过饱和交通信号控制策略研究[D]: [博士论文]. 上海:同济大学,交通运输工程学院, 2007

[146] 郭庚麒,曹成涛,徐建闽. 改进粒子群优化的关联交叉口协调控制[J]. 计算机工程与应用, 2008, 44(36): 215-218

[147] 刘红红,杨兆升. 实施公交优先的交通信号控制系统中信号协调方法研究[J]. 交通运输系统工程与信息, 2007, 7(02): 114-118

[148] 杨兆升. 城市道路交通系统智能协同理论与实施方法[M]. 北京:中国铁

道出版社,2009

[149] 保丽霞,杨兆升,胡健萌,等.交通流诱导与控制协同的双目标优化模型及准最优求解算法[J].吉林大学学报(工学版),2007,37(02):319-324

[150] 陈昕,杨兆升,王海洋,等.城市交通控制与诱导系统协同的信息分析与组织研究[J].公路交通科技,2007,24(02):104-107

[151] 戴红,杨兆升,肖萍萍.交通流诱导与控制协同优化模型的遗传算法求解[J].吉林大学学报(工学版),2006,36(S1):157-160

[152] 卢守峰,杨兆升,刘喜敏.基于多智能体的交通信号控制与路径诱导的协同[J].吉林大学学报(工学版),2006,36(S2):143-146

[153] 杨兆升,徐立群.模糊控制原理在城市交通流诱导系统和控制系统一体化研究中的应用[J].公路交通科技,1999,16(S1):27-30

[154] 王殿海,金盛,宋现敏,等.城市混合交通控制设计理念与方法[J].城市交通,2008,6(02):16-22

[155] 曲昭伟,周立军,王殿海.城市信号交叉口自行车及行人到达与释放规律[J].公路交通科技,2004,21(08):91-94

[156] 杨晓光,陈白磊,彭国雄.行人交通控制信号设置方法研究[J].中国公路学报,2001,14(01):73-80

[157] 马万经,林瑜,杨晓光.多相位信号控制交叉口行人相位设置方法[J].交通运输工程学报,2004,4(02):103-106

[158] 邵海鹏,杨晓光,董海倩.机非混行道路交通改善方法研究[J].城市交通,2007,5(01):83-71

[159] 倪颖,李克平.信号交叉口行人与右转机动车冲突的处理[J].交通与计算机,2007,25(01):22-26

[160] 孙明正,杨晓光.机非混行平面交叉口交通设计理论研究[J].公路交通科技,2004,21(08):82-86

[161] 孙明正,杨晓光.信号控制交叉口自行车流运行特征模型[J].城市交通,2008,06(02):92-96

[162] 裴玉龙,蒋贤才,刘博航.混合交通条件下的信号交叉口配时设计系统[J].哈尔滨工业大学学报,2006,38(04):585-588

[163] 刘金广,于泉,荣建,等.信号交叉口非机动车道混合交通流特性研究[J].交通与计算机,2008,26(05):42-44

[164] 刘金广,于泉,荣建,等.信号交叉口行人自行车交通强度状态划分研究[J].武汉理工大学学报(交通科学与工程版),2009,33(05):932-935

[165] Rathi A K. Traffic metering: An effectiveness study[J]. Transportation

Science, 1991, (7): 421-440
[166] Lieberman E B, Chang J, Prassas E S. Formulation of Real-Time Control Policy for Oversaturated Arterials[J]. Transportation Research Record, 2000, (1727): 77-88
[167] Girianna M, Benekohal R. Dynamic Signal Coordination for Networks with Oversaturated Intersections[C]. In Proceeding of the 81st Transportation Research Board Annual Meeting. 2002. Washington, DC
[168] Benekohal R, Girianna M. Technologies for Truck Classification and Methodologies for Estimating Truck Vehicle Miles Traveled[J]. Transportation Research Record, 2003, (1855): 1-13
[169] Abu-Lebdeh G, Ahmed K, Benekohal R. Modeling of Traffic Signal Output for Design of Dynamic Intelligent Control in Congested Conditions[C]. in proceedings of the 83rd Transportation Research Board Annual Meeting. 2004. Washington, DC
[170] Abu-Lebdeh G, Benekohal R. Genetic Algorithms for Traffic Signal Control and Queue Management of Oversaturated Two-Way Arterials[J]. Transportation Research Record, 2000, (1727): 61-67
[171] Park B, Messer C J, Urbanik II T. Traffic Signal Optimization Program for Oversaturated Conditions Genetic Algorithm Approach[J]. Transportation Research Record, 1999, (1683): 133-142
[172] Park B, Messer C J, Urbanik II T. Enhanced Genetic Algorithm for Signal-Timing Optimization of Oversaturated Intersections[J]. Transportation Research Record, 2000, (1727): 32-41
[173] Michalopoulos P G, Pisharody V B. Derivation of delays based on improved macroscopic traffic models[J]. Transportation Research Part B: Methodological, 1981, 15(5): 299-317
[174] Morales J M. Analytical Procedure for Estimating Freeway Traffic Congestion[J]. Transportation Research Circular, 1989, (334): 38-46
[175] Newell G F. A simplified theory of kinematic waves in highway traffic, part I: General theory[J]. Transportation Research Part B: Methodological, 1993, 27(4): 281-287
[176] Jones B, Janssen L, Mannering F. Analysis of the frequency and duration of freeway accidents in Seattle[J]. Accident Analysis & Prevention, 1991, 23(4): 239-255

[177] Nam D, Mannering F. An exploratory hazard-based analysis of highway incident duration[J]. Transportation Research Part A: Policy and Practice, 2000, 34(2): 85-102

[178] 黄晓敏,王捷,顾保南. 两种公路瓶颈问题分析方法的比较[J]. 同济大学学报(自然科学版), 2001, 29(2): 205-209

[179] 隽志才,魏丽英,李江. 信号交叉口排队长度宏观模拟的自适应分析法[J]. 中国公路学报, 2000, 13(1): 77-80

[180] 臧华,彭国雄. 高速道路异常状况下车辆排队长度的预测模型[J]. 交通与计算机, 2003, 21(3): 10-12

[181] Kim Y, Messer C J. Traffic Signal Timing Models for Oversaturated Signalized Interchanges[R]. 1992, Texas Transportation Institute: College Station, Texas

[182] Rathi A K, Lieberman E B. Effectiveness of Traffic Restraint for A Congested Urban Network: A Simulation Study[J]. Transportation Research Record, 1989, (1232): 95-102

[183] Qiao F, Yang H, Lam W H K. Intelligent Simulation and Prediction of Traffic Flow Dispersion[J]. Transportation Research Part B: Methodological, 2001, 35(9): 843-863

[184] Newell G F. Stochastic Delays on Signalized Arterial Highways[J]. in the 11th International Symposium on Transportation and Traffic Theory, I Elsevier Science Publishing C., Editor. 1990. p 589 - 598

[185] Tarko A, Rouphail N. A Distribution-Free Model for Estimating Random Queues in Signalized Networks[J], in the 73rd TRB Annual Meeting 1994: Washington DC

[186] Van As S C. Overflow Delay in Signalized Networks[J]. Transportation Research, 1991, 25(1)1-7

[187] Akcelik R, Rouphail N M. Estimation of Delays at Traffic Signals for Variable Demand Conditions[J]. Transportation Research Part B: Methodological, 1993, 27(2)109-131

[188] 德国道路与交通工程研究学会. 交通信号控制指南:德国现行规范 RiLSA[M]. 北京:中国建筑工业出版社, 2006

[189] 王永明. 非常态事件影响下的交通组织规划及交通流模拟研究[D]:[博士论文]. 北京:北京交通大学,交通运输规划与管理, 2009

[190] Wardrop J G. Some Theoretical Aspects of Road Traffic Research[J].

Proceedings of Institute of Civil Engineers, Part Ⅱ, 1952, 1(2): 325-378

[191] Beckmann M, Mcguire C B, Winsten C B. Studies in the Economics of Transportation[M]. Yale Univerisity Press, 1956

[192] 高自友, 任华玲. 城市动态交通流分配模型与算法[M]. 北京: 人民交通出版社, 2005

[193] 姜桂艳. 道路交通状态判别技术与应用[M]. 北京: 人民交通出版社, 2004

[194] 张文溥. 道路交通检测技术与应用[M]. 北京: 人民交通出版社, 2010

[195] 交通部公路科学研究所, 微波交通检测器的设置(中华人民共和国国家标准试行稿), 2006

[196] 史忠科, 曹力. 交通图像检测与分析[M]. 北京: 科学出版社, 2007

[197] 吴今培, 孙德山. 现代数据分析[M]. 北京: 机械工业出版社, 2006

[198] 郭志懋, 周傲英. 数据质量和数据清洗研究综述[J]. 软件学报, 2002, 13(11): 2076-2082

[199] 陈伟, 王昊, 朱文明. 基于孤立点检测的错误数据清理方法[J]. 计算机应用研究, 2005, 22(11)71-73

[200] 姜桂艳, 江龙晖, 张晓东. 动态交通数据故障识别与修复方法[J]. 交通运输工程学报, 2004, 4(1): 121-125

[201] 杨兆升. 基础交通信息融合技术及其应用[M]. 北京: 中国铁道出版社, 2005

[202] 卢凯, 徐建闽, 郑淑鉴. 相邻交叉口关联度分析及其应用[J]. 华南理工大学学报(自然科学版), 2009, 37(11): 37-42

[203] Farzaneh M, Rakha H A. Procedures for calibrating TRANSYT platoon dispersion model[J]. Journal of Transportation Engineering, 2006, 132(7): 548-554

[204] 马万经, 李晓丹, 杨晓光. 基于路径的信号控制交叉口关联度计算模型[J]. 同济大学学报(自然科学版), 2009, 37(11): 1462-1466

[205] Husch D, Albeck J. Synchro Studio 7 User Guide[M]. Sugarland, TX: Trafficware, Ltd, 2006

[206] Kohonen T. Self-Organizing Maps [M]. Berlin Heidelberg: Springer, 2000

[207] Li Y, Yang J, Guo X, et al., Urban Traffic Signal Control Network Partitioning using Self-organizing Maps, in TRB 90th Annual Meeting. 2011, Transportation Research Board: Washington DC

[208] Chang C-P. How to Decide the Interconnection of Isolated Traffic Signals [C]. Proceeding of the 17th Conference on Winter Simulation. 1985. San

Francisco, CA, USA: IEEE

[209] Hook D, Albers A. Comparison of Alternative Methodologies to Determine Breakpoints in Signal Progression[C]. In 69th Annual Meeting Institute of Transportation Engineers. 1999. Las Vegas, Nevada: ITE

[210] Husch D, Albeck J. Synchro 6 User Guide[R]. 2003, Trafficware: Albany, CA

[211] Li R, Lu H, Shi Q. Research on Traffic Signal Control Sub-area Fuzzy Automatic Division Method[J]. Journal of Wuhan University of Technology(Transportation Science & Engineering), 2008, 32(3): 381-384

[212] Lighthill M J, Whitham G B. On Kinematic Waves. Ⅱ. A Theory of Traffic Flow on Long Crowded Roads[C]. In Proceedings of the Royal Society of London. Series A, Mathematical and Physical Sciences. 1955. London: The Royal Society

[213] Richards P I. Shock Waves on the Highway[J]. Operations Research, 1956, 4(1): 42-51

[214] Liu H X, Wu X, Ma W, et al. Real-time Queue Length Estimation for Congested Signalized Intersections[J]. Transportation Research Part C: Emerging Technologies, 2009, 17(4): 412-427

[215] Wu X, Liu H X, Gettman D. Identification of Oversaturated Intersections Using High-resolution Traffic Signal Data[J]. Transportation Research Part C: Emerging Technologies, 2010, 18(4): 626-638

[216] 祁宏生,王殿海,徐程. 基于合理路径的拥挤路网交通状态分析方法[J]. 西南交通大学学报, 2011, 46(1): 175-181

[217] Sheffi Y. Urban Transportation Networks: Equilibrium Analysis With Mathematical Programming Methods[M]. Englewood Cliffs: Prentice-Hall Inc., 1985

[218] 谈晓洁,周晶,盛昭瀚. 城市交通拥挤特征及疏导决策分析[J]. 管理工程学报, 2003, 17(1): 56-60

[219] 裴玉龙,郎益顺. 动态交通分配拥挤机理分析与对策的重要途径[J]. 哈尔滨建筑大学学报, 2002, 35(4): 121-125

[220] 胡昌华,李国华,周涛. 基于MATLAB 7.x的系统分析与设计——小波分析[M]. 西安:西安电子科技大学出版社, 2008

[221] Daubechies I. Ten Lecture on Wavelet[M]. Philadelphia: SIAM, 1992

[222] Boggess A, Narcowich F J. A First Course in Wavelets with Fourier Anal-

ysis[M]. Hoboken, New Jersey: John Wiley & Sons, Inc, 2009

[223] Alexander C, Sadiku M. Fundamentals of Electric Circuits[M]. 2004: McGraw-Hill Education, 2004

[224] 徐科军. 信号分析与处理[M]. 北京: 清华大学出版社, 2006

[225] 周怀慧, 宋瑞, 何世伟. 基于谱分析的综合运输需求周期波动研究[J]. 交通运输系统工程与信息, 2009, 9(5): 23-27

[226] Stoica P, Moses R L. Spectral Analysis of Signals[M]. Upper Saddle River, NJ: Prentice Hall, 2005

[227] 徐扬, 秦克云, 刘军, 等. 模糊模式识别及其应用[M]. 成都: 西南交通大学出版社, 1999

[228] Nam D H, Drew D R. Traffic Dynamics: Method for Estimating Freeway Travel Times in Real Time from Flow Measurements[J]. Journal of Transportation Engineering, 1996, 122(3): 185-191

[229] Ahmed S A, Cook A R. Analysis of Freeway Traffic Time-series Data by Using Box-Jenkins Technique[J]. Transportation Research Record, 1979, (722): 1-9

[230] Nihan N L, Holmesland K O. Use of the box and Jenkins time series technique in traffic forecasting[J]. Transportation, 1980, 9(2): 125-143

[231] Okutani I, Stephanedes Y J. Dynamic prediction of traffic volume through Kalman filtering theory[J]. Transportation Research Part B: Methodological, 1984, 18(1): 1-11

[232] Davis G A, Nihan N L. Nonparametric Regression and Short-Term Freeway Traffic Forecasting[J]. Journal of Transportation Engineering, 1991, 117(2): 178-188

[233] Vythoulkas P C. Alternative Approaches to Short Term Traffic Forecasting for Use in Driver Information Systems. Transportation and Traffic Theory[C]. in The 12th International Symposium on the Theory of Traffic Flow and Transportation. 1993. Berkeley, CA

[234] Der voort M, Dougherty M, Watson S. Combining Kohonen Maps with ARIMA Time Series Models to Forecast Traffic Flow[J]. Transportation Research Part C: Emerging Technologies, 1996, 4(5): 307-318

[235] Ledoux C. An Urban Traffic Flow Model Integrating Neural Networks [J]. Transportation Research Part C: Emerging Technologies, 1997, 5(5): 287-300

[236] Messmer A, Papageorgiou M. Automatic Control Methods Applied to Freeway Network Traffic[J]. Automatica, 1994, 30(4): 691-702

[237] Hoogendoorn S P, Bovy P H L. Platoon-Based Multiclass Modeling of Multilane Traffic Flow[J]. Networks and Spatial Economics, 2001, 1(1): 137-166

[238] Guo X, Li Y, Yang J. Proactive Traffic Responsive Control Based on State-space Neural Network and Extended Kalman Filter[J]. Journal of Southeast University (English Edition), 2010, 26(3): 466-470

[239] 郭海锋. 局部拥挤条件下城市道路交通信号控制方法研究[D]:[博士论文]. 长春: 吉林大学, 交通信息工程及控制, 2008

[240] TRB. Highway Capacity Manual[R]. Washington DC: TRB, 2004

[241] Kovvali V G, Messer C J, Chaudhary N A, et al. Program for Optimizing Diamond Interchanges in Oversaturated Conditions[J]. Transportation Research Record, 2002, (1811): 166-176

[242] TRB. Interim Materials on Highway Capacity[M]. Washington DC: TRB, 1980

[243] Chang J. Real-Time Traffic Control Policy for Oversaturated Arterials[D]:. New York City: Polytechnic University, Civil Engineering, 2000

[244] Khosla K, Williams J C. Saturation Flow at Signalized Intersections During Longer Green Time[J]. Transportation Research Record, 2006, (1978): 61-67

[245] Denney R W, Curtis E, Head L. Long Green Times and Cycles at Congested Traffic Signals[J]. Transportation Research Record, 2009, (2128): 1-10

[246] 黄斌, 陈德礼. 多目标优化问题的有效 Pareto 最优集[J]. 计算机与数字工程, 2009, 37(2): 28-30

[247] 雷德明, 严新平. 多目标智能优化算法及其应用[M]. 北京: 科学出版社, 2009

[248] Schaffer J D. Multiple Objective Optimization with Vector Evaluated Genetic Algorithms[C]. In Proceedings of the 1st International Conference on Genetic Algorithms. 1985, L. Erlbaum Associates Inc. 93-100

[249] Hajela P, Lin C Y. Genetic Search Strategies in Multicriterion Optimal Design[J]. Structural and Multidisciplinary Optimization, 1992, 4(2): 99-107

[250] Fonseca C M, Fleming P J. Genetic Algorithms for Multiobjective Optimi-

zation: Formulation, Discussion and Generalization[C]. In Proceedings of the Fifth International Conference on Genetic Algorithms, 1993. San Mateo, CA, USA: Morgan Kaufmann

[251] Srinivas N, Deb K. Muiltiobjective Optimization Using Nondominated Sorting in Genetic Algorithms[J]. Evolutionary. Computation, 1994, 2(3): 221-248

[252] Horn J, Nafpliotis N, Goldberg D E. A Niched Pareto Genetic Algorithm for Multiobjective Optimization[C]. In Evolutionary Computation, 1994. IEEE World Congress on Computational Intelligence, Proceedings of the First IEEE Conference.

[253] Zitzler E, Thiele L. Multiobjective Evolutionary Algorithms: A Comparative Case Study and the Strength Pareto Approach[J]. IEEE Transactions on Evolutionary Computation, 1999, 3(4): 257-271

[254] Deb K, Agrawal S, Pratap A, et al., A Fast Elitist Non-dominated Sorting Genetic Algorithm for Multi-objective Optimization: NSGA-II, In Proceeding of the Parallel Problem Solving from Nature PPSN VI, Springer Berlin / Heidelberg. 2000. 1917(2):849-858

[255] 陈光梦. 数字逻辑基础[M]. 上海：复旦大学出版社，2004

[256] 王炜, 过秀成. 交通工程学[M]. 南京：东南大学出版社，2000

[257] Hillier J A, Holroyd J. Glasgow's Experiment in Area Traffic Control[J]. Traffic Engineering and Control, 1965, 39(1): 14-18

[258] Foy M D, Benekohal R F, Goldberg D E. Signal Timing Determination Using Genetic Algorithms[J]. Transportation Research Record, 1992, (1365): 108-115

[259] Memon G Q, Bullen A G R. Multivariate Optimization Strategies for Real-time Traffic Control Signals[J]. Transportation Research Record, 1996, (1554): 36-42

[260] Hillier J A. Appendix to Glasgow's Experiment in Area Traffic Control [J]. Traffic Engineering and Control, 1965, 7(9), 569-571

[261] Gartner N H, Little J D C. Generalized Combination Method for Area Traffic Control[J]. Highway Research Record, 1975, (531): 58-69

[262] Li P. Stochastic Methods for Dilemma Zone Protection at Signalized Intersections[D]: [Ph. D.]. Blacksburg, VA: Virginia Polytechnic Institute and State University, Civil and Environmental Engineering, 2009

后 记

本书以城市路网中的交叉口群为基础单位,对交叉口群交通运行特性、范围界定、过饱和状态识别、关键路径检测、短时交通流预测和过饱和状态信号交通控制方法进行了研究。过饱和状态下,交叉口群的主要矛盾已由时间资源的局限转向了空间资源的局限。为解决过饱和状态交叉口群资源的主要矛盾,针对交叉口群中的关键路径设计缓解空间资源分配矛盾的交通信号控制算法,可提升过饱和状态交叉口群交通运行效率。

本书以城市道路交叉口群为研究对象,针对其过饱和状态时交通流特征,对范围界定、过饱和状态产生时间及范围、关键路径识别及分级、过饱和状态控制策略及配时优化等问题进行了深入研究,主要成果如下:①建立了交叉口群交通关联度计算模型,并提出应用特征矩阵及自适应神经网络界定交叉口群范围;②采用交通波动模型分析交叉口群的最大排队长度和滞留排队长度,应用过饱和状态负面效应所造成的无效绿灯时间和总绿灯时间的比值定义过饱和系数识别交叉口群过饱和状态;③提出了基于小波变换和频谱分析的交叉口群路径分级算法;④优化了过饱和状态交叉口群控制目标和控制结构,构建了信号配时模型的流程和框架;⑤建立了适用于过饱和状态交叉口群的动静态协同交通信号控制优化模型。

城市道路交叉口群是一个复杂的系统,受作者学识水平以及时间限制,以下内容有待继续深化与研究:

1. 新数据采集方法在交通控制中的应用。路段的交通感应线圈检测数据被用于交通控制的主要数据来源,而在配时算法中所应用的交通参数已可直接由视频、微波、卫星或RFID等技术手段采集,因此有必要针对新的数据采集方法更新交通控制算法,设计新的交叉口群交通控制模型。

2. 基于混合交通的交叉口群信号控制技术及相关理论研究。混合交通是我国城市交通流的重要特征。电动车、助力车的大量使用使得城市道路交通流特征变得更为复杂,因此需对混合交通流的交通参数重新标定,真实再现我国城市道路中机非相互影响的现象。混合交通流交通控制的一个难点在于如何对特定类型的车辆(如公交车辆、紧急救援车辆等)给予特定的通行权,研究混合交通流下的交通控制优先权也有着重要意义。在混合交通流状况下采用模糊控制理论等方法,将非机动车纳入交通控制系统考察的范畴,研究基于混合交通的交叉口群信号控制技术,使其更符合工程应用的需要。

3. 对交叉口群的交通控制需综合考虑交通诱导和交通控制的协同控制。本书仅就过饱和状态的交通控制算法进行了讨论,需深入讨论交通诱导和交通控制的协同控制方法,综合利用包括可变信息板、动态车道在内的多种方式对交叉口群的交通流进行管理。

4. 实现研究成果在真实的车路环境中检验。限于城市道路中已有的交通信号控制设备的硬件限制,过饱和状态的交叉口群信号控制优化方法并未在真实的车路环境中进行检验。下一步的研究应结合现有城市道路交通信号控制设备,开发相关软硬件以实现本书提出的控制策略和算法,采用真实车路环境对其进行检验,以解决工程实践中可能遇到的问题。

作者在研究过程中得到了东南大学徐吉谦、陈森发、刘攀、李文权、路小波、夏井新和美国弗吉尼亚理工大学的 Montasir Abbas、汪林兵,同济大学杨晓光,南京大学陈启美,南京市城市与交通规划设计研究院杨涛、钱林波,南京市公安交管局顾怀中等老师和同仁提供的指导性意见与建议。东南大学 Bluesky 工作室交通信息、控制与安全团队的李鹏飞、杨洁、任敏、刘迎、何赏璐、刘久明、孔德文等对书稿的形成贡献良多,在此表示衷心的感谢。

著　者

2011 年 12 月